◆ 在辽宁省重大绘画选题研讨会上发言（2014年，宋雨桂艺术馆）

◆ 与著名词作家乔羽夫妇在一起（1986年，辽宁兴城铁路疗养院）

◆ 为国家艺术基金资助项目
辽瓷艺术创新人才培训班
授课之一（2018年，沈
阳，辽宁传媒学院）

◆ 著名画家、艺术评论家程义伟向作者赠画作《五牛图》（2018年）

◆ 参加第一次全国美学会议时,摄于昆明石林(1980年)

◆ 2007年8月受聘为内蒙古呼伦贝尔市政府顾问、呼伦贝尔学院名誉院长。蒙古族姑娘献哈达

◆ 阜新市海棠山石窟壁雕前(1989年)

19

美学、艺术心理学
与艺术评论集

# 彭定安文集

彭定安/著

东北大学出版社
·沈 阳·

**图书在版编目（CIP）数据**

彭定安文集.19，美学、艺术心理学与艺术评论集 /
彭定安著.—沈阳：东北大学出版社，2021.8
　　ISBN 978-7-5517-2359-6

　　Ⅰ.①彭… Ⅱ.①彭… Ⅲ.①社会科学—文集②美学
—文集③艺术心理学—文集④艺术评论—文集 Ⅳ.
①C53②B83-53③J0-05④J05-53

中国版本图书馆CIP数据核字（2020）第030491号

出 版 者：东北大学出版社
　　　　地址：沈阳市和平区文化路三号巷11号
　　　　邮编：110819
　　　　电话：024-83680267（社务部）　83687331（营销部）
　　　　传真：024-83683655（总编室）　83680180（营销部）
　　　　网址：http://www.neupress.com
　　　　E-mail:neuph@neupress.com
印 刷 者：辽宁一诺广告印务有限公司
发 行 者：东北大学出版社
幅面尺寸：170 mm × 240 mm
插　　页：4
印　　张：20.5
字　　数：346千字
出版时间：2021年8月第1版
印刷时间：2021年8月第1次印刷
责任编辑：刘　泉
责任校对：李　佳　汪彤彤
封面设计：潘正一
责任出版：唐敏志

ISBN 978-7-5517-2359-6　　　　　　　　　定价：92.00元

# 目录

CONTENTS

上部
美学专著——《美的踪迹》

# 美的踪迹

我们的时代需要美。

我们的生活需要美。

我们的心灵需要美。

我们要播种美的种子，

我们要陶冶美的矿石，

我们要酿造美的甘泉。

美学，任重而道远。

我愿是一束小小的烛光，

伴随在美学攀登者身边。

（引自《美学向导》①扉页题诗）

---

① 文艺美学丛书编委会：《美学向导》，北京大学出版社，1982。

# 关于美的思绪——引言

人们都喜欢美：欣赏美的事物，品味美的艺术品，游览美的风景，赞赏美的人，也还梳妆打扮、修饰穿戴，使自己能够更美一点，对自己的家庭住宅及周围环境，也总想要安排得更美丽一些。美，点缀而且美化了人类生存的环境，促进了人类社会的发展，也推动了人的心灵的发展。人间不会没有美，人类也不能没有美。可以想象，如果人类社会和自然界没有了美，或者如果人类得不到美或不懂得美，人类将会如何生存和发展。

不过，美又是难于言说的。的确，我们无论是对于自然界的美、社会生活中的美，还是艺术品中的美，以至于对人和人的打扮，都会一见之下，就会在心中作出评断：美还是不美，喜欢还是不喜欢。人们无须学习，也不用教授，就会判断美丑，并产生和表示自己的好恶取弃的态度。这是为什么呢？是生活和现实教会的。一个人从婴幼时期开始，就从父母那里，从自己的襁褓与摇篮的生活中，培养着对于美的鉴赏力了。这成为其生活的内容、生活的乐趣，因此也就成为生活的必需了。

不过，正因为事情是这样产生和发展的，所以，也就使人们往往对于美，只是知其然而不知其所以然，不能够或者难以完美地说出：美在何处？为什么是美的？这就不免使人陷于半盲目的状态，因而也就失去了对于美的更多的品鉴能力，人的欣赏美的眼界也就狭窄了。这无异于将世界上许多美的事物从自己眼前放过，无异于使自己减少了审美的乐趣，从而也就减少了生活的乐趣。马克思讲过这种意思的话：对于非音乐的耳朵，最好的音乐是不存在的；对于非美术的眼睛，最好的图画是不存在的。我们当然还可以依理类推，对于缺乏审美修养的人来说，美好的歌舞、戏剧、雕塑、建筑，也都是"不存在"的，春花秋月、青山绿水、长河落日、大漠孤烟、小桥流水、桃红李白、草长莺飞……这些自然的美和美的自然，也是"不存在"的。这岂非莫大的损失？

但损失可远不只是由此而失去许多赏心悦目的生活情趣，失去不少欣赏各类艺术的审美愉悦，更为可惜的是，还会由此失去更多的东西。

美，不仅是一种人的主观与客观结合的结果，而且是人们借此通向知识、智慧、优美、崇高的渠道，是人成为更高尚、更聪明、更美丽的人的阶梯。我们如果失去太多的审美的机会，也就等于在这个渠道上更多地被堵塞了，在这个阶梯上更多地被阻滞了。

因此，提高美的欣赏能力，扩大审美活动的领域，对于我们的成长是很重要的、很有意义的。这就是美育对于我们来说是重要的、值得注意的原因。

为了这个目的，我们就要学习有关美的知识，提高审美能力。这种学习的第一步，就是了解什么是美、什么是美感和什么是审美能力。然而，这些具有内在联系的问题，恰好又是美学中最基本的问题，也是最难解答的问题。世界上至今还没有谁能够给美下一个人们普遍接受的、具有科学性的定义。许多美学大家在这个问题面前也无能为力。人们只能对这个问题作出一种近似的回答，或者作出一种从一定角度观察问题所作的阐释和描述。这种情况说明了美的复杂性。

笔者想在这本小册子里就这个问题作一点说明，不想也无能力来作出一个完满的回答，也不打算把所有或几种有代表性的答案提出来，以供大家评判决断，采取自己认可的一种予以接受，而是试探着从人类怎样认识美、发现美和创造美开始，对美与美的发展路径作一个简略的历史叙述，从中提出一些看法和分析，主要的意思倒不在提出对美与美感的一种结论性意见，而在提供一种思路，一点对美与美感进行思索和研究的兴趣。

在我国，近年来美学成为一门为广大群众特别是青年喜爱的学科，美学方面的各种读物出得不少，学术专著和译作也陆续出现，这自然是一种好现象，令人欣喜。但是，美育的认真的开展，并没有真正形成。这在实际上是没有为广泛的美学学习和深入的美学研究提供基础。

席勒说过：

> 人在他的自然状态中只能承受自然的力量，在审美的状态中他摆脱了这种力量，而在道德的状态中他支配着这种力量。（《美育书简》第121页）

这段话，深刻地表明了美育的重要意义。席勒在这里把人处在审美状态中看作摆脱了自然力量的支配的标志，即进入自为的阶段了。这是他对审美状态和审美活动的崇高评价。当然，他说道德状态是对自然力量的控制，是比审美状态更高的一个层次。但是，事实上，审美不也是对于自然力量的一种控制吗？而且，摆脱自然力量之后，才能够或者说必然会达到控制自然力量的阶段，即达到道德状态的阶段。真与美与善是有机地联系在一起的，这正是美的重要意义和重大力量所在。

这也正是美育的重要意义和重大力量之所在。

虽然希腊早在公元前5世纪到前4世纪就开始了美育的教育制度，但是，随着时代的不同、社会的发展，美育的内容与形式都在发展。我们中国早在孔子时代，诗教就是重要的教育内容之一，而诗教就是美育。但这是古典的美育，真正近代的美育，直到五四运动前后，教育家蔡元培才开始提倡，然而也并未普及。现在，确实是应该认真地、普遍地开展审美教育的时候了。

叙述一点美的踪迹，正是出于为美育尽一点力量的想法。让我们结合着史的叙述，来探索一下与美有关的一些问题，如果能够因此引起一些读者对了解美学问题的兴趣，那就是作者很大的满足了。

我们从人类寻找美的足迹开始。

人类在很早很早的时候，就在寻觅美：寻觅美的人和美的事物，寻觅在美的人和事物中隐藏着的"美"。人类一直在思索：美是什么？美在哪里？美是怎么形成又是怎么构成的呢？

## 一、我们寻觅到美了吗？

我们寻寻觅觅，寻觅着美。我们寻觅到美了吗？

怎么回答呢？

这里有两层意思的问题。第一层意思是，我们在日常生活中，是否寻觅到了美，是否能够明确地指出美是什么、美在哪里？第二层意思更高也更深：人类是否寻觅到了美之所在、美之真谛，能够明确地、完满地、科学地说明美是什么？

前一个问题是一个日常生活中审美活动的问题，后一个问题则是美学理论中的根本问题。对于前一个问题，人们可以根据自己的情趣、爱好、文化与艺术的素养，作出各种不同或深或浅的回答，恐怕也是很难得出一个统一答案的。我们的古人爱春而又伤春短，常常用佳词美句来咏春而又常常发一种痴情的问话：春在何处？知道她的所在，就好把她留住了。然而总是没有得到美满的答案，倒是因此留下了许多美好的诗篇。宋代诗人黄庭坚在《清平乐·春归何处》这首词中写道：

> 春归何处？寂寞无行路。若有人知春去处，唤取归来同住。
> 春无踪迹谁知？除非问取黄鹂。百啭无人能解，因风飞过蔷薇。

春从何处来？又归何处去？去的行路何在？去的踪迹谁知道？他设想除非去问黄鹂鸟，也许能知，但是她那百啭歌喉，唧唧啾啾，一番"话"谁又能懂得呢？宋代女词人李清照把冬末春初时的春光，许给了寒梅花，"雪里已知春信至，寒梅点缀琼枝腻。"（《渔家傲》）这都不过是把一个泛化、弥漫于整个大自然的春天，虚拟实指于某一个诗人认为最具有春的意味的事物上，带有象征的意义。实际上倒是证明了无法用一句概括的话来说明春是什么、春在何处、春去何方。

关于美，也是如此。她和春的情况是一样的。我们也难于实指而只能象征地虚拟。著名美学家宗白华先生在他的《美从何处寻?》中，一开头就引了两首诗：

> 啊，诗从何处寻？
> 在细雨下，点碎落花声，
> 在微风里，飘来流水音，
> 在蓝空天末，摇摇欲坠的孤星！
>
> （《流云小诗》）

> 尽目寻春不见春，
> 芒鞋踏遍陇头云。
> 归来笑拈梅花嗅，
> 春在枝头已十分。
>
> （宋罗大经《鹤村玉露》中载某尼悟道诗）

作者接着写道："诗和春都是美的化身，一是艺术的美，一是自然的美。我们都是从目观耳听的世界里寻得她的踪迹。"这是说无论是美，还是美的化身——诗与春，都是从自然和艺术中靠耳目去寻得踪迹的。她们是普遍的、散在的、到处都有、时时可及的。不过，他紧接着又指出："如果你在自己的心中找不到美，那么，你就没有地方可以发现美的踪迹。"这又指明：美又同时在人的心里了。总之，这里告诉我们的是：美（及她的化身诗和春等）的踪迹在世界上，也在人心里，是客体与主体、心与物的结合、统一。

这里，当然并没有把问题的答案说得彻底。但是，已经指明一条明确的思路，循此前行、寻迹而去，是可以找到美的踪迹的。在这里，可取的不在于提供一个确定的、"最后的"答案，使我们坐享其成，不费思索地吞下一个智慧的硬果，而在于给予了我们一个循此前进的思考探索的方向，启动自己的思想，去寻找智慧之果，那将会是自己思索之所得，更为甜美，也更深沉而亲切，是一种亲知真识。

不过，我们主要不是要讨论这个日常生活中审美活动的问题，而是要探讨前面提到的第二个更高层次的问题。这个问题的说明，也就更深一层地解决前一个问题了。

早在人类的童年时期，当人类还处在原始状态的时候，他们的爱美之心就萌生，并在自己的生产和生活中，捕捉到美、享受着审美的愉悦了。你看，原始社会的人，在身上刻下伤痕，作为美的标志，戴上蚌壳、兽骨之类，作为装饰，他们在身上涂颜色，在陶器上画花纹，他们歌唱、跳舞，在岩洞里画画，在武器上雕刻。

原始人发现并制造了美，现代人至今看了仍然觉得美。

那么，他们和我们不是都已经找到美了吗？上下几千年，纵横数万里，古今中外，普天之下，凡有原始人类生存过的时代和地方，都有这种美的遗迹和美的发掘。这还不是我们已经寻觅到美的有力而丰富的证明吗？

那么，确定的，我们已经找到了美。

而且，在今天，一个三岁的孩童，甚至一个襁褓之中的婴儿，穿红着绿，亦知欢悦，见到美的人和物，也觉怡然。倘是学会了说话的孩子，还会情不自禁，赞叹地说一句："真美啊！"

而且，就是那些文化程度不高，没有学过美术，也不爱好文学，对于艺术的兴趣也不高的人们，同样爱修饰一下自己，也爱看动人的戏剧，爱听动听的歌声，面对青山绿水、高山大川、风朝月夕、霜雪雨雾，也赞赏其美丽。即使是目不识丁的人，又何尝完全遗落在美之外呢？

无论老小，也不分文化程度如何，是都懂得美、喜爱美的。

这样，我们不是已经寻觅到美了吗？

是的，我们早就寻到了美，我们全都懂得而且获取美的享受了。

然而，且慢，我们真的寻觅到美了吗？

远的且不说，从创造了"美学"这个名词和开创了这个学科的德国学者鲍姆嘉通说起吧。从他在18世纪创造"美学"一词并写了《美学》二卷以后，多少年来，多少大学问家、哲学家、艺术家、诗人在探讨美的问题啊！美是什么？什么是美的？人的美感的本质是什么？人们著书立说，议论纷纭，各执己见，莫衷一是。康德、黑格尔、费尔巴哈、歌德、席勒、克罗齐等，著作连篇，文章累牍，然而，各说各的理，大家对于"美是什么"这么个问题，还在争论不休。

那么，我们又并没有找到美啰。

是的，我们仍在寻觅。

不过，我们这样说，却又是不完全科学的，因为我们把复杂的事情简单化了。

我们也许可以这样说：在实践中，我们发现了美、创造了美、运用了美，得到了美的享受，进行了审美的活动。在这一点上，我们可以说，确确实实已经寻觅到美了。在理论上，我们说明美、解释美、论述美、探讨美，也确实说清了道理，指出了规律，并且用以指导了我们的美的创造——无论是生产活动还是艺术创造，都是如此。这也是我们已经找到了美的一个方面。然而，还有另一方面，我们对于美的本质、美感本质，对于它们产生、发展的规律，对于它们的奥秘，还未能完全说清楚，未能使大家都认可，还没有找出大家一致接受的结论。在这方面，我们确实还在寻觅，寻觅。

这并不奇怪。还有许许多多的事物，我们对它也是又识又不识，又懂又不懂，又能说清楚又不能全说明白。就是对人类自身，我们不都是如此吗？我们能写出众多的、大本大本的生理学著作、医学著作，讲人体、讲生理、讲疾病，并且能用高妙的手段来治病。这当然是对人体很了解、很明白、很能掌握其活动机制与规律的了。然而，我们对于人体的奥秘却还有多少不能说得明白、搞得清楚的东西啊！我们探索的路还长得很呢。

对于美，我们也应当这样说：我们知道很多，我们又有很多还不知道；我们能说明许多，说得很深刻；然而又还有许多我们说不明白，说得不很深刻或很不深刻。

我们探寻美的任务还很重，我们的探寻之路还长得很。

"路漫漫其修远兮，吾将上下而求索"！

人类就是在创造的实践中发现美、享受美、创造美、运用美和说明美的。我们仍将这样走下去。困难，并不妨碍我们前进，倒是鼓励和诱导我们前进！

我们完全能够在这种寻觅中，把美说得更清楚明白，把规律探寻得更多和更清晰，从而去创造更多的美，去更美地创造美、欣赏美、享受美！

## 二、归来吧，美！

然而，我们失去过美，生活中的、艺术中的美，我们都失去过，我们甚至失去了欣赏、留恋自然美的心绪。那是"冬天的童话"的年月。古往今来的艺术都从美变成了"丑"，不允许接触美，接触过的要批判它、忘掉它，没有接触过的只从大批判中得出这些都是所谓毒物，是面目狰狞的灵魂腐蚀者、吞食者。"封""资""修"三个大字，封闭了、取消了一切古往今来诗人哲士所创造的美。"三突出"的"灵丹妙方"，炮制了人们顶礼膜拜但却不愿一顾的"艺术"。美消逝了。人们的心灵感受到从未有过的空虚和饥渴。这是一个美的荒芜年代。没有诗歌、没有小说、没有戏剧、没有音乐、没有美术、没有曲艺、没有舞蹈，总之，没有美。这个艺术的荒年、美的荒年，前后持续了十年。

乌云终竟拨开，禁闭终于打破。美，像冲破乌云的红日一样，以它艳丽的光芒，照射着在荒年与黑暗中久度时日的人们，令人感到头晕目眩；像香甜可口的食物、饮料一样，令饥渴的人们，不禁囫囵吞枣，一饮而尽。对美的饥渴和对丑的痛恶，使人们来不及选择、来不及思索。

于是，美一下子受到欢迎，受到宠爱，古今中外，诸多著作、艺术品，倾泻而下，给人们以美的享受、灵魂的洗涤、道德的净化、思想的升华。人们感受到生活的美好、丰富与幸福。美，给了人们鼓舞与力量。它推动着我们改造世界、建设新生活的行动。这是历史的行动。这是美的创造，是按照美的规律来创造。中华民族，五千年文化，今天可说是迈进文化复兴的伟大时代了。美，绽开鲜花！

美，也一下子受到无论男女老少的注意和爱好。衣着、装饰、居室布置，女性的发式、书籍的装帧、货物的装潢，等等，都被用美的眼光来考究、来经营、来欣赏了。生活与环境，都被装扮以美了。这也给了千千万万人以愉悦和舒畅，无形中灌输了力量。

美，还同时受到众多人的注目、了解、学习、研究。什么是美？怎样才算美？如何美化自己的环境、生活、灵魂？

但同时，由于流品不齐、良莠同来，在人们的接触、学习、了解和美化行为中，也发生了混乱，发生了美向丑的倾斜和转化。那些美的事物，有时竟不被理睬与注意；而那以美装饰着的丑以至于真正的丑，却被一些人当作美来赏玩了。这又是美的丰富与繁荣中发生的另一种问题了：不是饥荒，而是混乱。这是次要的，不过需要研讨。

让我们循着美的历史来寻找它的踪迹，从中探索一点知识、一点情趣、一点规范，从实践——历史的与现实的实践——中去得出一点见解，以便形成一点认识的雏形和行为的指导，给进一步学习投下一颗引路的小石子吧。

## 三、人类怎样与美相识？

人类怎样与美相识？

要回答这个问题，可真是说来话长了，要跨越几十万年的时间。不过，我们把问题集中在"美"字上，将可以把历史的长久岁月的经历，浓缩起来观照，长话短说。

严格地说，这个问题的提法，是不够科学的。美并不是自生自在的自然物，人类也不是在历史的某个时刻，突然发现了它，并与之相识。这里有一个漫长的历史的演变、发展过程。无论是客观世界、大自然，还是人类自身，都有这样一个发展过程。如果要说是"相识"，那么这是一个不仅漫长而且有趣的过程：既有人类改造自然的过程，又有人类在这个过程中不断改造自己主观能力的自然史和意识史的发展过程。说起来，这"相识"的历程可够有意味的了。不过，在这个过程中，我们却可以领悟到美、美感、审美活动的本质是什么，它们处于一种什么关系之中。

当人类开始从动物界脱离出来时，是不知道什么叫美，世界上也没有美这个事物的。混沌初开、洪水漫天、荆棘丛生、猛兽遍地，食艰行难，生存不易。美啊，在哪儿？人类又怎能与你相识呢。先民们只是艰难地维持自己的生存、繁衍自己的后代。但是，有两件事，给了他们开辟前进道路和光辉前景的保证，这便是人类的生活资料的生产和再生产、人类自身的生产和再生产。前者是为了维持人类的生存所必需的，后者是为了繁殖人类所必需的。有了前者，便有了人类所从事的社会化劳动和为了从事这种劳动而出现的工具的创造；为了后者，就有了人的性爱、在性爱基础上产生的爱情及婚姻、家庭。而且，也正是这两件事，孳乳了人的审美活动，培育了人的审美能力，创造了世间的美和美的发展。

人类起初并不知道什么是美，也不知道欣赏美、追求美。"食色性也"，远古先民的人性尽在于此，吃与性这两样维持自身生存和繁殖后代的本能，便是人性的全部了。然而，在生产和生活中，人们结成了部落社会，制造了工具。他们因此一方面在集团的生产和生活中发生了联系，也就产生了创制、运用、发展联系手段的需要、可能和实践；另一方面，也产生了创制、运用、改进工具的需要、可能和实践。这样，他们就是在发挥自身的主观能动性，不断改进，提高自己的生产、生活水平，不断改造大自然，改变向大自然讨恩赐的成分而发展向大自然索取的成分；同时，又在这种改造客体的过程中，改造了自身，改造了主体。这便是马克思所说的自然的人化和人的本质对象化的、在实践中不断辩证地发展的过程。正是在这样的过程中，人类不断地改变了大自然，改变了大自然和自己的关系，也改造了自己的自然，即自己的躯体，还不断地发展提高了自己的认识和改造客观世界的能力，以及人类自身，包括生理和心理现象、思想和感情因素。其中，也有美和美感的产生、发展和提高。这里，包括美的最初因素的产生、它的由混合于其他物质内涵之中到相对独立发展的过程，审美现象的朦胧存在和逐步发展，审美活动与审美心理的产生、发展，审美范畴的形成和发展，等等。总之，这是一个主体与客观交互作用，历史发展的过程，是一个人类自身发展的过程。因此，我们认识、阐述这个历史的现象，必须还它以"历史"的本来面目。只有这样，才能是科学的，避免了主观性、片面性、静止性和形而上学。

人类正是在这样的生产和生活的过程中，创造了自然的和意识的艳丽花朵——美和美感，开辟了自身活动的一个美妙的领域——审美活动。这是人类的创造，绝不是自然的恩赐；这是实践的花朵，绝不是得自天纵的良知良觉；这是不断发展的历史，绝不是一蹴而就的奇迹；这里有生理的、心理的、社会的、历史的基础和条件。

我们在这里不可能对这个漫长的历史过程做精确而详细的描述，而只能做一个鸟瞰式的回顾，并期望从中阐述一下美的基本问题。

人类的历史，目前认定的是四百万年，而艺术的起源，则比这个历史要短得多，它只是在人类原始发展过程的末期才出现。目前见到的史前艺术遗迹是旧石器时代的洞穴壁画，这是几十万年前的作品。以后，在新石器时代，又有史前时期的艺术作品，至今保留着古朴生动的艺术魅力，对于史前期的人类祖先来说，这是相当成熟的艺术品了。因此，它们也已经是历史的产物了。这时候人类的"原始美感"和"原始审美活动"已经具有相当高的水平了。在此以前的历史，我们可以追溯到更为远古的时代，去了解人的美感是怎样产生的。不过，我们至今没有得到什么历史的遗迹作为探寻历史轨迹的材料。我们只能推测：在此之前，人类已经有了以万年为单位来计算的漫长的发展岁月，使他们能够创造原始的"艺术品"了。同时，我们能做的便只是窥测人类审美能力的发展轨迹了。

人类在创造出这些"艺术品"以前，需要培养出哪些属于审美范畴的本领（或者说带有审美因素的本领）？也可以反过来说，这些"艺术品"的成就，说明人类在此之前已经获得了哪些审美能力？这是一种什么性质、什么状态的审美能力？它又是如何获得的？

首先是工具。粗石器时代初期的石制工具，只见一些砍砸的痕迹，加工是极粗糙的，不成形的。虽然这种粗糙的工具的产生，在人类史上具有划时代的伟大意义，但是，在美和美感的发展史上，它还没有什么作用（见图3-1）。但是，在漫长的岁月中，原始人为了提高杀伤力和生产功率，在实践中不断地改进石头工具，加工极缓慢，但却是逐步地精细了。他们在使石斧、石刀、石锛等工具锐利化的时候，也就使它们更对称、更均衡、更规整了，而且构成可观的形状了（见图3-2）。

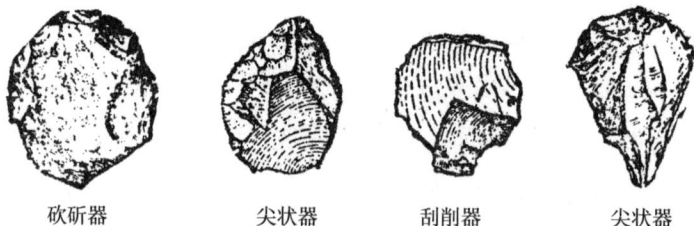

砍砸器　　　　尖状器　　　　刮削器　　　　尖状器

图3-1　"北京人"居址发现的打制石器

石纺轮　　　　　　石斧　　　　　　石刀

图3-2　河南陕县出土的"仰韶文化"石器工具

如图3-2所示，石刀两边是对称的，石纺轮则有内外大小两个圆。新石器时代的精细的石器和这个时期的骨器，那是经过精细加工的工具，都是精制的、具有更高效率的劳动工具；而同时，它们也具有了更美的形（见图3-3）。请看那些骨制的镞、凿、刀、鱼叉、鱼钩等，我们用线勾出了它们的轮廓，那不是颇为美丽的形状吗？在这种使工具锐利化、精细化的过程中，也使工具的形状美化了。这里，在制作和使用工具及与工具打交道的过程中，工具的外形，都给原始人一种愉悦感：锐利化和齐整（因而美化）的工具，能够猎获更多的野兽，能够带来更美好的生活。这里便产生了一种欢快的感情状态，它是工具的外形所引起来的。这中间便隐藏、蕴蓄着美感的因素。

另一方面的收获是，人类在上述生产劳动和生活实践中，通过对工具的接触，锐化了、提高了对"形"的感受力，他们一方面懂得了使工具砸制得规整精细便可使它锐利并由此猎获更多；另一方面，又在客观上追求某种形式：圆、弧、长方、锥形或菱形、尖形，等等。形式感，这正是美感能力的重要因素。当然，这时原始人的这种形式感是粗拙的、朦胧的，还没有进到自觉的状态、达到美感享受的高度。

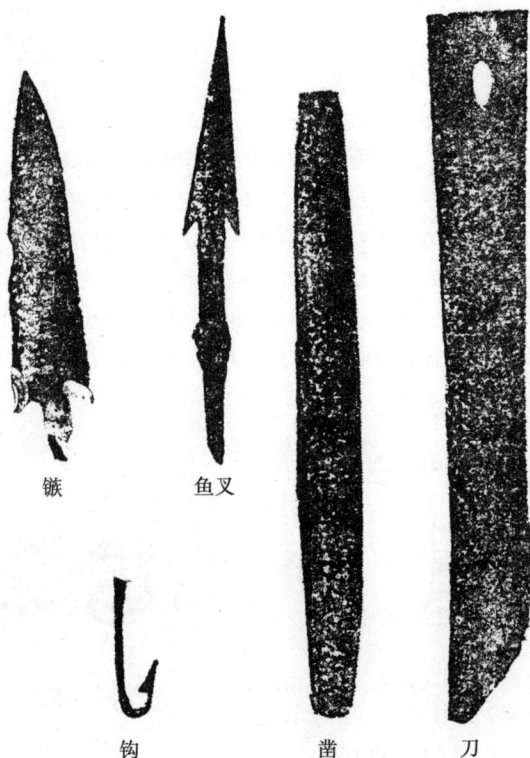

锹　　　鱼叉

钩　　　凿　　刀

图3-3　半坡村出土的骨器工具

生活用的器皿，就具有更丰富的形状了。原始人为了实用的目的，从人身、动物、植物等得到启发，模拟其形状，制作了种种用具、器皿。同时，他们在实践中，为了实用的目的，后来还由于一种朦胧的美的追求，对器皿的外形加以变动，创造出种种变形（见图3-4）。在这里，目的当然是为了实用；但是，也同样在生产制作和生活接触中，感受了形式的美，提高了形式感的自觉程度，因此也是带着审美活动的因素，培养着美感能力的。当然，这些在当时都处在朦胧的意识状态，都附着于实用的目的（见图3-5）。

| 葫芦形 | 模拟葫芦造型 | 模拟葫芦下半截的半球体成型 | 模拟葫芦半截的球体成型 | 模拟葫芦纵剖面形成型 |
|---|---|---|---|---|
| | 1  2 | 5  6 | 7  8 | 9 |
| | 3  4 | | | 彩陶上的葫芦形纹饰 |
| | | | | 10  11 |

图3-4　模拟葫芦造型的各种陶器器皿和纹饰

　　1. 半坡型细颈陶壶（《西安半坡》图一二四）；2. 马家窑型束腰陶罐（1958年甘肃永登出土）；3. 半坡型葫芦形陶壶（《西安半坡》图版壹贰壹：3）；4. 葫芦形陶瓶（陕西宝鸡出土）；5. 半坡型陶钵（《西安半坡》图八八：2）；6. 庙底沟型陶碗（《庙底沟与三里桥》图版拾：6）；7. 半山型陶罐（1975年甘肃武山出土）；8. 马厂型陶壶（1955年甘肃兰州出土）；9. 马厂型陶勺（1956年甘肃皋兰出土）；10. 半山型彩陶壶上的葫芦形纹（1973年甘肃广河出土）；11. 半山型彩陶壶上的葫芦形纹（1958年青海出土）

大溪文化直筒陶瓶（形似竹筒，口沿和底部稍大一周，形似竹节。1975年湖北松滋桂花树出土。《考古》1976/3）

半坡型鸟头形盖钮

良渚文化　水鸟形陶壶（1960年江苏关江梅堰出土，《江苏省出土文物选集》图五二）

庙底沟型陶鹗鼎（陕西华县太平庄出土，《中国原始社会参考图集》第46页）

龟形陶壶（陕西武功出土）

图3-5　不同形状的陶器

还有特别值得注意的，是陶器上的装饰，那也是丰富多彩、生动活泼的。原始人又是为什么和怎样创造了这些似乎只有观赏价值而并不实用的图画的呢？他们从中又得到了一些什么意外的收获呢？他们首先是为了能够拿得更稳，以后又从编织物在陶器上的印痕得到启发，而在陶器上刻下了花纹。并以为必须如此才是陶器的正规"产品"，因此在上面模仿编织印痕刻下了规整的图案。我们在原始人的陶器上看到，最早的花纹，就是不很规则的刻痕，比如在沈阳新乐遗址发现了五千到六千年前的远古人制造的陶器，就是如此。那花纹显然是不经意地随手刻下的。以后，才逐渐规整起来，逐渐规范化，形成规则的图案了。以后，他们才用颜色来画上图案。至于图案的构成，他们模拟植物、动物、人物，起初是"依样画葫芦"的，以后，逐渐变形、加工，使形象距离原型越来越远。

　　除了图案花纹装饰之外，在其他器皿上，还有刻制的动物装饰，如鸟、猪、狗、蜥蜴、蛙、壁虎等（见图3-6）。这些图案的绘制，都是

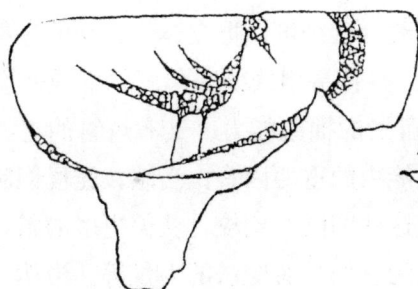

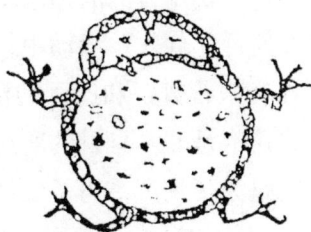

半坡型彩陶残片上的鸟纹

庙底沟型陶塑鸟头

庙底沟型彩陶瓶上的蜥蜴纹　　半坡型彩陶盆上的蛙纹

**图3-6　刻有动物装饰的器皿**

为了实用的目的，所画的动物都是与绘制者的生产、生活紧密相连，写实地绘制出来的，而不是凭空制造的。此外，有的图案还可能是图腾或为了巫术目的而绘制的。如半坡遗址的人面鱼纹，很可能便是半坡人的图腾，只是我们现在不明其意义了（见图3-7）。

图3-7　半坡型彩陶上的人面纹饰（《西安半坡》图一二零：3）

从这些"美术作品"中我们可以推想到，在此之前，先民们在以往漫长的历史时期中，经过实践，已经可以把立体的、动的对象（动物或人），搬上平面，变为静态，并且是用线条来勾画轮廓或体现形态（动作中的形态）。这里，既有可贵的抽象能力，又有可喜的写实的表现能力。毫无疑问，这都是审美能力的重要因素。当然，先民们制作这一切都是为了实用的目的：凭借这些图画、刻纹，获得更多的猎获物、保护自身、敬拜崇拜物以至于认为它们具有魔法的力量等。当然，在这种活动中，他们为了上述的种种实用目的，也更力求把描绘的对象画得更具体、更生动、更有力量，也就是更美（客观上达到了这种效果）。这种追求，同他们对于实用目的的追求是一致的、伴行的，是目的与手段的关系。正是在这种"创作"活动中，他们增长了自身的审美能力。

原始人在音乐、舞蹈和绘画的活动中，表现了更高的"艺术创作"才能。但是，这都是非本身目的所达到的意外的结果。从他们的本意来说，归根结底是为了生产，为了生活，为了食与性。从现在仍然处于原始状态的原始民族的这类活动中，我们可以明了他们这些活动的目的。比如舞蹈，首先的和重要的目的是为了模仿猎获物以接近对象从而猎获之（见图3-8）；也有巫术的目的，即以为这种活动可以帮助获取猎物，所以原始部族有多种动物舞蹈，如海豹舞、袋鼠舞等。舞蹈的动作

图3-8　布西门人猎取鸵鸟（壁画）

也往往模拟劳动的动作，如划船舞等，还有的舞蹈是再现劳动生产的活动的；也有的是为了培训预备劳动者，还有的是为了消除疲劳、活动肢体。原始舞蹈的另一个重大目的是男女聚会追求异性。这件事对于原始人来说，是极为重大的。这既是他们的生理的基本需要，又是传宗接代、延续生命的大事。因此，在这种舞蹈中，他们用种种舞姿和动作来吸引对方，刺激对方，以达到引诱的目的。这对于他们来说不仅是合乎情理的，而且是非常光荣愉悦的事。那带刺激性的动作，因此就具有吸引力，具有美感价值。格罗塞在他的名著《艺术的起源》中，详细地描述了这种情况。比如他描述澳洲土人的一种舞蹈时写道：

> 场中生着大火，闪烁着赤焰和满月的清光交相辉映。舞蹈者初不登场，……一会儿忽然……舞者上场了。闯入火光圈里来的是三十个男子，……这时那些女人已经面对面排成一个马蹄形。她们完全是裸体的。……第一行跳向一边，在后面的各行则向前进，群趋妇女之前。于是舞队成了一个由四肢构成的不可解的结，妇女们发狂似的打着拍子，尽力引吭高歌。①

原始舞蹈和音乐是不可分的，可以说是伴生的。音乐的节奏、旋律则来源于劳动工具的撞击声，劳动中的呼号、叫喊，说话时为了表现某种感情而有的音调和升降变化；在狩猎之后的聚会或聚餐中、不满足的饥饿中、性的欲望中、对死者的哀悼惋惜中产生的没有意义却表现某种感情的感叹词，带上音调的变化，以及被固定的、明确的音程所分隔开

---

① 格罗塞：《艺术的起源》，商务印书馆，1984，第157—158页。

来的音调（这些在劳动中是常常发生的，有着一定的规律性）。在这种音乐的、舞蹈的活动中，无论是巫术的目的、劳动的目的、训练的目的、休息的目的或吸引异性的目的，都是实用性的，带着明确的、鲜明的功利目的。他们并未追求美。

但是，不可忽视，正是在这种音乐、舞蹈活动中，原始人体察到节奏、音阶的高低强弱、动作的拟态作用等。在这里，他们在感情上和心理上，体验到有节奏的活动和音乐所带来的消除疲劳、活动肢体的快感；体验到借此种活动来表现认识、情感、情绪的愉悦。而这些，都是含着美的因素，含着审美活动的内涵的。

1981 年在辽宁省西部朝阳地区的牛河梁子发现了五千多年前的文化遗址，在出土文物中有女神塑像。这表现了女系氏族社会对于女性的崇拜。还有孕妇塑像，那突出浑圆的肚腹，惹人注目。这也显然是对于女性的崇拜和对于生命的歌颂与崇敬。这些女性塑像，在当时自然不是作为艺术品，而是为了崇敬祖先、图腾崇拜及巫术目的而制作的。但是，在客观上，不是成为一个艺术品了吗？不是一个美丽的女性塑像吗？她具有审美的价值，而她的产生，又进一步培养了人的审美能力。

综合以上极简略的史的考察，我们可以看到，人类是为了食和性的实用的、功利的目的，在从事劳动、生产和生活中，在生产中改进工具、从事巫术活动、制造生活用具等实践过程中，逐渐地体验到对称、均衡、多样统一、节奏等美的规律的；也是在这种生产生活的活动中，体察审美心理的。这样，我们可以说：第一，人类是在劳动中、生产中、生活中，总括起来说，是在为获得自己的生活资料和繁殖人类的后代这两项基本活动中，为了实用的目的，与美相识的。

他们在劳动中、生产中，享受到的欢乐、愉快，成为美感的情感基础，他们在这些活动中的所作所为，其动作和活动内容、活动方式，成为人的美感的内涵和物象形态，他们在生产过程中产生的音响节奏、旋律成为美的律动的基础，形成人的美感的生理和心理基础；他们在劳动中对于工具的不断改进，客观上成为对于物体的美的加工，使它更对称、均衡、成型；他们在日常生活中不断利用各种形态的器皿，从而认识、熟悉、掌握了各种"形"的美；他们在男女的交往中，由于性的触动而感受到人体的美。

人类就是这样与美相识的：在各种生产与生活的活动中，发现、获得了与自己的理想、愿望相合，与生理、心理活动一致的美的事物和事物的美。

第二，这种相识的过程，不是有意为之的，不是事先想好的，不是主观意图的客观实现，而是邂逅，是意外的收获，是副产品，而且是逐步发展、逐步提高的，也是从无到有、从多到少、从不自觉到自觉地发展、演变的。

第三，在相识之时，审美的愉悦，美感的产生，都是和其他的感情、心理活动混沌一体地存在的，同实际的、功利的、生产生活的目的混合在一起。但是，它包含着相对独立的因素。只是在长期的发展过程中，美感、审美的心理活动，才逐渐由混合中分离出来，直至相对独立和完全独立地发展，才逐渐由朦胧到清晰地发展起来。

这有点像人与人的相识，起初是一般地认识，有一种混沌的、朦胧的、浅薄的、浮泛的感觉和感情，以后，才逐渐发展、深化了彼此的友情，那内涵也越来越丰富，那情致也越来越细密。审美活动和美感也是如此，在审美活动的发展过程中，人的美感和审美心理，也随着生长发育；越来越丰富、精致、细密了。

那么，在人与美相识以后，这美感和审美心理，又是怎样逐渐发展的呢？它的内涵又是怎样的呢？它们是一种先天的、先验的、抽象的人的本能、人的品性呢，还是一种后天习得、成长的知识与能力？

## 四、美感与审美心理的产生与发展

谈到人的美感与审美心理，会遇到相当复杂的课题和相当的困难。不过，笔者在这里依然不是想提供一个完满的答案，而只是提出一点看法，引出一种思路，希望能借此引起人们研讨这个问题的兴趣。也许这里所说的，是不尽正确的，或者是为读者所不能接受的，但是，却也可以因此而引起、诱导出自己的想法和见解，因为引人前进的常常不是结论而是疑问。

现在，让我们从两件具体的事物来开始我们的探讨，它们是我们所熟悉的龙和凤。

龙和凤，这是中华民族几千年来崇奉而喜爱的世界上两个并不存在的动物，它们是美的象征，幸福的象征。"龙凤呈祥"，已经是深入于我们民族心理中的美好观念，它深入于我们民族生活的各个领域和人民的灵魂深处。外国人把它与中国、中华民族紧密联系在一起，以它来象征我们的国家和民族，中国人以"龙的传人"自称，用它来标示我们是民族优秀文化传统的继承者。这种观念，表现于我们自古至今的各种艺术品类之中。我们见龙凤形象而欢喜雀跃，深感幸福，或者崇拜，或者愉快地接纳、欣赏。

然而，龙从何而来？凤又从何而来？我们的祖先是怎样把它们创造出来的？我们又怎样一代又一代地继续接受了它？在它们身上，寄托、积淀了我们民族的一些什么思想、观念、感情、心理内涵？这些都是需要认真思考的。作为美的事物与美的象征，它们浓缩了我们民族的历史、民族的感情、民族的审美心理的特质，我们从中可见美与美感的特性，也可见其一般性。

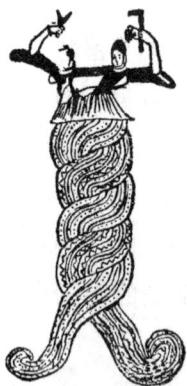

隋高昌古址阿斯塔那（Astana）墓室彩色绢画［仿史坦因（Aurei Stein）《亚洲腹地考古记》（Inner most Asia）图C ix］

重庆沙坪坝石棺前额画像（仿常任侠《沙坪坝出土之石棺画像研究》插图。《时事新报》渝版《学灯》第四十一期）

《洞神八帝妙精经》画像（左）后天皇君，人面蛇身，姓风，名庖羲，号太昊。（右）后地皇君，人面蛇身，姓云，名女娲，号女皇。（仿《道藏洞神部·洞神八帝妙精经》插图）

**图4-1　先民的图腾**

据闻一多考证，龙的形象的前身其实是蛇[①]，近年在内蒙古自治区翁

---

① 闻一多：《伏羲考》，世纪出版集团，2009，第21页。

牛特旗发现的玉龙，既无角也无脚，无须也无鳞，基本上就是一个蛇的形象。它以实物形态证明了闻一多先生当年考证的正确。但是，这个蛇的形象，以后演化成为"人首蛇身"或"蛇面人身"的形象，这是我国先民的图腾，是远古的英雄的象征，那古老传说中的"神""神人""英雄"，如女娲、伏羲、盘古、共工，都是人首蛇身（见图4-1）。这大概反映了那时的人们已经有了人的觉醒，具有了人的主体意识，不仅崇拜蛇而且崇拜人自身了，因此，在崇奉的图腾中，在祖先蛇的身上加上了人的面容或人的头像。这应该说是当时的人在思想意识上的一个值得注目的飞跃。

在《山海经》这本融会古代地理与神话传说于一体的著作中，记载着这种人首蛇身的怪物的存在，并且描绘了他们的形象。什么"北山经之首"，"其神皆人面蛇身"，什么"九山""二百六十七里"，"其神皆龙身而人面"；什么"烛龙"神，"人面蛇身而赤"等。书中描写了"烛阴"形象，那是雄奇伟壮的：

> 视为昼，瞑为夜，吹为冬，呼为夏，不饮不食不息，息为风，身长千里。

他是主昼夜、为冬夏，掌握着天地宇宙人间各种现象与命运的主宰。

在这里，我们看到，龙即蛇，蛇即龙。不管是蛇是龙，都是神人合一的，具有巨大而神奇的力量。

"《竹书纪年》也说，属于伏羲氏系统的有所谓长龙氏、潜龙氏、居龙氏、降龙氏、上龙氏、水龙氏、青龙氏、赤龙氏、白龙氏……都是一大群龙蛇。"[1]

龙，最早就是这样以人面蛇身的形象，作为图腾、符号，而被先民们在观念中创造出来，又绘成了图形，当作神、英雄、祖先来崇奉敬拜，来歌颂赞美。

不过，这人首蛇身的形象，以后是怎样演化成"龙"的呢？闻一多先生考证的结论是：

> 龙图腾，不拘它局部的象马也好，象狗也好，或象鱼，象鸟，象鹿都好，它的主干部分和基本形态却是蛇。这表明在当初那众图

---

[1] 李泽厚：《美的历程》，天津社会科学出版社，2001，第13页。

腾单位林立的时代，内中以蛇图腾为最强大，众图腾的合并与融化，便是这蛇图腾兼并与同化了许多弱小单位的结果。……龙的基调还是蛇。大概图腾未合并以前，所谓龙者只是一种大蛇。这种蛇的名字便叫作"龙"。后来有一个以这种大蛇为图腾的团族（klan）兼并了，吸收了许多别的形形色色的图腾团族，大蛇这才接受了兽类的四脚，马的头，鬣的尾，鹿的角，狗的爪，鱼的鳞和须，……于是便成为我们现在所知道的龙了①。

龙就是这样，随着蛇的氏族战胜、吞并或合并其他氏族的历史发展，而把其他弱小氏族图腾的某个特征加上去，如加上马的头、鹿的角、狗的爪……而逐渐形成和完善起来的。龙既然是这样一个融会众族、体现伟力、为神人与英雄、掌昼夜冬夏、主宰命运的神物，当然，龙呈祥，是一切幸福之所系，一切灾祸之所忌，就是毫无疑义的了。

那么，凤呢？

凤即凤凰，它是来自鸟图腾的创造物。它保持了鸟的基本形态，比龙之保持蛇的形态要浓厚得多，但也像龙的形态一样，吸收了其他飞翔动物力量与形象的象征的局部形状。它同样是一个图腾形象的组合，神人力量的融会，氏族部落的合并。李泽厚在《美的历程》中指出，凤鸟是中国东方集团的除龙之外的另一个图腾符号：

从帝俊（帝喾）到舜，从少昊、后羿、蚩尤到商契，尽管后世的说法有许多歧异，凤的具体形象也传说不一，但这个鸟图腾是东方集团所顶礼崇拜的对象却仍可肯定。

关于凤凰的构成，《说文》有这样的记载：

凤，神鸟也。天老曰，凤之象也，鸿前麐后，蛇颈鱼尾，龙文龟背，燕颌鸡喙，五色备举，出于东方君子之国……

《山海经·大荒北经》中还描写其形象为："大荒之中，……有神九首，人面鸟身，名曰九凤。"《诗经·商颂》则说："天命玄鸟，降而生商。"从这些记载中我们可以看到，凤的形象，最初也是人面鸟身，并且是九头神异，后来，又以鸟为基础，融会了鸿、麐（麟）、蛇、鱼、

---

① 闻一多：《伏羲考》，世纪出版集团，2009，第21-22页。

龙、龟的特点，而成为一个综合的、虚构的形象。

有一幅战国时期的楚帛画，给我们留下了凤的早期形象（见图4-2）。它比后世的凤凰形象要简单古朴，但估计比原始形象又要完美得多。其中似蛇似蜴的动物形象，也许就是龙的初期形象了。这两个形象合在一起的图画，给我们一个具体的印象，足以悬想揣摩，我们的祖先，是怎样在历史的跋涉中，创造制作了这龙的、凤的形象，并赋予了它们以种种的意义。

那么，我们从龙凤的产生史和龙凤的形象中，可以悟得一些什么道理，可以窥见一些什么历史信息呢？

图4-2 战国楚帛画（摹本）

无论是最早的玉龙的雕像，还是新乐遗址中出现的鸟的图腾，乃至龙的完整的形象和凤的最早形象，在客观上，都是一种艺术作品、一种艺术形象，其中是隐含着先人的美感和审美心理的。只是这种美感和审美心理，并不那么单纯，而是相当复杂；并不那么独立自在，而是浑然杂陈，裹在多种其他意识和情感之中；也并不那么明晰，而是朦胧混沌，若隐若现。我们了解这种状况，不仅有利于具体了解当时的人们的美感状态和审美心理状态，而且有利于我们现在探讨美感和审美心理的性质。

我们完全可以肯定，原始人并不是为了艺术的目的、审美的要求，把龙、凤形象作为艺术形象来创作的。辽宁西部牛河梁子出土的女神塑像、内蒙古翁牛特旗出土的玉龙、沈阳新乐遗址的鸟的雕刻，可以说，都不是为了艺术的目的而制作的。至于文身也好、穿鼻也好、涂身也好、歌唱也好、舞蹈也好，也都不是为了审美的目的，至少不是完全为了审美的目的而实行的。且仅就龙、凤来说吧。

首先，我们从图腾发生史来看其中的思想和感情内涵。图腾崇拜的产生，是出于原始人的一种思想观念；企求那被认为是氏族祖先的某个动物的图像，来保护自己，赐福于自己，原始人把图腾符号绘在工具和器皿上，或是文在身上，就是拿来作为护身符，也用作氏族的标志，使

祖先在冥冥之中见到，会保佑他，或是在生活中为本氏族的人所认识。据闻一多先生考证，古代的越人"断发文身"，看起来好像为了装饰自己、为了美，但主要的目的却是在"模拟龙的形状"，以为这样就可以"为蛇龙状""像龙子"，当他们在水中捕鱼时，就既可"避水神"，又可以"避蛟龙之害"了。此外，还可以"为尊荣"——身上有图腾标记，自然分外尊贵和荣耀。闻一多的文章中还引用了《图腾主义》一书中的材料：阿玛巴人（Omabas）的"龟"部族（以龟为图腾的部族），把头发剪成和龟的甲壳同样的形式，在四边分成六条小辫，代表龟的四足与头尾。小鸟的部族，则在额上梳成鸟的喙，有的又在脑后留小辫，以代表鸟的尾，在两耳上梳上两簇头发，以代表鸟的两翼。有时更在身上刺画种种花纹，为求与其图腾的形态相类似。[①]这是至今尚存的原始部族所再现的远古先民的做法。

从这些情况可以看到，无论是远古的先民还是现代的原始部族，用图腾符号来装饰自己，都是怀着实用的、功利的目的的：避害、祈福、显尊荣、露富有。总之是为了保全性命、延续生命，过好的生活。无论是龙的形象还是凤的形象，它们的丰富和不断发展，它们的形象的渐趋稳定化，其形象的刻画、纹镂、雕刻于器皿上、人身上、工具上，或是绘成画、塑成像，也都同样是包含着这些实用的、功利的目的。这目的，有的是为了个体的需要，有的是为了部族的整体需要。但都是一种实用的、功利的目的。

不过，有一点很值得注意：在这些关于实用的、功利的目的的考虑中，是有一种美的感觉存在的，就是说，原始人制作或是见到这种图腾形象时，是有一种愉悦之情和快感产生的，这正是美感的因素，也就是美感的产生。由此我们可以看到这样几点：第一，实用的、功利的目的的满足，同时就是一种美的感觉、美的感受，一种美的愉悦，可以说，美感与审美活动起源于这种实用的、功利的目的的实现，两者是结合在一起的。尤其是在人类进入审美领域的初期，在刚刚走进审美世界的时期更是如此，而且它们是浑然一体、界限不清、意识不明，相伴而生、相合而存的。

第二，我们又不可忽视，其中确有美感存在，有审美活动存在，而

---

① 闻一多：《伏羲考》，世纪出版集团，2009，第23页。

它的存在是一个美好的消息：人类走进美的领域，人类孕育着美感，这是人类质量的提高、人性的提高。

第三，人类在这样的为了实用的、功利的目的而制作和欣赏种种美的形象（如龙和凤等）和美的形式中，在朦胧地享受审美的愉悦、审美的快感和浸润于这种美感中时，逐渐形成了一种心理状态，一种心理活动的机制，就是在达到了实用的、功利的目的后，引起了一种快乐的感受的同时，享受到一种由这种快乐引起、与这种快乐相连，但是又与之有区别，略带一种游离的、抽象的感觉，感到美滋滋的一种感觉和感情。这就是一种审美心理、一种美感。

第四，这种美感和审美心理在萌发之后，一方面，会影响到人类的工具、器皿的制作，人体的装饰及音乐、舞蹈、歌唱的活动，影响到巫术仪式的活动，使这种美感和审美活动得到一种抒泄、一种寄托，从而使这些活动更带审美的性质，更具艺术创作的素质；另一方面，这些改变了的、提高了的"艺术产品"，又会进一步提高人的美感水平和审美能力。

人的美感和审美能力就是这样在实践中——在实用的、功利目的的实践中，以及在相伴而行或单独进行的"艺术创作"中，逐渐发展、逐渐提高的，直至发展到现代人这种高度发达的水平。

当然，现代人的美感和审美心理，是极为复杂的，是多元因素组成的。它的内涵，包含着人类自原始时代到现在的几千年的历史、文化发展的积淀，包含着各个人种、各个地区、各个民族、各个国家的独特文化，也包含着现代人经过几千年发展的极为丰富复杂的感情、意识和趣味。它因此常常显得距离实用的、功利的目的很远，甚至没有关系。事情也的确是这样，我们现在采取某种装扮样式或采用某种装饰，或者看到桂林山水、西湖风光、黄山美景、庐山巨瀑，或是欣赏一幅画、一出戏、一篇小说，觉得有一种审美的愉悦，赞叹一声"真美"，并不总是出于实用的考虑、为了功利的目的。正是因此，有人说美和美感是超功利的、非实用的，只要是出于实用的、功利的目的，就不能欣赏美，就不是审美的态度。这是把短时间的心理活动当作绝对的、静止的，又拿来概括全体、总揽全面了。同时，是割断了历史。我们从前面的史的叙述中，不是已经看出了：美感和审美心理是在实用的、功利目的基础上产生的吗？

从本质上说，我们应当如此看美感和审美心理。但在现代的具体的、个体的审美活动中，自然并不总是以实用的、功利的目的为必备条件与因素，这是不言而喻的。

在我们关于美和美感本质的争论中，往往是不把这两种情况分开，而作浑然一体的、一般化的论证，所以不免各执一偏而不能接近了。

现在，我们再来探讨美感和审美心理中的另一个因素，即感情因素。美感，当然是一种感情；审美心理，也自然包含着情的活动。前面说到的原始人的那种活动，比如我们民族的先人在绘制、刻画或顶礼膜拜龙或凤的图腾时，心里是充满着感情的，其中有安全、幸福、祈祷、崇敬和愉快等情感因素。原始人在从事这种活动时，往往还举行一种庄重热烈的仪式，同巫术活动结合在一起，这时候，就既有一种混合于迷信中的敬仰、神秘的感觉，又常常裹带着一种迷狂的感情，在心理上进入一种自我迷醉、自以为是、出神入化、神鬼附体的状态。这时的感情是相当热烈的，可以说处于一种神魂颠倒、情感激荡、忘乎所以的迷狂状态。这种心理境界，对于原始人来说，是一种美妙的状态，在事前、当时和事后，都会感到极大的愉快。同时，这种感情也是相当复杂的，而且各种感情之间，互相交流、互相刺激、互相强化，也就使得前述的迷狂状态更为强化、更为升腾。这种情况，我们从现代仍然存在的原始部族及一些少数民族的宗教活动、娱乐活动中，仍然看得出来，那是一种感情激越的狂欢状态。

我们现在可以想见，原始人在为了上述种种目的而手舞足蹈时，或者想到、祈望战争的胜利、狩猎的成功，或者意识到祖先、神的降临、护佑、赐福，或者预祝和期望新的战士、劳力的茁壮成长，或者感受到重温狩猎等活动的愉快、疲劳消除的轻松及追求异性的欢悦，如此等等，所有这些都是欢乐、愉快、舒畅的感情。当原始人从事这种舞蹈活动时，总是处在一种充满原始力量的迷狂状态，是感情炽烈而张扬、迸发的阶段。普列汉诺夫在他的艺术论中论述舞蹈时指出：舞蹈是"野蛮人的最大的审美快感"，因为舞蹈使他们的"兴奋状态"，得以向外表现[1]。研究原始艺术的学者们从各个不同的角度说明了舞蹈所表现和带

---

[1]　普列汉诺夫：《没有地址的信/艺术与社会生活》，载《论艺术》，人民文学出版社，1962，第188页。

给从事这种活动的人们在感情上的激荡作用，它从出发点到归宿都是充满着感情的，整个舞蹈过程便是一个挑动、激发感情，使之达到如醉如痴、如疯似狂状态的过程。格罗塞在《艺术的起源》中指出：布须曼人在模仿动物的不太正确的动作中得到最大的快感。有的在这种欢快感情的鼓舞下，竟能赤脚走过燃烧着的煤炭。他认为，唯有舞蹈能够使原始人强烈感受到审美的享乐。[①]

在这种由于实用目的和功利观念及预想的实际效用所燃起的感情活动中，也同样包含着美感的因素。不过，它这时是同那些实用的、功利的观念、情感混合在一起的，混沌不分的。但它却以带着特质的存在，在"母体"中孳乳生长。这一方面是母体中的混合的特质性存在，另一方面，又奠定了它的情感特质的基础，为它以后的单独发展，形成了最初的基因，构成了基本素质的核心。中华民族的祖先，在原始状态中，以蛇和鸟为图腾、为基础，而形成龙与凤的最初的观念和图腾，并对之顶礼膜拜，或断发文身以追求对它的形似，或者刻、描、画它的形象于工具、器皿之上，那情感便是属于这种性质的。它所引起的情感之波，是围绕着丰收、胜利、生活好、获得异性爱、得子多等实质内涵而旋转、律动的，一种混沌的、朦胧的美感在其中萌发、激荡，悄悄地升起、积存、沉淀、发展。

可以想见，当我们的祖先面对龙的或是凤的图腾，或者是稍后对龙与凤的雕塑的、绘画的形象时，心中是充满了感情的，这种感情又是相当丰富、复杂和激烈的。

由此可知，美感是混合在一种复杂的、丰富的感情之中的一种情感因素，它不是凭空产生的，也不是单独产生的。美感这种情感活动往往是激越的、热烈的。美感本身，就是在这种丰富、复杂的"世俗"感情的基础上产生的，又是裹挟、蕴藏于其中的。没有纯粹的、单一的所谓美感。同样，审美心理也是在这种情感基础、情感状态中的一种心理活动，它也不是单一的、纯粹的，无实用的、功利的目的的。

当然，我们这里又是在追本溯源中，对于美感与审美心理产生之初或初期发展阶段的性质的说明。在以后历史的发展过程中，这种感情状态，也是不断发展、不断充实、不断复杂化、不断提高的。在它们的外

---

① 格罗赛：《艺术的起源》，商务印书馆，1984，第162页。

面包上了种种其他"色彩"，在它们的内涵中添加了许多历史文化因素。但是，这个本源的性质、这个起始的"品性"并没有根本改变，更没有泯灭。美感和审美心理的感情因素，特别是这种情感中的"世俗"因素，始终是必备的"基因"。这不仅是它们的特质，而且是它们的优点。正是因为有这个特质和优点，美、美感才成为人类生活和感情中的瑰宝。

除了感情因素之外，我们在审美活动中，还可以看到其他的心理活动，其他的心理能力的作用。它们也是美感和审美心理的必备条件，而它们的萌生、发展、成长，也是经历了一个发展过程的。在最初也是简单的、混杂在别的能力之中的。

（1）我们要说到联想和想象。在前面所说的种种活动中，在这些活动进行时的感情活动中，联想和想象，很明显地起着重要的作用。它们起着什么样的作用呢？起着生发、孳乳、发酵的作用。或添枝加叶，或锦上添花，或夸大、或缩小，或变形、或移植，施行种种"法术"，来达到种种目的，首先当然仍是实用的、功利的目的，同时潜藏着，以后又有意地追求着美的效果。比如说，把某个动物（蛇或鸟）作为本部族的图腾，就是一种联想和想象活动。在想象中把一个抽象的、一般的蛇形象（不是某个具体的蛇），当作无所不在、无所不能的神、英雄、祖先。又在想象中，由蛇或鸟的形象联想到渔猎的成功与收获，联想到美好的生活。这种能力，在人类的童年期来说，也是几十万年发展的胜利果实，不是轻易得来的。但是，得来之后，就成为人的一种本领，给人带来许多征服自然的效果，同时，带来了审美的能力，通过联想和想象去取得审美的愉悦、美的享受。

其次，当把自然物体物化为人所创造的物质形态时，比如雕塑、刻画、绘画，龙或凤的形象，就有更多、更高的想象力在起作用了。要在冥冥中把留在心里的蛇或鸟的表象，复现出来，想象出蛇或鸟的形象，再在想象中把图形移置于器物上，要用线条来勾画轮廓，当然还是按照一定的、预先想好了的图形、构图来刻画塑造，这预想的形象，便是一个想象的产儿和想象的虚构的实体。

再次，当这个图形已经形成——塑成或画成——以后，一个更大的幻想便是十分必要的：想象中，这个图形将保佑自己、帮助自己，使自己获取幸福与愉快。要用想象之链，把图形和实际效用（其间包含着种种现实的物品和生活）联系起来。而且，应该说，在制作之前，这种想象就作为动机、动力而出现了，而在制作之后的长时期中，这种对于预期目的的想象也是一直存在于心灵中，作为一种鼓舞的力量、推动的力量而存在着的。

最后，我们还绝不能忘掉，把一个立体的、活动的、或大或小的动物，用简括的轮廓线条绘制刻画下来，将它变成了平面的、较实物放大或缩小（一般都是缩小）了的图形，这中间是需要一种了不起的想象力的。而且，在描绘刻制中，要舍弃大量的现实存在的、被认为次要的和不必要的细节，而只是用线条勾画外轮廓或用简单线条组成图形，这也是需要发挥想象作用的。想象，正是它，成为主要的手段。

在这些想象的过程中，都有联想参与其间，发挥着自身的积极性和重要作用。

正是联想、想象成为最初的审美活动和美感的本质及审美活动的本质。

（2）在前述的思想、观念和情感活动中，都同时表现为一种心理活动。无论是在工具的制造、改进中，在舞蹈的造型和动作变化、模拟中，还是在将想象中的一种创造物（如龙与凤）物质化、使它塑之成形，绘之成图，都产生了一种心理活动，培养了一种心理能力，而且，在这种心理活动中，得到种种感受，既有由于想象中得到预想目的而来的欢快愉悦的心理感受，又有凭借想象绘制本来没有的图形的构想的心理能力和从创造中得到的愉悦心理。同时，在想象、制作、模拟、崇拜、祈祷、翘盼、预想等活动中，也都有着种种心理现象产生。这些心理活动，都是产生、构成最初的审美心理的基础因素。它既是构成审美心理的成分，又是决定审美心理的基因，同时是发展审美心理的基础。审美心理的本质，在此时已经"命定地"形成了、决定了。"工具的制造培养了人的一种新的心理能力，即预先在心里形成加工对象形式的模式，以它指导加工的方向，使自然物发生形式的变化。最早的艺术，尤其是雕塑与这种心理能力的形成有极大关系。正是在几万年的工具制造中，人获得了对形式感的巨大敏感以及在此基础上积累起来的技巧，才使得某些艺术，尤其是造型艺术的产生成为可能。……人按照自己构想的模式来制造定型工具时，他同时就获得了艺术创作最重要的一种心理能力，这种心理能力在类人猿那里是绝对不会有的，从此，人才真正走出了生物界"①。

这里只是从工具制造一项活动中来阐述人类最早审美心理能力的获得，事实上，先民们的其他活动，比如制陶、绘制陶器上的图案及更重要的，在音乐、舞蹈、绘画、雕塑等活动中，也都不仅获得了这类心理能力，而且更为有力而丰富地促进了这种心理的形成和心理能力的获得与发展。

人类的审美能力和美感构成，就正是在这样一系列（包括思想、观念、感情、心理、联想、想象）活动和能力形成中，萌生、滋长、发展、提高的。

龙啊，凤啊，起舞吧，飞翔吧，你们所呈的"祥"，岂止是食饱、衣足、室暖、身美、尊荣、异性、平安、胜利、幸福，而且，给人类意识增添了一朵艳丽的花之蓓蕾——美感，给人类的世界增添了欢乐幸福的事物——美。

这里，还需要补充一点：在原始人的舞蹈、歌唱等活动中，同时会获得生理上的舒适感，或者使疲劳在活动中得到消失，精力重新增长，或者是在运动中身体的活力得到舒展。而这种生理上的快感，同时就引起心理上的愉悦感。因此，生理快感也是美感的基础之一。当然，在以后的长期发展中，人的美感越来越多样、丰富、复杂，他们所创造的美也越来越多样、丰富、复杂。快感固然仍是美感的预生和伴生现象，然而却不是必然的和必需的。就是说，美感不一定伴有快感，而快感当然更不等于美感了。

## 五、审美范畴的确立、变化与拓展

在人的美感能力产生之后，人就不断开辟着审美的范畴，使审美的范畴基本确立下来，具有相对的稳定性，同时不断地变化、拓展，使人的审美领域越来越宽广，人的审美世界越来越丰富多样。

现在，就来叙述一下，人类是如何开辟、拓展审美范畴的。

让我们从古代如何看待美人及古代美人的标准是什么来说起吧。

古代的美人是什么样的？他们是怎样创造出来的？内涵是什么？从

---

① 朱狄：《艺术的起源》，中国社会科学出版社，1982，第187页。

这些内涵中，能够体察出一些什么有益的见识和美与美感的规律来？

人与兽合体合形，这便是中外古代美人的形象。啊，这是怪物！但这是今人的看法，古代人并不如此看。古代埃及的美人是狮身女首的斯芬克斯，还有其他的兽首人身的神祇。古代巴比伦的美人则是人形化的狮身神、牛身神。至于咱们中国，那是人头的蛇，蝎（蜥蜴）身人首的神物（见图4-1）。

所有这样人与兽的合体形象，何美之有呢？中外的先民何以会把他们当作神人、伟人、美人来顶礼膜拜呢？

为了回答这个问题，我们必须悬想着回到远古的时代去。那是"食色性也"的时代，人类的祖先只能、只会维持两种生产：最简陋粗糙的生存资料的生产和后代的繁殖。他们寻找着、思考着：自己是从哪里来的？万物，主要是他们得以维持生存的生活资料是从哪儿来的？他们得出的结论是十分幼稚可笑的。他们认为自己是从那些维持自己生活的主要来源即某个动物（比如牛、羊、鸟）或某个自己最恐惧的动物（如蛇、虎、狮等）进化来的。于是便认为这是自己的祖先，自己是它们的子孙后代。他们需要这些祖先的爱护、保佑、帮助，因此要把最高的崇敬、最虔诚的礼拜、最隆重的祝福、最热烈美好的感情，奉献上去。在这种敬拜祈求的活动中，他们的心理进入一种迷狂痴醉、崇高美好的状态中。感情凝重、净化、热烈、深沉。这种思想、观念、感情、心理需要具体的寄托，需要具体化、形象化、物质化，于是他们雕塑、刻画、绘制了某个动物的形象，并加上自己的面影。身是动物，这是基础，是根源；头是人自身，这是在根上生长的，是派生的、寄生的。这个形象一旦产生，先民便把上述的最美好、庄重的感情倾注于其上了。这是他们最大的真实（它意味着猎获物、战利品、异性等），也是最大的善（主体是最大的慈爱、伟力、魔法；客观上它带来最好的生活），因此，也就是最美的形象了。

于是，人与兽合体的形象，便进入审美的领域。

但是，我们必须立即说明，真与善与美，这时在观念上、感情上和心理上，都还是三位一体地混合在一起，没有分离开。而且，更主要的还是真与善，美不过是附着于其上的一分子罢了。当然，对于今后的美感来说，这却是非常重要的一分子，一个含着广阔发展前途的"孢子"。就是这个人首兽身的形象，先民是如此之喜爱它，他们塑造它、描画它、扮演它，来祈求幸福，并且以为一定能够实现目的。在这里真与假、现实与幻想、虚空与实际是统一的，没有区别的。"氏族的代表人物，例如西王母、帝混沌、姜嫄、后稷等等有时还要扮成图腾的样子，举行图腾跳舞之类巫术仪式，或代表图腾，接受族众的膜拜和赞颂。氏族当然把这种怪诞的形象当成最美的形象，扮演做图腾的祖先、酋长、巫师，以后还常被膜拜为美和艺术之神（例如西王母兼管音乐，混沌是识歌舞，姜嫄掌握閟宫万舞等等）"[①]。这篇文章还指出：羌族活动在我国西部，以羊为主要图腾，他们的代表人物就常常喜欢装扮成羊的样子，至少在头上插着羊角。"姜嫄就是她们的女族长，老祖母，土地、生殖和丰收，艺术和女神。姜（羌）族以羊或似羊的人物为美，为伟大。他们的审美是和他们的'两种生产'历史实践紧密联系在一起的，决不为美而美，为艺术而艺术。'美'这个字汇，就是羌族人民的光辉创造"[②]。羌族的族长、酋长和巫师，常常要装扮成羊的模样，举行羊图腾之类的舞蹈仪式，这便是他们的"原始艺术和审美的重要表现"[③]。

在这里，我们看到，先民之所以以人首兽身像为美，首先的和主要的是因为它意味着幸福的、美好的生活，体现着他们这方面的理想、愿望和情感、心理。这里充塞着社会的、现实的、功利的内容。而正是因此，才勾起了先民对于这个形象的愉悦、喜爱、欢畅的情感即美感，引起了他们的审美评价。这一点非常重要。因为，固然这种对于美人、美女的喜爱，首先的和主要的是认识判断、价值判断，但同时掺和着审美判断，而且后者是依附于前者之上的，是在前者的基础上产生的。这就使我们可以明确几点：第一，审美判断、审美活动和美感，是在实用的、功利的基础上产生的，是与它们紧密相连、不可分离的；第二，它又是具有不同素质和独立存在价值的一种情感、一种判断；第三，这种素质、这种价值和情感的判断与活动，是在形象的基础上产生的，是重形式的，即与形式的构成、与形象性分不开；第四，它是一种具有特质的情感与心理活动。联想、想象是其活动、评断的杠杆和中介。这些，便都是后来得到辉煌发展的美和美感的基因、核心、"孢子"。

① 萧兵：《美·美人·美神》，载《美的研究与欣赏》，重庆出版社，1982，第21页。
② 同①，第21—22页。
③·同①，第22页。

在以后的发展中，人类由于生产的发展、知识的增长、科学技术的日益发达，愚昧和无知的状态逐渐减退，对于自然、对于世界和社会的认识都提高了，在许多方面掌握了它们的规律，对于人类自身力量的认识也提高了。这样，人类逐渐能够把自身同自然、同动物分离开来了，主体性大大增强了，在信仰上，也逐渐由泛神观念，从原始巫术崇拜，过渡到反映了人对世界、自然、社会具有一定认识的宗教信仰阶段和人的权力崇拜阶段。这时，美的形象崇拜也就逐渐发生变化，逐渐地演变，兽形、兽性逐渐地消逝了，对人的力量的崇拜增加了。纯人的形象发展起来，人的形象本身也不断演变。其中，透迤着社会的、历史的变化轨迹，和人的美感的、审美活动的轨迹，二者相伴而行，有机地结合在一起而向前发展。

我们的先人，最早就是这样以围绕着、体现着、充塞着"食色"二字即"两种生产"的内容，来形成他们最早的、混沌的、朦胧的原始审美范畴。以后，又在这个基础上，逐渐地扩大、拓展、增加、开辟新的审美范畴，一代一代地，按照不同历史阶段发展着、创造着美，丰富着自己的美感，提高着自己的审美能力，使自己的审美活动极大地丰富化、复杂化，从而开创了万紫千红、绚丽多彩的美的人生与美的世界。

那么，人类又是怎样不断地拓展自己的审美世界的呢？当然不可能是自发的，而只能是在改造自然的过程中，不断地开辟了生产的和实践的新天地，从而也就开辟了审美的新天地。比如说大自然，曾有人形容说，它像后娘一样对待人类，人类对它充满了恐惧和敬畏。原始初民，是匍匐在大自然淫威下的奴仆，人类的惊魂在自然的凛凛威风（狂风暴雨、严霜厚雪、雷轰电击、山洪暴发、洪水泛滥、山崩地裂、雪崩海啸、江河改道、湖海四溢等）面前，哪有美的感觉和审美的情致？但是，当人类在一定程度上掌握了自然规律，一方面能够避害消祸，比如说盖房以避风雨，引导疏浚河道；另一方面，还利用自然规律来为自己服务，比如利用电击来取得火种，引水来浇灌种植物。这时，人与自然的关系有了变化，主要是产生了友善的一面，产生了自然为人所用、为人服务的一面。而且这一面，是随着人类生产力的发展和知识的增长而不断发展的。正是由于这一方面人与自然的关系的产生，也就产生了人对自然的友好感情、喜爱心理，从而就把自然作为审美的对象了。人对自然的改造和人对自然的利用，都可以叫作使自然人化，而这种经人改造过的自然，也可以叫作"人化的自然"。这种"人化的自然"进入人类的审美领域之后，就又会刺激、启发、引导、提高人的美感和审美能力。而提高了的人的审美能力，便又会去开辟新的审美领域。

这是一个很有趣的辩证发展过程。

## 六、人怎样创造了美？美怎样培育了美感？

让我们从一幅原始洞穴壁画开始。

图6-1　西班牙阿尔塔米拉洞穴的大壁画

如图6-1所示是一幅阿尔塔米拉（Altamira）洞穴的壁画，它于1879年被发现于西班牙北部桑坦德（Santander）约30公里的地方[1]，它的主要形象是动物，计有15头野牛、3只野猪、3只母鹿、2匹马和1只狼。这些动物的形象的轮廓都是用尖硬的燧石工具刻画过而深深地嵌入了岩石的表面。它们的形象都刻画得准确、逼真、生动，姿态多样，十分引人，而且都用色彩渲染过（图6-1）[2]。所有这些动物形象，是那样地闪着艺术的光芒，具有感人的力量，我们完全有理由把它们视为艺术作品中的形象，毫无愧色的美的产品。这种岩洞壁画几乎遍布世界各地。这反映了人类最早的艺术创造，它大约发生在3万年到1.2万年前，在欧亚两洲的冰河期的晚期，存在的时间大约有两万年[3]。

如果注意到另一更早的艺术品，匈牙利塔塔（Tata）出土的莫斯特

---

①②③　朱狄：《艺术的起源》，中国社会科学出版社，1982。

期的长毛象断片，还可以把原始艺术产生的时间向前推移。它是一块雕有符号的饰板，一面涂有赭色，制作之精致，达到了令人惊异的程度。它出产于距今4.2万余年的更早的时期①。

岩洞壁画给我们展现了一个远古时代的艺术世界、美天地。它至今不仅是考古的、艺术史的和美学的研究对象与资料，而且它本身便是我们见之便留恋赏玩的艺术品。它给我们以审美的愉悦，人类审美历程的形象信息。从中可以得到多方面的收获。

首先，可以看到，这些艺术品都不是作为艺术品被生产出来的。虽然现在我们还没能得出很完满的、有足够根据的、使大家一致同意的说法，证明这个岩洞壁画是为了什么具体目的而创造出来的，但是有一点是十分清楚而为大家所接受的，这就是它们是为了实用的目的而创造出来的。这种实用的目的，有多种说法，主要的是与巫术礼仪有关。有人认为这些黑暗的洞穴，在这时已经有些地方不是居住所而是礼拜场，是原始人从事巫术活动、祈求猎获成功的场所，而这些动物画就是某种巫术手段，是一种灵符或别的什么；它们在原始人的心目中，是与实在的动物没有绝对界限的，它能引来、变成或在别的地方可以看到这种动物。在这里，美是为了生产、为了实用的目的而被创造出来的。它是实用的目的、生产（巫术是为了生产因而与生产相联系的，表现为原始宗教活动的生产活动，所以，包括巫术）的目的所获得的副产物，是意外的收获，不自觉的艺术制作。

但是，这种艺术制作却不是完全在非自觉状态下制作的。原始人凭着祈求丰收的热情，凭着记忆（对描绘对象的形象的记忆）、凭着想象，设想了这些图形，并有计划地刻画下了这些动物的形象。原始人还用准确的线条勾勒了这些动物的外形，他们用各种不同的线条和对这些线条的安排配置，构成了这些动物的形象。在这里，都有着对于美的规律的掌握和运用。从这方面看，他们的创作又是自觉的。这种自觉性，包括对线与形的认识和掌握、对于用线与形来创造形象的规律的掌握，以及对于形式美的掌握。而这些，正是一种审美活动，一种按照美的规律的有目的、有计划的活动，其自觉性是很明显的。

① 以上参阅朱狄：《艺术的起源》，中国社会科学出版社，1982，第二节《探索艺术起源的几种途径》。

不过，必须说明，这种美感的自觉性，有两个值得注意的特点。第一，它是与其他感觉混沌一体地存在着的，它还没有游离于母体之外，还是同真与善、再现客观形象与为了实用目的的"创作欲望"混合在一起的，还不是一种自觉的、追求美的"纯创作欲望"。也就是说，美感还没有独立出来，还是与人的其他感觉混合在一起的；审美活动、美的创造，也是同其他活动（生产的、生活的、巫术的）混合在一起的。历史还只发展到这一点，人的感觉能力（其中包括审美能力）也还只发育到这个程度，只能等待着进一步的前进。第二，虽然如此，但是，这种还带着原始性的美感能力和美的创造，也是经历漫长的时间，至少是两三万年的时间的历史活动的结果。这种历史活动和结果表现在两个方面。

第一是这种为了实用目的的"原始艺术创作"在原始人的生产、生活中的作用、地位的发展。也就是说，人类最早只是极简单地刻画一些不成形的有关动物的形象，来传达一点信息，如告诉同伴某处有鱼、某处有水或有某种动物等，或者画下一点简单的物体的图式，以表示某种意思，等等。久而久之，逐渐发展到能够具体地、完整地、生动地描绘、刻画动物的形象——由单个的形象到群体形象再到狩猎的人与动物的群象。由于这种服务于生产目的的实用性"艺术创作"的逐渐发展、提高，它对生产、生活所发生的作用也就越来越大了。由此，人们对它的重视程度也越来越增加了。这就促进了这种实用性的创作的生产、发展和提高。

第二是在这种"创作"实践过程中，人的美感能力和"艺术创作"能力，也越来越发展和增长了。因为在"作者"的不断创作过程中，自然会不断使自己的美感能力得到提高，"创作"的水平也不断得到提高。这是已经为远古的历史发掘和美术史的发展所证实了的。同时，这些作品，是不断为"广大观众"所欣赏的。原始人在这些绘画面前，或者顶礼膜拜，祈求幸福、安全、狩猎成功，或者重温狩猎丰收的惊险、痛快、欢畅的情感与生活，或者"阅读"画本，破译其中的信息，以得到需要的指示，如此等等。这些，便都是他们的生产、生活实践的必要组成部分；但同时，就是他们的艺术欣赏活动。他们注视画面，欣赏图形，想象各种场面，追忆已逝的情景，幻想所要得到的一切。这正是心象与形象结合的艺术欣赏。

这里表现的正是马克思所说的主体产生客体、客体又产生主体的主客观交互作用的过程。马克思指出："艺术对象创造出懂得艺术和能够欣赏美的大众"，"因此，生产不仅为主体生产对象，而且也为对象生产主体"①。这就是说，一方面，艺术作品是人创造出来的；另一方面，艺术作品又能够培养人们的审美能力，从而使他们成为懂得艺术和能够欣赏美的人。因此，生产不但是为消费者这个"主体"生产了消费的对象，而且，消费品这个"对象"，也反过来生产能够消费它自己的"主体"（即消费者）。好比人类最早生产出鞋子这种消费品，就不仅是生产了可以穿的鞋子，而且也使人们懂得了鞋子的用途、好处，于是从光脚行走和劳动到穿着鞋来活动，也就是鞋子"生产"了消费它的"主体"了。

人类的美感能力，就是这样辩证地、"主体生产客体，客体又生产主体"地产生和发展起来的。最早的"艺术品"是人类为了生产、为了生活、为了娱乐、为了巫术活动等实用的、功利的目的生产出来的，它最早是混合在实用产品之中，作为一种审美因素而存在的，以后逐渐分离出来，独立的艺术价值越来越大，最后成为独立的艺术品。无论是作为审美因素而存在，还是作为只有相对独立性或是完全独立的艺术品，它们都是能够培养、提高人的审美能力的。人的美感，以及创造美的能力，就是在这样一种接受客观事物的美和美的客观事物的刺激、培育下，产生和逐渐发展、逐渐提高的。马克思指出："动物只是按照它所属的那个种的尺度和需要来构造，而人懂得按照任何一个种的尺度来进行生产，并且懂得处处都把内在的尺度运用于对象；因此，人也按照美的规律来构造。"②

人对于客观事物的美和美的客观事物的这种刺激和观照，首先是靠眼、耳、鼻、舌、身这五种感觉器官去感知的，特别是耳和眼，作为听觉和视觉器官，其作用尤其重要。而人的五官感觉的能力，就是在不断接受客观的有节奏、有韵律，旋律悦耳的乐音刺激下，在美丽的形象的刺激下，才逐渐发展起来的。马克思说："不言而喻，人的眼睛和原始的、非人的眼睛得到的享受不同，人的耳朵和原始的耳朵得到的享受不同"。因为人类刚刚脱离动物界时，只知道食和性，他们从客观世界所

---

① 马克思：《〈政治经济学批判〉导言》，载《马克思恩格斯选集》第2卷，人民出版社，1972，第95页。

② 马克思：《1844年经济学哲学手稿》，人民出版社，2000，第58页。

看到的，就是食与性的对象，此外，都是视而不见、听而不闻的，因此和动物差不了多少，所能享受的对象是很狭隘的，他们还没有获得人的眼睛和耳朵。只是以后，随着社会生产和生活的发展，客观事物进入人的观察、接触和享受范围之中的越来越多，而且经过人类改造的自然界的方面和自然物也越来越多，比如把山川河流田野进行了开垦、治理、耕种和利用，制造了各种工具、器皿等；而且，人类自己创造的东西也越来越多了，比如创造了美丽精巧的石的、玉的、骨的装饰品，创造了原始雕塑、洞穴壁画等。这样，人类就把美的因素创造出来了，赋予大自然和客观事物了。马克思把人的这种活动称为人类对自然的改造，而改造过的自然界和自然物，则称为"人化的自然"，同时，把人的这种改造客观世界的活动和这种活动的结果叫作"人的本质的客观地展开"。这意思是，人的本质的力量（比如制造和使用工具、改造自然界等），用之于改造客观世界和获得预期的结果，并在客观世界中留下自己劳动的痕迹，便是把自己的本质力量在客观世界中展开了。

值得注意的是，这种"人的本质的客观地展开"的丰富性，反过来，又刺激、培养人的能力，提高人的能力，产生人的感觉的丰富性，使得人的感觉能力得以提高。所以马克思说："只是由于人的本质的客观地展开的丰富性，主体的、人的感性的丰富性，如有音乐感的耳朵、能感受形式美的眼睛，总之，那些能成为人的享受的感觉，即确证自己是人的本质力量的感觉，才一部分发展起来，一部分产生出来。"①

马克思总结说："五官感觉的形成是以往全部世界历史的产物。"②正是如此，人的能懂得音乐的耳朵、能欣赏艺术的眼睛、能观赏自然美的能力及理解高深艺术的能力，都是全部世界历史的产物，是人类在长期的历史发展过程中逐渐锻炼、培养、发展起来的。

人类就是这样，先是什么美也不懂得，没有美感，对世界没有审美的关系，以后能够懂得一点了，逐渐发展到能够创造阿尔塔米拉这样的栩栩如生地描绘动物和狩猎活动的壁画，也能够欣赏它，以后，又发展到能够创造希腊雕塑；直到文艺复兴时期的达·芬奇、米开朗琪罗的伟大画幅。在音乐和诗歌上，从只是为了在劳动时步调一致和减轻疲劳而哼叫劳动号子，如"嘿唷！嘿唷！"，到后来，能够欣赏音乐和诗歌，直到产生了和能够欣赏贝多芬的交响乐，中国的《诗经》、《离骚》和唐诗。

到这时候，人的美感是何等丰富地发展起来了。多少千古绝唱、千古名句，响彻人间，好像一曲颂歌，歌颂人所创造的美，歌颂人的审美能力，歌颂人的高超的美感。

在长久的历史发展过程中，人类创造了自然美、社会美、人体美等美的种类，创造了音乐、舞蹈、诗歌、戏剧、小说、雕塑等艺术形式，同时产生和发展了欣赏这一切的美感能力。这给人类自身增加了一种美感的能力，也给人类世界带来了欢乐与幸福。人类永不能离开美！

当然，我们前面所讲，是全人类的美感发展史，是系统发展史。在这中间，还不可忽略个体发展史。就全人类来讲，已经取得了高级的审美能力了。但是，对于每一个人来讲，固然有一些基本的、几乎成为本能的审美能力生下来就会有，但是，高度发达的审美能力，却还是要靠后天的学习和培养的。这就是需要学习美学的原因。通过学习美学，我们能够使潜藏在体内的人类已经具备的审美能力开发出来，从而使自己成为一个不仅爱美，而且懂得美，掌握了美的规律的人。这样，就能够说，自己是一个丰富的人、幸福的人。

## 七、美感：沿着什么路径发展？

笔者在前面一节里，简略地说明了人是怎样不自觉地，为了功利的目的、实用的需要而创造了美，而美又产生了人的美感的。这里，还只是就美感的发生问题，从起源上给予一个简单说明。但是，自从这个美感之"苗"萌生之后，又是怎样逐渐发芽、生根、生长、发展的呢？它是沿着什么路径、怎样发展的呢？在它的生长过程中，发了什么样的"芽"，长了什么样的"根"、"茎"和"叶"呢？而我们从这些"根""茎""叶"中，又能看出它具有什么性质，从而开出什么"美感"之花，结出"美"的硕果呢？

还是按照本书的立意，从原始艺术的产生和发展中来寻找其踪迹，作一点探索吧！

让我们先看一看我国西安半坡遗址的代表性彩陶画——人面鱼纹（见图3-7），它的实用目的是明显的。它是图腾，是祈求渔猎的丰收、生活的幸福及其他美好事物的符号——具有魔力能够产生实效的符瑞。

在形式上，它是一种观念的体现，是综合的图形。它是人的，又是鱼的形象，是两种形象加在一起了。这在现实生活中是并不存在的，它是半坡人用想象所创造的。

这种图案是一种抽象，它是半坡人把人的形象加以简化、变形，又把鱼的形象加以简化和变形，然后把两者综合起来而创造出来的。在这里，半坡人既要把人的形象加以抽象化处理，又要把鱼的形象加以抽象化处理。同时，要在自己的头脑里，先抽象地构造一个人面鱼纹的形象（这种实际上没有的动物形象，要在脑子里形成，更需要很强的抽象能力），在这样的过程中，抽象力是始终在发挥着作用的，没有它，就不能制作这种图形了。

因此可以推想，半坡人在制作这种人面鱼纹图形时，是不断地加强、锻炼、培养了自己的抽象能力的。而这种抽象力，也为他们制造一种属于创作性质的"人-动物"形象，发挥了很好的作用。

我们还看到，这种人面鱼纹画，无论是人面还是鱼纹，都是写实性的。虽然简化了、变形了，又作了混合两种形象于一体的加工处理，但是仍然可以看出人和鱼的形象来，基本上还是一种写实的手法。但是，后来，却渐渐起了变化。我们在半坡遗址出土的器物中，看见一些图案，很规整，也很美观，但是，一眼却看不出它们是什么实物形象，就是说，它们是一种抽象的图案。那么，这种图案是怎么来的呢？是半坡人完全凭想象造出来的吗？

这里，有一个推测图（图7-1），它提供了一种答案。从图7-1（1）中可以看到，先是一种比较标准的鱼的抽象化了的图案，这里虽然已经表现出了相当的抽象力，但是，图案仍然是鱼的形象。接着，看到两个鱼的形象合到一起形成了一个双鱼形图案，它比单鱼形图案丰富了、发展了，也有了多样变化的美感效果。再接着，从图7-1（2）中，我们可以看出情况向前发展了，先是切去了鱼头，后又使两者分离却又有离有合，再后又剪去了鳍，只留尾。最后，分为两种：一是去尾后两者合成一个完整的图案，内里又有小单元组合；另一个是去尾后，有分又有合，形成一种整体中由大小结合的分部组成的整形图案。这两个图案各有特色，形象丰富多样、有分有合，一个是重复、统一，一个是多样统一。从这个演变过程中，可以看出几点。

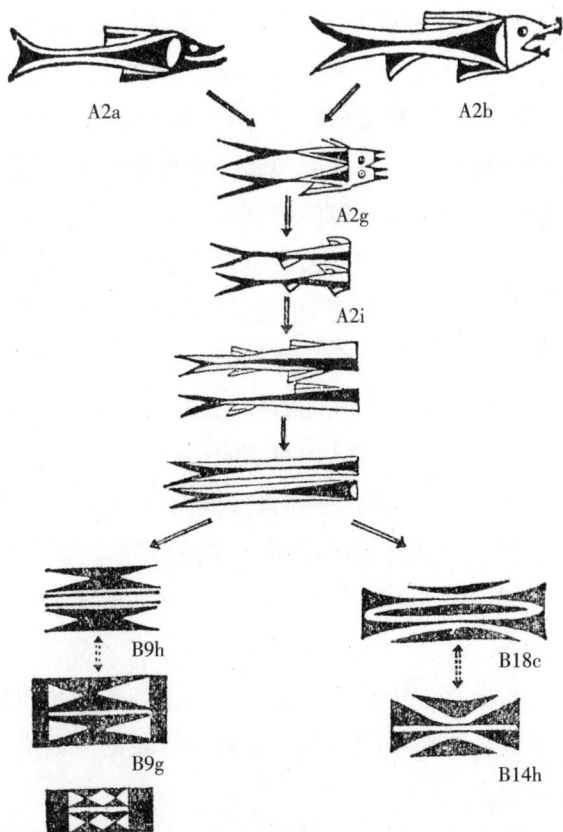

**图7-1（1）** 半坡鱼形纹饰的复合演化推测图（1）（《西安半坡》图一二九）

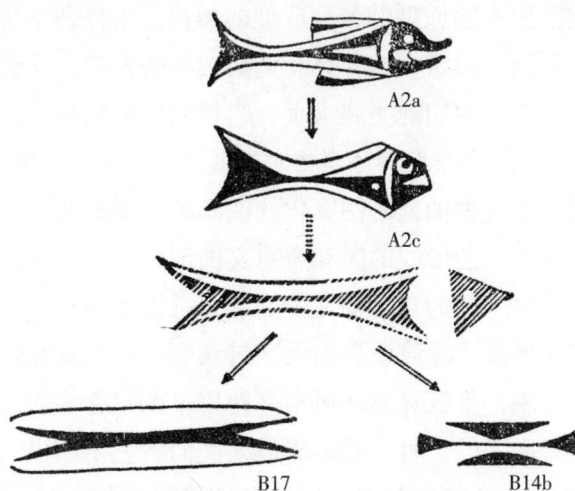

**图7-1（2）** 半坡鱼形纹饰的复合演化推测图（2）（《西安半坡》图一三一）

第一，半坡人的这些颇合规范的美丽的图案，不是凭空创造出来的，而是先有实物作"底本"，在对实物的写照中，逐渐发展变化而成的；第二，从一开始，这种对实物的写照，就不是"依样画葫芦"、照抄照搬的，而是有取舍、有变形、有组合的；第三，是循着一种对实物原型逐渐远离的趋势发展的，发展一步，就离原型远一步，就突破一点原型的限制，因此也就是多一份创造；第四，到最后，便远离原型，形成了一种新的、非实物写照的、为人所创造的新的形象了。

在这个过程中和在这几方面，我们都看见一种人的主观能力在起作用，也在发展，这就是抽象能力、概括能力。我们看到，所谓对实物原型渐离渐远，实质上，就是抽象能力越来越强、概括能力越来越强。这也是一种辩证发展过程：先是人在实践中为了实用的目的进行了取舍，进行一定的抽象，描绘了实物；然后是这种具有一定抽象性的图形，又启发了观赏者，提高了他们的抽象力；最后，他们又以提高了的抽象力，创造了进一步具有抽象特点的图形……为此不断循环，"水涨船高"地提高。

这种抽象力的提高，正是人的美感能力提高的一个组成部分。因为美感正是既要有对具体形象的观照，又要对具象的东西有一种抽象的理解，一种概括的能力。

在具有了和发展了这种抽象能力之后，原始人就能脱离实物对象，而来创造抽象的图案了。除了绘制出这种抽象的图案之外，还能制造出本来没有、找不出实物原型的各种造型的器皿，不仅使这种器皿具有实用性，而且具有美的形状。这种具有美的形状的器皿，又会进一步启发人的审美感受，提高他们的美感水平。当他们放出这种为过去没有的美感所武装的眼光，去观察世界和事物时，就又会看见、发现更多的美了。

半坡初民通过这种抽象的图案化的图画，还逐渐懂得了越来越脱离实际事物（鱼和人）的形式的美和有意义的形式，为自己欣赏美的能力增添了营养；同时，就为自己创造美的能力增添了力量。在半坡彩陶的残片上，还看到鸟纹、鹿纹、兽面纹、蛙纹等。这些动物纹，都具有生动的、引人的形象，都既具写实风格又使用了图案化手法，形象是简要的、概括的、变形了的。可以看到半坡初民向着艺术前进的脚印。他们逐渐摆脱着、摆脱了实际事物的羁绊和实用目的的束缚，而向"纯艺术"方面发展。——当然，这种装饰的美，仍然具有实用的目的，也仍然留着巫术的痕迹。但是，追求美的意图是很明显的。同时，欣赏形式的美和美的形式的能力和趣味也是很明显的。这是人类创造美和提高美感的前进的足迹。这种足迹留给我们的，不仅是一种审美史的知识，而且对于我们了解美和美感的本质也是有启发意义的。

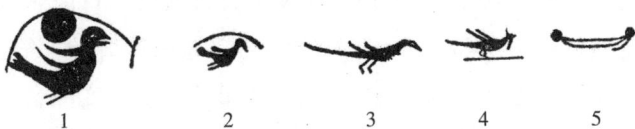

图7-2　庙底沟型彩陶上鸟纹的演化

泉护村遗址标本1H165、2H245、3H14、4H1060、5H1052

陕西华县柳子镇泉护村（《考古学报》1965/1）

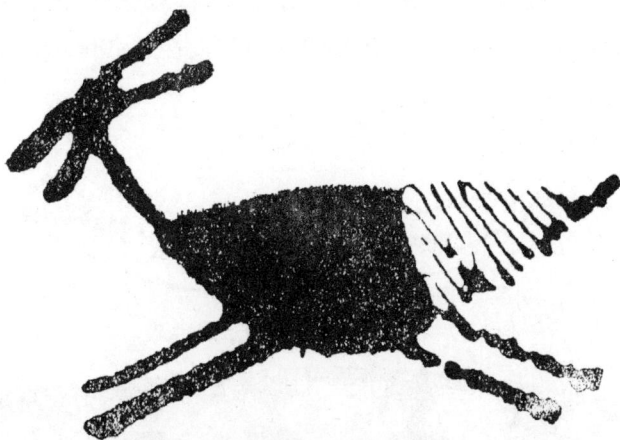

半坡型彩陶上的鹿纹（《西安半坡》图一二二：15）

马厂型彩陶上的狗纹（青海乐都马婢子出土）

图7-3　陶、骨器上的各种动物装饰

　　我们在这里还可以再介绍几幅产生于同时期，或相差不远的文化时期的这种图案风格的艺术品和图案花纹。它们都是很富情趣而又很美的。请看庙底沟型彩陶上的飞鸟纹（图7-2），它脱胎于飞鸟的翱翔之姿，但又变形了——图案化了，以后，逐步简化，离原型越来越远，直至只剩抽象的图案形，而消失了原型的模样。这种演化是简化的过程，也是抽象化的过程。图7-3是马厂型彩陶上的狗纹（青海乐都马婢子出土）和半坡型彩陶的鹿纹，同样十分可贵。它用单线条，简括、准确、有力地表现了狗和鹿的可爱形象，同时，却又并非写实的，而是图案风的。马家窑型彩陶瓶上的水虫纹（图7-4），更把蠕动着的水虫的图案组织起来，形成了图案组合，构成了多样统一的整体美。另有一幅彩陶画，也是马家窑型彩陶盆上的，这是一组舞蹈纹（见图7-5，1973年青海大通出土）。这是原始人化装舞会的纪实画，发辫和化装的尾巴都画出来了，舞蹈者手拉着手，翩翩起舞，形象是生动的，然而也是简括的、图案化的。

美学、艺术心理学与艺术评论集 彭定安文集 49 046

图7-4　马家窑型陶瓶上的水虫纹

图7-5　陶、石器上的各种人物装饰
马家窑型陶彩盆上的舞蹈纹（1973年青海大通出土）

所有这些原始艺术，都是最好的、最有力的证明。它告诉我们，在这些既是劳动生产又是艺术创作的活动中，原始人从几个方面培育了自己的审美能力，逐渐发展，丰富了美感内涵。想象力，抽象、概括的能力，对于对称、均匀、多样统一等形式美的感受力，对于这些美的形式在心理上引起愉悦感的审美心理的形成，等等，都在创作的实践和欣赏的实践中逐渐形成和发展起来了。这些日用器皿，是每天见面，经常使用的，这种每天使用和"观照"的过程，不知不觉地、自然地成为一种欣赏活动、审美活动。审美能力也在此过程中得到提高。这是一个潜移默化的过程，自发和自觉地向前发展的过程。

在这些彩陶器上的艺术及装饰品上的艺术、各种器皿的造型艺术、雕塑艺术，在从各方面推动原始人的审美活动，培养他们的审美能力，丰富他们的美感内涵时，还有另一个艺术世界在闪耀着美的光芒，照亮着人类最早探索、追寻、发展美的前进路程。这就是巫术文化的世界。从今天的眼光看来，那是一些野蛮的、迷狂的活动。但是，那又确实是吟诗、奏乐、跳舞的艺术活动。先民为了祭神、祈福，想象与神同在、同乐，一起跳舞、吟诵，无论动机和目的、动作和意念、节奏和旋律，都为虔诚的祈祷和实用的、巫术的魔幻所充溢。但是，这些内涵，却都通过一定的形式来表现，人们在迷狂状态中跳、吼、叫、唱，手舞足蹈，但是，却又是有秩序的、有节制的、有稳定的动作和队形的。这里，有节奏、有韵律，有高低、疾徐、强弱的变化，有整齐的动作和姿势，有重复出现的音乐和动作，也有变化的节奏与变化的动作。在这样一些活动中，不仅参与者从对于祈求的一切能够如愿以偿的祈祷和预期中得到愉悦与欢乐，而且在这些富有节奏、韵律的，诉诸听觉与视觉的奏乐与舞蹈中，得到愉悦与欢乐。这就是美感的因素和结构。美感潜藏于实用的目的中，酿造着人的审美能力和创造美的能力。

人的身体和生理活动，也是有节奏的，形成了固定的节律的，四肢的动作，内部脏器的运动，如呼吸时的鼻、气、管、肺的活动，血液的循环，以及心脏的跳动，等等，都是按照一定的节律运行的。当人们手舞足蹈，跳跃、旋转、呼号、歌唱及奔跑、扭摆，配合着音乐进行歌唱、舞蹈等活动时，这种活动的韵律、节奏，同自己身体的和生理的活动节奏和谐一致地进行，无疑会感到一种快感，舒适、畅快，从中既得到休息，又得到适当的运动，使生命力得到活动，生命的能量得到抒泄或恢复。这就是从音乐、舞蹈和游戏中得到快感的生理基础，也成为美感的生理基础。在长久的这种符合身体和生理需要的活动中，人们形成了一种对这类活动能够得到生理快感和美的享受的稳定观念和生理反应。于是也就把这种美感的生理基础，稳固地"吸收"到美感的整体构成中去了。

人生活于其中的自然环境，所面对并与之发生种种关系的自然界，包括无机自然界和有机生物界，都有自己的结构和规律。前者如山川河流、日月星辰，后者如各种动物和植物，包括人自身。无机自然界，由于物质的运动，自然地形成了均衡、匀称、多样和谐的状况，大海、河流、湖泊、草原、山峰（崇山峻岭、山峦丘陵）、高岸、河谷，有着一定的自然形成的秩序，有着丰富的形状（圆、方、三角、菱形、梯形、斜坡、陡坡、缓坡），多种类型的自然物衔接配置，形成一个整体。天上的太阳、月亮，是圆形，月亮却又有规律地时而半圆，时而一勾弯月，弧形优雅。无机自然界还有着丰富的色彩。太阳的鲜红和炽白，朝霞晚云的五彩缤纷，彩虹的色彩斑斓，月亮的皎洁，山的青绿，草原的彩色中点缀着各种自然物的颜色，岩石的红黄青灰，河水的碧波荡漾……天然风光，色彩丰富而不断变化。这表现了无机自然界的"天生"的组织性和机械的规律与秩序。人们生于斯、长于斯，劳动生产在这里，依靠它们生存和生活，因此必然会要对它们产生感觉、感知和认识。这些，构成了人们和无机自然界的一种生产上、消费上和生活上的关系，也可以说产生了一种感情，一种友善的、美好的和亲之、爱之以至于崇拜的感情。应该说，这里面已经包含着"混合"性的美的感受。而且，值得重视的是，人们与无机自然界的这种久而久之的接触、感觉，以及重复这种关系和感情，便会在一定时候（比如劳动过后的休息时，在娱乐游戏时，或者在轻松愉快时），舍弃对这些事物的实用的、功利的观念和兴趣，而有兴味地、长时间地看顾、观览，心中升起舒畅愉悦的感情，对无机自然界的天然的组织性、机械的规律性及形状的丰富多变、色泽的五彩缤纷，产生一种感情上和理智上的美好的评价。这时，也就是产生了一种审美感觉了。这也是一种"纯粹"的、单独存在的美感了。

可以想见，最早，原始人类是偶然地、一时一地地产生这种美感的；但是，在这种情况一再重复，并且在实践中不断得到发展提高时，这种美感也就逐渐得到独立的发展，而逐渐生长、逐渐成熟起来了。

在这种不断发生又不断提高的观照和审美实践的过程中，人对无机自然界的观察力、目测力、节奏感，对形状、颜色的感觉能力和对事物的组织性、规律性、互相配置的秩序的认知能力，等等，也都不断得到锻炼和提高。这也就是美感得到丰富和提高的过程。

当人们面对有机物的自然界时，他们是面对着生命的活跃的世界，那丰富多彩，那变化流动，那生机勃勃，就会产生远远超过面对无机自然界时的感觉、感知和感情了。无论是动物的皮毛的颜色和形状，还是植物的颜色和状态，都是多姿多彩、无限丰富的。而且，它们的变化更为纷繁复杂、更加丰富多样。特别是它们具有一种肉眼能够看得见、能够更快、更直接地感受到的生命的律动的现象。在这些生命现象中，充满了对称、均衡、多样统一、节奏、韵律、各种变化多样的形状，色彩的丰富和富于变化，各种色彩和谐丰富的搭配，这些，都远远超过无机自然界。人们在与有生命的自然界发生关系、产生感情时，所产生的感觉、感知和感情也是更丰富、更多样、更富于律动和更富于变化的，引起人们的种种感受，自然也是更丰富更深刻的。而且，这些有生命的自然界，较无机自然界，在生产上、消费上和生活上，同人的关系也是更密切、更重要、更多样、更丰富的。这样，人对有生命的自然界的审美感觉也就更精致了。

　　人的美感也就在这个过程中，越来越发展了，丰富了、提高了，也深化了。

　　前面，为了便于说明问题，是把无机自然界和有生命的自然界分开来叙述的。事实上，它们是一个整体，有生命的自然界以无机自然界为自己生存、生活的依靠及条件、环境和背景，无机自然界因为生养着有生命的自然界而不断丰富发展，不断改变自己的面貌。人对这个自然界的审美感受，也是整体性的。

　　这样，就给美感的发展形成了"立体"的、多方面的基础和因素，继续不断地进行建构和形成基本稳定的结构形态。

　　当然，同巫术文化相联系，同时发生的，还有生产、劳动、休憩、游戏等原因而形成的音乐与舞蹈。这种"世俗"文化，虽然同样是出于实用的目的，同样在其间充溢着功利的意识，但是，也同巫术活动一样，同时在内容上和形式上、意识上和感情上、生理上和心理上，都获得一个副产物，都蕴含着美的因素，形成着美感，培养了人的审美能力。我们从远古器物上的绘画中，从古书的记载中及从现代的原始部族的舞蹈中，都能得到信息，看到实情。初民和原始氏族中，流行着战争舞、狩猎舞和休憩与游戏时所进行的重复狩猎或其他劳动动作的舞蹈，其中有劳动器具、生产工具所发出的声音和将它们改制而成的乐器，有模仿和再现生产动作、狩猎动作与场面的舞姿、舞蹈中的队形组合，有同劳动节奏、律动相一致的音乐、舞蹈的节奏与律动。正是这些生产、劳动、休憩和游戏的目的与活动，形成了某些舞蹈与音乐及诗歌，并在此基础上，萌生和发展了音乐、诗歌与舞蹈艺术的雏形，萌生和培育了人的美感。

在以上的各种从实用出发而以功利目的为主的活动中，起初是产生了吟咏的诗歌艺术的雏形、唱和奏的声乐与器乐艺术的雏形及"手之舞之足之蹈之"的舞蹈艺术的雏形。当然，在这雏形中，还逐步地形成了稳定的节奏、旋律、动作等形式的美和美的形式，并且在实践中不断发展、提高、演变。这些都作为历史的积淀，而积蓄、附着、留存于人的生理、心理、意识与情感中，而成为美感的内涵和结构。

这些历史的积淀以美感内涵的形态凝结在原始人的意识与心理之中，便成了他们的审美的主观能力，表现在他们的耳朵，能够在听万籁之音、闻鸟兽之鸣和受到生产时、休息时、游戏时发出的音响的刺激，以及从语言因为各种因素而产生的音调、气势、高低强弱的变化中得到一定的感受时，从而能够辨别粗劣与优雅、嘈杂与协调的不同，从而具备"音乐的耳"的最初能力。他们的眼睛，也从各种活动、动作、姿势、表情中，发现美的因素，而具备了"懂得形式美的眼睛"的最初条件。

于是，初民便以这种实践的作用，历史的积淀所形成的美感力，去"按照美的规律"创造事物：先是创造为了实用目的而生产的产品和这种活动中的美的因素，以后更逐步削减了实用的、功利的目的和作用，而增长了追求美的因素。每当这种追求前进一步时，那物化了的美的事物，就以美的形式和形式的美，培育了人的审美能力，丰富了人们的美感，从而又提高了、丰富了人们创造美的能力，使人们能够在更高一层和更前进一步的基础上，创造出更美的东西，提供更多的供欣赏的美和培育美感的美的客体。人类在创造和追寻美的艰难的历程中，就是这样一步步前进的。在这个旅程中，主体产生客体，客体又产生主体，是一个辩证的、循环往复螺旋式上升的过程。面对这样的过程，我们提出"美是客观的还是主观的"，"是先有美后有美感，还是先有美感后有美"这样的问题，就不免简单化了。道路是曲折的，事情是复杂的，对辩证法所反映的主客观的关系不能用形而上学的回答来说明。这就像对"先有鸡后有蛋，还是先有蛋后有鸡"这样的问题无法作简单的回答一样。

从这样的历史回顾与探讨中，能够和应该得出什么样的结论呢？

可以说，无论是美，还是人的美感，都不是凭空降临、主观自生的，也不是自在自为地存在的，它们不是被发现的原有的自然物，也不是苏醒的人的潜藏的能力。它们是人的创造，而且是只有人才能够做出的创造。它们是一个事物的主观客观、主体客体两个方面，是美的天使的两翼。它们是互相渗透、互相促进、共同提高、相携发展的。它们是马克思所说的人化的自然和自然的人化。不管是山川、树木、花卉，还是鸟、兽、虫、鱼，只有当它们是人化的自然时，才能进入美的领域（当然，它们之所以成为人化的自然，不仅仅是因为它们之中有的是经过人的实践改造过的，而且因为它们有的是人培育驯养过的，有的是与人在实践中发生了这样或那样的关系）。而且，就是人的耳目与感觉能力，也是在客观事物的刺激和实践培育与改造下而生成、发展、提高的，因而也是人化的自然（人自身就是自然的一员）。当然，在这个人类改造客观世界的过程中，人的主观能力（包括他们的主观感觉能力、人的本性）也得到改造，也在改造中不断发展变化，因此，也就成为自然的人化，即"人"这个自然也是在不断的实践中，在为自己所创造的事物的美的因素的刺激、培育、改造下，而逐步人化的，即在这个过程中，人越来越发展自身的能力，使自己人化，获得人的感觉能力的丰富化，获得人性的丰富化。至于人这个自然之外的客观世界的各种事物，包括山川、树木、花卉，鸟、兽、虫、鱼在内的自然，当然也是在这个过程中才能实现自然的人化的。

## 八、美感的内涵和建构

美感，如上面所说，是那样产生的，那样发展起来的。起初，它只不过是人的其他感觉、感情与心理活动所派生的，与它们混合在一起的，模糊的；以后才逐渐分离出来，独立地发展，形成了自己的品质。那么，到底它是什么样的呢？

这种美感能力，都包括一些什么内容，又是怎样一种结构呢？

首先，我们看到，这里连续地运用了想象。"创作者"在创作时要在自己的脑子里想象着要画的动物的形象；在制作图画时，要按照这种想象逐步地绘制出完整的形象，在这种过程中，想象力一直在发生着作用；这种图像是平面的，但描画的对象却是立体的，这种化立体为平面，以及化大为小、化繁为简，也都需要运用想象力。至于"欣赏者"

在整个"欣赏"活动中，当然也不断地运用想象。他要在想象中把一个不完全同实物一致的死的图形，想象为一个真实的形象，他要用想象填补、丰富、发展图像上所没有的细节和内涵，要用想象赋予图像以生命力，还要用想象来使图像活动起来并具有活动的内容、意义和作用。当然，在原始人看来，这种想象是具有现实的真实性的，就是说这些都是"真的"，不是假的，想象的内容与结果都是如此。这是一种迷信。但这种迷信推动了想象的翅膀的飞翔，也就推动了想象力的发展和提高。具有想象力，这是人与动物的区别之一。具有想象力，也正是美感的能力之一，没有想象也就没有美感。想象力是美感构成的基础力量、基本因素。

现在的人们，无论欣赏什么艺术，都要运用想象，一幅画、一尊雕塑、一首乐曲，人在观看和谛听时，都要运用想象，才能进入真正的欣赏，也才能真正享受到审美的愉快。即使是看一出戏或一部电影，人物的动作、语言把故事情节都表现出来了，但是，仍然需要观者用自己的生活经验，运用想象去补充、去发挥、去理解。欣赏艺术讲"不隔"、讲"入于心"，还讲进入艺术的境界；这些审美活动，离开想象，是寸步难行的。我们的祖先在劳动的和审美的实践中培养了想象力，从而为我们后人美感能力的形成奠定了基础。

同想象相联系的是联想。联想有时是想象的基础，想象则是联想的发展。原始人在洞穴壁画或其他绘画、雕刻（比如刻在身上的图腾等）面前，联想到能够得到祖先保佑、得到猎获物，以至于联想到能够有美好的生活，便都是一种直接的联想。他们颈上挂着兽骨的或玉石的装饰品，也是由此联想到富裕的生活，联想到神灵的保佑的。这种联想的作用，是在观赏形象的基础上产生的。久而久之，他们的联想能力就越来越发展和提高了。因此，能够见物而思飞，由此及彼、由东及西、由表及里地产生联想。

联想能力的发展，成为人的美感的基本要素之一，成为人的美感构成的必备因素。

在以后长时期的历史发展中，人类的联想力发展得非常高了，人类的艺术创造和艺术欣赏，都离不开联想。联想是人类一项重要的心理能力。

由于联想的逐步发展，它本身的内涵也越来越丰富、复杂。为了更好地了解它的"性能"，从而运用它、发展它，人们把联想分为三类，这就是接近联想、类比联想和对比联想。接近联想是由于见到一种事物而联想到与它在内容上、外形上、色香味上类似的事物。这是最常见的联想。类比联想，范围很广，因人而异，可以用各种不同的类比来发挥联想的作用。比如"云想衣裳花想容"，以及"柳叶眉""樱桃口"，都是用自然事物来比人体美的；"问君能有几多愁，恰似一江春水向东流"，则是用一个具体的事物来比人的一种情绪；"帘卷西风，人比黄花瘦"这样的诗句，又是以花瘦来联想人的瘦弱，如此等等。艺术家在创作时，运用联想的功能，创造了这样的诗句，读者则在这诗句提供的条件的基础上，去联想艺术家创造的意境。无论是创作还是欣赏都运用了联想。对比联想则是因这一事物而联想到与它对立的事物的一种联想。因火而思水、因寒冬而念春光，因红花而思绿叶，因长河广漠而想小桥流水，都是一种对比联想。

人类凭借这种联想力而进入美的创造和美的欣赏。

情感因素是在审美活动中不可或缺的一种基本因素。我们在前面讲到，原始人在最早的、朦胧的审美活动中，是充满了情感的，因为一开始，他们在这些仅仅是带有一点审美因素的巫术活动、狩猎活动、娱乐活动和生产劳作活动中，都是带着强烈的、愉快的、祈求的感情的，也带着期望丰收来到、预期狩猎成功、预感幸福降临等感情的。只是因为有这种感情存在，所以才有美感产生。美感与感情同生，彼此不可分离。

在以后的审美活动中，这种感情成分，不但得到了发展，而且越来越复杂，增加了许许多多其他的情感成分，而使美感的情感因素更加居于重要的地位。我们在现在的审美活动中也能体察到，无论欣赏什么艺术，从事任何一种艺术活动，都是带着感情的，绝不会是冷冰冰地去进行。即使是欣赏春节联欢晚会的节目，对其中的表演，我们也是带着感情去看的。

在分析原始人的审美活动时，我们曾经说到，他们在看到祖先的图腾时，会联想到自己的被保佑、渔猎的胜利和幸福生活的来到，从而感到愉快、欢乐，心情舒畅。这是由于看到某个形象，或者还聚精会神地观照，然后把自己的希望、心愿、感情移植到观照的对象上去，赋予它自己愿其能有的意义、趣味和情感。我们把这种心理活动叫作移情作用。

移情作用对于美感来说，也是很重要的。我们从前面所讲的事实中可以看到，如果没有移情作用，原始人面对图腾符号、雕像、洞穴壁画，怎么会去顶礼膜拜、欣赏备至呢？没有移情也就谈不到艺术的创造和艺术的欣赏。

人类在以后的长时期中，不断地发展了这种起移情作用的心理能力，从而开辟了广阔的审美天地。在儿童的游戏中，在普通人的艺术欣赏中，以至于在艺术家的创作中，在专家学者的艺术评断中，都离不开这种移情作用。

美感中有没有思维活动？人们还有争议。但是，可以回顾一下历史。当人类还处在原始阶段时，美感还没有单独发展，好比在一个混合的襁褓之中生存，同其他的感觉、知觉、情感混在一起，像我们前面所说到的那样，充满了实用的、功利的观念。而在这些观念中，是存在思维的。原始人的思维自然是简单的，但他们确实是想到了从这些活动中——包括巫术礼仪、庆祝活动、游戏活动等，得到实物、得到幸福、得到愿望的满足的。这里哪能没有思维？只是这种思维总是和形象结合着的，不同于一般运用推理、判断的逻辑思维罢了。

我们现代人的美感中，难道没有思维吗？谁在欣赏艺术时，是一种纯情感的心理活动呢？

美感的基本内容就是这些。

人类正是在美感的先是混合的、后是独立的发展的基础上，才进入真正的、独立的艺术创造的。

## 九、艺术的诞生：美的自觉意识与其内涵

无论是美，还是美感，如我们在前面所探讨的，最早都是"寄人篱下"，附着在别的事物、别的感觉能力之上的，它们都没有"独立的人格"，也都没有独立存在的价值。而且，它们是悄悄地、"顺便地"和意外地来到人间，在人的身上形成，在人的本性中逐步出现的。但是，虽然这么说，我们却不能认为它们都是无缘无故、无根无源地产生的，是莫名其妙、不符合规律地发展的；相反，它们是有根有源、有缘有故、顺应形势、水到渠成地发展、提高和前进的。

"某一天"，艺术这个人类的自觉行动的产物，产生了，美与美感都

因而获得了独立的"人格"、独立存在的价值，从而相对独立地发展了。从此，人类的艺术史前史结束了，而人类的艺术史开始了。

人类经历了开天辟地以来第一次具有伟大意义的艺术觉醒。这个觉醒，带来了世界的美，美的世界，带来了人类的生活的丰富与幸福。从此，人类就不能离开它，并为它的存在和发展而斗争。

那么，这个"某一天"，这个觉醒的时代是何时发生的呢？

恩格斯说："文明时代是学会对天然产物进一步加工的时期，是真正的工业和艺术产生的时期。"[①]到这个时期，人类已经度过了摩尔根对原始社会分期中的蒙昧时代和野蛮时代，火早已使用了，陶器也已经会制作了，农业生产已经稳定下来，能够进行"大规模耕种土地，即田间耕作"[②]了。而且铁矿的冶炼也早已开始，已经进入铁器时代了，人类已经可以生产出比自己消费需要更多得多的产品了。战争中的俘虏，再也不舍得杀害了，留下他们可以从事生产，提供除他自己消费外还有剩余的东西。奴隶产生了。这就可以进一步分工，使一些人专门从事手工业和艺术创造了。——在奴隶中有人是"艺术生产者"和"艺术奴隶"。这是人类的一大进步，是人类能够产生艺术、发展美感的社会物质条件和历史背景。

但是，仅仅具备这个条件还是不能产生艺术的，还需要人的美感力和美的创造力。这是此前的全部人类历史和人的自然史的创造的条件。在新的历史条件下，历史的积淀，发生了质的变化，创造了前所未有的东西。当然，我们不能说，这一切是在奴隶出现后，一下子出现的。相反，这种艺术的产生和美的自觉意识的产生，是经历了千千万万万年的自然发生和社会发展史的复杂、曲折、漫长的过程的。只是在历史的演进中，总是有量变与质变的关系，有两者的交替。由于以前诸多条件的发展和变化，即人自身的自然（包括感觉能力在内）的逐渐人化，和自然（万千世界）的人化的过程不断发生、发展，产生了美好的结果。在整个过程中，美和美感由偶然的、"寄生的"、附着的、次生的、自发的因素，逐渐生长、发育、拓展、丰富，而至自觉性增长，独立性增大，规律性加强，终竟产生了自觉地、专门地制造的美和自觉的、独立的、专

---

① 恩格斯：《家庭、私有制和国家的起源》，载《马克思恩格斯选集》第4卷，人民出版社，1972，第22页。

② 同①，第23页。

一的审美活动。艺术品就这样产生了。当然，这也是一个渐进的过程，不断量变的过程。当这一过程进行到奴隶社会时，出现了质的变化，人的美感的自觉意识和在这种自觉的美感意识支配下生产的艺术品产生了。在历史的分期上，为了与以前的一切岩洞壁画，原始雕刻、装饰，原始音乐、舞蹈、诗歌、彩陶画纹等原始艺术相区别，便称为真正的艺术和真正的艺术时代。

这个时代的出现，对于人类的历史发生了不可估量的巨大作用。美与美感，都自觉地出现在人自身和人世间了。它不仅美化了人世间与自然界，而且丰富了人的生活与人自身，提高和丰富了人性。从此，人不仅需要满足衣食与性欲，而且，更自觉地需要美、创造美、欣赏美、追求美了。美与美感，都成为人类改造世界、创造世界的重要杠杆。

然而，十分有趣而且值得注意的是，人类却是带着狞厉的面孔，进入这个自觉的艺术时代的。他们以狞厉的心意，怀着威慑与镇压的意念，预期引起恐怖与崇敬膜拜之心的目的，创造了狞厉的作品[1]。这种狞厉之美和以美的狞厉来威慑对象的情况，正表现了美的自觉意识。这种狞厉之美和美中之狞厉，几乎遍布我中华民族的一切艺术领域，从美的领域里标志着明显的时代的区分。这种狞厉之风，集中地表现在一个主观地创造出来的形象——饕餮——之中。在殷代的早期和晚期（以至西周前期）绘画中，"题材以饕餮纹为主，对夔纹或对凤纹分列两侧，取两面表现法，鸟纹每侧只显一足，兽纹每侧只显二足，这是全牲中剖，身首陈祭的写实"。"图案上常含神怪凶恶气氛，表现出心理上的恐怖与残忍，这是殷代图案的独具特点。"[2]李泽厚指出："以饕餮为代表的青铜纹饰具有肯定自身、保护社会、'协上下'、'承天休'的祯祥意义。"[3]

即使不是饕餮的形象，也具有狞厉美的形象与含义。"武官村出土之司母戊鼎，耳侧雕铸二虎共食一人头，安徽阜南月儿河出土之龙虎尊（……），雕铸三龙三虎，虎口下将吞食不能逃逸的三人，三龙虎皆作一头二身两面表现法，三人仰手屈足皆作乞降状"[4]。这种吞食人的场面和形象，也都表现了那种引起恐怖、威慑对象的心理状态和效果。

① 李泽厚：《狞厉的美》，载《美的历程》，文物出版社，1986，第47页。
②④ 郭宝钧：《青铜时代的精神文化》，载《中国青铜器时代》，生活·读书·新知三联书店，1963，第255页。
③ 同①，第36页。

除此之外，还有布满了雷纹的兽（人？）面大钺、与饕餮纠缠在一起的夔龙夔凤，同样是人们创造的、想象中的动物鸱枭，还有虽是人的形象却颇为可怖的人面鼎。

对于这种狞厉的美的社会意识和美学内涵，李泽厚有过很好的论证：

> 它们已远不再是仰韶彩陶纹饰中的那些生动活泼愉快写实的形象了，也不同于尽管神秘毕竟抽象的陶器的几何纹样了。它们完全是变形了的、风格化了的、幻想的、可怖的动物形象。它们呈现给你的感受是一种神秘的威力和狞厉的美。它们之所以具有威吓神秘的力量，不在于这些怪异动物形象本身有如何的威力，而在于以这些怪异形象为象征符号，指向了某种似乎是超世间的权威神力的观念，它们之所以美，不在于这些形象如何具有装饰风味等等（如时下某些美术史所认为），而在于以这些怪异形象的雄健线条，深沉凸出的铸造刻饰，恰到好处地体现了一种无限的、原始的、还不能用概念语言来表达的原始宗教的情感、观念和理想，配上那沉着、坚定、稳定的器物造型，极为成功地反映了"有虔秉钺，如火烈烈"（《诗·商颂》）进入文明时代所必经的那个血与火的野蛮年代。①

人类的美的自觉的时代，竟是带着血与火、恐怖与狞厉去创造与欣赏艺术，这个历史的篇章，美的历史之页，绝不是人的主观意识所决定的，也不是偶然发生的。我们从历史的探索中，以历史的回顾中，能寻觅到美的踪迹的血泪斑痕，从中窥见今日美之探索中的、来自历史的观念和理论概念。历史告诉我们，这时期，生产力提高了，一个人能生产的（狩猎的和农业生产的）超过了他所消费的，而且分工也产生了，有专门从事农牧业生产的，还有专门从事手工业生产的。人的这种价值的产生、分工的产生，带来人与人之间的对立，人类第一次分裂为两个阶级：奴隶和奴隶主。一方面，是权力、威势、财富、力量，生杀予夺，不可违抗；另一方面，是被统治、受奴役、遭杀戮，生死存亡，悉听摆布。前者，只是一部分人，具有自信心、力量感与狞厉之心，这些充溢

---

① 李泽厚：《狞厉的美》，载《美的历程》，文物出版社，1986，第 37 页。

于他们的心中，自发地表现出来，自觉地要用它们来显示自己，威慑他人，镇压奴隶。另一方面，人数很多，然而他们是劫后余生、被恩赐活下来，或者是"会说话的牲口"，他们发自内心地崇敬、折服、拜倒在威权与力量面前，俯首帖耳，崇奉敬拜，把人的力量看成了神的力量。暂时，反抗意识还没有产生，更未进到觉醒的时代。人类这种对自身力量的肯定、对自身独立于和战胜了自然的身份的自我意识，以及对于生活理想的追求，都在这中间呈现出来，然而是通过人与人之间的对立表现出来的。这是低下的生产力所决定的，人类只能如此前进。两部分人是对立的，但双方都从那些狞厉形象中获得力量。不过，他们对狞厉既有共同的态度，却又有区别与分歧。这是日后的分野的萌芽。

这种状况，一方面反映了马克思和恩格斯所指出的：统治阶级的思想就是统治的思想，奴隶主的思想统治着奴隶社会的整个社会思想，奴隶的思想不能不被这种思想笼罩、影响，接受它作为自己的思想。但是，另一方面，这种对于狞厉的慑服、屈从，无疑在奴隶们的心里是一种异己的力量、异己的成分，它与奴隶主的以狞厉为自身力量的显现和寄托是不相同的。这也就是日后人类不同阶级对于美的不同态度、不同感受的开始。但同时，我们又可看到，人类对于另一种类的美的感受，也已经开始了。这是人类美感发展的又一进步。

奴隶社会对于原始社会是一个巨大的进步，是人类从原始进入文明的开始。但是，人类进入文明时代，却又是从野蛮开始的。"人类从野兽开始，因此，为了摆脱野蛮状态，他们必须使用野蛮的，几乎是野兽般的手段。"[1]在这样的历史时代和人类发展的阶段，野蛮、狞厉成了推动历史前进的力量。因此，它们的体现物也就成为美的了。"暴力是每一个孕育着新社会的旧社会的助产婆。"[2]野蛮与狞厉就是这个"产婆"的实物体现、形象化体现。它的美，在这里也就体现为代表历史发展的方向和力量的象征物了。

美是社会生活的反映，美的社会意识内涵，在这里明显地表现出来了。这时的艺术，比以前时代的原始艺术更突出地表现了这一点，功利的目的也更为突出了。而且，在"功利"观念中，含着政治的、道德

---

① 恩格斯：《反杜林论》，载《马克思恩格斯选集》第3卷，人民出版社，1972，第220页。

② 马克思：《资本论》第1卷，转引自《马克思恩格斯选集》第2卷，人民出版社，1972，第256页。

的、伦理的内容。而美感也就与这些相联系。狞厉的美所表现的是超人的力量，冥冥之中的威权，它在人的心中造成崇高的美感。两部分人都产生这种心理感受，但是，奴隶主与崇高感相结合，人的自我肯定与力量感，通过神的力量与兽的形状体现出来，而他们自己便是神、便是力量的赋予者和以狞厉形象为自我写照。奴隶们则以崇高美为自己敬拜的对象，同时从中感受到人自身的力量。他们的心理是矛盾的。

这是崇高作为美的基本范畴的开始，从此，崇高就是人类审美活动的主要领域了。

现在，还要进一步对艺术之在此时的"正式"产生作一定的探索，这也是对于美和美感的实质的一种探索。

这时候艺术之所以产生，有着历史的必然性。有几方面的条件决定了它的出现。第一，当然是由于社会生产力的发展，提供了物质条件和技术条件，即掌握了冶炼的技术及进一步提高了雕刻的、制陶的及其他的制作技术，不仅泥土、木材，还有铁都已经成为能够进行艺术加工的材料了。第二，社会生产力的提高，产生了人类的第二次大分工即农业和手工业的分工，有了专门从事手工业劳动的奴隶，而艺术品的制作，便是一种特殊的手工业品的制作：一种是经过精细加工的手工业品，其精巧美观已达到艺术品的程度；一种是手工业品上的装饰，是艺术制作；再就是有的手工业品，并无实用的价值，即纯粹是为美观而生产，是纯粹的手工艺品了。因此，也可以看到第三个条件，即人制造美的能力，这不仅包括技艺，而且包括对于各种形式美的掌握和美的形式的创造，以及通过美的形式来体现内容的能力，等等，也就是说，人创造艺术品的美的自觉意识更明确、更强烈了。

以上我们所列举的还只是客观方面的条件，事实上，如果只有这方面的条件，艺术品还是不可能产生的。那另一方面的条件就是人的主观条件。没有这个主观方面的条件，艺术的产生也是不可能的。这种主观条件，主要是人的审美能力。这又包含着几方面的内容。

第一，是审美的心理状态。人的审美心理的产生，如前面所说，是经历了漫长的历史过程的。但是，它一直是一种与别的心理活动混沌一体的心理活动。而现在，发生了质变，这种审美心理活动和心理状态已经从母体中分离出来了，具有独立性了，人以一个自觉的审美主体的身份，"独立自主"地观照、欣赏审美对象，进行审美活动了。这从铜器上的雕刻可以明显地看出来。它们不仅是经过精雕细刻的作品，而且，它们在其附着物上，已经占着重要的位置，纵然不一定是"喧宾夺主"，至少也是具有相对独立地位的了。这同原始陶器上的装饰性和实用性附着的装饰花纹或雕刻品很不一样，是起了质的变化的。这在一方面表明了这些艺术品的独立性，另一方面也表现了制造、欣赏的人们已经是持有独立的审美态度了。

第二，这时候的情感状态也发生了很大变化。如果说以前还基本上是"七情六欲"混而合之，在一起观照、欣赏那些尚未独立存在的艺术品；那么，现在却是以独立的审美感情来观照、欣赏艺术品，而仅以其狞厉，以其能够体现、寄托权威、力量，激起崇高感和对崇高的敬畏，就认为美，给以审美评价了。

第三，这种审美活动和审美能力表现出这时的审美主体（人），在外形美与内在美这方面的感受力都已经成熟了。一方面，他们对于美的形式和形式美有了明确的观念和理解，如对称、均衡、对比、比例节奏、变化、多样统一等，都已经作为一种美的规律被掌握了。另一方面，透过形式美，通过形象，以联想、想象的手段，他们能够引起一系列思想的、情感的、道德的和心理的活动，使审美活动既具有独立性，又具有自觉性。

所有这些主观的审美能力，都是长久的历史活动和历史积淀的结果。其中包含着人类在生产和生活的活动中，改造自然、改造世界的实践，以及在这种实践中对自身的自然条件（感觉器官）的发展，即感觉能力的扩大、增强、深化、多样化，形成了"音乐的耳"、"欣赏形式美的眼"及诸感觉能力发挥起来所形成的通感能力。正如恩格斯所说，"仿佛凭着魔力"似的，人们获得了这一切。而这"魔力"，便是人类的劳动实践，便是历史，便是历史积淀达到一定量之后的伟大质变。

从此，不仅人类的真正的历史开始了，而且人类的艺术史前史也结束了。艺术史开始之后，那一件一件艺术品，就不仅成为人的欣赏对象，为人们的生活增添了欢乐、情趣，而且，它们还是一个主体，产生着欣赏美的公众。它又可说是一种"艺术学校"，培养着公众的审美能力，使人类的美感得到发展、丰富、提高。而当这种主观能力提高之后，他们便又能在提高了的基础上，去创造优于前代的艺术品。如此循环往复，形成一种良性的、顺向的、积极的、向美进军的循环。

# 十、艺术的起源和它的脉流

至此，我们就涉及艺术的起源这个古老的美学课题了。

艺术是怎样起源的？——众说纷纭，人各有据，各有其理，莫衷一是，目前仍在探索。

我们前面所述，其实已经大体上就这个问题提出了一些看法，不过，并没有明确地和直接地作答。现在，且集中作一讨论。

让我们先从一些历史的事实说起吧。

我们知道，现在探讨艺术的起源，一般有三个途径。第一种途径是通过对于史前艺术遗迹的研究，去探索艺术的源流。这种研究是符合唯物主义要求的。它的依凭是广泛分布于世界各地的、大量的、属于各个不同文化时期和文化类型的史前艺术遗迹，这些器物涉及各个艺术门类。这些历史的遗物，为我们提供了众多的历史信息，其中自然包括艺术起源的信息。本来，这种研究应该说是证据确凿，无可辩驳的。但是，不幸的是，它只证明了原始时代和原始人的美与美感的存在和艺术创造的存在。至于原始人为什么这样做，则只能"以今推古"地进行推测和分析。这种解释，有的可以从多方取证，断为可信，有的却难于确证其可靠性。尤其是今人难知古人心、后代莫卜先辈意，古今隔膜，有时今人的解释就不免与古人的原意相去甚远，甚至背道而驰。有许多现象，今人视为怪异而不可解，在古人却认为是合情合理、美不胜收的。如何消除这种古今之隔膜，确是一个难题。在这方面，又往往使我们不免陷入强作解人的尴尬境地，或竟成为妄说诬论，这就不免堕入唯心主义的泥淖。在这一点上，我们要做的工作还很多。

第二种途径，是对于至今残存的原始民族的艺术进行研究，以探求艺术之源：这种研究是很现实的，又是历史的。因为这些原始民族至今尚存，如因纽特人、印第安人等，许多人去他们那里考察过，在那里长久居住过，收集了大量的艺术资料和社会状况的资料，所以研究起来是很为现实的。同时，因为这些民族还停留在原始状态，他们是历史的遗迹，储存着大量的历史信息，所以，这种研究又是历史的。而且，对于这些现实的、历史的信息的研究，可以从活人的口中和行动中，直接了解和观察到他们行为的动机，从而对于艺术创造得出符合原意的解释，科学地去探索艺术的起源。不过，这方面的研究也有它的局限性。第一，这些原始民族也是今人，他们的社会生产与生活及知识文化水平虽然处于原始状态，但是，毕竟与古之原始人并不完全相同，两者之间也同样存在历史的差异及隔膜。这就使我们不能将今之原始人创造艺术的动机，完全用来理解古之原始人的创作动机，并从而探寻艺术源流。第二，近几十年来，由于交通的发达，以及其他政治、经济、文化等原因，这些民族与现代民族的接触越来越多，接受的影响也越来越大，他们在许多方面，已经有点儿"现代化"了，如使用猎枪、现代生活用具等。这样，原始性减少，变化很大，便又使他们与古之原始人增加了一层隔膜。因此，借此得出的研究成果，不免有时缺乏科学性，其对于古之原始人的行为的分析，还是免不了主观推测、以今例古之嫌，也就脱不开唯心主义的影响。

第三种途径是对于儿童审美心理的研究。这当然是唯物的、科学的、活生生的。就像胎儿的身体在母腹中的发展过程浓缩了从鱼到人的亿万年的发展过程，儿童的智力发展过程浓缩了人类在童年期智力发展的过程一样，儿童的美感发展历程，也浓缩了原始人美感的发展经历。但是，这种研究的"不可靠性"在于，"浓缩"不是"等于"，浓缩的只是基本品性方面，而不会是一切方面和所有的形式。这就使这方面的研究成果，只能是"参而考之"，不能完全适用于古之原始人。

我们列举了这些研究途径的优点、特点和它们各自的"不科学性"方面的种种情况，为的是说明，在"艺术之起源"这个课题面前，一方面我们已经开辟了很好的研究途径，并且取得了许多可喜的成果；另一方面又都各有缺陷，不能完满地解释种种历史的与现实的现象。但是，这种情况不应使我们产生消极的和无信心的想法，倒是可以激起我们探索的兴趣和勇气。

现在，就来列举一些关于艺术起源的学说，并且作一些说明、解释和评议，提出自己的一些看法，目的也在引起大家研究的兴趣。

模仿，被认为人类艺术的决定性源泉。这是有道理的。原始人在生产和生活中，不能没有模仿，离开了这个手段，他们简直无法生活。比如对于动物的模仿，那绝不是为了好玩、是在做游戏或者是在做无目的活动，这是一种生产行为：为了捕捉某种动物，原始人便模仿其姿态和动作，使对方误认为同类，松懈了警惕和敌对情绪，于是，猎人便可接近它而进行突袭以取得成功。原始人为了交流情况与思想，不得不使用手势语，而用手来表现事物，便是以手模仿事物或既模仿又表现事物。如以手势表示太阳、月亮、树木、花草，以动作和姿态来说明对象（动物等）或叙述事件。这里既有模仿动作，又有连续性模仿的活动。正是从这些模仿动作中产生了最早的舞蹈。普列汉诺夫在《没有地址的信》中举出的澳洲土人的青蛙舞、蝴蝶舞、鸸鹋舞、野犬舞、袋鼠舞等，便是这样产生的。

当原始人用口和声音来模仿动物的叫声、禽鸟的鸣声及其他自然物的声响时，他们也便是在从事最早的语言开辟与音乐创造。

原始人的这种动作、姿态和声音的模仿，实际上也是一种概括与抽象：用简明的动作、姿态和某种声音去模仿，即概括所要描述、表现的对象的动作与形象。同时，这也是一种移置，即把对象的动作、姿态等移于自己的器官之上。当然，我们还可以说，这也是一种表演。这些行为，往往都是在被模仿的原型不在的时候作出的（这正是行动的目的）。因而这又是重现表象的开端了。当然，这还只是动作表象。但当这些储存于记忆中，使模仿内化，便产生一种心理现象。而且，值得注意的是，在原始人互相交往或在生产劳动中，这样运用模仿来从事狩猎活动或交流信息、交流思想、共同劳作时，他们都是怀着一种愉悦的情绪和心理的：一来，他们在生产劳动的实践中从事这些活动，期待着更大的成功，心情是愉悦的、兴奋的、充满感情的；二来，他们用动作和姿态表现了某种动作，运用模仿传达了某种思想、情绪、信息，那心情也是愉悦的、欢快的、欣慰的。这是一种创造的快乐。而接受各种信息、形象传输的对象，从观照、分析与理解的过程中，从"破译"对方的信息中，从接受感染、获得信息而能取得行动指导与佳果的预期中，也同样是愉悦而欢快的。这是一种欣赏的愉快。

这样，我们看到，在模仿行为中，人类的祖先在两个方面培养了自己的能力。（1）在长期的实践中，形成、锻炼和提高了表达能力。他们用自己的手势、动作、姿态、面部表情、眼神、声音等来再现各种事物、叙述各种事件，来表现自己内心的活动、思想、感情、情绪、心理。（2）而且，在这种实践中，他们还不断丰富提高了自己的概括力、抽象力、模仿力及想象力。这些都是表现美的基础能力。这样，在长期的实践中，便形成、锻炼和提高了感受能力。他们提高了对于形象的感受能力，从中去推测、理解、判断透过形象所说明的内涵意义，不断地丰富了、提高了自己的耳、目、鼻、舌、身的感觉能力，特别是对于形式的感知力，以及对于思想、情绪的感受力。这种感受过程，也是心理活动的过程。

综合上述两方面，便是一种审美的感知力。普列汉诺夫论述了原始人如何从模仿中创造了舞蹈的美和审美观，他指出："野蛮人在自己的舞蹈中往往表现多种动物的动作"，"创造自己独特的狩猎的舞蹈"[①]。这样说来，我们便看到一个非常有意义和有趣的现象：人类在自己的童年期，为了生产和生活，开辟了审美活动的途径和天地，培养了自己的审美感觉和知觉的能力。这是劳动成果的锦上添花，又是人类劳动实践开出的艳丽花朵。它虽不是人类活动的直接目的，但却是它的直接产物。这个美好的结晶，作为遗传因素，一代代承接传继，形成了人性的遗传、历史的积淀，逐步厚积高升，直至灿烂艺术的产生与发展。而这些初始的因子，至今也还保留着它的基因作用：儿童都爱模仿、善模仿，他们在模仿中学习、认识、理解，发展智力，发挥创造力。而现代人的各种创造，也都保留着模仿力的作用和模仿的功效。

鲁迅说过，我国古代"写字就是画画"。字是图画之源，这其实并非中国如此。世界各民族在开始的时候，都经过一段象形文字的阶段。只是我国的象形文字保留得时间长和数量多罢了。在半坡遗址中，笔者就见到六千多年前我国先民的象形文字的雏形，只是现在不明其意了。

而在甲骨文中，这种象形的字就很多了，如：（山）、

（水）、（日）、（月）这样的明显而简单易为的象形字且不

说，关于动物的就有很多而且很有意趣，如：（鸟）、

（象）、（虎）、（马）、（鹿）、

---

① 普列汉诺夫：《没有地址的信/艺术与社会生活》，载《论艺术》，人民文学出版社，1962，第83-84页。

（犬）、 ![兔的象形字] （兔）、 ![豕的象形字] （豕）、 ![羊的象形字] （羊）。这些，不都是动物的写生画吗？我们不是从形象上就看出它是什么动物吗？而且，还不止于此。作为动物形象的象形字，它们的创造和人们对它们的辨认，也都有利于审美心理的形成。首先，这些字（画）都是写实的，但又是写意的。它们是经过汰剔次要、仅留轮廓的"抽象"意义上的写生，同时，突出了特点部分的写生，如："写猿则尖其嘴""写象则卷其鼻""写虎则阔其口""写马则长其鬃""写鹿则歧其角""写犬则卷其尾""写兔则大其耳""写豕则垂其尾""写羊则弯其角，三角其面"[1]等，都是抓住了特征并在形象上突出了这个特征的。这里表现了也培养着人们的概括抽象能力和以特征表现全体的能力。这在创作（表现）和欣赏接受方面，都是审美心理的内涵。画之为文字之源，还有更具广义作用的方面：培养了一般的审美心理和审美能力。

劳动、游戏和巫术礼仪为艺术之起源，我们在前面已经说到了，这里再进一步补充一下。比如劳动和巫术礼仪，作为人类美感产生的温床，其作用也是多方面的，而这多方面的作用又是同实用的、功利的目的紧密相结合的，先为混沌一体，后来逐渐出现分离状态，最后游离出来，独立发展，成为"纯艺术"的活动。在劳动中和巫术礼仪中的舞蹈，便是如此。化装为牛或羊的巫师的行动，其本意是以交感巫术的活动来达到狩猎丰收或其他实用目的，狩猎前后的动物舞蹈，则在于祝丰收和庆丰收。这里的思想感情既是炽烈的、迷狂的，又是清醒的、有理智的，贯穿着实用的、功利的目的。由此形成了最早的审美内涵，其中充塞着社会内容和文化积淀。同时，符合生理和心理要求的种种形式美，也是内涵所必备的条件，是内容借以体现的形式，是内容转化成的形式。

这样大量的、长久的积累，又一代一代遗传下来，便成为美感的内涵、审美能力的根源。量变引起质变，在一定的历史条件下（如前节所说），不自觉、半自觉的创造，变成了自觉的创造，不自觉、半自觉的观赏变成了自觉的欣赏，完全产生于实用的、功利的目的的活动，逐渐

---

[1] 郭宝钧：《中国青铜器时代》，生活·读书·新知三联书店，1963，第239页。

变成相对、相同的目的，而原来个别的、偶然的、混合于其中的审美目的，逐渐分化出来，独立了，成为人们追求的新的目的。既然具有了独立的意义，那么，这时的创造物，无论是纯艺术品还是实用物件上的装饰艺术，在创作时都带着明确的艺术目的。

于是，艺术诞生了。

这是非同小可的。这朵人类理性与感情、思维与心理之花的开放，引来了人类生活领域里的百花争艳。当然不仅仅是艺术之花盛开，而且人的生活的一切领域里，美之花也竞相开放。这些"花朵"，既是人的美的创造的产物和证物，又是人的美的创造之提高和进一步创造美的启发者、养育者。它是果，又是因。人类一代一代地遗传、传授、影响，潜移默化，一代又一代地积累、储存、升华，艺术之花越开越繁茂、兴盛，美的天地越来越开阔。

人类历史上的艺术发展，是以最初始的艺术为基础的。就像猿和人一样，两者有着极大的差别，但是，他们的基本生理结构和现象雷同，有一些基本品性雷同，只是属于人的更发展、更丰富、更复杂了。初始的艺术的基本品性，在后世的发达和高度发达的艺术中，也仍然存在，或者是一种基因性质的存在，或者是变形、变态即在高级形态上的保存，也有的已经被许多后来的种种现象遮蔽，而不能见其原形原质了。但是，基本的品性是仍然保留着的。这是我们观察、理解现代艺术与美学问题的宝贵钥匙：拨开重重障碍与迷雾，排除种种影响与干扰，而见其本质。这些"基本品性"，大体言之，有几个方面。

（1）美与美感及艺术品，是人类反映、认识、掌握世界的一种形式。这种形式是人类独有的，是人类在长期的劳动实践和生产、生活等的活动中创造出来的。它一经产生，特别是相对独立地发展之后，便具有巨大的力量，作用于人类的社会生活和人的主观。

（2）美与美感是与人的社会生活中的基本感情相连的。在原始社会，基本上可概括为食、性二字；在奴隶社会，则同繁复的生产与生活，人的分工与分裂为二（奴隶与奴隶主）等的基本感情相连。美与美感存在着人类历史的社会生活积淀，又与现实社会生活相连。美与美感、艺术品，具有社会生活的客观功利性及实用性。艺术的基本品性也如此。

（3）美与美感及艺术品，都是在人的情感激越的条件下产生、创造的，既有生理上的愉悦欢快，又有心理上的愉悦欢快，既带有感情因素，又属于直观感觉，它们带着主观直觉性。这里有一系列的心理活动与心理现象。这是一个观照、激发、感应、分析、反映、评价的复杂，然而瞬息变换的过程。

（4）美与美感及艺术品，都具有形式美的品性。只有一定的美的形式，才能构成美和艺术品，才能成为审美对象。形式，既体现形象性又表现内容，它是美的存在的外壳，它在这里具有决定因素的性质。

从以上的叙述中可以看到，艺术之河与海，并非来自一个源头，游戏、劳动、生产、模仿、巫术礼仪与男女互求等，都是它的源，我们不能囿于一说，固定地认为只起源于一种活动。不过，第一，虽然源头很多，但是，它们并非"分流而行"的，却是一两个或几个源头同时发生作用，或全体综合性地发生作用的。比如巫术礼仪，或者游戏，就综合着多种因素，在实践中起着创造美和培养美感的作用。第二，源流虽多，但却是"万流归一"，都集中在人的美感的培养上。它们作用于人的各种感觉器官，培养着它们的感觉和感知能力，从而培养人类的审美能力，不断发展人类的美感力。

美与美感，经过长期的历史的发展，现在已经极其丰富、极其复杂了，它们离开源头也已经很远，许许多多的复杂现象掩盖着它们的本质。我们只有追根溯源，才能见其滥觞、见其端倪。由此而推见复杂化了的今天的情景。

# 十一、美的类型：自然美、社会美与艺术美

人类的美感能力，在长期物质生产和精神生产的过程中，不断地得到发展，越来越精致。它与生产领域的拓展、物质生活和精神生活的丰富复杂，相伴而生并受到它们的推动，而不断地开拓美的领域，进入人的审美领域的事物越来越多，人类对审美对象的审美评价也越来越深刻精细。而且，人类还直接生产美的事物，而不仅是被动地享受客观事物的美。这样人类的审美领域就不断地拓展和丰富了。

在极为宽广丰富的审美领域中，按照不同的客观性质划分，可以把美分为基本的三种类型，即自然美、社会美、艺术美。

这三种类型的美并不是互不关联、孤立地存在和发展的，而是互相

紧密地结合在一起，互相影响、互相渗透又互相推动的。下面在分别叙述这三种不同类别的美的时候，将会说明它们的这种"亲属"关系。

### （一）自然美

自然美是美的一种。它在美的事物中，带有自己的特点、自己的特殊内涵与特殊形式。

我们且从桂林山水说起。

桂林山水甲天下，人们都很喜爱它。无论古今中外，也无论男女老少，任何时候，任何人，不分国别民族，不分阶级与阶层，人们都喜爱它。青山兀立，远黛隐隐，漓江碧水绿如茵，水中倒影美如画。此外，三峡奇景、庐山瀑布、黄山烟雨、泰山日出等，这些山川之美，名扬天下，传播古今。这是自然美。自然美，美在何处？美从何来？有人说，美在山水自身，没有青山绿水，何来山水美？有人说，美在人的主观，人不觉美，山水何美之有？村妇渔夫，生于斯死于斯，朝朝暮暮，与之相对，并不觉其美。有人则说，美在主观客观的统一，那山那水，符合我的主观愿望与要求，因而觉其美。还有的人说，美在那是经人改造过的大自然，是人化的自然，所以觉得美。等等。在众说纷纭的美学理论中，对于自然美之为美，诸说更为纷纭，也更为难于取得结论。那么，究竟自然之美美在何处呢？

历史是最好的见证。对于一种历史地形成的社会现象、认识现象，如果作一历史的回顾与考察，便可以得出更清楚的线索。还是让我们循着历史的踪迹来探寻吧。

我们知道有过这样一种现象：在一些原始民族那里，虽然他们生长于鲜花遍野的地方，但是，他们对鲜花竟视而不见，不肯用作装饰品，却以兽骨兽牙、贝壳石头之类作为美的事物来装扮自己。为什么会这样？这不是说明美是主观的吗？花本无所谓美不美，人爱自然就美，人不知觉便无美。但是，且慢！我们要问一声人为什么会觉得美或者不美呢？无缘无故、无所依凭、无其缘由吗？其实不可能。就是，兽骨兽牙、贝壳石头之类，在作为装饰品时，也都并不是自然状态，而是经过琢磨、打制，成型成态的，有着精致光滑的外表、小巧玲珑的形状，雕花钻孔。饰有图案，符合对称、平衡、对比、节奏、多样统一等美的规范。那么，即使是主观上以为美，也是要那客观事物有美的构成，符合美的规范才行的，并非天然自在之物，皆可为美。至于鲜花，姹紫嫣红、生机勃勃，自然是符合美之规范，具有美的构成的。那原始人之不见其美、不觉其美，而弃置不顾，其原因何在呢？这是因为他们以狩猎为生，还没有同鲜花（植物）发生生产与生活上的关系，在实践上、劳动上、思想感情上都没有发生联系。总之，鲜花还没有进入他们的生活领域，还不是他们的对象，因此就不能进入他们的认识领域，他们也就视而不见了。

当这样的原始民族进入从事原始农业的时期，尤其是进入谷物成为他们生产、生活领域中的宝贵之物，成为他们生活的主要来源的时期，鲜花，便进入他们的认识领域，也同时进入审美领域了。他们不仅爱自然的花，而且绣花于衣饰之上并以之为美了。这不是说明了自然美是人的劳动对象，是人们的生活手段，是与人的生产生活发生了联系的"自然"吗？山与水也都是如此。青山绿水，曾是原始人类生息繁衍之地，住于斯，狩猎于斯，活动于斯，在水里打鱼，在水中游行（用原始的舟船）。人们在生活中不得不依赖它们，所以对它们有着不可分离的爱恋感情。而当人们对它们进行过某种程度的利用甚至改造时，因为目的和效果都是为了利于生产和生活的，所以就更进一步有了美好的感情。而对它们，便引起欢悦之情，心理上感到愉悦与舒畅。这便是美感的基础和它的社会物质内涵。

当人类的生产向前发展，对于大自然进行改造，比如开辟了草莽，砍伐了森林，建设了农田、部落、村庄，对大自然进行了合乎目的的改造、装扮，那么，这自然便是"人化的自然"了。人在它们那里看到了自己的本质力量的外化了。而即使是未曾改造装扮的自然，也因为和人发生了这种亲密的关系，于人有提供衣食之源的作用，而同样成为另一种形式的人化的自然，因而同样成为自然美，成为人的审美对象。

至此，至少可以总结出几点：第一，人必须同自然的某个事物（比如山水或动植物）发生生产上、生活上的联系，才会与它们发生认识上、感情上和价值判断上的联系，只有在这种基础上，人才能对它们作出审美评价，它们才能进入人的审美领域，也才能成为美的事物。第二，仅仅有这一条件还不够，这个事物还必须是具有一些基本的美的构成条件才行，即具有对称、均匀、平衡、多样统一，色调和谐、鲜艳，质地坚实、光洁、平滑或多变、奇特，等等这些条件中的某些条件，才能构成美，才能为人们所欣赏。也就是说，自然事物必须具有客观美质，才能被人审美地去掌握。第三，我们既不能说自然美完全决定于人的主观，也不能认为自然美是大自然事物中固有的一种属性。第四，也不能抽象地、笼统地说，自然美是"主观与客观的统一"，因为并不是符合人的主观愿望、能给人以功利效用的自然事物都被人认为是美的。只有那些既具备"主观与客观相统一"的条件，又具备美的客观质地的自然物，才能是美的。

必须说明，我们关于自然美的根源的这种解释，事实上还只是作了一种"片面"的说明，只是就它的一个基本的方面作了说明，而不是就一切方面作了说明，而且是遗漏了重要的方面。因而用这种观点可以解释许多自然美的现象，却不能说明一切自然美的本质。那么，还有些什么需要补充的呢？

首先，对于宇宙，对于天体，对于地球，人类在以亿年为单位的生存期间，是长时间地接触了的，对它们是不断地、长期地发生了种种关系的。他们看见了、观察到了、感受到了这些对象的许多特性：比如日月星辰的互相关联的结构，它们之间有联合、有个性的运行秩序和规律，它们的这些有规律的活动给人类生存带来的影响，它们的无限的、不可理解的伟力、威力，等等，都给予人们以神秘感、力量感，其中渗透着又亲又疏、又爱又怕、又敬又畏、又理解又不可捉摸的感受和感情。在这里面，浸润着一种美的感受。现代物理学家们，具有高度发达的科学头脑，面对这种宇宙的美妙结构和无限威力，都油然而生一种宗教感，一种渗透着美的感受的宗教感。爱因斯坦十分赞美宇宙的合理结构、井然有序和美妙的和谐。他说："世界在本质上是有秩序的"，他对"那种秩序怀有一种崇敬和激赏的心情"[1]。他还说："大自然是一位难以接近的女神。"这些话语里都透着一种动人的美感。因为大自然的巧妙结构和井然有秩、无限和谐正与艺术相通。这正与美的素质相通。

如果说现代伟大的物理学家，在人类已经在相当程度上掌握了宇宙发展规律、了解其部分奥秘时，对宇宙尚且产生这种包容于宗教感中的美感，那么，在对宇宙了解得极少、还处在蒙昧阶段把宇宙看作各种有灵的原始人看来，就更为神秘、更具威力，也更具原始的"昧力"（不

---

[1] 爱因斯坦：《论科学》，转引自赵鑫珊《科学·艺术·哲学断想》，生活·读书·新知三联书店，1985，第139、140页。

能作出任何科学解释的"昧力")了。神秘感与宗教感也更浓厚、更充塞心田。因而,那种原始的美感也更强烈,更为弥漫于人们的心中,迷蒙恍惚,幽冥莫测,成为他们生存中的伟大神秘的空间的保护者和无比亲近又难以接近的力量。这种美感是一种难言的感应。

除了宇宙,地球这个自然界,也是人类早就与之打交道了的,并且是与人类最亲近的天体。从人类产生之日起,他们就同山水、林莽、草原、丘陵打交道,在这里生活,在这里打猎、捕鱼、游戏,彼此之间也建立了一种亲密的关系,产生了人对自然界的认识和评价的关系。同时,一直进行着人对自然的改造,比如从栖息于树林到进入山洞,并对山洞有所改造、布置,更进而能建造房屋;从生食到熟食,利用火,取得木材和其他燃料,建立居住地的保卫设施。这样,就把原来的自然环境的面貌改变了。这被称为自然的人化,就是说,自然被按照人的需要、人的预先设定的目的,加以改造了。这种被人改造过因而改变了面貌的自然,被叫作"人化的自然"。在这种自然的人化的过程中,即在人改造自然的过程中,人既怀着一种美好的预望和情感去劳动,又从劳动的成果中获得生产、生活目的的完成,从而引起愉快、满足、欢乐的感情。这就是人在"按照美的规律"来建造世界。在这同时,作为自然的人化的结果。"人化的自然"又成为一个美的客观存在,也会引起人的美感。青山、绿水、树林、田野等,就这样成为人的审美对象,成为美的事物,成为自然美的一部分。

在人类长期与自然界的交往过程中,这种自然美的产生和开辟,继续不断地发生,这种自然美也成为人类审美的传统对象,习惯成自然地、世代相传地构成了对自然的审美心理了。这样,在后世,就会见景生情,见到青山、绿水、村廓、小桥、流水,便会感到美了。这也是一种历史的文化积淀。

与此同时,与山山水水以至于整个大地一同存活于人类生活中,也就是与人的生产、生活发生密切关系的,还有风、霜、雨、雪、雷、电等自然现象,有朝露、夕阳、明月、浮云及春夏秋冬四季在自然景物上的表现,在自然中打下的烙印,这些也同自然的山水等紧密地结合在一起,一体化地以整幅大自然的形象,进入人类的生产与生活中,并由此而进入人的审美领域中。

这里试以月亮为例。它在夜晚悬挂在天空,这正是原始人劳作一天，聚集在一起敬神、游戏或男女相聚的时刻，一轮明月在天，皎洁邈远，把朦胧的月色撒遍大地，布置了一个幽静、神秘、迷蒙的环境，她与人一同欢聚、一同跳舞歌唱，也伴着恋人们幽会，然而又不会作任何干预。她是人们天上的友人。她有规律地起落，由圆而缺、由弯而圆，好似象征着人事，又不同于人事的过甚的变幻。人类最早同她结识，同她发生亲近友好的关系，也在此基础上产生了审美的关系。每当夜晚，人们眺望着她，浮想联翩，总会引起种种感触，引起神秘的美感。此外，关于太阳、星辰，尤其是星辰中的大的星座，以及对崇山峻岭、树木花草、鸟兽虫鱼，也会由于同样的原因和由于不同的独特的因素，而构成共同的自然美和自然美中的独特的美的事物。

自然美就这样构成了。人对自然的审美评价就这样形成了。

当然，随着人类社会生活的复杂化，人类附加于自然美的意识、情感和心理内涵，也越来越多，越来越复杂，而使自然的美同人类的社会生活、感情生活融合为一体。人类把一个"我"字融进了自然。王国维在《人间词话》中所说的有我之境与无我之境①，虽然标示出我之有无，但实际上是都有"我"在其内的。他指出的只是在艺术创作中，明显地表现了自我和并不明显地表现自我的两种艺术手法与境界之不同罢了。所以，桂林山水甲天下，人人喜欢个个爱。但是，其爱恋之心，其喜欢之情，在内涵和表现形式上是会有不同的。而这正是自然美的社会性的表现，也正是它之被人类丰富化的表现。陶渊明的《归园田居》写道：

> 暧暧远人村，依依墟里烟。
>
> 狗吠深巷中，鸡鸣桑树颠。
>
> 户庭无杂尘，虚室有余闲。
>
> 久在樊笼里，复得返自然。

写乡村景物，有色有声有意境，田园风光与他的隐居生活，景、情、志相融合，把自然美从一个特有的角度表现出来了。

王维的《山居秋暝》开首四句写道：

① 王国维《人间词话》："有有我之境，有无我之境。……有我之境，以我观物，故物皆著我之色彩。无我之境，以物观物，不知何者为我，何者为物。"（王国维：《人间词话》，上海古籍出版社，1998，第3页。）

空山新雨后，天气晚来秋。

明月松间照，清泉石上流。

动静相间，清新幽丽，诗中有画，把作者爱恋自然、心除尘染的情意很好地表达出来了。

这都是把自然美用主观的色彩描绘出来，以表达一己之情意，自然美便成为触景生情的客观美了。自然美的这种品性，这种两重性，往往造成人们对于自然美之为美的激烈的争论，各执一词，意见分歧。事实上，自然之美，从历史上人类最早与自然结下不解之缘的时候起，就是这样朴素而自然、实在而平凡地进入了人的生产、生活、认识的领域，也相随相伴地进入了审美的领域。它是客观的，如果不是青山绿水，不是或雄伟、或秀丽，不是配置得当，不是田畴碧绿、村廓点点、水绕树拥，是难谓其美的，但它也是主观的，没有人类社会生活中对于自然的依赖、利用、改造、建设，人也不会感觉到它的美。但人的这个"主观"，必须同客观的景物相融合、相统一，才能产生美感，进行审美活动。这里表现的是主观与客观的统一。不过，这里只是体现美和审美活动的共性，并不能用来说明自然美的根本特征。自然美的本质，从它的发展历史来看，就是人对自然的改造。在自然人化的过程中，形成了人化的自然，其中含着美的因素，引起人的审美评价。

### （二）社会美

社会美是美的一个主要品类，它包含许多方面，是一个丰富复杂的美的复合体。

人类最初怎样"发现"了社会美？社会美包含哪些主要方面？社会美的主要特点是什么？它与自然美又有什么关联？

要回答这些问题，需要作多方面的研究，作多方面的说明。这里，我们仍然从社会美发展的踪迹来探寻它的轨迹，从最早出现社会美的时候说起。

社会美中最值得注意和与人的关系最密切的，要算是人体美了。人体美，这是人自身的美，人对自身的美的赞美欣赏。但是，即使是如此，人也不是自然而然地就发现了自身的美、肯定了自身的美。自然，他们热爱自己的生命，"食色性也"，人性的这两项基本要求，都是生命的现象，归结其意义，都在维持生命和延续生命。这就是恩格斯所说的物质生活资料的生产和人类自身的生产（繁衍后代）。因此，人必然自我欣赏，以人自身为美。这正是人的觉醒的表现，是人类文化的初始因素。因此，也就产生了人对生命现象的欣赏、赞叹和爱好：正常的发育、匀称的体格、健壮的身体，四肢、头脑、发肤、五官等，整体结构和单体表现，都被作为美来欣赏。由此，也就产生了性爱。性爱的外在表现首先就是对于男女体魄的欣赏和喜爱。在这个基础上便产生对于人体的审美心理，对于同性，尤其是对于异性的人体美的赞赏。前面说到的远古女神的雕像和妇女塑像，便暗含着原始的对于人体美、对于女性美的赞美之情。格罗塞在《艺术的起源》中，还列举了许多原始部族人的例子，说明他们赤脚裸体，但是却在阴部用树叶扎成的短裙围上，给他们红布，他们也扯成细条，围在腰部。格罗塞雄辩地证明，他们这样做，并不是由于文明人所说的羞耻感使他们要用饰物来遮掩隐蔽的部位；恰恰相反，他们是为了吸引异性，为了引起对方的注意，才加以装饰；好像文明人在一个引人注意之处插上旗帜或挂上饰物一样。格罗塞引证实例，说明有些原始部族在跳舞时，少女们就特意挂上这种饰物，同时作出种种富有挑逗性的动作，这样以色与形，来诱引对方的注意。而妇女一旦结婚，便把这种饰物拿下来了。这种现象，正反映了人类最早进入人体美的欣赏时，是由人的基本品性（性爱）为导引的。对于人体的美的评价和赞赏，就是对于性、对于生命、对于生命力的评价和赞赏。

这样，人体美就逐渐成为社会美的主要构成部分。

人是社会动物，人在生产中结成了群体，组成了社会。人在社会的生产与生活中，自然地产生和发展着社会关系并形成逐步丰富发展的行为准则与交往准则。这些准则是同人类的生产发展水平和文明程度相一致的。由此也便产生感情交流、伦理关系及在这些交往、关系中的崇高、英勇、自我牺牲等行为美。这些抽象的行为评价和准则是因社会条件及阶级分野而具有不同的内涵和形式的。这方面的事实、事件、故事，各种人物的行为表现，都被人们作出政治的、道德的、伦理的评价，而同时，与之相融合、相一致地作出审美的评价。不同的是，前面诸项都是抽象地、概括地、理性地给予审视与评价的，而审美评价则是从感情与形象的角度来进行的。它补充了而且丰富和发展了人对客观社会生活的关系。因此，人与人的关系（包括政治的、经济的、道德的、感情的、伦理的等），成为社会美的重要方面和内涵。古今多少诗歌、小说、散文、绘画等艺术作品，如屈原的《离骚》，李白、杜甫诗歌中的优美篇章，莎士比亚的名剧，普希金、歌德的诗歌，巴尔扎克、托尔斯泰、罗曼·罗兰的小说，罗丹的雕刻，以及达·芬奇的绘画，贝多芬的音乐，鲁迅的小说与杂文，等等，所反映、描绘、赞叹、吟咏的，就正是这种社会美或蕴含着这种社会美。它是社会生活和社会美的内涵和重要方面，也是反映社会生活的艺术美的重要内涵。

人类总要生活于一种环境中。宇宙是他生存的广大环境，大地是他的母亲，大自然是他包孕一切的供养者。人类的一切仰赖他周围的环境。这决定了人类对于周围环境具有亲切美好的感情。人类世世代代、朝朝夕夕生活于一种环境中，也使他在接触中产生了对山岳河川、树木花草、楼台亭阁等组成的环境的审美感情与心理。这环境不仅是自然的，而且是社会的。一方面，环境本身处在一定的社会关系中、一定的历史条件下，带有社会性；另一方面，人与环境也处在一定的社会关系中，地主占有土地，是"大地的主人"，而农民则耕种土地，是"土地之奴"，他们对土地的感情的社会内涵不一，但对之都有感情，不过其审美评价则是不一样的。环境美是社会美的一个组成部分。

社会美中更有重要意义的是人对自己的劳动产品所作的审美评价。原始人最早的产品是石器工具。他们用以猎取动物，这是他们的衣食之源，他们用以砍斫生产和生活用品，这是他们生活之需。在这样的生产和生活中，他们不仅培养了对于这些工具的感情，而且萌生了对于它们的审美心理。这是人类对于自己的创造物的审美评价。在这种评价中蕴含着他们对于劳动、创造的欣赏、赞美，也蕴含着人的自我觉醒；对于自己的才能、改造世界的活动的自信和进一步改善生活的愿望。随着人类生产力的不断提高，社会不断向前发展，人类的创造能力和创造物，不断提高和丰富，呈现出一派繁荣兴旺、万紫千红的景象，成为人类审美领域中的一个广阔而丰富的美苑。

无论是人体美，还是环境美、劳动产品的美，所有社会美所体现的中心思想就是：肯定生命的现象就是美，肯定人的自由创造性的感性形象就是美。当然，生命现象——人体美，在历史发展的长河中，越来越丰富了，也越来越复杂了。人的本质成为社会关系的总和。社会分裂了，产生了阶级的对立。人体美具有了两重性：自然性和社会性。自然性表现为外在的形体美，社会性表现为内在的心灵美。人体美是两者的统一，内在的心灵美通过外在的形体来表现，一部分作为外形式而成为形体美的组成因素，大部分则是内形式而蕴含于内。形体美体现着内在美，内在美制约着形体美。但两者又各具有自己相对的独立性。有的人形体上具备美的素质：五官端正、秀美，体魄发育良好，健壮匀称。但是，他的心灵不美，甚至灵魂丑恶。因此，初观之下，他似乎给人以美的印象，但稍一细审，即觉其语言风度透出低级庸俗，便不觉其美了，甚至由于形式与内容之相互矛盾，而以其皮囊之美为丑了。在这里，社会意识起着举足轻重的作用。维纳斯作为一个艺术品，千古不变，但其形体之美，却由于时代的不同，社会意识之差别，而产生了不同的审美评价。

当然，不能无视人体美的自然性。文艺复兴时期的伟大画家达·芬奇曾经对维纳斯的身体各部分和五官进行了测量，计算了它们的比例，想得出一个人体美的标准规格。这不能说是毫无理由的。身体各部分匀称的、适度的比例，是构成形体美的因素。但是，这不是常数，而是变数，不是只有唯一的尺码，而是具有多种尺码，不是只有一个标本，而是可以有众多的体态。即使是希腊的种种古代雕像，无论是男性的还是女性的，其美各异，其比例也不尽相同。至于活生生的人，则更是千姿百态，各有其美，各有所长，是不能一概而论的。然而，更重要的还在于，就人体美而言，内在美重于外在美，因为阶级的分野、民族的差别，都强烈地显示出社会意识和功利要求的不同，因而有不同的审美评价。

车尔尼雪夫斯基曾经举出贵族和农民对于美女的不同的标准；鲁迅也说过，贾府的焦大是不会爱林妹妹（林黛玉）的。这自然都是对的。但是，我们仍然不能忽略的是，无论是贵族或是农民，对于他们所爱的贵族妇女或农家妇女，也同样都有一些基本的而且是共同的要求，比如发育的匀称、五官的端正、体态的比例合适及对于身体各个部位的基本要求等，都是必不可少的。无论哪个阶级、阶层，总不会以独眼人，以缺耳少眉、秃头、跛足、驼背为美的。社会美的阶级的分野，也不至于取消了或泯灭了人体美的自然条件。正是因此，所以也会在个别的情况下，发生不同阶级的人彼此产生爱情的事，至少在一些情况下，会有一个阶级或阶层的人，对于另一个阶级或阶层的人的美丽，表示赞赏的。

也许有人会举出法国作家雨果的小说《巴黎圣母院》来反驳，书中圣母院的敲钟人是一个五官不全的奇丑的人，但是灵魂高尚，不是显示了心灵美而为人赞赏吗？是的，敲钟人的灵魂是美的，他的美超过那些灵魂丑恶的漂亮的男人，因此为人所爱。但是，这里有几点需要辩明。

第一，我们在这里称赞的不正是他的灵魂美、内在美吗？我们并没有也不能否认他的形体上的丑。只是说，他的灵魂的美并没有也不能被外形的丑掩没和湮灭，说明人是更重灵魂美、内在美的，说明在人的美感方面，社会性的重要作用。

第二，不管什么阶级、阶层，虽然对于人体、人性的美有着不同的标准，存在价值观上的差异，但是，有些基本的、共同的自然条件，是一致的、共同的和必备的。比如敲钟人的五官不全，就不能被认为在外形上也是美的。

第三，更重要的是，爱和美是相关联的，但又不是等同的。爱的范围更广、内容更复杂、条件更多。人们只有对自己认为美的人，才会产生爱，但是人们却不一定对所有认为美的人，都产生爱。美是一种价值判断，而爱却不仅是价值判断，而且是一种社会行为，是会引起其他许多后果的社会行为。因此，这种选择更严格，更有许多其他的考虑和限制。车尔尼雪夫斯基所说贵族不会爱壮实健康的农家少女、农民不会爱弱不禁风的贵族小姐，固然是对的，但是，他们却不一定彼此完全否定对方的确存在的美。——当然，不一定是全部肯定，可能是部分肯定。比如贵族小姐的娇弱和农家少女的健壮不一定会为对方看作美的。焦大是绝不会爱林黛玉的，他不可能与她有共同语言，不可能与林妹妹共同过幸福的生活；但是，即使是焦大，大概也不会完全否认林黛玉是一个"美人儿"。

总之，社会美是非常复杂的，内涵非常丰富，而且随着人类历史的发展、文化的积淀，越来越复杂，其基本品性也越来越为其他事物所包含、掩盖而不易显露，使得人们可以各据一部分理由，来对它的本质作出不同说明。但是，如果我们从它的最初的情况来观察和分析，就能对它的基本品性有一个基本了解，从而能够对现在的社会美的本质，"拨开云雾"，见到它的"内核"。

（三）艺术美

艺术美是美的集中表现。它是社会生活的美的反映，也是自然美的反映。在艺术的诞生一节中，我们粗略地探讨了它萌生和发展的足迹。当它发育成长之后，就形成了自己的性格、自己的品质。它与自然美、社会美不可分，是这两者的反映，但是，它又居于这两者之上，生于斯而高于斯。人类创造了艺术，把自然美、生活美记录下来，描绘出来，创造了世间原来没有的事物、没有的美，而艺术美又以自己的面貌去培育人们的美感。

郑板桥画墨竹，既根据实际的竹，又写他胸中之竹，更写他心中之意，抒他意中之情。实际的竹自有其自然之美，然而，仅仅写实地依样画竹，纵然美，却敌不过郑板桥三笔两画，勾画出来的既简单又富有生机的墨竹。这是因为郑板桥赋予墨竹以自己的东西了：自己的思想、感情、心灵、意念，这一切构成了他的墨竹的美的内涵。而这一切又离不开客观的自然之竹的形象，如不像竹，其美也就无所依托了。这是艺术美的特征。对于这个美的最高层次，我们在这里且不多说，后面将辟专节探讨。

## 十二、艺术美的功利性

有论者认为，艺术的产生就在"跳开利害的圈套，和实际人生维持一种适当的距离。"

事实如何呢？我们不能作出简单的评断，因为事物是复杂的。然而，我们可以从艺术的产生、发展的踪迹来探寻它的本质与规律，理顺复杂事物的脉络。

人类什么时候把松树入画，我们现在是很难推断的了。而现在的画家之画松树和审美者之欣赏松树，也确实并不注意它的实用价值和科学价值，而在品评观赏"它的苍翠的颜色、不受屈挠的气概"，即所谓苍劲有力。但是，人类最早是怎样对松树发生了兴趣的呢？是在欣赏它的苍翠之色、不屈之形吗？

还记得我们在前面说到的原始民族居住在鲜花遍地的原野、面对花卉之美视而不见吗？人类最早之认识、"看见"松树，也只有当松树在他们的生产、生活中发生了作用、有了实用价值的时候。只有在这种时候，他们才喜爱松树，而这种喜爱之情，已经是美感之渊源了。正是在使用中结下情缘，在利用、改造、制作的实践过程中深入地认识以至于研究了松树（这便是最早的科学活动和科学认识）的基础上，人们才更喜爱，因此才觉得它美。松树形象的苍劲有力是同它作为一种植物的自然属性分不开的。还记得陶铸著名的散文《松树的风格》吗？那里集中歌颂了它的品性的高洁、纯净和倔强、坚韧，而这正是它的自然属性的表现。这里，真、善与美是紧紧地结合在一起的。人之初，喜爱美，绝不是超于利害关系之外而完全着眼于它的色与形的美、"以美为最高目的"。恰恰相反，目的的功利性是根本的。

我国向有"松、竹、梅岁寒三友"之说。松之外的竹与梅，人类——中华民族的先民最早对之产生审美态度和感情，也绝不是超功利的，而恰恰是功利的。竹之于我国南方诸民族，从吃到用，其用途之大、之广，与人们生活关系之密切，几乎可说是超过其他一切植物。而梅，最早也不是什么珍贵植物，它是野生的，果实可食用。试看《诗经》中对于梅的歌颂：

> 摽有梅，
> 其实七兮；
> 求我庶士，
> 迨其吉兮。

表现的是女子对于恋爱婚姻迫切的期求。为什么要选择梅为比兴的中介？就因为初夏梅子熟了，春花之期已过，初夏来临，再错过了时机，就衰老了。而且，我国古时有在婚礼时将梅子撒于新婚男女头上、身上的习俗，而这种习俗的产生及其含义，就在梅多子，有象征和祝福早生、多生子女的意义。另外，既然梅可食，因此，孟夏之时，女子集群而入梅林，采摘梅子，边采边歌，唱诉情爱。《诗经》中"摽有梅，其实七兮"，"摽有梅，顷筐塈之"的诗句，所唱的正是这种劳动和倾诉的情景。这些，不都在说明竹与梅最早的审美价值，正是在于它们的实用价值，在于功利的目的吗？那时绝不是无利害观念，以美为最高目的的。

当然，这都是对于松、竹、梅的审美的起步，在美的行踪上，刻下了功利的、实用的痕迹。而且，作为历史的积淀，结晶于美的意识之中了。

然而，历史在发展，人在发展，美与美感也在发展。在尔后的历史进程中，人类给松（竹、梅）不断地附加上许多东西，给松树之美的形象增添了许多花色，给人对松树的审美意识增添了许多内容。这样，它们便逐渐离开了功利的、实用的界域了。而且，与此同时，松（竹、梅）本身，在人的改造下，也发生了"器质性变化"，由野生而为种植，由此与人类的生产、生活的关系也发生了很大变化。于是，在人与松的审美关系上也发生了变化，审美态度与审美感情也起了变化。

同时，以松（竹、梅）为描绘对象的艺术也改变了。对于形象的追求，对于描绘什么、突出什么、如何表现其形象等都发生了变化。艺术家及审美者对于松树的审美态度和审美感情，注意的重点，都起了变化。这时，是以其高大、雄峻、苍劲、多姿为美，以它的树干之挺拔、枝杈之伸展有力为美，而且以这种形象体现了坚定、强劲等意念为美。这时，功利性似乎是不见了，抽象的美的目的似乎囊括了一切。苏东坡对于竹的赞美，郑板桥对于竹的描绘，也都不在它的实用价值，而恰恰在于它的"超凡脱俗"了。苏东坡说："无肉令人瘦，无竹令人俗"。而郑板桥画墨竹，寄托尤深，皆在意念哲理，而与功利观点无涉。这时，似乎确是以松（竹、梅）之形象、形式美为最高目的来作画，而不关涉实用，超脱于"功利圈套"了。

但是，正如我们前面已经说到的，这些都是历史的产物、时代的印痕，并非最初的形态。普列汉诺夫在论艺术与审美时指出："但是必须记住，从历史上说，以有意识的实用观点来看待事物，往往是先于以审美观点来看待事物的。"他还指出："以实用观点对待事物是先于以审美观点对待事物的。"[①]不过，我们需要明确，人虽然有这种"最初"和"后来"的差别和变化，但是，这种差别和变化都没有割断、更不能否定两者之间的内在联系，没有"最初"，是不会有"后来"的。因此，对于美与艺术美的功利性，是绝不能否认的。其次，人们后来站到审美观点上看待事物了，比如看待松、竹、梅，注意和爱好它们的外在形象和形式美了，但是，这个注意和爱好，最初也是和功利的观点相结合的，是一种功利的评价的依凭；以后，这形象与形式美才由于习惯成自然和心理的与欣赏的习惯而作为审美意识的积淀，留存下来了，而使人

---

① 普列汉诺夫：《没有地址的信/艺术与社会生活》，载《论艺术》，人民文学出版社，1962，第125、136页。

们在欣赏松、竹、梅时，更多地或仅仅是注意和爱好它们的形式。最后，以后人们对松、竹、梅的形式美和表现它们的艺术品之美，所附着的种种美的称誉和审美判断，如松的长青不老、梅的高洁傲岸、竹的清淡高雅，也都是反映了人的社会生活和功利的观点；都是一种社会的、道德的、伦理的评价，因此，也是因时代而异，反映着历史的内涵的，并非完全超功利，只是不那么明显罢了。

至于说到艺术作品，无论是创作还是欣赏，表现在行为过程中，是都含着功利观念与效用要求的，是社会意识形态的反映，虽然仍然着眼于表现对象（如松、竹、梅）的形象和形式美。如八大山人之画翻白眼的鸟、郑板桥之画墨竹、徐悲鸿之画奔马、何香凝之画梅等，都是如此。这里，社会的功利观和功利效应又都是强烈而含蓄地寄托在描绘对象的形象与美的形式之上的，含蓄于艺术家的创作动机和创作意念中的。当然，对于具有不同的世界观、艺术观的艺术家来说，会有不同的创作动机、创作立意，社会责任感和功利观念，有或隐或显、或自觉或不自觉、或强或弱等不同情况。但是，不管何种情况，功利的社会效应总是存在的，在客观上完全超然物外，不沾人间烟火气的艺术品是不存在的。不过，在不同的艺术品中，这种"品性"有强弱之差别罢了。

这里，我们是就艺术品的总体和社会审美活动来说的，这是艺术品的一种基本品格，艺术家的不二"命运"。虽然有的艺术家可能要摆脱以至于反抗这种"命运"，但是，只要他从事创作又发表出来，这种社会效果就是不可避免的。然而，从另一方面说，作为艺术品的制作、创造者的艺术家个人，有时可能是不含功利观念或功利观念比较薄弱的，是为了表现自我或因为感情驱使，不得不为，甚至可能是竭力想要摒弃这种观念，以为这才是高尚的、超脱的、纯洁的；就欣赏者来说，在接触艺术品的一瞬间，也往往没有什么功利观念的作用，只从对象的形式美和形象方面所引起的感受而进入审美状态，也有可能在整个欣赏过程中，一直并不从功利角度去评价作品（从个体的审美活动来说，完全可能是这种情况）。但是，归根到底，这中间仍然隐蔽着功利的基因和功利观念。首先，从历史的角度来观察，如前所述，功利的因素，功利的观念，曾经是历史的起因和基因，在日后的发展中，这种基因已经变得隐而不显，但它的基本性质还是存在的。其次，从社会的总体上看，这种艺术功利，也是始终存在的。社会之存在艺术活动，完全是因为社会需要它，它能对社会起到一定作用。这是全社会的功利需要。有人以个体的审美活动中和审美瞬间的非功利性和不明显、不自觉的功利态度，来否定艺术创作、艺术欣赏及艺术品的功利性，是片面的。

揭示和承认艺术美的功利性、功利效应，不仅不会降低艺术品的价值，相反，却是从基本的品格和价值上，正确地肯定了艺术美。古今中外，万千艺术珍品，从希腊雕塑，到达·芬奇、米开朗琪罗的名画，从希腊史诗到莎士比亚的戏剧、托尔斯泰的小说，从中国青铜艺术到唐宋名画，从《诗经》、《楚辞》到唐诗、宋词、元曲，它们的千古流芳，都与其广义的功利价值分不开。如果它们不是真正的历史与时代的产物，不是反映了产生它们的那个时代的社会生活和人民的精神愿望、思想感情，总之，不具有历史的、时代的、社会的意义，它们的留存就是不可能的，它们也就无从去获得后世的审美评价，就不可能引起后人的激赏。失去了当代，也就失去了后世；失去了社会，也就失去了人心；失去了生活，也就失去了艺术；失去了生活，也就失去了美。这是艺术美的命运，这命运是它的价值，它的幸福，它的灵魂。

美的追求，生活的追求，说到底，仍是生活的追求，人世幸福的追求，即真的追求，美的追求。这应该是对于艺术美的基本观点与态度，也是对于艺术的基本观点与态度。

## 十三、艺术美的再生性

黑格尔说："艺术美是由心灵产生和再生的美。"艺术美的这种再生性，尤其是这种再生的"精灵"，是由心灵产生和赋予的，决定了它的品性。比如，"晓来谁染霜林醉，总是离人泪"，是描写秋霜之后，树林红遍。但作者对于这一自然景象作了一种特殊的描绘，他不说这树林是被秋霜打过了，却说是被谁用一种什么东西"染"过了。什么东西呢？回答说是离别的人的眼泪。诗人对于秋天的红叶和红遍了的树林，作了一种主观的反映，涂上了自己浓烈的主观色彩。这种诗的美，毫无疑义是由于秋叶红了而产生的，是由这种自然现象和自然美的存在而产生的。但是，它却不是照相式地把这种景象拍下来，而是用主观色彩把它描绘出来的。这里有着浓重的主观色彩和感情色彩，而艺术美也就由此再生了：第一，红叶满枝的树林，诗人说是"染"过了；"染"过的红叶满枝的树林，他又形容为"醉"了；而"染"的原料竟又是离人的眼泪。而离人的眼泪又竟然由泪水变成血泪了，这血泪又竟然这么多、这么多，多到可以把一个树林（哪怕是个小树林）染个红遍！当然，这都是诗人主观的表现，他为离别难过、流泪，他感情激越，直认为泪成血、血染树。但是，这一切都是由霜林这个自然景象所引起的，它又寄托了诗人炽热的感情。艺术美的再生性正在于先有一个物的存在（霜林），而诗人的主观又使它在再现中变了形、变了态、变了品性与神韵。这变的关键就在于人（艺术家）的心灵的作用。因此，谈论艺术的美，无视客观的存在，以为是一种纯主观的现象，是不对的，而以为艺术美是完全由艺术家主观创造的，也不对。在上引的词中，前面四句，"碧云天，黄花地，西风紧，北雁南飞"倒是比较客观地叙述了天与地，以及天地之间的雁群由北向南飞的客观景象，而紧接着，便把客观景象（红遍了的树林）用主观的色彩重新描绘了。这种描绘，把红遍的树林说成是"醉"，但"醉"的不是树林却是人的心与情，接着又把染红树林的东西说成是离人的"泪"，但"泪"既不红又没那么多，实际仍然是人的心与情像血泪一般。这里，因物起情，借物抒情，把离情别绪的难忍难耐、摧肝折肺，借"霜林"之景抒发出来了。具象的景体现了抽象的情，抽象的情变成了具象的景。读者之中，有为离情别绪所苦者，读此也感到一抒胸襟之快；即使是并无离情别绪的人读了，也会因为写得具体、真实、生动、贴切、缠绵，而不免击节赞赏。所有这几种情形，便都是一种美的享受、审美的愉悦。而给予这种美感欢愉的，便都是艺术家用心灵将自然实景加以主观描绘之后所再生出来的美所引起的。

我国唐代画家张璪所说的"外师造化，中得心源"，正道出了这种艺术创作的主客体之间的关系。外之是写自然之实景，而内之却得自创作者的心境，包括他的思想、感情、心理等。清代大画家石涛说："山川使予代山川而言也。山川与予神遇而迹化也。"则从另一个角度来阐述这种创作的主客体之间的关系：创作主体（艺术家）同对象、客体（山川、自然界）相遇，内心的审美体验借客体（山川）来物化了、具象化了，于是便"代山川而言"了。这同瑞士思想家阿米尔所说的"一片自然风景是一个心灵境界"，意思是很相似的。这种艺术美的产生——再生过程表现为主客体的互相影响、渗透、生发的辩证过程：一方面，客观美刺激、影响、激发创作主体，发生作用，使其感动；另一方面，则是创作主体把自己的思想、感情、心理感受转移、寄托于客观。在这种"造化"与"心源"的交互影响、作用的过程中，便使艺术美再生了。而在这个再生过程中，艺术美因为有创作主体的心灵、感情的作用，便比生活美、客观美更高、更好、更强烈了。

艺术美的这种再生过程，不仅因为艺术家心灵的加工与寄托使艺术美更高而具有了美学价值，而且因为艺术家所传输给作品的美的信息，会因欣赏者在破译过程中，或者因理解了作者的用意，获得了其立意、寄托的真情真意而感到审美体验的愉快，或者因自己的心意、情感、体验从艺术品中得到寄托、移情、转化、抒发，而感受到心灵感应的审美愉快，由此对艺术品产生喜爱之情而愿意观照、欣赏、吟诵、摩挲抚摸，不忍舍弃。

这里，艺术品的含蓄、曲折、模糊、隐然、迷蒙，都能给予作品以美的素质，因为，欣赏者的破译会因为欣赏对象的这种品性，而能更丰富、更多样，更能"各取所需"，更有"自我表现"的余地。当然，这些美的素质，是指主题、基调、内含的主要部分是明确的、清晰的前提下的含蓄、曲折，而不是苍白、简陋、一览无余，也是指内容、思想、情感、心理的基调和范围比较确定，而表达时却委婉、曲折，有情致、有韵味。

艺术美在再生过程中，由于艺术家创作心理的作用，产生许多新的东西，即美的素质。这正是美产生的主观渊源，也是艺术家显才施能之处。在创作心理的活动过程中，记忆、想象、幻想、虚构，发生着巨大的作用，对自然美、生活美（即创作素材）进行加工、调整、改造、灌输以思想的感情的汁液，才使艺术产品具有艺术生命力与艺术魅力。这是艺术美产生的过程，也是艺术美的再生性的表现过程。关于这方面的问题，属于创作心理学的范畴，可以另作专门的探讨。

不过，在这里却有必要对这样一个问题加以探讨：艺术的这种再生过程，到底是表现的还是再现的呢？就是说，艺术美是从再现客观现实中得到，还是在表现人的内心中一种体验而得到呢？对于这个问题，在西方古典美学理论和以中国为代表的东方古典美学理论中，是有着两种截然不同的回答的。在西方，一直主张艺术是再现的，艺术是模仿，是写生，是把客观现实中的事物，用声音、线条、色彩、语言再现出来，它追求的是逼真，是真实，是精确的再现。但是，中国古典美学却认为，艺术是一种表现，是借物抒情，追求的不是形似而是神似。从希腊的雕塑到欧洲近代的绘画，都是西方古典美学理论的具体体现。而中国的艺术，尤其是绘画和诗歌，则都是中国古典美学的表现观念的具体体现。在绘画方面，西方的油画和中国画，真正是两种艺术和艺术观的鲜明体现和鲜明对照。达·芬奇的油画，对于人体的表现是何等准确、精细，而中国山水画中的人物，却只寥寥几笔，就是工笔的人物画，不也是线勾轮廓，并无更多的渲染吗？

这两种艺术的同时存在、发展和流传，同样得到后人的认可，得到肯定的美学评价，正说明，这样两种似乎截然不同的关于艺术美的理论，是各有所长，各有所用、互反互补的。发展到现代，在西方出现了现代主义流派，反对再现、模仿，反对形似，而追求内心的表现，采取变态的手法。而另一方面，中国以至于东方的现代艺术，却又向西洋艺术吸取营养，锻炼提高自己的再现能力、模仿能力，追求着形似上的艺术技巧和意境。日本美学家今道友信称这为"在东西方的逆展开"。他说：

> 这样看来，我们可以承认，东西方关于艺术与美的概念，在历史上的确是同时向相反的方向展开的。西方古典艺术理论是模仿再现，近代发展为表现。出现这个概念后，蕴藏着的未完成作品因之受到尊重。而东方的古典艺术理论是写意即表现，关于再现即写生的思想则产生于近代。[1]

这里指出的东西方美学和艺术理论的这种差异和近现代的逆向发展，是很有意味的，也是富有启发意义的。它至少告诉我们，人类的东西两支，从不同角度、经过不同的途径走入审美的领域，又各自总结了自己的经验，凝结为艺术理论，从不同的方面论证和体现了美与美感的本质和品性。它们主要的倒不在表现了差异，而是殊途同归地表现了美与美感的共同性，并且丰富了人类的审美理论宝库。更为有趣和值得注意的是，进到近代和现代，东方人发现了西方的美学理论对自己的启发意义和用处，而西方人也发现了东方美学理论对自己的启发意义和用

085　美的踪迹

---

① 今道友信：《关于美》，黑龙江人民出版社，1988，第74页。

处。于是，两者都借对方的理论和实践而丰富了自己、发展了自己。

艺术美的再生性，借这两种不同的艺术理论而得到互异互补的表现和论证，它充分体现了人类在创造美时的高度创造性。

## 十四、通向美的创造

艺术家创造美，是一个复杂的过程。在我们前面所说的艺术创造的主客体互相作用的过程中，有许多方面的因素参与其间，各自产生种种的影响和效应，形成艺术美的品格。在这个过程中所发生的一切，特别是其中的规律，我们有些是了解了、掌握了的，有些则还是不了解或没有完全掌握的。尤其是创作主体的活动，作家、艺术家的心理活动、思维与情感的活动状况与规律，等等，都有许多不清楚、不了解和说法不一的地方。但对一些基本的东西，它的特征是可以作出理论的概括的。

> 在限制中才显出能手，
>
> 只有规律能给我们自由。

这是德国伟大作家歌德在《自然和艺术》这首诗中的两句话，它们很好地概括了艺术创造的条件、特点、艰难和途径，然而也说出了艺术创造的乐趣之所在和成功的"秘诀"。艺术美之创造，有许许多多限制，也就是规定、规则和规律，越出了这些限制，违背了这些规定性，就没有了艺术的特点，就不成其为艺术，或者名是而实非。这些限制和规定性中，都体现了一种规律，它是一种客观存在，束缚着人们的手脚，强迫作家、艺术家去服从，然而，这些创作规律，又是通向艺术美的坦途，达到美的峰巅的阶梯，它给了作家、艺术家以发现美、创造美的真正的自由。

这是矛盾的，然而又是统一的。

困难在这儿，自由也在这儿；失败的危险在这儿，成功的希望也在这儿；苦恼在这儿，乐趣以至于幸福（创造的幸福），也在这儿。

那么，艺术美之创造的特点在哪里呢？

我们可以分成三部分来说明。

第一，艺术美的创造，既是人类的认识活动，又是意志目的活动；既是科学认识，又是伦理实践；既是理智的，又是心理的；既是有目的的，又是无目的的。

第二，艺术美既是个别的，又是一般的；既是偶然的，又是必然的；既是共性的，又是个性的。

第三，形象、感情、典型、真实、形式，既要有此，又要有彼，彼此既牵扯着、制约着，又结合着、促进着。

既是……又是，这不是矛盾的吗？怎样统一起来呢？就是在艺术创造的实践中来实现，在艺术美的产品中来体现。

艺术就体现在这种多样性的结合上，艺术美就诞生在这种结合上。美的创造的成功与否，就取决于这种结合的状况如何。

马克思把人类认识和掌握世界的方式分为四种类型，即思辨的（理论的）、艺术的、宗教的和实践精神的。[1]艺术反映社会生活，表现艺术家的思维、感情、心理活动，这都是他对于世界的一种认识、一种掌握方式。无论是达·芬奇的绘画、罗丹的雕刻、莎士比亚的戏剧，还是巴尔扎克、托尔斯泰的小说，以至于贝多芬的交响乐，都反映了他们的内心生活，但同时更反映了他们所处时代的社会生活，其中蕴含着他们对于世界、社会、人类、历史的认识。但丁说他的《神曲》的"主题是人"，它要说明的是"由于他们的善行和恶行，将得到善报或恶报"。而事实上是揭露了封建教会和城市上层阶级，表现了作为"中世纪的最后一位诗人，同时又是新时代的最初一位诗人"[2]，对于封建中世纪终结和资本主义世纪开始来到时的意大利社会生活的深刻的认识。巴尔扎克谈到自己的巨著《人间喜剧》的第一部分《风俗研究》时，指出他的构想是这样的：

> 《风俗研究》要反映一切的社会实况。我要描写每一种生活的情景，每一种姿仪，每一种男性或女性的性格，每一种生活的方式，每一种职业，每一种社会的地位，每一个法兰西的省份，童年、青年和老年，政治、法律和战争——没有疏漏任何一项。这一

---

[1] 马克思《〈政治经济学批判〉导言》："整体，当它在头脑中作为被思维的整体而出现时，是思维着的头脑的产物，这个头脑用它所专有的方式掌握世界，而这种方式是不同于对世界的艺术的、宗教的、实践——精神的掌握的。"载《马克思恩格斯选集》第2卷，人民出版社，1972，第104页。

[2] 恩格斯：《〈共产党宣言〉1893年意大利文版序言：致意大利读者》，载《马克思恩格斯选集》第1卷，人民出版社，1972，第249页。

部分写完之后，人类心灵的故事一点一点地揭破了之后，社会的历史一页一页地展开了之后，我的基础就算奠定下来了。我不希望描写幻想的插曲，我的题材应当是到处所发生的事实。①

仅仅这一部分就要写出这么广阔的、深入的，而又细致的生活面，他要写事实，又要把"人的心灵的故事一点一点地揭破"。这不就是要把他对于社会，对于人生的认识和掌握，用文字记录和反映出来吗？

雨果说："谁要是名叫诗人，同时也就必然是历史学家与哲学家。"②他指明了诗人是同历史学家与哲学家一样，要认识、掌握和反映生活的，只是手段与方式不同罢了。托尔斯泰则更明确而详细地发挥了与此相同的思想："真正的科学是研究一定的时代和社会里的人们所认为最重要的真理和知识，并使人们理解这些真理和知识，而艺术则把这些真理从知识的领域转移到感情的领域里。"③这里，同样是把艺术看作对于真理的认识与反映。而当托尔斯泰谈到《战争与和平》这部伟大作品的写作时，则明确地指出："我尽力写人民的历史。"④当他谈到《安娜·卡列尼娜》的内容时，指出："它……把我根据新的、不平凡的、于人民有利的观点看来所能理解的一切，完全包括进去了。"⑤

我国伟大的作家曹雪芹说到他写《红楼梦》，在悼红轩中披阅十载，数易其稿，然后写诗说道："满纸荒唐言"，"谁解其中味？"这"味"，便是他对于生活的认识和思考所得的结论。伟大的革命文学家鲁迅更明白地说，他写小说是要写出他眼里经过的中国的人生，目的是要促进中国人民的觉醒。这不也是要写出他对于生活的认识与掌握吗？

当然，作家的这种认识活动和通过创作来反映生活、反映自己的认识的活动，都有其目的，是要反映生活、解释和评断生活，作出自己对生活的结论和怀着改善生活、改进社会的希望的。这些，就又是他们的意志目的行为，而不仅仅是一种认识活动了。这一点，我们从前引诸著名作家的论述中，已经可以很明显地看得出来。他们的论述，也就是把

① 《巴尔扎克传》，载段宝林《西方古典作家谈文学创作》，春风文艺出版社，1980，第297页。

② 雨果：《莎士比亚论》，春风文艺出版社，1980，第369页。

③ 托尔斯泰：《艺术论》，远流出版社，2013，第83页。

④ 段宝林：《西方古典作家谈文学创作》，春风文艺出版社，1980，第543页。

⑤ 同④，第548页。

二者结合起来的，他们先叙述要如何反映生活的真实，写出自己对于生活的认识，同时，紧接着便指出，他们这么做的热情和动机，是为了一种崇高的意志目的。

我们在这里，仅仅大而化之地从根本上概述了文艺作品作为人类的精神产品，在生产时的基本品性，并以为这是通向美的途径。当然，人类的精神生产，特别是文艺作品，其产生过程和机制，是极其复杂的、多变的，具有个体的多样性和变异性，难于仅仅用一种界说来框定它，因而历来有许多种解释和论点，并由此形成了许多美学、文艺学和文艺心理学的学说和流派。我们本可以对它们进行提炼、归纳和综合，形成一个总体的叙述。不过，这是一件繁杂的工作，而且是要求很高的学术工作。在这里，不可能达到这个要求。因此，只是在此指出这一点，而避免前述要点有理论上的褊狭之嫌。

艺术通向美的途径，自然不只是这一条，它的支路、岔道是很多的，渠道也是多样的。不过，却有一个总趋向，"万流向东"，它们都是朝着一个相同方向的。这方向就是前面所说的多种结合，主要是主体与客体、主观与客观、思想与感情、内容与形式的矛盾统一，即结合。

我们的探索，就在此打住了。让我们在结束时再回到我们的出发点。

人都有爱美之心，然而并非任何人都具有美的知识，懂得美的规律，知道如何才算美。这里有一个认识发展的过程、加深理解的过程、学习培养的过程。只要我们与美结伴，我们便可以在与这个伴侣的结合中，逐渐加深对于它的理解。

美是多方面的。欣赏艺术，穿着打扮，布置环境，都是与美打交道，更不要说创作艺术品了。美浸透于生活的各个领域，美也就在生活的各个领域中生存和发挥它的作用。我们不可想象没有美的生活和没有美的世界。美无时无处不在。然而，它需要有能欣赏它的眼睛、耳朵、感受力和欣赏力。没有这些，也便会对美视而不见，并从而失去美。这些方面的修养差，所知甚少，便会在审美的活动中陷于褊狭和盲目的状态。如果这样，就是我们生活中的一种损失，精神上的一种缺陷。我们对世界的美好，就会领会得很少。因此，要与美结伴，要使自己的生活丰富起来，使自己在生活中、精神上丰富起来，就需要不断加深对美的理解，提高审美感受力。这就需要学习。

与美结伴，是一个与美交友的过程。

这个过程的开始，就是对于这位美的朋友，有一个基础的知识、基本的知识。

这个小册子，就是奉献给读者的一种初交的信物。愿以后能有机会作进一步的讨论。相约重逢于来日，朋友！

1983 年作

1987 年改定

下部

论文及艺术评论

# 论形象思维早于逻辑思维①

> 关于思维的科学，和其他任何科学一样，是一种历史的科学，关于人的思维的历史发展的科学。
>
> ——恩格斯《自然辩证法》

人类的思维同人类一样，是一个历史的产物；而当人类思维产生之初，是先有形象性思维而后才有逻辑性思维的。它们本是同根生，而后成为"并蒂莲"。这是一个有待于论证的结论。论证这个结论，对于讨论形象思维之有无、研究形象思维的特征、它与逻辑思维的关系等，都会是有益的。因此，我们在这里作一个探索性的历史考察。

人类的思维是在什么时期，在什么样的历史条件下怎样产生的呢？为了回答这个问题，我们不得不回溯到人类的童年时代去，那已是距今二三百万年以上的历史时期。

## 一

距今二三百万年的时候，原始人群由于在群体活动中，在当时还是主要"生产部门"的采集活动中，感到有互相交流思想的需要，想要说点什么，而由于直立的固定化，人的肺部已经发达，发声器官也已经形成，他们也能够说点什么了。这比之只能吼叫的动物来说，自然是一个了不起的、伟大的进步。所以，恩格斯指出："分节语的产生是这一时期的主要成就。"②但是，这时候的语言是极其简单、极其低级的，用这

① 原载《江西社会科学》1983年第6期。
② 恩格斯：《家庭、私有制和国家的起源》，载《马克思恩格斯选集》第4卷，人民出版社，1972，第18页。

样极原始的材料来进行思维活动，自然也是极原始、极简陋的，可以说只是思维的胚胎、萌芽。但纵然如此，也是同样值得在历史上大书特书的了不起的大事：人类有了意识。所以，恩格斯称赞意识是地球上的鲜艳花朵。

那么，人类最早的思维，或者说思维的胚胎、萌芽，是一种什么样的思维，它的特征是什么呢？我们大致可以这样说：那时候的人，只能像儿童一样，在自己的简单思维中，夹杂着许多形象，他们的语言既要与具体事物的形象相联系，又要用具体事物的形象来补充语言之不足。据研究，就像人的胚胎的十个月成长过程，是从虫豸到人的自然发展过程的缩影一样，儿童思维能力的发展过程，也"浓缩"了人类几十万以至于一二百万年的思维能力发展的漫长历史。观察儿童的思维方式、思维能力的发展过程，有助于研究人类童年期的思维状态和发展历程。幼儿在不会说话前，就能听懂许多大人说的话，而最初懂得的都是与具体事物的形象相连的实词，以后才能逐渐懂得一些抽象词语，如好、坏等。当儿童开始咿呀学语时，开始也只能"单字蹦"，他所要表达的意思，总是比他所能说的词或短句，更丰富、更多方面。在他说这些简单的词语时，他脑子里的形象比之表达了的事物是多得多的。从这里可以推想到，童年期人类的思维的特征，就像儿童的思维一样，是离不开具体事物、具体形象的；是脑子里的形象多于嘴里说出的话语的。人类最初的思维为什么是这样的呢？

马克思和恩格斯在《德意志意识形态》中指出："人并非一开始就具有'纯粹'的意识。'精神'从一开始就很倒霉，注定要受物质的'纠缠'，物质在这里表现为震动着的空气层、声音，简言之，即语言。"[①]所谓纯粹的意识，就是抽象的概念，摆脱了实体的纯粹的抽象。人类的祖先不能具有"纯粹的意识"，就因为语言不仅极贫乏，而且已有的极贫乏的语言也没有"纯化"到这种程度。那么，究竟是怎样进行思考的呢？简单地说，就是当进行思考时，是少数的词语和许多的、一连串的有关形象在脑子里连续出现。这种思维，因此也可以说是形象性的思维。

为什么情况是这样的呢？马克思指出："语言是思想的直接现实。"

---

① 马克思、恩格斯：《德意志意识形态》，载《马克思恩格斯全集》第3卷，1960，第34页。

又指出："在哲学语言里，思想通过词的形式具有自己本身的内容。"①
当人类处在童年时代，还只有实词，而且在实词词汇也极少的情况下，
抽象的思维，是不可能形成的。思想还不可能通过词的形式来实现，使
自己具有内容。当然，我们的祖先在几十万、几百万年前，究竟是怎样
进行思考的更具体的情况，我们今天是无法了解的。但是，从那些不太
久以前才开化的原始民族身上，可以推测到那时的情形。这里，从原始
人的语言中去探索一下他们当时的思想状况。

对于人类思想的产生进行了专门研究的法国马克思主义学者拉法格
说过："人创造自己的传说同制作自己的思想一样：他利用日常生活的
材料。"而原始人的日常生活是非常简陋、非常贫乏的。这种状况反映
在他们的意识和语言中，就是缺乏抽象的思维和虚词。比如，居住在澳
洲南边的一个大岛——塔斯玛尼亚——上的土人中，有丰富的词汇来表
示不同种的每一棵树，但是，却没有表示一般"树"的词。马来人对于
每一种颜色也都有一定的名称，但是却没有"颜色"这个词。19世纪
非洲南部的一个叫作达玛拉的原始民族，计数只能数到五，因为一只手
的指头是五个，说到六，就说"五一"，即五加一的意思。他们不能离
开手的形象去虚拟和理解"六"这个数字。前面提到的处在旧石器时期
的塔斯玛尼亚土人，没有热、冷、硬、软这样抽象的概念，也没有这样
的词汇。他们只会说："像火一样"（热），"像水一样"（冷），"像石头
一样"（硬），"像兽皮一样"（软）。显然，在他们这样说时，脑子里出
现的是火、水、石头、兽皮这些实物的形象。

我们从文字学、词源学上，也可以得到一些启发，往上追溯推演到
原始人类的思维状况。我国文字像世界上所有民族一样，最早是象形文
字。从新石器时代仰韶文化期的22种整齐规则的符号，到今天的文字
中仍然保留着的象形痕迹的字，都表明了这一点。朱光潜指出："我国
文字本身就大半是形象思维的产品，许慎《说文解字》序里所说的六书
之中较原始而且也较重要的'象形'、'谐声'、'指事'和'会意'四种
都出自形象思维。"②拉丁文的"数字"这个词，来自"石块"，这反映
了拉丁民族最早用石头计数的情况。我们至今还用的罗马数字Ⅰ、Ⅱ、

---

① 马克思、恩格斯：《德意志意识形态》，载《马克思恩格斯全集》第3卷，1960，第525页。
② 朱光潜：《形象思维：从认识角度和实践角度来看》，《美学》1980年第1期。

Ⅲ，最早就是画的手指的形象，分别代表一、二、三个手指；Ⅴ（五）则是一只手，Ⅹ（十）则是两手交叉。这说明原始罗马人用手的形象来想象数目。希腊文的"思想"（idea），原意是指物体的物理的外表，即对视觉起作用的东西；拉丁文的"理性"（sapientia），是指物体的味觉，即对上颚起作用的东西。这反映了原始人最早引起思想的状况，即需要视觉和味觉能感到实物的作用。拉法格指出："人是从象形文字开始；他用物象的描写来代表物：狗表现为狗的图画。然后他过渡到象征的文字，全身只用某一部分来表现：用动物的头来表现它的全身。而后他上升到借喻文字，……"①文字的这种发展的途径和阶段性，反映了人类思维的发展情况，即逐步地摆脱形象的"纠缠"，而发展抽象的能力。

综上所述，可以做出这样的归纳：人类萌芽状态的思维，是脱离不开事物的形象的，是形象性的思维。这是形象思维的胚胎、萌芽，也就是思维的胚胎、萌芽。这时候，还没有也不可能有独立的逻辑思维。

因此，可以说，在人类思维的发展史中，形象思维的产生，是早于逻辑思维的。

当然，这种思维的胚胎或萌芽，虽然以形象性的思维为其特征，但是，并不排斥其中含有逻辑思维的因素。这是因为，构成语言的材料——词，本身就是一种抽象；而进行思维，当然也有一定的逻辑推理或判断。恩格斯说："无论对一切理论思维多么轻视，可是没有理论思维，就会连两件自然的事实也联系不起来，或者连二者之间所存在的联系都无法了解。"②人类即使在童年时代，只有思维的胚胎、萌芽，但只要是进行思维，就要把一定的自然事实联系起来，了解其关系，这就有一定的逻辑思维的因素。列宁指出："任何词（言语）都已经是在概括。"③列宁的这段话所说明的，就是个别（物）和一般（词）、具体（物）和抽象（词），是有区别的、对立的，但是又不能将两者截然分开、绝对对立。同样的道理，在形象思维与逻辑思维这一对矛盾中，我们看到，一方面，在一般的最简单的概念中，也有幻想、想象的成分，

---

① 拉法格：《思想起源论》生活·读书·新知三联书店，1963，第52页。

② 恩格斯：《自然辩证法·神灵世界中的自然科学》，载《马克思恩格斯全集》第20卷，1972，第399页。

③ 列宁：《黑格尔〈哲学史讲演录〉一书摘要》，载《列宁全集》第38卷，1986，第303页。

即形象思维的因素；另一方面，虽然如此，但它的基本性质仍是概括、抽象，属于逻辑思维。比如我们前面提到的罗马数字，是简化了的手指形象。但同时，它又具有抽象性，即逻辑思维的因素。正如恩格斯所说的，当人类最早用十个指头来计数时，他们"为了计数，不仅要有可以计数的对象，而且还要有一种在考察对象时撇开对象的其他一切特性而仅仅顾到数目的能力"[①]。这就是说，要撇开手指的握捏、弯曲能力及作为人体一部分的其他种种特性，而只顾到它是一个抽象的个体这一特点。这不就是抽象力、概括力吗？综合上述两个方面，我们可以看到，形象思维和逻辑思维是不可分割地联系在一起的，它们是思维的两个必备的成分，而彼此又都包含着对方的一定成分。不过，哪一种成分占主要的、决定性的地位，就决定思维属于哪一种性质。人类童年时代的思维，两种成分都具有了。但是，形象性思维占主要地位，而逻辑性思维只是一种构成因素处于次要地位，而且，这时候的逻辑思维也还是处于胚胎、萌芽状态。由于形象性思维占主要因素，因此，可以把人类最早的思维的性质定为形象性思维。

## 二

思维的物质是脑髓。恩格斯说，劳动和语言是影响脑髓发展的"最主要的推动力"[②]。这就是说，劳动和语言发展到什么样的水平，人的思维就发展到什么水平。它们推动着人的思维发展，同时制约着思维的发展。

在从二三百万前年到五六十万年前的历史时代，人类的劳动是从采集活动到以粗糙石器狩猎，无论是劳动还是工具，都是极其简陋的。

这时候的人类，一方面要适应环境，另一方面又要使环境适应自己；否则，他们就不能生存。这两个方面，都要求——甚至是强迫人类不仅要具有感觉和条件反射，而且要观察世界、认识世界，即进行思考。但是，这时作为思维工具的脑髓，却只是刚刚开始有了思维的能力。马克思指出："思维过程本身是在一定的条件中生长起来的，它本身是一个自然过程"。又指出："而且只是随着发展的成熟程度（其中也

---

① 恩格斯：《反杜林论》，载《马克思恩格斯全集》第20卷，1972，第41页。

② 《自然辩证法·劳动在从猿到人转变过程中的作用》，载《马克思恩格斯全集》第20卷，1972，513页。

包括思维器官发展的成熟程度）逐渐地表现出区别。"[1]当人类的思维器官（人脑）还没有发展到成熟程度时，它也只能进行不能完全摆脱具体事物形象纠缠的、一定程度的抽象，前面提到的原始民族没有硬、软、冷、热的抽象概念，就因为他们的脑子还不能把概念与石头、兽皮、月亮、太阳的形象分离开来。正如拉法格所说：只是在长期的脑力劳动之后，这些品质（指硬、软、冷、热）才从这些具体物分离出来，抽象化出来，于是品质就转变为名词和供作人脑中形成的抽象思想的记号之用。美洲的印第安人说"勇敢的战士"就用"他像一头狮子"来表达，这说明他们还不能形成"勇敢""战士"的概念，而只有勇敢的、能战斗的狮子的形象。他们想要说眼光敏锐时，就说"像一只鹰"，也是同样的道理。很有趣的是，一些原始民族在说到"思想"时，就是用手放到鼻子边闻的手势，有的则画出这种图画来表达"思想"这个词。这不是反映了他们脑子里还没有"思想"这个抽象概念吗？

我们还不能忽视，人的五官感觉这时候是迟钝的、狭窄的；感觉器官是很不发达的。因此，五官能够向大脑传达的东西也很有限。这当然也就限制了大脑形成抽象思维的能力。恩格斯说："思维永远不能从自身中，而只能从外部世界中汲取和引出这些形式"[2]。人的思维是客观世界的反映。马克思深刻地论述过人的主观感觉和客观事物之间的辩证关系。他指出："人作为自然的、肉体的、感性的、客观的存在，乃是一个受动的、被制约的、被限制的存在，也如同动物和植物一样，这就是说，他的冲动的对象是存在于他的外面，是独立于他之外的对象，但是这些对象乃是他的需要的对象，……"又说："一句话，人的感觉、感觉的人性，都是由于它的对象的存在，由于人化的自然界，才生成起来。"[3]这些论述指出的是：人的感觉是受动的、被自己的实践制约着的；而人的感觉能力又是随着实践的发展，随着实践改造了的自然（人化自然）的发展而发展的。如果实践没有发展到那种程度，那么，客观存在着的东西，也不能成为人类的需要对象、感觉对象。所以，有许多

---

① 马克思：《致路·库格曼（1868年7月11日）》，载《马克思恩格斯全集》第32卷，1974，第540页。

② 恩格斯：《反杜林论》，载《马克思恩格斯全集》第20卷，1972，第38页。

③ 马克思：《1844年经济学哲学手稿·黑格尔辩证法和哲学一般的批判》，人民出版社，2000，第87页。

事物，对原始人来说，是视而不见、听而不闻、触而不觉的，对他们来说，也就是"不存在"的了。既然如此，这些事物虽然是客观存在，但却不能成为人的反映对象，它们不能作用于人的五官；另一方面，人的感觉器官既然不接受这些事物的刺激，它的感觉的能力的发展也就受到限制了。例如对于颜色的感觉，人类最早能辨识的是红色。这是因为他们在狩猎时，打中了野兽就能见到血；他们自己受伤了，也能见到血，这同他们的生产、生活是紧密相连的。而且，他们还发现，人流血多了，就会死，死了的人浑身惨白。因此，许多原始民族都用红色涂身（涂身是原始民族最早、最普遍的装饰）。但是，原始民族对许多颜色是分辨不清的。原因就在于他们的生产、生活与这些颜色没有直接的关系。因此他们的感觉器官就不能感受。而进一步的发展也就受到限制。更有趣的是，一些原始民族，居住于鲜花遍地的所在，但是却对花视而不见，不用花来装饰自己，而用兽骨、贝壳来装饰。这原因不是别的，也还是因为他们以狩猎为生，只注目于动物的形象。到农业产生以后，他们才用花来装饰自己。以上的事例也很好地说明：由于生产、生活的简单，导致人的感觉器官的迟钝，这又进而影响到人的抽象能力的发展，使他们的思维不是带形象的思维。

三

但是，人类的历史是不断发展的。人的本质、人的感觉能力也跟着一同发展。马克思说得好："历史是人的真正的自然史。"[1]在这个发展过程中，感觉器官、思维器官不断地发展，而人的思维能力也不断地向前发展了。

在旧石器时代，人类有了一个重大的成就，这就是火的发现和使用，有了火，人类可以吃熟食了。这大大有利于人脑的发展。人的脑髓的发展，给思维的发展创造了物质基础。而同时，劳动的逐渐复杂化，又给这个过程以向前的推动。对石头加以简单的砍砸、进行粗糙的加工这件事，说明人类已经能够预先在脑子里有一个砸成什么样的打算，并且能够按照预期目标去砸制了。虽然这一切都是极简单的、不很清晰

---

① 马克思：《1844年经济学哲学手稿·对黑格尔的辩证法和整个哲学的批判》，人民出版社，2000，第107页。

的，但它却确定无疑地说明，人类的思维已经具有经过思考的、有计划的、向着一定事先知道的目标前进的特征，而且开始有了"对制约着这些实际有益效果的自然界规律的理解"。这是人类史上的大好消息：人的思维能力大为提高了，已经有了初步的抽象能力，——即在一定程度上离开具体事物去思索，对自然界的某些事物有了一定的规律性的理解（明白它们之间的因果关系）——对石头加以砍砸，就能有棱有角有刃，这样就更锋利，也就具有更大的杀伤力。这样，我们看到，推理的能力也提高了。

当人类进到新石器时代，原始人已经能够琢磨制作相当精细的工具了。特别是后来发明了弓箭，生产力大大提高了，狩猎成了主要的劳动部门。在生活上，已经会用木头制作容器和工具，并且用植物枝藤编制手工织物。在这样一个日益发展、复杂程度日益增长的劳动实践和生活实践的过程中，人的感觉器官和感觉能力也发展起来了。野兽禽鸟的吼叫啼鸣、风雨雷电交加、互相之间的呼喊交谈，使听觉逐渐发展起来；日月的光辉、自然界的五颜六色，寻找野兽的踪迹和对它们的追捕，促进了视觉的发展。在同样的劳动和生活过程中，嗅觉、味觉、触觉也单独地和互相影响地发展起来了。恩格斯把感觉器官称为脑髓的"最密切的工具"，并指出："脑髓的发展也完全是和所有感觉器官的完善化同时进行的。"①这样，劳动、语言、五官感觉和思维，互相推动，互相促进，同时发展，逐渐完善起来。人类童年时代的这一段发展，好像是一个预备期，为日后的发展打下了基础、创造了条件。接着，便是恩格斯所说的"大踏步的前进"时期了。

首先，仍然是劳动。由于劳动工具的进一步的改进，由旧石器时代进到新石器时代，出现了日渐精制而多样化的石制工具，以后又有了弓箭的发明和使用，于是，在劳动生产上，狩猎成为固定的部门，在生活上会用木头制成容器，用木质纤维编成手工织物，以后还有了陶器，并且会用土坯和石头来建筑房舍了。人类劳动生产的方面越来越广阔而多样化了，生活内容也越来越丰富了，因之，语言也越来越发展。在劳动与语言的发展过程中，思维也相应地发展起来了。这种发展的特点是什么

① 恩格斯：《自然辩证法·劳动在从猿到人转变过程中的作用》，人民出版社，1971，第153页。

呢？概括起来说，它仍然是形象性的思维，不过逻辑思维的因素已经有了相当的增长；而且，两者已经开始改变混沌一体状态，出现分离现象。

那么，这种发展的具体情况是怎样的呢？

我们现在看到的几十万年前新石器时代的各种工具，是相当精致的，它们的形状规整，而且有的相当美观，很像是雕刻品。在制作和使用这种器具的过程中，人类的祖先感觉到、认识了形、线条，感觉到对称、均衡这些形式的美。他们是无意地但却是确实地得到了这个可喜的收获。

弓箭的产生和应用，创造了更明显的弧和直线，弓的弧度越符合圆的一部分，弦越直，弓越是好弓。而弓与弦构成了一个中间是空的弧圈与直线组成的弓形。陶器是新石器时代才出现的，它是原始人最主要的生活用具。原始人在这种生产、生活的过程中，在经常而广泛的接触中，特别是在具体制作的劳动实践中，熟悉了这些生产工具、生活用具、器皿的外观、形式，从而逐渐能够摆脱具体事物的"纠缠"而抽象出形的概念来。这是人类认识上、思维上的飞跃。但是，我们必须指出，这种形的概念，是来自外部世界的，不是人的头脑中所固有的。正如恩格斯所指出的："和数的概念一样，形的概念也完全是从外部世界得来的，而不是在头脑中由纯粹的思维产生出来的。必须先存在有一定形状的物体，把这些形状加以比较，然后才能构成形的概念。"[1]正是由于这一点，各种形的概念在一开始形成时，往往离不开实物的"纠缠"，而必须逐步向抽象化发展。它便是逻辑思维发展的一个方面。

原始人为了记事而结绳或在器物上画道，这是文字的开始。在画道和画符号的基础上，产生了象形文字。这时候，就如鲁迅所说："写字就是画画。"当我们的祖先，创造出⊙、ᗪ、ᨈ、〰、◎、雨等象形字来的时候，他们是创造了日、月、山、水、旦、雨等字，也是画下了它们的形状。这些说明，当时人的概念还不能离开具体形象。但同时，他们又能用线条来勾画实物的形象，这里又有了一定的抽象。从象形文字又逐渐发展到绘画，这些原始艺术，栩栩如生地描绘鱼、海豹、野牛这些动物和狩猎时的情景。半坡村出土的陶器上有人头、鸟、兽的画像。这些画像，一方面是写实的，是实物形象的反映，但是又有了变形，不是

---

① 恩格斯：《反杜林论》，载《马克思恩格斯全集》第20卷，1972，第41页。

同实物完全一样。这些画可能是民族的图腾，是为了实用的目的而作的。可以说是当时人的意识、思想的"图解"。这反映了当时的思维离不开形象，而变形则又说明有了想象和抽象。另一方面，又产生了借喻。比如希腊文、拉丁文中都用财物、财产喻"善"，英语中的商品也等于"善"。至今语言中还保留着遗迹；如桌子腿、椅子背、矿脉、锯齿，都以人体的某部分来代替，借喻某个事物的相应部分。这就有了从某物移向某物，以某物悬想某物的情形，而这时，形象开始游离了，抽象的思维则"乘虚"而入了。

综上所述，我们可以看到：原始艺术最初都是为了实用的目的而创造出来的，它们的创造过程，表明了原始人思维能力的发展进程。第一，他们能够用形象（象形文字、绘画、舞蹈、雕刻等）来复制、反映客观事物。第二，这个复制是经过头脑加工的，是经过提炼、抽象的。第三，在复制过程中，他们丢开了具体事物，不是写生，而是凭记忆、想象去制作（画或刻）。第四，他们制作时，抛开了个别的形象（某个动物、某个妇女等以及具体的日、月、山、水）的具体形象、个别特征，而是综合了群体形象和常态，抓住了其共同点，创作了"这一个"，这就是"典型"。第五，他们用有组织的线条，构成了图案；用线条勾画了平面图画来表现一个立体的事物；制作品比原物也要小，也有取舍（不是每一个细节都表现，比如头发就不是一根根都画）。综合这几点，可以看出，原始人到这一时期，已经可以进行相当程度的抽象、概括、推理以至于判断了。

这些原始艺术之花，正是人类思维的蓓蕾。

从这里，我们应当和可以得出什么结论呢？

我以为可以得出这样的结论：这时候的人类的思维（形象思维和逻辑思维）是结合在一起的，不可分的；而形象性的思维占主要地位；但是逻辑思维的特征（抽象、概括、判断、推理）已经发展了、所起作用更大了。它渐渐与形象思维"闹独立性"，要分离出来了。

四

上面，我们对于历史的考察，基本结束了，这里，对以此为起点的向前发展的大致图景，还想做一个简略的描绘，这对于我们对问题的探讨，可以有一些帮助。

在尔后的历史发展过程中，一方面，由于生产的发展，人们的社会实践更广泛，人与客观世界的接触也就更广泛，也更深化了，人对自然的自觉性的改造活动也发展了；因而，人的感觉对象也广泛了，对对象的感觉也深化了。于是，人的感觉器官也更完善化，感觉能力也更丰富了。情况正如马克思所说："只是由于人的本质客观地展开的丰富性，主体的、人的感性的丰富性，如有音乐感的耳朵、能感受形式美的眼睛，总之，那些能成为人的享受的感觉，即确定自己是人的本质力量的感觉，才一部分发展起来，一部分产生出来。"①精致的，形状各异的工具、器皿，为了实用的目的并且也包含审美需要而制作出来的原始艺术品，既是人的智慧的产物，同时作为一个客观存在，不断培养和提高人的形象思维能力和审美能力。

另一方面，也由于人的社会实践和人的思维能力的发展，人的逻辑思维能力也逐步发展起来。情况也同样如马克思所说："眼睛成为人的眼睛，正像眼睛的对象成为社会的、人的、由人并为了人创造出来的对象一样。因此，感觉在自己的实践中直接成为理论家。"②这就是说，人的眼睛不仅能形象地反映客观事物，而且，能够理论地反映客观事物了。它把客观事物的映象反射到大脑中，大脑能够按照需要作抽象的、理论的认识与判断。这也就是说，大脑可以抛开具体形象而进行抽象、概括和推理了。

恩格斯在《自然辩证法》中指出："由于手、发音器官和脑髓不仅在每个人身上，而且在社会中共同作用，人才有能力进行愈来愈复杂的活动，提出和达到愈来愈高的目的。劳动本身一代一代地变得更加不同、更加完善和更加多方面。除打猎和畜牧外，又有了农业，农业以后又有了纺纱、织布、冶金、制陶器和航行。同商业和手工业一起最后出现了艺术和科学……"③恩格斯在这里概括了这一段人类历史、人的自然史（包括思维发展史）的发展概况，而最后的结果是，出现了艺术和科学这两朵人类思维所产生的最美丽的花朵。它们的产生与发展，是形象思维与逻辑思维，由两位一体而分离开来，但又不割断联系地长期发

①② 马克思：《1844年经济学哲学手稿·私有财产和共产主义》，人民出版社，2000，第87、86页。

③ 恩格斯：《自然辩证法·劳动在从猿到人转变过程中的作用》，人民出版社，1971，第156页。

展的巨大收获。这一对"并蒂莲"绽开了两朵艳丽之花。这一双"比翼鸟"展翅同飞,人类从此由于第二次大分工而出现了奴隶社会,人类第一次大分裂,造成了血泪成河、尸骨成堆的漫长苦难岁月。但是,人类文化却在这个时期发展到第一个高峰。历史总是要这样索取极大的代价,才允许人类思想文化向前发展。

从此以后,在人类漫长的发展过程中,随着生产和生活的不断发展,人类的视野不断扩大,在实践中积累了技能经验,提高了艺术技巧,发展了审美能力;而另一方面,人类又不断加深了对客观世界的认识和研究,不断地提高发展了自己的抽象、概括、推理的能力。这样,形象思维和逻辑思维就越来越独立地向前发展了。在纵的方面,它们各自继承着前代的"遗产",作为自己的基础和条件;在横的方面,两者始终"藕断丝连",互相影响,互相作用,互相渗透。

在这个基础上,艺术和科学这两朵人类实践和思维的美丽花朵,开放得灿烂辉煌。

五

从以上对形象思维的历史的考察中,结合今天的实际,我们可以对今天人类的形象思维——高度发达了的形象思维——作这样一个概括性的说明:

第一,无论是从它的胚胎、萌芽来说,还是从它的历史发展过程来看,形象思维都不是什么用形象来思维,而是说,它在思维过程中,总是离不开形象,而且运用想象,在其中有环境、场景、人物及各种情况的变化和人物的活动。形象思维的材料虽然是语言,其中也有抽象,也运用逻辑、推理、判断,但在整个思维过程中,它不是主要因素。倘若如前所说,五六十万年前,北京猿人关于保存火种的思维过程是那样出现一系列形象的话,那么,今天作家艺术家在构思和创作时,其基本品性也是同样的,但是形象更丰富多样、纷繁复杂、变化多端,意义也更深厚广泛。而且,逻辑思维的作用也发展了。

第二,还可以看到,形象思维并不排斥,也不取消逻辑思维,而是与它并存,相辅相成。作家、艺术家,从大量的生活实感中有了一个对生活的认识——理论性结论,然后,像反刍一样,在想象中重复"演出"这些场景、故事,并围绕着这个主题,吸取、"编造"一些故事情节来补充，同时，把一些真实形象加以修改、加工，使之更高、更强烈、更具典型性。另一种情形，则是在生活中得到许多充满形象的故事，储存在脑子里，不断地重复"上演"这些故事，同时咀嚼它、消化它，并且进行整理、加工、思考——运用逻辑思维来得出结论，形成主题。在这个酝酿创作的过程中，形象思维与逻辑思维是亲密的朋友，携手共同工作。但两者之中，主体是形象思维，在整个过程中，离不开形象的活动。

许多作家、艺术家还都谈到过他所创造的人物"自动"发展、活动，领着作家走的这种创作状态，这就是形象思维的特性和优点。恩格斯对于巴尔扎克、列宁对于托尔斯泰，都谈到过从他们的作品中可以得到作家的思想尚未达到的结论，可以懂得作家自己尚未认识到的东西。这就是因为作家运用的主要是形象思维，他把社会生活和各类人物如实地表现出来了，形象地反映出来了。而科学论著却没有这个作用。但是，这并不是说，逻辑思维就低于形象思维了。这只不过说明，各有所长。科学论著利用逻辑思维所达到的政治、经济、教育、历史、文艺等的理论，可以用简短的篇幅，甚至一个高度概括的公式、定理，给人指明方向，提高认识，认清事物本质。这却是文学艺术作品所不可能做到的。

第三，任何文学艺术的创作，都不可能没有形象思维。即使是在原始艺术中，实用的目的比重很大，而艺术创作的因素开始萌芽的时期，也是靠形象思维的积极活动而使"作品"具有艺术性的。马克思指出："一切时代，人民创造神话的幻想力都表现在发明'伟人'上面"。[①]这就是说，原始民族在创造神话时，其幻想的能力和作用，就表现在创造出一个想象中的"伟人"，他具有征服自然、战胜自然的能力。这个"伟人"是现实的反映，也是想象的产物，它作为一个典型产生出来，既有逻辑思维的作用，更有形象思维的推动。没有形象思维这个动力，那个想象中的"伟人"，是发明"创造"不出来的。如果说在新石器时代的原始艺术的创造过程中，尚且不能没有形象思维，那么，在以后的长期的艺术发展史中，在今天的文艺创作中，人物形象多种多样，环境变化多端，情节纷繁复杂，更哪能离开形象思维呢？

---

① 马克思、恩格斯.《马克思恩格斯全集》第14卷，1964，第753页。

上述三点是我们从历史的考察中，对今天所讨论的形象思维问题所得出的基本认识。

# 中国古典美学的特点及其基本范畴①

前言：

初稿是我于1984年第一次访美时，为了向美国学人介绍中国文化，其中包括美学思想，而根据有关资料编写的一个简略的报告文本。近期整理陈文旧稿时发现，读之觉得，虽然内容简略浅显，却勾画了中国古典美学的基本轮廓；在审读过程中，我又随机增加了数量不小的现在的想法和认识，作为补充，以"补注"的形式嵌入文中，而成此文。其中，除了在原文中的补充之外，还增加了"气"、"势"、"神思"和"风骨"四个中国古典美学的范畴。这样，使原文充实一些并有所提高。现以修订、补充文本的形态呈现，以存其真。

世界古典美学分成两大支系、形成两座高峰：一个是古希腊美学和以它为渊源形成的西方美学体系；另一个是以中国传统文化中儒道释汇融的文化本体为根底渊源，以古典美学为宗、延绵发展数千年的中国古典美学。两个美学支流与高峰，各自流域广泛，风光旖旎，山峰高耸，郁郁葱葱。然而中国古典美学，因其内涵、形态和表现术语、论证方式等的特殊性，没有以论美为主旨的系统化美学专著，大都以"诗话""词话""笔记""随笔"这样简短的、片段的感兴式、顿悟式或象征性点评为其学术形态；又因近代文化发展中未曾来得及做系统的整理和阐述，再加现代也没有来得及完成应有的"现代诠释""现代处理"；所以，它犹如中国长江畔处于云遮雾罩中的神女峰一样，风姿婀娜却难窥其详。至于在遥远的西方人看来，远隔重洋，关山阻隔，就更是难窥其

---

① 原载《东方论坛》2016年第3期。

"庐山真面目"了。

近现代以来，中国美学的研究传播，皆借取西方美学的范畴、命题和学术规范以至于学术语汇与术语，或直接介绍、或译介西方美学经典与学说；基本上可以说是一种"移植"；当然，其中也有申发、某种程度的转换和与中国民族审美传统的"接地气"式阐述。但终究是"西体中用"，用他人"酒杯"抒"民族块垒"（块垒：积郁于胸中之气）。当然，应该肯定，在一个多世纪的移植和"民族抒发"中，中国传统美学的魂魄，也不断嵌入、渗入诸多学者的著述之中，显示了中国美学的英魂美姿。现在，从现代学术文化发展的整体态势来看，从中国现代学术发展的成就来看，包括美学研究在内，我们已经可以也应该整理自己的民族传统美学的规范，使之成为一个独立体系的美学学说，与西方美学体系"双峰对峙"，从研究范畴到具体命题到名词术语到学术用语，自成体系，与西方美学"各说各语"，但殊途同归，都是人类对于美的关注和诠释，都是人类对于主观美感和客观美的欣赏与诠释，以及对于人类审美经验的总结。这种东方审美学说，蕴含着深沉丰厚、蕴藉优雅的中国传统文化的精魂，总结了中国传统诗歌、散文、词曲、戏剧、绘画、书法等的审美经验和美的创造的"美学创获"，这是我们民族对于人类文化的特殊而巨大的贡献。

现在，我愿意而且颇为荣幸地能有机会在这里向诸位对中国古典美学作一简略的介绍。

我们如果肯定这种看法，即从古希腊到现在，西方美学创造了可以概括为再现美学的理论体系，它的特点是偏于客观地描述事物，以叙事、人物、典型为核心；那么，可以比较而言，中国古典美学则是表现美学的理论体系，它的特点则是偏重于主观情志的抒发，以意境、韵味、情趣为核心。这种东西方两大美学体系各有所长，各自顺着自身的理论基点和路径，朝不同的方向发育滋长，做出不同的理论建树。它们各具风采、各有春秋，又互补短长。然而必须指出，中国古典美学在概念、术语、范畴等方面，都还基本保持"古典形态"，而缺乏同现代美学理论相结合的比较严密、准确、科学的阐释，缺乏理论的系统性整理，总之，不妨称为"现代化处理"不够。不过我国美学家们，已经和正在进行这方面的工作，并且已经取得可观的成绩。如美学家李泽厚的《美的历程》和《华夏美学》，便是其中的有代表性的著作。此外，海外华裔学者和港台地区学者，在这方面也多有努力、悉心研究，颇有创获。如徐复观的《中国艺术精神》、刘若愚的《中国文学理论》和叶维廉的《中国诗学》等，均为其中卓著者。【补注：近些年来，我国众多学者在整理、挖掘、阐释中国古典美学方面，广泛深入地进行研究和探讨，更做出了可观的成绩，论著颇丰。】

现在，我分条列述一些有关的问题，加以论述列举，主要是列举中国古典美学的核心术语，并论证阐发它们的内涵与意蕴，以探中国美学体系的主体内蕴。

### （一）中华民族进入美的领域的起点、途径和特点

世界上每个民族，由于所处的地理环境不同，生产方式不同，社会构造和最初的生活方式不同，都从自己特殊的起点和途径进入审美领域，并在长期的审美实践中，形成自己的文化-审美心理，从历史的积淀层中，抽象出自己的审美观念和范畴，并逐渐形成理论体系。正如露丝·本尼迪克特在《文化模式》中所引迪格尔印第安人的箴言所说："开始，上帝就给了每个民族一只陶杯，从这杯中，人们饮入了他们的生活。"中国人从自己的特殊地理环境、生产方式和其他生活条件的这只独特的"陶杯"中，饮入自己的生活，并凭此创获了本民族的文化、思想和智能，其中包含审美意识。中国人的审美意识和审美理想及美学理论，由于从与其他意识、观念、理论等混沌一体，到分离和独立发展，形成自己的体系，都由本尼迪克特所说的"陶杯"决定——这是基础；同时，受到地理环境、气候、人种和前文化状态诸多因素的影响，受到历史条件的制约，而且受到创造美（音乐、舞蹈、诗歌、绘画、建筑等）所使用的材料与工具的限制和影响，由此而形成各不相同的审美意识、情趣、观点直至理论概括。

中华民族是多民族融会而成的一个"多元一统"古老民族。各民族的原始文化经历了一个互相渗透、融合、形成统一结构的，漫长的、具有丰富而深刻内容的发展过程。中华民族生活在以黄河、长江为主要摇篮的，处于北温带地区的，既有北国黄土高原、西北黄土高原与沙漠，又有江南水乡泽国、南国崇山峻岭与海洋围绕，以及西南十万大山这样的江河湖海缠绕、高山丘陵磅礴绵亘的自然环境之中。还有生长、生活于北方和西北的草原骑射民族，这些生活于不同环境、不同条件并以不同方式从事生产、生活的众多原始民族，产生了不同的图腾崇拜、巫术

礼仪，形成了不同的文化-心理状态。在长期的争斗、吞并、交流、汇合中，彼此混融、综合、协调、补充，形成了一个丰富的共同的审美心理及其内涵与形式。

从审美发展史和美学史的角度来看，龙与凤的图腾是最具有代表性的。龙，据我国著名学者闻一多精详的考证，是一个综合了几种动物形象特征的虚构的图腾形象综合体。它的雏形是"人面蛇身"。凡是中国远古时代的神、英雄、创世者（如女娲、伏羲等）都作此形状。以后，以蛇的形象为主体，"可见龙的基调还是蛇。大概图腾未合并以前，所谓龙者只是一种大蛇。后来，有一个以这种大蛇为图腾的团族（Klan）兼并了吸收了许多别的形形色色的图腾团族，大蛇这才接受了兽类的四蹄，马的头，鬣的尾，鹿的角，狗的爪，鱼的鳞和须，……于是便成为我们现在所知道的龙了。"[1]这样便形成了一个"龙"的完整的形象。

【补注：据20世纪70年代对辽宁建平和内蒙古敖汉旗红山文化遗址发掘所发现的玉猪龙、玉龙实物考察，龙的形象早在6000到7000年前，就已经出现。它依据的动物原型是多种多样的，"猪"是原始形象之一，此外还有其他动物原型。而且是以一个动物为主的造型，并非综合形象。闻一多的考证应视为历史后期的史实了。】

与龙同时或者稍后则有以"人头鸟身"为特征的中国东方集团的图腾形象出现，并在此基础上逐渐产生了"凤"的形象。以后，在历史大发展中，"龙"与"凤"成为统领、覆盖其他图腾的统治的、至尊的形象，而产生中国美学家称为"龙飞凤舞"的时代；而且成为中国形容、歌颂、庆贺美好时代、美好事物、美好形象的最高颂词。这种情况，反映了中国历史发展的早期阶段，以不同动物图腾为代表的氏族互相吞并、融合的过程和结果。但从审美的历史来看，便可发现，中华民族的先人们在最初的混沌、朦胧的审美意识中，就潜藏着在具体的形象中，寄寓抽象的理念，带着象征意味地把社会意识的积淀注入形象之中了；并且运用想象，去创造世界上并不存在的动物形象，使它带着神秘的、具有神威的力量和性质。这便成为中国远古先民审美意识的最初的形态，最早积淀为中国审美心理的基础。它的特点是象征意味，在形象中

---

① 闻一多：《伏羲考》，上海世纪出版集团，2009，第22页。

含着善的理念、生活的理想、巫术的符咒和伦理的观念。

中华民族的先民们就这样进入美的领域。

以后，更循着这个路径向前发展了：距今六七千年的新旧石器时代交替的时期，原始民族的彩陶花纹，也逐渐由生动活泼的写实，进入抽象化、符咒化、符号化、格律化、规范化的范畴，从动植物的形象中吸取了原型，逐步变化、脱形而成具有象征意义的、美化的抽象图形。这与西方洞穴壁画的写实风格迥然不同。这透露了最初的区别于轻再现而重表现的审美意识的端倪和发展趋势。以后，青铜艺术的饕餮：重视线的艺术的、净化了线条美的汉字，不含任何写实意义，而以线的曲直、游动和空间结构（个体的"字"和整体的"字幅"）来构成美的效应，也都是循着这样的路径发展的。

在此后的长期的文学艺术发展的历史中，诸子之文、汉赋、唐诗、宋词、元曲，也都蕴含着这样的审美意识的特征，体现了这种重表现的美学思想和理论。

在公元前770—前221年的春秋战国时期，最早的哲学著作中便总结、概括了前代的审美实践，使之理论化、系统化，并以成熟的理论形态固定下来，从而指导、影响了后世的审美实践和艺术创作。这便是以孔子为代表的儒家哲学–美学思想；同时，以老子、庄子为代表的道家哲学–美学思想，则以另一种认知体系和哲学思维，发展了中国哲学–美学思想。尤其庄子的思想学说，更具有审美的特质，有学者指出它"纯粹是审美的"。以后，又有佛家学说的引进和归化，从而形成儒道释三家合一的审美观和美学理论。

【补注：徐复观在其所著《中国艺术精神》中，特别注重道家尤其是庄子思想内蕴的"艺术精神"、审美意蕴。他写道："老庄所建立的最高概念是'道'；他们的目的，是要在精神上与道一体，亦即所谓'体道'，因而形成'道的人生观'，抱着道的生活态度，以安顿现实的生活。……但若通过工夫在现实人生中加以体认，则将发现他们之所谓道，实际是一种最高的艺术精神；这一直要到庄子而始为显著。"他还指出："老、庄思想当下所成就的人生，实际是艺术的人生；中国的纯艺术精神，实际由此一思想系统导出。"[1]】

---

① 　徐复观：《中国艺术精神》，春风文艺出版社，1987，第42、41页。

以道家为基核，"儒道互补"，后更嵌入佛家，"儒道释三家混融合一"成为中国古典美学的最早的理论成就和坚实基础。以后的中国美学发展史均以此为基点和核心延续发展。

（二）中国古典美学的特点

那么，中国古典美学有何特点呢？与西方美学比较有什么不同呢？

在总体上，我们可以说，中国美学是表现派，不同于西方美学的再现派。它不重艺术地再现现实，而重视给现实以主观的表现。因此，它不重模拟、摹写，不重逼真以至于肖似描绘对象，而重写意，表现心灵中的情、志、气质和理念等；"强调艺术的一般情感感染，而不重视认识模拟"（李泽厚语），我们不妨用"重写意"与"重写实"来标识两者的区别。

【补注：在人类历史长河中的"轴心时代"，中西方都产生了成熟的文化，同时，既表现出在审美理想上重写实与重意象的分殊与差异，又具有承上启下的重要作用。有论者指出："'轴心时代'，中国青铜艺术呈现出浓重的'纹化'特色。这个时期的青铜纹样丰富繁杂又不失精细。""与中国青铜艺术的多样性相比，此时的希腊青铜器虽也呈现出多样性特征，但造型更具写真和实证的色彩，质地精细，外观平实，少有纹样装饰。""在人体的创造中，中西艺术也呈现出不同的审美倾向。"如中国东周至战国时期的青铜人像——战车驭者，"服装绣满云纹，高高的螺髻等，五官塑造概括抽象"。而"希腊裸体雕塑中的身高、比例、体型都可以用毕达哥拉斯学派的审美规则去进行严格的比照"。"中国古人从心理上排除了裸体艺术的审美价值"。"三星堆青铜文物作品都有意地对人体某一器官进行或夸大或缩小的改造，而没有西方艺术的'人体美'的诉求。"[①]另外，中国传统的诗歌审美理论中，也表现出重意象、象征、心象的突出特色。"诗言志"，是中国诗歌美学之圭臬，而非写实、叙事；堪称"诗道筌蹄"的《诗品》，所标举的诗歌美学之鹄的，则是如《诗品·形容》中所言："离形得似，庶几斯人"[②]，是可以离开对象之现象，"得似"即可，而不是如西方美学原则之"摹写"对

---

① 王毅、傅晓微：《"以纹为美"与"科学实证"：中西审美之源》，《中国社会科学报》2014年4月28日，A07《艺术学》版。

② 孙联奎、杨廷芝：《司空图〈诗品〉解说二种》，孙昌熙、刘淦校点，齐鲁书社，1980，第39页。

象，力求酷似对象，甚至足可乱真。《诗品臆说》的作者在《诗品臆说·自序》中，提示《诗品》的"命意"时还说，"得其意象，可以窥天地，可以论古今"①，而不是逼真地描摹对象；而其赞语既"可以窥天地"，又能"论古今"，可谓达于艺术境界之极致，足见其美学理想与"摹写论"的西方美学理想之不同，以至于有处于"两极"之慨。】

在对美的本质的探讨上，中国古典美学偏重于美与善的结合、美与伦理的结合、美与道的结合，而不是像西方美学那样注重美学和哲学认识论的统一。因此，中国美学偏重于美的社会功能的探讨，而不像西方美学那样重视如实反映现实的认识价值。在美学著述方面，中国古典美学不像西方美学著作那样长篇大论、体系完整严密，长于抽象的理论论述和逻辑分析；而是评点式的，在古代乐论、文论、画论、词话和诗话及小说评点中，多为短小精悍、生动活泼、具体真切的条分缕析，有的只三言两语，有的评析一二作品，有的运用诗句、成语，赞扬裹着评议，评议寓于诗词中。

【补注1：作为欧洲美学史上第一篇重要文献，亚里士多德的《诗学》，开篇就说："史剧和悲剧、喜剧和酒神颂以及大部分双管箫乐和竖琴乐——这一切实际上是模仿"②。西方美学的根底"模仿说"，从此产生，开了先河。贺拉斯的《诗艺》，被称为"上承亚里士多德的《诗学》，下开文艺复兴时期文艺理论和古典文艺理论之端，对十六至十八世纪的文学创作，尤其戏剧与诗歌，具有深远影响"。而贺拉斯，继承亚里士多德的理论衣钵，认为文艺是模仿自然，艺术创作要到生活中去找范本。这种"模仿说"的审美–创作理论自有其更深的思想–理论根源。

钱穆在论证中西文化之基本品性及其区别时，总括地说，中国文化是"内倾型文化"，其基本精神就是"人文化成"。他引述《易经》中《贲卦》而言之："观乎天文，以察时变，观乎人文，以化成天下。"而西方文化则是"外倾型文化"，其基本精神是"开物成务"。他引用《易·系辞上》而言之："夫《易》开物成务，冒天下之道，如斯而已者也。"意思就是"开斯物，成斯务"；通晓万物之理，得以办好各种事情；通晓万物的道理并按这道理行事而得到成功。如宋应星在其所著《天工开物》中所说，"开物"指人开发万物，既是通过人的努力奋斗使万物升值，也是中国古代天人合一思想的体现。以外倾型文化的"开物成务"的文化精神与文化方向，自然地也是必然地产生"开物成务"的审美理论和审美理想。艺术创造、审美活动，正是要观察对象、了解对象、掌握对象，也就是"开物"，然后创造一个模拟对象的艺术作品，这就是"成务"，即创造一个新事物——艺术作品，这是顺理成章的。而从中国的思想-理论源头来说，"人文化成"，其审美理论和理想，正是要以主体的人文精神去"化"——化解、内化、"心与物"互化，而后成就一个事物——艺术创作的作品。前者要模仿得似真以至于乱真；后者则只求其精神相谐，甚至是借物抒怀，神似该物就可以了。

刘若愚在论述中国艺术精神、文学理论时，也指出"《易传》中的一些章节所含的观念，促发了文学的形上概念"。而后便引述了上引《贲卦》中关于"人文化成"的那段话，并阐述说："此段句子将'天文'（configuations of heaven）与'人文'（configuations of men）作为类比，分别指天体与人文制度。而此一类比后来被应用于自然现象与文学，认为是'道'的两种平行的显示。"[1]这里，刘若愚正是以《易传》中的"人文化成"思想，定为中国文学理论-审美理论的思想-理论源头。

叶维廉在分析中西诗学的差异时，也指出："中国传统的美感视境是超脱分析性、演绎性"，"是一个抒情性（lyric）传统而非史诗或叙事诗的传统"；而西方，"不管是归纳还是演绎——两者都是分析的，都要把具体的经验解释为抽象的意念的程序"。他还说：中国的是"'言简而意繁'的方法"，西方的却是"'言繁而意简'的倾向"[2]。

叶维廉在《中国诗学》中，在比较中西方文学批评方法、范式之不同时，从深层揭示了东西方美学思想的差异。还说："一、中国的传统理论，除了泛言文学的道德性及文学的社会功能等外在论外，以美学论

---

① 刘若愚：《中国文学理论》，杜国清译，联经出版事业公司，1981，第30页。

② 叶维廉：《中国诗学》，生活·读书·新知三联书店，1992，第3—5页。

的考虑为中心。二、中国传统的批评是属于'点、悟'式的批评，以不破坏诗的'机心'为理想，在结构上，用'言简而意繁'及'点到为止'去激起读者意识中诗的活动，使诗的意境重现，是一种近乎诗的结构。三、就利用了分析、解说的批评来看，它们仍是只提供与诗'本身'的'艺术'，与其'内在机枢'有所了悟的文字，是属于美学的批评，直接与创作的经营及其达成的趣味有关，……它不依循（至少不硬性依循）'始、叙、证、辩、结'那种辩证修辞的程序——我们知道，西洋批评中这些程序，完全是一种人的需要，大部分可以割去而未损其最终的所悟；……他们用分析、解说仍尽可能点到为止，而不喧宾夺主——不如近代西洋批评那样欲取代作品而称霸那种咄咄逼人的作风。"①叶维廉在这里虽然只是论述中西文学批评的差异，但其"骨子里"却蕴含着中西方美学思想–理论的根本差异。后者是"里"，前者为"表"。

值得一提的是，叶维廉同时比较了两者的优缺点，这是很可取的。他说："在我们回顾传统批评的特色时，我们虽然觉得中国批评的方式（当指其成功者）比西洋的辩证的批评着实得多，但我们不能忽略其缺点，即我上面所提到的：'点、悟'式的批评有赖于'机遇'，一如禅宗里的公案的禅机：

问：如何是佛法大意？

答：春来草自青。

这是诗的传达，确乎比演绎、辩证的传达丰富得多。但批评家要有禅师这种非凡的机锋始可如此做，就是有了禅师的机锋，我们仍要依赖小和尚（读者）的悟性；'春来草自青'之对'如何是佛法大意'，在禅宗的看法，是'直指'，是'单刀直入'，但不见得所有的小和尚完全了悟其中的机遇，这是'点、悟'批评所暗藏的危机；但最大问题是，有'独具只眼'的'禅机'的批评家到底不多，于是我们就有了很多'半桶水'的'点、悟'式批评家：

问：如何是诗法大意？

答：妙不可言。

于是我们所得的不是'唤起诗的活动'，'意境重造'的批评，而是

---

① 叶维廉：《中国诗学》，生活·读书·新知三联书店，1992，第9页。

任意的、不负责任的印象批评。"①

这段比较优缺点的对"批评"的批评，确实指出了中国传统文学批评也是传统美学的另一面：要有比较高的文化素养和审美训练，才能达到"点、悟"式批评-审美的境界；否则，就是"糊涂账"，或者是"囫囵语唬人、误人"；这就不如西方批评-西方美学清晰明了了。

【补注2：中国的这种美学思想的产生，可以追溯到雅斯贝尔斯所说的人类的轴心时代，中国古代思想家的原创思想之中，去追根索源，寻觅到思想的源泉。徐复观在《中国艺术精神》一书中说："老子乃至庄子，在他们思想起步的地方，根本没有艺术的意欲，更不曾以某种艺术作为他们追求的对象。……他们只是扫荡现实人生，以求达到理想人生的状态。"②连被认为最具艺术精神的老庄，尤其是庄子，尚且如此，更何况儒家的孔孟呢？他们追求的最高境界就是"道""仁"。徐复观还指出："仁是道德，乐是艺术。孔子把艺术的尽美，和道德的尽善（仁），融合在一起……"③不过主观上虽然如此，但客观上，又竟然落到艺术-审美上头，这是很有趣的。它同西方的艺术精神和审美理想，是截然不同的。徐复观说得好："若不顺着他们的思辨地形而上学的路数去看，而只从他们由修养的工夫所达到的境界去看，则他们所用的工夫；他们由工夫所达到的人生境界，本无心于艺术，却不期然地会归于今日之所谓艺术精神上。"这里，也许可以说提供了一个管窥的路数：中国古代在思想的源头就瞩目会心于人生，思辨的、审美的归宿就在于此，或为"道"、或为"仁"；而由此"顺便"达到了艺术的、审美的思想-理论归宿。而西方，则在思想的源头，就直接瞩目会心，或说"分头-分支"去单另提出艺术的、审美的范畴，"与'道'并行"（而不是一起）地发展、建设理论体系。】

具体地，我们可以列举以下数端。

第一，中国美学思想、理论，重视美与善的结合，美的追求同政治的、道德的、伦理的要求和效应考虑紧密地联系。所谓"明道"（阐明规律、宣扬哲理等）、"征圣"（符合统治者的要求、服从其意志）、"宗经"（遵从各项政治、礼仪、道德的经典），所谓"传道""扬善""授

---

① 叶维廉：《中国诗学》，生活·读书·新知三联书店，1992，第10页。

② 徐复观：《中国艺术精神》，春风文艺出版社，1987，第43页。

③ 同①，第13页。

礼",就集中概括地表现了这种要求。《礼记·乐记》中明确地说："声音之道,可以通政。"把"乐"(美)与政治、社会、道德等相连。孔子说:"诗,可以兴,可以观,可以群,可以怨。迩之事父,远之事君,多识于鸟兽草木之名。"(《论语·阳货》)这里从几个方面概括了诗(美)的作用,即可以感发意志,可以考见得失,可以团结人群,还可以倾诉、发泄哀怨,近可以孝敬父母,远可以为君王服务。这些都是与社会、政治、道德、伦理相关联的。孔子的后人荀子在《乐论》中说:"夫乐者,乐也。人情之必不可免。"肯定了"乐"(美)的感情作用和它的普泛性,但他接着指出:它"足以感动人之善心,使夫邪污之气无由得接焉"。也就是把"乐"(美)同善联系起来了。《孝经》中更说:"移风易俗,莫善于乐。"魏之曹丕,则把文章称为"经国之大业,不朽之盛事"。所有这些对于文学艺术,对于美的反映现实的模拟性和它的认识作用,都不致一词,而着重强调了它们的社会功能。这种美学观点及对诗文的看法,一直是中国古代知识分子和文人墨客——"士"——的审美的基本态度,也是他们的人生观与社会观中的重要内涵,他们总是怀着一种理想,要用"美"——文学艺术——来服务于社会,服务于君王("事君"),这成为他们的事业心、人生理想的精神支柱。

第二,以"言志抒情"为主,注意审美的表达情志的作用,而不把审美与认识等同。在浩如烟海的中国古典诗歌中,长篇叙事诗为数寥寥,而略有之作,其长度也多在百行之内。像西方那样的长篇叙事史诗,却是缺少的。

【补注:这是就汉族古典文献而言,并不能涵盖中华民族中诸多少数民族的典籍内涵。近些年来,藏族、维吾尔族、苗族均发现长篇叙事史诗,其长度远超过西方的史诗。如藏族民间说唱英雄史诗《格萨尔》、蒙古族英雄史诗《江格尔》和柯尔克孜族传记史诗《玛纳斯》,被称为中国少数民族的"三大英雄史诗"。其中,藏族的《格萨尔》分为106部,100多万行,4000万字,堪称世界上最宏大的英雄史诗。可以说,少数民族的英雄史诗突破了中国传统(汉族)的"诗言志"的"诗训",也是美学规范和审美理想,从而大大丰富了中国美学理论。】

"诗言志"是中国自古至今奉行的"诗训"。《诗大序》说:"诗者,志之所之也。在心为志，发言为诗。"也就是说，"诗"与"志"的关系，是"内"与"外"的关系、内容与形式的关系，内心里有"志"，要抒发，抒发出来了，就是"诗"。以后，又有"缘情"说，但这"情"，也是理智化、理想化的"情"，是变相为"情"的一种"志"，所以又往往"情""志"相连而称"情志""情性"。意思都是一个，即创作主体内心的理想、信仰、思想、志向和由这些升华而成的"情"或"性"。如果说中国是一个"诗之国"，那么，就其数量之多、在文学中占比之大和成就之高来说，首推抒情诗，因此可以成为"抒情诗之国"。这种以诗的抒情言志为主的审美观，同前述的第一个特色是相联系的。这正是诗（美）通政的一种途径和方式。

第三，以"神似"为主而不重"形似"。这是中国古典美学为表现美学而与西方再现美学不同的重要标志。中国诗歌、绘画、戏剧，都不追求模仿、摹写上的逼真，造成幻觉上的真实感，而注重"神似"，即内在精神、内心气质、模糊韵味的写照与显现，而在外形上，则表现为神气、气度、风韵、韵味，无论描绘的是山川河流、鸟兽虫鱼、花草树木，还是人物，无论歌赞的是河山、人物，还是事件，也都在乎他们（它们）的神气、神态，而不重外形的逼真、细节的准确等如实描绘，往往寥寥数笔、短短数语，所谓以少胜多、以小见大、由此及彼，浮想联翩。启发、调动欣赏者的想象力与创造性，诉诸"神"的形象（神气活现），而不追求由外形的逼真去创造真实性的感觉或幻觉。晋代的著名画家顾恺之提出"传神写照"的标准，司空图更要求"离形得似"。清代画家石涛总结自古以来的这方面的理论，提出了"不似之似"的命题，指出"不似之似似之"（不逼近真实的"真实"是真实的），说明了艺术的真实高于生活的真实的道理。这是中国表现美学的重要论点和内涵。明乎此，可得中国古典美学之要领。

【补注：南齐谢赫在他的《古画品录》中，提出了他的"六法-六品"："虽画有六法，罕能该尽。而自古及今，各善一节。六法者何？一曰气韵生动是也。二曰骨法用笔是也。三曰应物象形是也。四曰随类傅彩是也。五曰经营位置是也。六曰传移模写是也。"[1]六法-六品之中，只有第三提及"象形"和第六提及"模写"，其他都是神似-气韵系列的

---

[1] 转引自徐复观：《中国艺术精神》，春风文艺出版社，1987，第123页。

内容；但即使是第三、第六，其所言"象形"和"模写"也都是中国式的"写意""神似"的象形与模写，而不是西方式的追求外形、外在的逼真。】

第四，提倡和重视简约与含蓄的美学风格。这是与重"传神写照"而不重"外形逼真"的要求相联系的。古代美学专著如刘勰的《文心雕龙》、钟嵘的《诗品》、司空图的《二十四诗品》，都论述过这个独具特色的中国古代美学原则。尔后的历代诗人、评论家、理论家也都将简约与含蓄列为重要的创作原则和美学标准。宋代大词人、音乐家姜白石（姜夔）说："语贵含蓄，句中有余味，篇中有余意，善之善者也。"[1]他把简约含蓄的作品列为上上品。唯其简约含蓄，所以无论是绘画还是诗歌，才能写神、传神、出神入化；而笔墨纷繁，便形胜于神，而使"再现"之功，盖过"表现"之效了。这种美学风格，也是中国民族性格和文化-心理结构的一种反映，也可以说这种美学风格养育了中国民族性格和文化-心理结构。它们是互相影响、互相促进、相辅相成的。

第五，和谐-冲淡-自然的美学原则。这是中国古典美学中对于美的本质的一种规定，艺术创作与评赏的一种基本原则。和谐之为美，是中国古典美学的一条总纲性的原则、一条基本本质（基质）的规定性。强与弱、阳与阴、刚与柔、内与外、神与形、浓与淡、繁与简、虚与实、满与谦等，这一系列的矛盾对立范畴，矛盾着的对立双方，都可以和应该由于创作者的努力，而使之得到和谐、达到和谐，从而产生美感。没有矛盾也就没有和谐，也就没有美。美是矛盾的统一。但是，处理这种矛盾、表现这种矛盾与和谐时，却要求一种冲淡的、自然的、流畅的手法，而不能迟滞、黏滞。刘勰在《文心雕龙》中指出："酌奇而不失其真，玩华而不坠其实"[2]。就是说，在创作中描写珍奇而不失去真实性，运用华丽辞藻而不忘记实际。他又批评说，"繁采寡情，味之必厌"[3]。这意思是，纷繁华丽的文采，但掩盖着寡淡的情感，读起来

---

[1] 载《历代诗话》，中华书局，1981，第681页。

[2] 刘勰：《文心雕龙注释·〈文心雕龙·辨骚第五〉》，周振甫注，人民文学出版社，1983，第36-37页。

[3] 刘勰：《文心雕龙注释·〈文心雕龙·情采第三十一〉》，周振甫注，人民文学出版社，1983，第347页。

必然令人生厌。司空图在《二十四诗品》中，更以"素以默处，妙机其微"①八个字，来形容以"默处"的姿态出之，乃是美的微妙的契机和玄机。正是在这种美学原则和审美情趣的指导下，中国画以线条的轮廓勾勒、以黑白单纯两色，构成淡雅的色调，以疏朗的画面来描绘崇山峻岭、北国风光、江南水乡、帝王仕女、猛虎骏马、草木虫鱼；那种大笔触的写意画，更是三笔两画，勾线敷色，淡雅素净，令人欣赏起来，顿觉赏心悦目。这与西洋画的浓墨重彩、逼似真实的油画，是大异其趣的。

### （三）中国美学的基本范畴

不同的人种、民族，面对不同的自然环境，从事同中有异的生产和过着同样有差异的生活，因此产生对客观的不同的主观反映，产生不同的观感，由此而产生不同的意识和心理活动，其中包括审美意识和审美活动；同时，产生了不同于这一切的载体——语言。这种语言差别，不仅是文字、发音不同，而且表达的方式和语意行为也不同。而且，就广义的语言而言，绘画语言、舞蹈语言以至于中国特有的书法语言，也都不同。这样也就产生了不同的审美范畴和表达这种范畴的术语。

中华民族在一个特殊区域，经历着前述特殊的进入美的领域的起点、途径和发展轨迹，又在思想-理论的源头（文化原创时代），创立了那样的"不重艺术-审美"理论概括、表述和总结的思想理论体系，便形成了前述几个方面的主要特色，再加上文字（方块汉字、单字音节和基本上的单义及其象形性和始终保持不同程度的含有象形性——可称为"意象形"），以及我们几千年来使用此种特殊文字来思考和表述的特殊结构方式、表述方法，由此而产生了特殊的意识形态、审美意识、审美心理、审美原则、审美"语言"及审美理想，更形成了一系列的概念、名词、术语、结构键（包括绘画、音乐、文学及建筑等），并逐渐提炼、净化结晶而成一系列美学范畴，形成了一个贯穿着总体精神的、互相有机地联系着的审美思想-理论体系。

归纳起来，这个美学范畴系统、命题系列，主要的有以下十个方面，即气、势、心物、情志、形神、意象、神思、风骨、神韵、境界。

---

① 孙联奎、杨廷芝：《司空图〈诗品〉解说二种》，孙昌熙、刘淦校点，齐鲁书社，1980，第13页。

## 1. 气

这是中国古典美学的一个基本概念也是总体概念，有的论者认为它是中国古典美学的核心；它既包含创作论又具有欣赏论的内蕴，也就是说，它既是审美对象的总体质地和内蕴，又是创作者的内在禀赋和气质的体现。刘若愚在《中国文学理论》中，提出了曹丕在《典论·论文》中创辟的"气"论，写道："曹丕在《论文》中说：文以气为主。气之清浊有体，不可力强而致。譬诸音乐：曲度虽均，节奏同检，至于引气不齐，巧拙有素，虽在父兄，不能以移兄弟。"

然后分析："而'气'所表现的概念是：根据每一个作家气质的个人才华，亦即才气。"接着又分析：可是曹丕在说到同时代的徐干时，说他"时有齐气"（齐人据说气缓），而说到另一个同时代作家刘桢时，则又说他有"逸气"。这就是说，"气"有地方性气息，又有个人气质上的"气息"。刘若愚还指出"气"的释义可以有很多种。[1]事实上，"气"在中国文化中具有根本的意义，具有极为广泛的含义。中国哲学中，"气"是一个基本命题、根本范畴。它可以用以解释人与天地之间的关系，三者之"气"顺，即天、地、人三者之间的和谐，是上乘，而"气"的顺与不顺的循环往复的变化，就是世间万事万物发展历程中的常态与规律。古人甚至以"地气"之不顺来解释地震的发生。但同时，"气"又可以用来揭示人的内在状态和外在气质。即"内在的状态"，表现为"外在的气质"，二者内外一致。而且，可以用以论文、审美，即揭示、评价文艺作品、审美对象的品性、质地，以及主体对它的欣赏。

"气"在中国哲学中具有特殊重要的意义。"气"字，在《说文解字》中释义为："云气也。象形。凡气之属皆从气。"甲骨文作"三"字形，只是第一横的起笔稍向上翘，以与"三"字区别。或更进一步，第三笔向下微拐弯而尾笔略上翘，颇似现在简写的"气"字。《说文解字今释·参证》中说："云气的气，后来泛指一切气，如蒸气、雾气。"[2]有可能，中国古人从云的游移不停、变幻莫测中，体察、感应到一种内在之气，它飘忽不定，变幻无穷，白云苍狗，气息栩栩，表现了一种活动的"气"，从而更扩大为一切蒸气、雾气并及种种事物之气，甚至人

---

① 刘若愚：《中国文学理论》，杜国清译，经联出版事业公司，1981，第16-17页。

② 许慎原：《说文解字今释》，汤可敬撰，岳麓书社，1997，第58页。

之气。《周易·系辞下》有言："古者庖牺氏之王天下也，仰则观象于天，俯则观法于地；观鸟兽之文，与地之宜。近取诸身，远取诸物。于是始作八卦以通神明之德，以类万物之情。"观象于天，见云知气。（清）陈梦龙在《周易浅述》中，解析此段之意蕴说："象以气言，属阳；法以言形，属阴。鸟兽之文，谓天产之物，飞阳而走阴也，土地所宜，谓地产之物，草阳而木阴也。……盖万物不外于八卦，八卦不外于阴阳。阴阳虽二，而实一气之消息也。"[1]他正是以"气"象形、定位"阳性"，并如海德格尔所言用"气"来"命名"阴阳，以标其"阴阳和合"而生"气"的性质。这里，"气"既是"云"的象形，又具有"云"的内在气质。故"气"可以表气息、气象、气质、气势等多重意义。至魏之曹丕，吸纳进入文论，以之论文，从而具有了多重审美意蕴和价值。而后世中国人论诗、品词、衡文，品评作家艺术家、文士哲人的创作状态和作品内蕴与价值，便皆以"气"衡之，而定高下。

总之，我们可以归纳而言，"气"是中国哲学的一个基本的、核心的命题和范畴。它可以表示自然现象、一切事物及人体的，由"阴""阳"两极和合构成的生气盎然的状态、现象和形象。用以论文，应用于美学范畴，它就是表示作品、欣赏与审美对象的具有生命力的气象、气质。

我们在欣赏、解读、赏析古代文献时，时时可以体察到这种"气"。如《离骚》之家国忧愤、慷慨激昂、上下求索、虽九死而犹未悔之"气"，唐诗中，杜甫的上诵尧舜、下忧黎民的"致君尧舜上，再使风俗纯"之"气"，李白的天马行空的"飞流直下三千尺"的浪漫挥洒之"气"，以及宋词中苏东坡豪唱"大江东去"之"气"，以及《红楼梦》中如王国维所说的"日常生活"的，即"通常之道德，通常之人情，通常之境遇"之"气"，鲁迅所说的"悲凉之雾"之气，等等，大略体现了"气"作为中国古典美学的第一范畴的情景与意蕴。

2. 势

势，繁体字为"勢"，从"埶"（yì），其上部左边字形的意思是高土墩；右边的"丸"则是圆球，合为"埶"，意为在高原上滚圆球。"埶"字下加"力"字，"埶力相连"，就表示高原上的圆球具有往低处滚动的力。这样，"势"，就是一种处于动态而又"蓄势待动"的态势，

---

[1]　陈梦龙：《周易浅述》，周易工作室点校，九州出版社，2004，第6页。

总体意思就是，犹如处在高土墩上的圆球，它具有一种隐含着动态的往下滚动的态势与力量。故也可称为一种势能。这就表示了一种状态、一种趋势、一种动势，一种蓄势待发、一触即发的态势与势能。它具有动态感、能量感、喷发感和吸引力。

老子《道德经》第五十一章："道生之，德蓄之，物形之，势成之。"这说明道→德→形，三级层次，依次递进，最后形成一种"势"。这是前面逐项活动、运行、构造，终于形成的结果和能量，也可以称为造势。

《文心雕龙》之《定势第三十》中，则指出："夫情致异区，文变殊术，莫不因情立体，即体成势也。势者，乘利而为制也。如机发矢直，涧曲湍回，自然之趣也。圆者规体，其势也自转；方者矩形，其势也自安：文章体势，如斯而已。是以模经为式者，自入典雅之懿；效骚命篇者，必归艳逸之华；综意浅切者，类乏酝藉；断辞辨约者，率乖繁缛：譬激水不漪，槁木无阴，自然之势也。"[①]这里，用自然事物，来比喻"势"之形成和形象。如弩机发射而直行飞逝；如溪水弯曲，溪流曲折湍急；如圆形的东西自然转动；而方的事物，便会安定。这都是它们的质地、形态所决定的运转态势、生命态势。拿来论文，就可以连类而知，模拟经典的，就会典雅；仿效骚体的，必然美艳华丽；意思浅显的，就缺乏蕴藉之味；措辞明断简便，用不着繁词缛节。总之，好比激流之水，不生涟漪；朽槁之木，不具阴凉。这说明，事物的构成、资质、性质、气质，会构成和表现一种"势"，这是它的运动、运作、运行的态势、气势、威势、趋势。文章之理，审美境界，与此相同，创作者对表现对象的"势"，有所体察，进入认知、审美体系，又加以主观的运作、"处理"甚至酶化，而产生由客观而来的自然之"势"和经过主体加工的"客体-主体"结合-浑融的"势"，而后表现为作品，又转化为作品之"势"。

所以，可以看到，"势"是"气"的表现，是"气"之运行的态势、形势、趋势。"气""势"相连，一里一外，表里如一。

有论者指出：在中国文论、画论、乐论及书法理论中，均使用"势"这一概念，定为一个基本的理论-审美范畴。而且其类别可分为七种，分别是："情势""体势""容势""法势""趋势""动势""理势"。

---

① 刘勰：《文心雕龙注释》，周振甫注，人民文学出版社，1981，第337页。

其中，"情势"为总纲。

作为中国古典美学的一个基本的、核心的命题与范畴，可以体察到它确实是一个艺术作品、审美对象的一种态势、气势和趋势，也是审美活动的一个重要的领域。不仅中国文学、绘画、音乐、书法，可以以之为一个审美、批评的指导圭臬，就是用以审美、评判西方艺术作品，也是适合的。诸多世界名著，我们读之、欣赏之，也都可以发现、揭示其"势"，而得到一种审美的享受和愉悦。

### 3. 心物

它首先解决的是主观与客观、创作主体与创作对象、艺术家与社会生活、主体艺心与艺术形象之间的审美关系。在这方面，中国古典美学，无论是唯物的还是唯心的，都是强调二者的一致与和谐（"心物一致"），而立论的侧重点则在"心"，在"心"与"物"的交融的追求中，着重研究、探讨心如何向物发展、深入，如何捕捉物的形象和如何与物交融。《礼记·乐记》中说，"感物而动"；庄子说，"乘物以游心"；刘勰说，"神与物游"。《诗经·大序》则作了全面而系统的发挥："情动于中，而形于言，言之不足，故嗟叹之，嗟叹之不足，故永歌之，永歌之不足，不知手之舞之足之蹈之也。"这都是从"心"出发，指出它如何从"物"得到感受，产生美感，进行审美活动，然后产生艺术创造和美。在这里，着重研究的是审美主体的美的感受，是"从心到物"，然后从物到心，是人的情感感受和理念的发生。它涵盖着唯心、唯物两种理论，因为他回答的不是在认识论上何者为第一性、何者为第二性的问题，而是研究在审美过程中，在审美心理活动中，以何者为主、为先的问题。这正是表现美学的特征，它的优点是注重了人在审美和创造美的过程中的主体作用、能动作用和心灵作用。

### 4. 情志

"心"的具体内涵就是"情志"。诗言志、诗缘情，就是这个"情"与"志"。情、志的分别义是如此；合义则广而深，包含着情感、情绪、感受、志向、意志、理念、思想等。刘勰指出诗人"为情而造文""述志为本"。作品美感成就的高低，决定于它的"情志"有无和高低。在"情志"中，是"心与物"皆在其中的。"心"即情、志、意、理；"物"即境、景、事；心物交融，即情与志丰厚、深沉地互相渗透状态，这是物与我即主观与客观水乳交融的一种审美情境。在这里，着重点依然在于主观对于客观的情感感受和审美体验。

5. 形神

"形"是外在的形象，"神"是内在精神。两者内外结合。离形则无神，——"神"无所附着；但具形而无神则徒具形象而为死物。中国古典美学追求的重点在于神，而不在于外在形象的模仿和逼真。司空图甚至主张"离形得似"。现代国画大师齐白石在总结这一美学规律时说："妙在似与不似之间，不似则欺世，太似则媚俗。"中国古典美学的这种以"神"为主、形神兼备的美学原则铸成了中国艺术的特殊的美的品质，它看起来（绘画、戏剧）、读起来（文学）、听起来（音乐），不那么像生活、事物本身，不那么逼真，但却都神气活现、神态逼肖，经得起揣摩、推敲、品赏、咀嚼，如橄榄，越品越有意味。

6. 意象

形神兼备，则构成一种意象。它有时不甚明晰，并不见于作品的形象之中，而在其外，足供品味。早在《周易》中，就提出了"立象以尽意"的命题，它虽然说的是八卦符号的含义，但却成为后世审美感受的原则。无象（形象）无以达意，但仅有具象而无意象之外之"意"，则无味，味同嚼蜡。

【补注：在《老子》中，更有"惚兮恍兮，其中有象，恍兮惚兮，其中有意"。将"意象"二者联系起来，形成话语结构。固然，老子所言，天地之道，是最高层级的哲学思维，但它也正因此，启发了后人对于审美的体验和认知：把"象"与"意"联系在一起，并且构成一种"理念结构"，"意"与"象"密不可分，你中有我、我中有你。这对于审美认知、审美活动是一种很深切的意境表述，因而成为一个审美-美学的命题和范畴。无论是创作还是欣赏，都可以凭借"意象"而为之。清人孙联奎在《诗品臆说》的《自序》中说："得其意象，可以窥天地，可以论古今；掇其词华，可以润枯肠，可以医俗气。"[1]】

此外，司空图还提出要有"象外之象，景外之景"[2]，就是说，形象本身还不是终结，在现实的这个"象"之外，还要有臆想中的"象"即"象外之象"。他还说，"超以象外，得其环中"，只有超乎"象"外

---

[1] 孙联奎、杨廷芝：《司空图〈诗品〉解说二种》，孙昌熙、刘淦点校，齐鲁书社，1980，第7页。

[2] 同[1]，点校者《重版后记》，139页。

之"意"、之情，才能创造、得到真正的美。

7. 神思

神思，是刘勰在《文心雕龙》中提出来的。他说："古人云：'形在江海之上，心存魏阙之下。'神思之谓也。文之思也，其神远矣。故寂然凝虑，思接千载，悄焉动容，视通万里；吟咏之间，吐纳珠玉之声，眉睫之前，书卷风云之色：其思理之故乎？"接着，又说："夫神思方运，万涂竞萌，规矩虚位，刻镂无形；登山则情满于山，观海则意溢于海，我才之多少，将与风云并驱矣。"[1]周振甫在《文心雕龙注释》中解释说："'神思又称'神'，'文之思也，其神远矣'，即心思想得远。'神与物游'，即心思与外物接触；'神用相通'，即从'神与物游'进一步到产生文义。这是指'神思'的解释。就《神思》篇说，是讲文义怎样酝酿成熟，到用语言文词来表达，接触到文思的快慢，直到写成后的修改，也可以说是创作总论。"[2]这些解析，揭示了"神思"的广阔深厚的内蕴，它既是创作主体的思维与精神的总体状态，又是创作过程的运思——抒情——究理——推敲词语的"行程"与状态，还是欣赏审美对象时的体验、察究的状态，故其为美学命题范畴的主要一员。

这种精神状态、审美境界，真个是阔达宏伟、深邃厚重，如刘勰所形容"思接千载""视通万里""书卷风云""情满于山""意溢于海"，这是怎样的一种精神状态与心理境界，真的只有用中国的"神"字来形容了。这种"神化的'思'"和"思的'神化'"，确有一种"神化-神话"的风貌，其为审美命题与范畴，是十分合适的。

8. 风骨

这也是由《文心雕龙》首先提出的范畴。根据刘勰的论述，"风骨"，既是创作者创作时的美学理想和美学追求的状态，又是创作出来的作品的审美素质，还是欣赏者的审美对象和获得。《文心雕龙》中对此作了正反两面的论述。它先说："是以怊怅述情，必始乎风；沉吟铺词，莫先于骨。故辞之待骨，如体之树骸，情之含风，犹形之包气。结言端直，则文骨成焉；意气骏爽，则文风清焉。"[3]这是说的"风骨"的意义、蕴含、效果和力量，是正面的阐释。紧接着指出："若丰藻克

---

① 刘勰：《文心雕龙注释》，周振甫注，人民文学出版社，1981，第295页。

② 同①，第302页。

③ 同①，第320页。

赡，风骨不飞，则振采失鲜，负声无力。"①这是从反面说失去"风骨"的负面效果。周振甫在《文心雕龙注释》中，注释"风骨"时，指出："《毛诗序》：'风，风也，教也，风以动之，教以化之。'化感：即教化。风有教育的作用。……不过'风骨'的'风'是指作品内容上的美学要求，要求作品内容的骏爽。有了风，才使抒情述志起到教化作用，它本身不是教化，不是志气，是教化之本源，志气之符契。本源在于感人，符契是凭证，使人信服。有了风这个美学要求才能感动人，使人信服。"他还在篇末说明中详细解说："再就风骨合起来说，有了风就生动，有了骨就劲健，有了风骨就能像鹰隼的翰飞戾天。有了风，'结响凝而不滞'，声律畅调，不可移易。……有了骨，'捶字坚而难移'，练字健确，不可改易。有了风骨，声律美而用字精。……有了风骨，就文章清峻。作品写得内容生动鲜明，有生气，文辞精练，就有了风骨，像画的内容生动，线条挺拔一样。"②

自从《文心雕龙》提出并论证"风骨"之后，它就成为中国传统美学和文学艺术评论的圭臬之一，并成为文学-美学理论的范畴和重要支柱之一。比如，王国维论屈原，说"屈子自赞曰：'廉贞'。余谓屈子之性格，此二字尽矣"③。这里说的是人的"性格"，在文章中，就表现为"风骨"。而唐诗之杜甫、李白、李贺、李商隐，宋词之苏东坡、辛弃疾、姜夔，也都各有其不同的时代风骨和个人风骨。素来议论魏晋时代曹操父子及"竹林七贤"等人的"建安文学"时，就使用了"建安风骨"的评语，并且得到一致的认同。我们从这一点还可以体察到，"风骨"是一个审美范畴，它好比一个"范式"，形态和架构是固定的，而其内容，却是可以随时代之不同、诗人作家之各异，而有差异。如鲁迅在《魏晋风度及文章与药及酒之关系》中，对建安风骨的解析就是：清峻，通脱，华丽，壮大。

9. 神韵

这是作品内在的生命，作品的内涵的丰厚和内在的真实。曹丕在《典论·论文》中提出"文以气为主"；司空图则提出"韵外之致，味外

① 刘勰：《文心雕龙注释》，周振甫注，人民文学出版社，1981，第320页。
② 同①，第322、326页。
③ 周锡山编校：《王国维集·第一册·〈屈子文学之精神〉》，中国社会科学出版社，2008，第29页。

之旨"；北宋范温说"有余味之为韵"，这些大体都是一个意思，概括起来可以统称为明代王士祯（渔洋）的"神韵"。近代词人况周颐说："所谓神韵，即事外致远也。"意思是说，神韵就是所描绘的事物有更深远的意味，超乎所见的形象而又蕴含于形象之中，虽不可见，却是可感。司空图所谓"不着一字，尽得风流"，严沧浪所说"羚羊挂角，无迹可寻"，都是说的这种可以意会不可言传的审美感受状态。这种神韵具有真挚的、深入心灵、动人情感的引人的力量。这就是优秀的艺术作品的精神结晶。

10. 境界

此说倡导于近代美学家王国维，见于他的《人间词话》，对此论述甚多。

【补注：王氏开篇便说："词以境界为最上。有境界则自成高格，自有名句。五代、北宋之词所以独绝者在此。"王国维接着还区分营造境界之不同层级，说："有造境，有写境"，自然"写境"高于"造境"。又说，"有有我之境，有无我之境"，当然也是"无我之境"为上。他还解释说："有我之境，以我观物，故物皆着我之色。无我之境，以物观物，故不知何者为我，何者为物。"王国维还进一步，从创作的主体角度，论述"境界"，指出："有诗人之境界，有常人之境界。诗人之境界，惟诗人能感之而能写之，故其诗者，亦高举远慕，有遗世之意。"他还就创作模写的对象角度来说："境非独谓景物。喜怒哀乐，亦人心中境界。故能写真景，真感情者，谓之有境界；否则谓之无境界。"[1]根据这些对"境界"的阐释，可以知道，"境界"这种艺术与审美境界的状态与创作者对"物""我"关系的处理有关。"物—我"两忘，融会一体，才能达此境界。

对于王国维的境界说，学界普遍认同，并给予很高评价，也于各自的论述中，引证、阐发，但也有不同的声音。如徐复观就说："《人间词话》受到今人过分重视，境界实即情景问题而已。"对此，李泽厚评论说："关于他的境界说有各种解说。我认为，这'境界'的特点在于，它不只是作家的胸怀、气质、情感、性灵，也不只是作品的风味、神

① 王国维：《〈人间词话导读〉·〈人间词话〉（重订）卷上》，黄霖等导读，上海古籍出版社，1998，第12页。

韵、兴趣，同时它也不只是情景问题。"表示了对于徐复观的不同看法。李泽厚阐释说：境界，"它是通过情景问题，强调了对象化、客观化的艺术本体世界中所透露出来的人生，亦即人生境界的展示。尽管王的评点论说并未处处扣紧这一主题，但在王整个美学思想中，这无疑是焦点所在。所以王以三种境界（'望尽天涯路'、'衣带渐宽终不悔'、'蓦然回首'）来比拟做学问，也并非偶然的联想。"①李泽厚的阐释是有道理的，可谓得王氏命题与论述之精髓。徐复观未免将境界说的含义狭隘化了。同时，李泽厚是把王氏的境界说以至于他的整体美学思想，同叔本华哲学思想对王氏的影响，也可以说是"王氏对于叔本华的私淑秉持"联系起来解读的。这从他对王国维美学思想的解析中，可以看得出来。（详见《华夏美学》）总之，王国维深受叔本华哲学的影响，把人生境界引入他的整个学说中，这在他的评《红楼梦》的论著中，明显地表现出来了。】

然而，追究理论渊源，此说之意思也是早有滥觞与草创的，中国古典美学中，一向有这一理论范畴，不过所用术语不同，如气、韵、性情、意境等。

【补注：王夫之在《姜斋诗话》中说："'采采芣苢'，意在言先，亦在言后，从容涵泳，自然生其气象。即五言中，《十九首》犹有得此意者，陶令差能仿佛，下此绝矣。'采菊东篱下，悠然见南山'，'众鸟欣有托，吾亦爱吾庐'，非韦应物'兵卫森画戟，燕寝凝清香'所得而问津也。"②这里，对于"境界"意域，已经关涉了。】

而王国维是总其成者，而且作了深入的阐述。他丰富和发展了这一美学范畴，从而创立了"境界说"。境界，这是创作者心境的具象化，同时，也是欣赏者对于这种艺术创造的理解、品味与体察。它的出现和产生，依靠作品蕴含着神韵、创造出意象、体现出神似的精神与内蕴，暗蓄着象外之象、言外之音、味外之味。这是审美活动（创作和欣赏）的优美的、愉悦的、深入心灵的状态。它使人心折、情动、神怡，得到美的享受。对于一个艺术家来说，只有在对于生活有丰富的亲身经历，对之又有深切的感受，更有深刻的理解，并且把握了它的精髓，而且具

---

① 李泽厚：《华夏美学》，中外文化出版公司，1989，第216页。

② 王夫之：《姜斋诗话笺注》，戴鸿森笺注，人民文学出版社，1981，第8页。

有超群的表达能力、高度的艺术技巧时，才能创造出这种美的境界来。

境界，是一个高水准、高文化、高度审美的精神界域所创造的艺术空间，能够给欣赏者以愉悦和美好的心理享受。

（1984年11月6日夜整理，2014年6月21日—2015年12月5日补注、补充毕）

后记：

我在整理这个旧稿过程中，不断地思考一个问题，就是关于建立独立的，也是独特的、与西方美学体系"对峙"的中国美学体系问题。这可以说是一个当务之急的学术课题，也是一个几乎可以说是水到渠成只待去解决的问题，或者说是一个"呼之即出"的学术文化建树，而且，可以说是"此其时矣"的有望解决的课题。面对中国现代美学研究的发展和所取得的成就，面对中国当代学术文化的发展和所取得的成就，面对中国文化走出去、走向世界的学术态势，面对呼声日益高涨的"建立中国自己的学术话语"的学术文化动态，我们建立中国美学体系，真正是"到时候了"。

中国美学从古典形态向近代转化，有几位建树丰厚、立于高峰的学术人物，他们的代表者是王国维和蔡元培。大家知道的，他们的学术立场虽然是"中国的"，是立足传统的，是试图建立中国美学理论的；但他们借鉴的、取法的都是西方哲学-美学，是"借用"他们的美学"酒杯"，来浇自己的、民族的文化-美学的"块垒"。比如，王国维服膺叔本华，李泽厚甚至说他"近乎全抄Schopenhauer（叔本华）"，但李泽厚接着便说："实际却又仍然是苏轼以来的那种人生空幻感的近代延续和发展。"[1]这大概正是"西方的酒杯"，浇民族的、传统的"块垒"的表现了。所以，哲学背景、思维空间、命题、范畴、术语，都取自西方美学体系，论述和例证则是本国的。

美学的薪火相传、后继有人，朱光潜、宗白华、蔡仪及蒋孔阳，也还是借取西方美学理论体系中的歌德、黑格尔等，以及后来的俄国的车尔尼雪夫斯基等。还是人家的"酒杯"，自己的"块垒"吧。至李泽厚的《美的历程》和《华夏美学》问世，局面有所改变。在海外华裔学者中，刘若愚、叶维廉在整理、研究、论述中国传统美学理论-文艺理

① 李泽厚：《华夏美学》，中外文化出版公司，1989，第217页。

论-诗学方面，作了可贵的努力，并取得了可观的、有价值的学术成就。刘若愚在他的颇有影响的著作《中国文学理论》中，首先在导论中，就指出：中国传统的批评思想和文学理论，"渊源悠久"，而且"大体上独立发展"，肯定了中国传统文学理论的独立性和独立价值。他还说："这些理论（按：指他所说的主要集中于'艺术过程的第一阶段'的理论）事实上提供了最有趣的论点，可与西方理论作比较；对于最后可能的世界文学理论，中国人的特殊贡献最有可能来自这些理论。"[1]这里，肯定了两点：第一，中国人提供了"最有趣的文学理论的论点"；第二，这种理论有其独立性和独特价值，可以同西方文学理论作比较，而且可以作贡献于未来可能出现的"世界文学理论"。这就肯定了中国美学-文学理论的至少某个部分的独立于西方美学-文学理论的价值和地位，具有"双峰对峙"的意味了。近些年来，国内致力于美学和文学批评的学者，付出辛劳，深入挖掘、探求，既取材于民族文化资源，又吸取西方学术营养，包括思想和方法，对中国古典美学作出了有成效的研究，获得了许多可观的成果，这些都为建立中国美学体系，积累了资料和思想-理论及结构层次的学术成果，将促成我们民族的美学体系建立。

但是，现在仍然未曾建立一个"从头到尾"的、完全立足于中国传统哲思、传统文化的中国的美学理论体系。事实上，我们现在应该自信地、果断地认识到，"中国传统美学体系"，是人类对美的认识、对美学体系的建立的"另一支脉"，它不是落后于西方美学的理论体系，更不是附庸西方美学理论体系的"次学术体系"；我们完全可以自信地，以我们自己的、民族的，一套关于美的思维、认知、命题、范畴、术语等，一门学说、理论建立所必备的"学术规范-学科构造"的"结构元素"，来建立本民族的美学理论体系，自立于世界学术之林，与西方美学理论体系"分庭抗礼""双峰对峙""互融双赢"。徐复观在《中国艺术精神》中说道，我们往往在"偶尔着手到自己的文化时，常不敢堂堂正正地面对自己所处理的对象，深入到自己所处理的对象；而总是想在西方文化的屋檐下，找一席容身之地。但对西方文化的动态，又常限于消息不灵"[2]。这种批评是很中肯的，在大体上，启人深思，而对某些

① 刘若愚：《中国文学理论》，杜国清译，经联出版事业公司，1981，第27页。
② 徐复观：《中国艺术精神·自叙》，春风文艺出版社，1987，第3页。

人来说，则刺中其"软肋"矣。我们不必也不能再在"西方美学的屋檐下"，来阐发、建设自己民族具有独立品格、独立学理和独立理论构造的美学-文学理论体系了。我们完全可以和应该，打扫自己的一片开阔的、肥沃的文化领地，在其上建设中华民族的美学学说大厦，其美轮美奂，绝不逊色于更不下于西方美学体系，而是可以傲然与之双双对峙，各显风姿。刘若愚在他的《中国文学理论》中，说得很有道理。他说孔子及其他早期哲学家的著作或语录中，乃至孔子以前的作品中，都存在或者偶尔有些论及文学，或者有些诗的评语及其他评语，被后人应用于文学。这些都可视为中国文学理论-美学思想的源头。他还指出，曹丕的《典论·论文》，已经明确含有"文学的理论探讨"。而此后，"还有不少广泛地探讨文学的理论著作，以及不计其数的文章、书牍、序跋、诗话、注疏、笔记、旁注等，莫不是理论的金块，让人们从技巧性的讨论、实际批评、引用句以及轶事的沙堆中筛出来。"①这样，我们可以说，从先秦诸子，尤其是庄子的著述，到以后的历代从文章到笔记的美学理论的"金块"，足可称中国古典美学的富金矿，可供我们发掘、整理、"熔铸"，而成为中国文化为基底的中国古典美学理论体系。刘若愚还特别指出，在这方面，国内许多学者尤其是郭绍虞、罗根泽两位先生，已经从不同的来源中收集起来，并整理出一个秩序来了。②我们现在，正是应该在他们筚路蓝缕的工作基础上，继续努力，在新的基础上，取得新的进展、新的成果。

前述中国古典美学命题范畴："心物""情志""形神""意象""神思""风骨""神韵""境界"，难道不就可以"不理会"西方美学的理论体系，"我自为之"，立为海德格尔所说的"命名"，立为中国美学基本命题范畴，来建立起完整的理论体系，而不必借助西方美学理论体系，而与之对话吗？我们甚至可以对"可能出现的世界文学理论"作特殊的贡献。

---

①②　刘若愚：《中国文学理论》，杜国清译，经联出版事业公司，1981，第6页。

# 创作心理学：走进"意识"的绿色丛林①

## ——一个鸟瞰式的总体框架描述

　　创作心理，像一片绿色的丛林，充满了勃勃生机，显露着生命的欢欣、腾跃和力量，组合着众多的意识群落，像绿色丛林中的植物群落，互生互长，也互克互制。在创作心理这个丛林里，就像在南国辽阔的绿色丛林里一样，绿荫蔽日、鸟语花香、生意盎然。自然的丛林奉献许多的自然果实；创作心理的丛林，生长各种艺术的鲜花。

　　了解和养育一片绿色丛林，我们能够更好更多而且长久地收获果实；了解而且养育创作心理，我们能够更多更好而且长久地收获艺术的花朵。

　　我们这是向意识的丛林深入。

　　这种深入，使文学研究进入作家内省经验的层次，进入作家的心灵深处，寻觅这片心理意识结构的内在奥秘，使作家更深刻地了解自己，更准确地把握自己，更清醒地认识自己，更好地发挥自己的创作潜能。因此，也就能够更好地总结创作经验，更好、更准确和更科学地评估作品，也能更准确、更科学地探索作家的成长道路和培养作家的方法。

　　对于作家来说，审视和剖析自己的心灵、自己的心理意识结构和自己的艺术思维、创作心理，这是一件"知己"的工作：使自己进入文学创作的自觉意识领域，完成从自在王国向自由王国的飞跃。这"知己"，既是作为一个作家，对于作家这一从事灵魂塑造工作的智力和创造集团的了解（即对于作家群落的集体创造意识的了解），也是对于每一个灵魂塑造者个体创造意识的了解。也就是知"大己"和知"小

---

① 该文为作者一部50万字的专著《创作心理学》的绪论（上）。

己"。同时，这又是"知彼"的工作。因为，这种"知己"的工作，可以使作家更好地了解创作的本质、创作的规律和创作的众多系统的结构，可以使作家更好地了解自己的艺术素质和优势，从而去把握和处理更符合创作规律需要的，也是自己最适合处理的题材、体裁、人物、事件与整体艺术构思。

知己知彼，百战不殆。

因此，对于创作心理的研究，是探索一个作家的诞生的机制和规律，因而也是探讨如何将一个"非作家"培养成了作家；同时，自然也会涉及如何把一个作家培养成为更自觉的创造者，成为更高层次的作家。

（一）创作实践和它的理论表现

创作心理研究，是对文学创作规律的探索，向作家的内省经验的深化。但这种深化又不是唯心地发展的。它在探索的过程中，充分地估计到人的心理机能、心理活动的客观原因，对人的心理活动作生理学、社会学、人类学、文化人类学等方面的研究。因此，这种研究又使文学创作规律研究的范围扩大了，进到一个涉及自然科学与社会科学均卷入的多种学科、广泛领域的研究。而且，由于这种原因，创作心理的研究，也就不限于回答文学创作的规律方面的问题，如"创作是怎样发生、怎样进行的"，"在创作中作家的心理活动是一种什么状况"，"怎样创作才能得到成功"，"那些失败的创作是因为违背了什么规律而造成的"，等等。而且，还可以连类而及地回答这样一些问题：

（1）作家是可以培养的吗？如果可以，该怎样来培养呢？

（2）人的创造力是可以培养的吗？如果可以，该怎样来培养呢？

（3）创造力的构成因素是什么？它是一种什么样的结构？能否找出一个创造力系统的模式？

（4）作家的创作心理是由哪些因素构成的？它又是一种什么样的结构？文学创作的动力系统是一种什么样的结构？

（5）一个作家的创作心理形成之后，就是恒定不变的吗？如果是流变的，原因是什么？能够自我控制和调整吗？

（6）一个"预备作家"怎样培养自己的创造力？一个已成的作家，怎样不断地提高自己的创造力？

在文学创作心理学的研究中，必然会要涉及这些问题，也会要作出一定的回答。但是，这只是一种科学研究，一种从学理上推断出的一些答案，它却不是"创作药方"。依据它的"指示"就能一定造就作家或保证作家的创作的成功，如果是这样，那就不是科学了。任何教科书都不能保证教出某一学科的专家，医药书籍也不能保证直接治好任何患者的病症。这里，不可忽视的有：传授者的中介作用，也包括接受者自己的中介作用，而更为重要的是，接受者在创造实践中的主观能动作用。没有后者，一切皆空。尤其是在创造学这个领域中，个体的主观力量和能动作用，更是不可忽视的。创作心理在创作过程中，起着关键的、决定性的作用。生活无疑是创作的基础，客观世界一切现象是文学作品的源泉，但是，这个基础只能是作为素材而进入文学创作的过程，在这个过程中，它受到作家创作心理的种种加工，经过处理，并且在处理过程中，被作家的心理赋予性格、外貌和思绪，赋予灵魂，这是作家在客观事实的基础上所创作的第二世界、第二自然。就是源泉吧，这清泉绿水，也只有经过作家创作心理的加工、酶化酿制，才能成为艺术的醇醪美酒。

然而，如果作家的创作心理是一个简陋而平庸的结构，那它就是一个简陋而平庸的加工器，客观生活在这里只是经过一般的、粗糙的过滤，就物化为语言符号的组织体（作品）了，它将是一杯淡如白水的薄酒。

那么，创作心理的构成如何，就是很重要的了。它的构成不是一蹴而就的，也不是一成不变的，它是一个过程、一个动态的建构。弄清这个结构的形成过程、构成因素、发展轨迹，弄清它们的活动机制与活动规律，以及弄清它们发生作用的状况，对于作家和愿意成为作家的人们，是有价值、有意义的。根据对于这些问题的研究，人们可以更高地认识自我，理解、掌握和使用自己的创作能力，发挥自己独特的创作个性，发扬自己的优势，树立恰当的创作意识。

因此，研究创作心理，探寻创作心理的成因、结构、特征、活动机制与规律，就是创作实际的理论表现、理论概括。实践同理论是两相结合的。

事实上，每个作家都不是偶然成长的，都不是突然出现的。他们都有一个成长、发展的过程，在这个过程中，他们接受环境的培育、学习各种知识、积累各种生活经验，特别是积累储存自己的艺术感受，形成自己的艺术思维与创作心理。这一切累积到一定程度，受到某种客观事物的触发，或者受到自己内在驱动力的推动，产生了创作冲动，发而为文，一举成功，或者久练成功，成为作家。但是，也有另一种情况，在受到创作冲动的撞击之后，发而为文，受挫失败，从此辍笔，也有的是起初发表几篇，或者几篇成功继而"江郎才尽"难乎为继，或者起首就不景气，勉强问世，久而无趣，客观舆论和自我感受都是同一结论："不是这块料，算了吧！"

这种情况说明了什么？它告诉我们，那些成功者，那些在创作上起初成功后更发展，思想与艺术成就都达到一定高度的作家，在成为作家之前，是经过一段学习、锻炼、感受、积累、储存的阶段的，这实际便是一个在生活的学校里，在"没有校园的艺术学校"里学习、培养的过程，只是，这个过程是一个不自觉的过程而已。（有些立志当作家的人，在此之前，有意识地学习，培养自己的文学创作能力，这是一定程度的自觉的培养。）至于那些失败了的人们——开始就失败或以后失败的都在内——便是缺乏这种培养过程，或者是这种培养工作还做得不够，储备不够，创造力成长得不够。

这不是说明作家的成长是有规律的，作家是可以培养的吗？

只是这种规律我们还没有很好地去研究和掌握，没有揭示其中的奥秘。因此，无论是自我培养还是客观培养，都不能在更深层次的自觉性上进行。

创作心理学所要揭示的，就正是这种作家成长的规律，作家进行文学创作的内心奥秘和规律。

人类的潜能包括艺术创造力的潜能。对于潜能的发掘，自然也包括对于艺术创造潜能的发挥。人类自从产生分工之后，便造成了一个伟大的创造力量，即分工专门从事某种劳作和职业的人，便把这项人类身上潜在的能力充分地调动起来，积极地发挥了它的作用，这就不但使这项潜能得到彻底的发掘（像人们对于矿藏的挖掘一样），而且使这项人类能力得到发展、提高，产生了新的力量、达到新的水平。经过长久的积累和流传，稳定下来成为人的本质能力的一部分。这种能力通过遗传，会在人的种系发育中成为一种恒定能力，作为人的本能流传下来。艺术创造的才能也同样经历着这样的发展史。

但是，分工也使人的全面发展受到阻碍，使人的发展产生了片面性，有些人得以发展某一种才能，某些人则发展了另外一些或一种才能。人成了片面发展的人。这是人类的分工产生的消极结果。私有制产生之后，随着生产的发展、社会的发展，人类的分工越来越细，人的本质力量的发展也就越来越带片面性。只就艺术创造的领域来说，绝大多数人艺术创造的才能，都被压抑了，只有少数人才能得到发挥的机遇和条件。他们就是那些作家、艺术家。这是私有制社会长期发展所产生的人的异化现象。私有制被消灭之后，随着人类社会的高度发展，随着社会生产力的高度发展，分工将会被消灭，人的异化现象将会消失，人的片面性的发展也就不存在了。那时，正如马克思所说，就没有了艺术家与非艺术家的区别，而只有从事某项劳动的不同，而且，一个人可以既是一个学者、工程师，又是一个画家或音乐家，他已是一个全面发展的人，上午从事一种劳作，下午又从事另一种劳作。

这种历史的发展和对于未来的科学预测，告诉我们，每个人身上都存在着人类种系发展积淀的各种才能、各种潜力。在个体发育中，只要具有客观的和主观的条件，能够得到开掘的机会，那么，人的某项潜能就会被发掘出来，得到运用、发挥和发展，而使他成为此项劳作和创造方面的能人、杰出人才以至于天才。

对于作家、艺术家来说也是如此。

问题就在于符合规律的培养：自觉的培养和不自觉的培养；环境的自发的培育和人的自觉的修养；别人的自觉或不自觉的培养和自己的自觉或不自觉的自我培养。这是一个极其复杂、极为奥妙的过程，许多是隐蔽的、不可见的、不知不觉的。

这是在理论上的一种论证，这种论证是符合人类发展和社会发展的历史的，也符合人的潜能和人的创造力发掘的原理。

但是，在实践上，却存在着差异，不是人人如此。就是说，在遗传方面，人们受到不同的对待。由于历史发展的原因，由于种种客观和主观条件的作用，有的人在遗传上或者产生变异，或者发生差异，人们的某些天赋的不同和同一天赋的不同质量（水平）差异是确实存在的。无论是哪一派的生物学家、遗传学家和心理学家都承认这一点。因此，就得出一个限制性的前提：不是每一个人都可以被培养成作家，更不是每一个人都可以被培养成同一水平的作家。

总的答案自然是这样的：（1）作家是可以培养的，因为每一个人都具有这种潜能；（2）这种潜伏的能量的存在，是有差异的，天赋不同；（3）具有此种天赋的人，不加以培养，也不能得到发展，会使天赋付诸东流；（4）培养，会使人发现、发掘、发挥自身的潜能；（5）历史上多数人不能得到各种相应的条件来发掘自己的艺术潜能，埋没了许许多多的艺术人才；（6）培养必须按照规律行事，否则事倍功半或事与愿违。

创作心理的研究，就是要揭示和探索这方面的规律，使发现和培养作家、艺术家的工作，从盲目走向自觉，从无规律到有规律，从事倍功半到事半功倍。当然，也是对于一个想成为作家的人，提供如何取得自我实现之效的基本路数。

### （二）催发你的艺术再觉醒吧

"我已经是一个作家，还需要培养吗？还需要了解这种规律吗？"

回答是肯定的。因为你还需要提高，你还想要百尺竿头，更进一尺。"欲穷千里目，更上一层楼"。这攀登高层次的梯级，便是创作心理的研究。这也可说是创作心理学的重要功能和社会效应之一。

每一个人在自己的一生中都要经历艺术的觉醒和再觉醒。不过，对于普通人来说，这种艺术经历，也许是不太明显、不太突出，也许是春风吹皱池水，略泛涟漪，微不足道且瞬息即逝，无论何种情况，在他的生命史中都没有什么特别重要的意义。如果从提高全民族文化素质的角度来考察这个问题，我们自然需要注意这种情况，努力去改善它，使广大的人群、全国公民都有不断发生的、明显突出的艺术再觉醒过程，使对艺术的欣赏及其效果，成为社会前进中的一个重要因素。——这属于美育的范围，是我们当前一项迫切的，然而还没有普遍引起注意的问题。

我们这里要谈的是作家、艺术家的艺术觉醒与再觉醒。每个作家在成为作家之前，必然经历了一个艺术觉醒的时期。这是他成为作家、艺术家的一个根本标志（关于这个问题，在后面将会详细阐述）。而艺术觉醒的水平标志，则是一名作家的艺术思维和创作心理的形成。每一个人形成了自己的艺术思维和艺术创作的心理、意识结构时，便具备了进行创作的条件，便是一个具备了必备条件的预备作家了。当他开始创作和写出了作品并发表了的时候，就可以说是一名作家了。——不过需要达到数量和质量的指标，需要等待社会的承认。

但是，作家的创作心理意识结构，既不是一蹴而就又不是一成不变的，而是动态的、流变的，始终处于建构的过程中。在人生的道路上，他经历着时代、民族、家庭、个人的风风雨雨；在艺术的征途上，他不断地获得新的刺激、新的审美经验、新的艺术灌输和影响。前者会促使他产生新的思想与价值观；后者会促使他产生新的艺术观，产生新的艺术觉醒。前者和后者交互影响，则促成了一个艺术家的艺术变法：新的艺术风格产生，新的艺术作品诞生，新的艺术高峰的攀登。

艺术再觉醒，是作家、艺术家攀登新的艺术高峰的基础。许多大师们，都一再地发生这种变化，因而也不断地迈向新的成就的巅峰①。

创作心理的研究，就是要通过对这方面的种种规律的探索和掌握，来促成作家新的艺术思维和新的创作心理意识的发生，促成新的艺术再觉醒的出现，从而使其文学作品达到新的高度。在这项研究中，要探索创作心理的产生、发展和建构，探索创作心理的运行机制、创作动力系统及其建构，创作心理"临战"状态的活动机制，以及创作心理的横向、顺向、逆向的示踪探索（这些构成了本书的主要内容，我们将在后面各编、各章中详细阐述、探讨），这将帮助作家、艺术家了解自身的创作心理状况、创造力结构，从而明确己身之长短，以扬长避短，以及明确自己努力的方向，以有针对性地去催发自己的艺术再觉醒的出现，获得新的创造力和创作能力，最后，达到新的艺术高度，实现艺术上进的目的。

### （三）从创造学到创作心理学

创造学，是一门新兴的并越来越受到重视的学科。它探讨人的创造能力的因素和构成、确定人的创造能力系统，探讨创造过程中人的心理活动机制和规律，研究直觉、灵感、无意识等在创造过程中的种种作

---

① 作为一个艺术创造的整体，我国在新时期的文学十年中，经历了一次巨大的民族艺术再觉醒，作家、艺术家们在这个种系发展中，也经历了各自的艺术再觉醒，这促进了文学艺术创作中新的艺术品格、新的艺术高度的出现。无论是民族，还是个人，这种事实，都证明了艺术再觉醒对于新的艺术高度的达到所具有的意义。

用，深入它们的"不可知"领域、深入它们的"奥秘"，揭开它们神秘的外衣，寻找其中的规律。

如果把创造学或创造力研究看作一个系统，那么，文学创作心理学便是其中的一个子系统。创造学中的基本规律、基本范畴和命题，都涵盖了创作心理学；创作心理的规律，是以创造学的基本规律为基础、为依归的。创作心理的活动规律并没有越出创造学的基本规律。个性中反映着共性。当然，作为文学创作心理，与科学技术的创造心理相比是有它的特殊性的，是有它的思维、意识和心理活动的特殊状况、特殊规律的。我们的探讨，是在创造学的基础上，充分估计到文学创作心理的特点，以其特殊现象为对象来进行的。

创作心理研究是对作家的内省经验的深入，但这种纵向的深入，以两个横向拓展为背景，也是在这两个横向拓展与纵向深入的交叉汇合之处来向纵深发展的。这两个横向拓展是：① 人的心理的发展和建构，是以人的包容"历史发展"在内，又以"历史积淀的现实体现"为主体的整体把握，即以人的现时性的历史、社会、文化结晶为背景，来展开探索的。历史唯物主义对于人类社会历史的把握和"人在本质上是社会关系的总和"这个基本规定性，是我们探讨人的心理意识结构、探讨人的心灵的理论依据和基础。在这里，横向的历时性与共时性的展开，与纵向的个体的心灵的深入，其交叉处便是我们对于创作心理的探讨的范围和理论天地。② 对于人的全面创造力探讨的横向展开，是创作心理研究的具体理论基础和学科理论天地，是前述"大天下"中的"小天地"。对于创作心理的纵向深入，同这种对于系统的横向展开，两者交叉融会，便是文学创作心理学的风光旖旎的处所。

我们将探讨共性基础上的个性，种系发育范围内的个体发育规律，将探讨两者的矛盾统一、互反互补的状况，探讨个体发育过程中，对于种系潜能的启动和发掘；探讨基础的特殊表现和总体内涵的具体外观；探讨必然和偶然的关系，必然如何通过偶然来表现和偶然以必然的补充形态出现。我们将发现创作心理的极为复杂、多维多元和不断流变的形态结构和品质，以及它的运行规律。我们将从"外"而"内"去探索这个心灵的奥秘。

### （四）创作心理的三过程、三层面

创作心理，这是一片人的心灵的风光旖旎之地，是一片充满生命力的绿色的意识丛林。人的思维，在这里培育着艺术的蓓蕾；人的意识，在这里孕育着艺术花朵的艳丽；人的情感，在这里浇灌着艳丽的艺术花朵；人的记忆，在这里复印而且储存着生活中的美的信息，使之成为艺术所独具色彩的新花。而直觉、无意识、灵感这些人类心理的奥秘，更在这里使用"魔术"、发挥神通，演出一出难以捉摸的艺术幻剧。我们走进这片天地、这片丛林，就是要深入进去，寻"魔"觅"神"，找出一些规律或一些可供参考的规律性现象。

创作心理的研究应该有三个阶段、三个过程、三个层面。① 作家创作心理的发生、形成、结构和它的特质；② 作家创作时的心理活动，包括创作冲动、创作构思、创作时的各种心理活动；③ 作家的心理品质：他在创作时的心理承受力，他的一般心理活动和心理能力。这三个部分是有机地结合在一起的，它们互相渗透、互相影响，并且互为条件和基础。第一项主要探讨一个作家是怎样诞生的——他在怎样的环境中形成了自己的创作心理，它决定了第二项，即他怎样创作；它也受到第三项的影响，即自己的心理品质，如何促进或妨碍创作能力的发挥。但是，在作家的具体创作过程中，他的创作心理，也会在实践中不断发生变化，重新建构，改变原来的结构以至于形成新的结构；他的一般心理品质，也会受到考验，同时引起变化。而后两项的变化，自然也要给予第一项以回返影响。这是一个作家在外界刺激和自身适应过程中，心理不断发生内化和自我调节的过程，一个发展的历程，它导致作家创作的发展与变化。

一般创作心理学的理论，往往侧重（甚至仅仅限于）上文所说的第二项研究，即作家创作时的心理活动研究。这不仅造成一定程度上的局限性，而且往往有些问题难于阐释透彻，因为创作时的心理并非无源之水、无本之木，它是历史地形成的，又是一个既成的结构，是带着历时性特质，又具有现时性表现的，只有把两者结合起来，才能更好地探索创作心理的活动机制和作用状况，更好地探索作家成长的规律和创作的规律。至于作家的一般心理品质，不仅是创作心理的基础，而且影响他的已经形成的创作心理发挥作用的状态，自然也是不可忽视的①。

　　文学不只是由现实与作家两极构成，而是由四个世界有机地组成，是一个大系统。它面对着一个现实世界（世界Ⅰ），这是它的基础、认识对象、反映和加工的客观存在。文学具有一个创作主体——作家（世界Ⅱ），他是世界的"主人"，他把握并且处理这个客观世界里的、他所感兴趣和所了解的一切。作家创造活动的结果便是作品，这是第三个世界（世界Ⅲ），它是世界Ⅰ与世界Ⅱ结合的产物，是作家的心灵的外射与客观世界内化的结果。作品的接受者、欣赏者、评断者即读者，是第四个世界（世界Ⅳ），它是一个群体结构，是一个复杂的、丰富的、流变的世界，它具有历时性又具有共时性，它对于世界Ⅲ进行加工，进行再创造，它是被动的接受，但又是主动的化为己有，它是世界Ⅲ的最后实现。面对这个再创造者、审判者，作家是不可轻忽的。

　　在文学的领域中，在文学这个由四极世界构成的大系统中，世界Ⅱ即作家，居于主体的地位。他是这个"文学世界"得以繁荣兴旺的决定环节。但他自身又是另三个世界的作用对象，是另三个子系统牵制、影响的一个子系统，所受其他子系统影响的凝聚点就是他的艺术思维、他的创作心理。

　　作家的创作心理是一个多元交叉结构的心理复合体。了解一下这个心理复合体的建构状况，对于了解作家的艺术思维是十分必要的。

　　人的心理是他的"生活世界"（包含这个"世界"中的一切内涵）的内化。作家的心理是他的全部"生活世界"的凝聚。经历过什么样的生活，便会形成什么样的心理状况。创作心理则是在这个一般心理基础上，产生和发展起来的。古往今来许多文学大师，都经历着大师所独有的，与时代、历史、民族的命运深刻相通的个人生活史，有一个大师式

---

① 常见一些创作心理学的研究论著，或者将一些心理学的规范、命题、术语加以引用，然后用文学艺术的事实去填充理论框架，心理学与文艺学是"两张皮"，这虽然有助于在文艺学领域中应用一些心理分析，但与艺术心理学仍不免是隔一层。或者，对于艺术心理、创作心理、欣赏心理，作文艺性描述，生动活泼，引人入胜，也论证了一些规律性现象，揭示了有关领域的部分本质和规律，但理性的分析和理论的论证略显不足。或者，还有的论著，列举诸多事实，说明了创作心理活动的存在与作用、活动的领域与成就，并且以诸多"性"来进行描述。这充分证明了所要证明的东西的存在和它的品性，说明了其"然"，然而未更深地揭示其"所以然"，且只就创作时的心理活动而言，未免以偏概全。

的"生活世界"。这就形成了、决定了他们的特殊的、博大精深的心理结构和创作心理。他的创作的冲动与动机、创作的主旨、思想与艺术的总体构思、特殊的审美情趣，都决定于这个已成的心理格局，这不仅决定了他的创作的艺术特色，而且决定了作品的水平。作家有时不得不（自愿地或不自愿地、自觉地或不自觉地）去创作与自己的创作心理不是完全一致甚至完全不一致的作品，这时他必然失败。创作只有当作家的创作心理与所加工的对象完全契合时，才能获得成功，这是千古不悖之理①。

　　创作心理的这三个过程、三个层面，具有一定的结构；这个结构决定了它的形成、发展的途径和性质，好比一条奔腾飞升的游龙，它不是随心所欲地生长和活动的，而是在一定的范畴中和一定的条件下腾跃的。首先，每个人都具有一般的心理状态、心理能力，构成了他的特定的思维特点、情感特色、意识规范，他的特殊的人格与个性。这是他的"自我形象"和"自我特质"。这个"自我"决定了他的创作心理的基本方面、基本特色，这个一般人的"自我"是作为作家的"自我"的基础。其次，从创造心理学的角度来看，在创造的领域中，在这个"一般心理"和"创作心理"之间，还有一个中介、一个过渡阶段和一个"区域基础"，这就是创造心理，它包括科学的、技术的及其他一切的创造在内。只有具有这种创造心理能力、具有一般创造力的人，才会具有文学的创作能力、文学创作的心理水平。这是一种母系统与子系统之间的关系，是一种"大河流水小河满"的关系；反过来说也可以：具有文学创作能力的人、具有文学创作心理水

---

① 我国当代文坛活跃着一批特殊的作家，他们曾遭受风暴的摧残，走进大墙，远谪边塞，蛰居荒原，过着一种特殊的、为不同命运的人们（包括同行）所不曾也不可能过的生活。他们主观上停止了作家的生活，而真正实在地过着自己的生活，沉入这个生活世界里了。一旦雨过天晴，他们重返文坛。过往的生活在他们的心里留下了深深的刻痕，形成了他们特殊的创作心理、构成了他们丰富的艺术思维。重新握笔，心旌飘摇，生活跳跃于他们跟前，心里、笔下，一切都发自内心，一切都是心灵的外射。因为那一切都在往日里自自然然地内化于他们的心理建构之中了。马克思说："个人的真正的精神财富完全取决于他的现实关系的财富"（《马克思恩格斯全集》第3卷第42页）。他们过去的现实关系（那是严酷的，但却是丰富的）是他们痛苦的财富，现在却是他们欢欣的精神财富。他们的创作心理同他们所面对的、使用的、加工的材料是完全契合的。就他们的经历来讲，这是不"正常的播种"，但就他们的艺术创造来讲，却又是"合理的收获"。他们的创作实践，表明了创作心理形成的轨迹，也证明了创作心理与艺术思维的威力。

平的人，也就是具有创造力的人。当然，两者是有区别的。一般决定个别，个别反映一般。个性之中表现了共性，但共性不会全部包含个性。这便是它们两者之间的关系。这样，我们看到三者之间的发展程序和结构关系是：

一般心理→创作心理→文学创作心理

如果我们只就文学创作心理来说，它又具有几个"三层次"的发展序列和有序结构。首先，从文学创作心理的形成、发展、活动过程来说，它经历着三个阶段和三个层次的发展系列，这就是：第一，文学创作心理的诞生、形成、发展时期。第二，创作心理的成型期。在第一阶段和层次，一个人在自己的生活经历和各类活动中，逐渐形成自己的创作心理；在第二阶段和层次，经过客观条件的作用和他自身的心理活动，形成不断累积的、流变的创作心理能力，形成了一个独具特色的形态，正式成型了。这是一个心理格局、心理定式，是一个心理学上的"相似块"①，它决定了今后发展的轨迹，也是从事创作的主体特质和心灵基础。然后，由此进入第三阶段、第三层次，即创作心理的活动期。开始创作了，创作心理投入工作，发挥能量、产生作用，各种心理机制都运行起来并且产生效应、结出果实。这是创作心理的表现期、实现期，也是考验期、结果期。它们的发展程序和结构关系是：

创作心理形成期→创作心理成型期→创作心理活动期。我们可以称之为创作心理第一层次的三阶段。

第二层次的三阶段是：

首先是一般文学创作心理，这是一个已成心理定式的成型的创作心理。它是一种能力、能量，也是一种活跃着的、总要寻求着表现和实现机会的"意志"、"情感"、"意识"和"愿望"。当它遇到可发时机，便"发而为文"而进入下一阶段：临战（写作）心理活动。这是创作心理的活动期的具体表现，一个作家的全部创作心理的能力和能量都表现出来，释放出来了；他的创作心理的特质也发挥作用，表现出来了。成败决定于此时的"作战"表现。但是，关键和基础虽然是创作心理，起作用的却不止于此。作为一个人，作家的一般心理能力，在此时期也是起作用的。它表现为人（作家）的一般心理品质（比如对困难的心理承受

---

① "相似块"，贮存在人的大脑中的知识单元。

能力、在胜利和挫折面前的态度、情绪的自我控制力、心理平衡的调整机制等）和总体创作心态。在总体上，也可以概括为一种创作的"竞技状态"。

这一阶段、层次的发展程序和有序结构如下：

一般文学创作心理→临战（写作）心理活动→创作时的一般心理活动、能力表现（一般心理品质，"竞技状态"）

第三个"三层次"，即创作心理活动期的三层次结构。它们是：①酝酿构思期。主要的心理活动是集中于作品内容、情节、结构、人物形象、语言的酝酿。②创作冲动期。酝酿成熟，心理能量积蓄已足，成为一股力量在心中激荡，造成急欲冲决而出之势。③艺术表达期，即具体写作期，一切付诸实施，心理能量迸发出来，发而为文，

在发而为文的具体写作期，即艺术表达期，创作心理的具体活动又可分为三个活动时期，它们是：①在写作时期，诸种心理能力，即感觉、知觉、表象、意象、情绪、情感、思维、意识等，都活跃起来，发挥自己的能量和作用，并且齐心协力，共同发挥作用。②在这种各方面齐心努力的工作中，重要的和基本的一环是调动记忆的积极性，打开记忆库，进行检索，提取储存的各种信息和资料，并把它们进行组合和排列，为自己的创作意图服务。③进入第三阶段即创作的重要程序：想象。想象在注意的"监护"和使用下，发挥它的能量，进行种种围绕创作意图和创作蓝图的想象活动。在这个过程中，联想发挥着重要作用，它是想象的一个重要方面、重要手段；在想象活跃着的时候，由于其他条件的配合，还会产生灵感；在心理活动中还会产生思维。它们的综合作用，便会产生种种心象等待表达。

将上面所述，列为一个图[①]，如图1所示。

在这本书中，对三者都进行分别研讨，作个性的追溯和剖析，寻求它们的特质、作用范围和作用的力度。不过，这三者总是完整地体现在、熔铸在一名作家身上的，它们是浑然一体的心理结构。因此，在叙述和阐释中，不仅注意到它们彼此间的互相渗透与联系，而且适当地照

---

① 本书配制了一定数量的图表，有的取自参考书刊，有的为自制或仿制、改制，目的是为了帮助读者形象地了解内容。目前对论文附图抄袭，颇有议论，但本书并无以怪图引人之意，凡图都尽可能做到形象地提示内容。这样做，于揭示和简化内容，还是有用的，因而是必要的。

顾到它们的延续性。

在创作心理中，心理内涵和活动机制，是通过许多心理现象与心理能力来体现的，诸如感觉、知觉、印象、意象、记忆、想象、灵感等，这些，几乎在前述的三项心理中都会联系到，不可避免地要通过它们来阐事说理。为了避免重复，也为了理论的简明和突出，我们只在第二项中，来阐述这些心理现象、心理活动，而在另两项中，只作本章必不可少的叙述，并且作各具特点的说明。这样，也许还能够使这些心理现象与活动得到多侧面的论述，从而使它们的"面影"被人们更清晰地看到，使它们的"内心"更易为人们所理解。为了思路清晰起见，我们又在最后作了一个综述，概括地、简明地归纳了诸因素的本质特征和作用。也许并非画蛇添足。

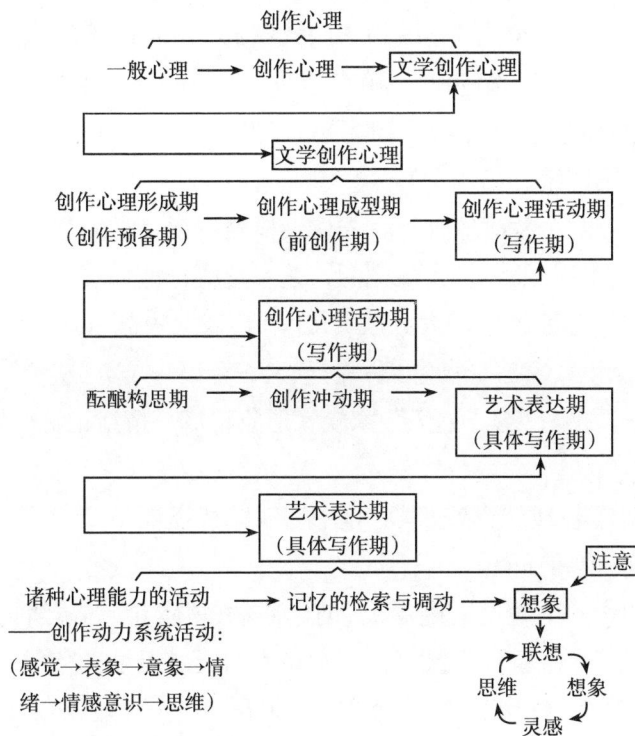

图1　创作心理

我们面对着复杂的课题，这是一次艰苦的跋涉，一次若明若暗中的探索。让我们一同踏上道途，透视作家的心灵，寻求理解与规律，期望着能有所收获吧！

### （五）透视创作心理的几个范畴

为了透视创作心理这样几重的三层次、三阶段结构，我们特意确定了几个范畴，作为"视点""视角"，以便从人各个方位、各个层次和各个阶段来观察、分析和概括。这些范畴，是本书根据自身的体系和总体观点确定的。它们分别在各编、各章中出现，先后次序不同，前后连贯相接，自己形成一个链条，同时，又好像"理论之湖"中的几处绿洲，好比围棋盘上的"眼"，我们期望它们在理论构架中成为"结"与"节"，在学理的阐述上，能够成为关键处所，而在透视创作心理学上，能够真正成为"眼"。

这些范畴按其出现的先后次序排列，为：

①《人生三觉醒》（第一编，第一章）；②《预备作家的"生活学"》（第一编，第三章）；③《预备作家的"艺术学"》（第一编，第四章，第一节）；④《创作心理的"四大家族"》（第二编，第一章）；⑤"构思学"（第二编，第四章，第三节）；⑥《创作心理"三怪圈"》（第三编，第三章）；⑦《创作"十魔"》（第四编，第一章）；⑧《创作心理"十佳"》（第四编，第二章）。

这里，有几个范畴的细目，先作一概略申说，它们是：

（1）"人生三觉醒"。人生觉醒，艺术觉醒，性觉醒。

（2）创作心理的"四大家族"。①"自我"家族（本我—自我—超我）；②"意识"家族（潜意识—前意识—意识）；③"感情"家族（情绪—情感—情操）；④"记忆"家族（形象记忆—情绪记忆—词-逻辑记忆）。

（3）创作心理"三怪圈"。①情感-理智怪圈；②意识-潜意识怪圈；③精确-模糊怪圈。

（4）创作"十魔"。"魔Ⅰ"：创作冲动；"魔Ⅱ"：情绪记忆与情绪激起；"魔Ⅲ"：想象；"魔Ⅳ"：直觉思维与灵感思维；"魔Ⅴ"：潜意识与梦；"魔Ⅵ"：忧患意识；"魔Ⅶ"：悲剧心理；"魔Ⅷ"："两面神思维"；"魔Ⅸ"：模糊意念；"魔Ⅹ"：语言-言语。

（5）创作心态"十佳"。

创作心态"一佳"："创作冲动"的爆发状态。

创作心态"二佳"："强迫状态"。

创作心态"三佳"：超越感。

创作心态"四佳"：契合感。

创作心态"五佳"：自由感。

创作心态"六佳"：孤独感。

创作心态"七佳"："灵感流星"迸发。

创作心态"八佳"：无意识状态。

创作心态"九佳"：迷狂状态。

创作心态"十佳"："顶峰经验"。

我们就是通过这些范畴，好像透过一个个"眼"，好比踏着一个又一个绿洲，去透视创作心理的奥秘和活动机制、运行规律；去走进创作心理之"湖"，看它怎样掀起创作的涟漪、艺术的浪涛；也好比走进一条又一条通道，进入意识的与创作的绿色丛林，去踏访创作心理绿色大丛林中的风光。

理论的命题和范畴，常常开辟出研究的天地，引导探索的深入，并构筑理论体系的框架。我们愿凭借这些命题与范畴，走进创作心理的天地，探索其中的奥秘。

（原载《社会科学辑刊》1988年第1期）

# 论创作心理的特征并非"模糊性"与"直捷性"

一个时兴的理论观点在文学理论界和美学界流传，即所谓创作心理的第一个特征是它的模糊性与直捷性。下面这样的论述是比较有代表性的。

创作过程中心理状态的第一个特点，便是文学艺术家对于自己描写对象在概念上和知解上的"模糊性"。

（鲁枢元：《论创作心境》，载《上海文学》1983年第5期）

文艺创作过程中的形象思维当然也要经过一个由感性到理性、由现象到本质的认识过程；但是，一般说来它并不需要经过一个由现象到抽象、由概念到形象的心理活动过程。形象思维有自己的心理操作程式。这种特殊的心理活动常常体现为文艺家直接从社会生活现象中观察、感受、把握到真理的那种能力。

（鲁枢元：《反映论与创作心理》，载《上海文学》1984年第6期）

在《论创作心境》中，还特别指出过，作家、艺术家那种"貌似模糊的认识，却像一支飙发凌厉的金箭，具有强劲迅捷的穿透力，它可以带领作家看似轻易地步入真理的境界，把握住社会生活的本质"。

所有这些论述，是否正确呢？我们不妨来探讨一下。①

一

首先，这里所说的创作心理的第一个特征是模糊性的说法，其逻辑论证不仅不充足，而且有些地方不合逻辑。比如《论创作心境》中所举曹禺写《雷雨》时的心境，是对于"要匡正、讽刺或攻击什么""并没有明显的认识"，激起他创作兴趣的是"一个模糊的影像"和"复杂而不可言喻的情绪"。这些只说明作家对自己的创作立意和创作情绪不够明确，但却不能证明他是对"自己描写的对象"，在"概念上和知解上"也是模糊的，尤其难于证明这模糊性是第一个特点。存在的东西并不等于主要的特征。又如王蒙说他写《夜的眼》时，是"感觉和感受先行"，但"这个感受是什么？讲不太清楚，有点朦胧"。这里说的是感觉与感受的先行，这与对描写对象的模糊与否是无关的；接着说的是感受与感觉，"不太清楚""有点朦胧"，"不太"与"有点"的量度与强度同构成事物的"第一个特点"的量度与强度是差别很大的，甚至是质的差别。第三个例证是韩少功谈他写《西望茅草地》时的心境。他说，"我希望动笔之前搞清楚张种田的主要精神特质以及产生这种特质的原因"，但是"我说不清楚"。这里说的是"动笔之前"说不清楚，但是，

① 鲁枢元同志近年来发表了一系列关于创作心理的研究文章，对这项在我国文艺理论界还是比较新的课题的研究工作，作出了可喜的成绩。他的论文中有许多可取的见解。但是，也有些观点，一时还不能令人信服，感到尚有可讨论处。这里，我就两个问题发表自己的意见，与鲁枢元同志讨论。

动笔之后和动笔的过程中如何呢？他却没有说，这也不足以证明创作心理的模糊性。总之，这些例证在逻辑上是以少数孤立的而非整体系统的事实，以与主题并不必然相通和在概念上具有整体与局部的包容与被包容关系的非确切前提，证明了十分确定的总体结论。但这个证明本身是模糊的，论证是不充分的。

文章紧接着论述这个不大站得住脚的模糊性第一大特征产生的原因。首先指出的是，文学艺术表现的对象——社会生活和人的内心世界，"都不会像数学公式那样清晰划一，倒更像一些边缘不清、复杂多变的模糊集合"。这里论证创作心理与数学公式的清晰度不相同，这其实是无需申明的，因为文学艺术创作同数学公式完全是两回事，谁要求过作家艺术的创作心理的活动像数学公式那样清晰划一呢？至于所谓"边缘不清、复杂多变的模糊集合体"，其状貌也是模糊的，并不能清晰地说明创作心理的模糊性究竟是什么样的。作者由此得出的结论则是：由于上述的原因，所以文学相应地"也就带上了某种程度的'模糊性'"，"比起思维过程中的概念来总是较为模糊的"。这里，说的又是带上某种程度的模糊性（这一点是存在的，是可以承认的）。但这种仅仅在某种程度上带上的模糊性，同以模糊性为"第一特点"又是相矛盾的。至于比起思维中的概念来较为模糊，也是可以理解的，但其量度与强度，也同样构不成创作心理的第一个特点是模糊性。而且形象思维本来就与"思维中的概念"是两种性质，不能说比"思维中的概念"较为模糊（其实两者的差别绝不是一个清晰、一个较模糊）就证明了模糊性是第一个特点。这在逻辑上，又是在高层次的总体概括（"创作心理的第一特点是作家、艺术家对于自己描写对象在概念上和知解上的'模糊性'"）之下，得出的却是局部的、少数的、偶然的、非恒定和非命题范畴之内的小结论。逆反推理则是：少量的、低强度的及非命题范畴内的前提，却得出了大量的、高强度和命题内的总体概括。

可见，作者并未对他的论点作出合乎逻辑的论证，未使它建立在牢实的基础上。

## 二

现在，我们再来实际探讨一下创作心理的活动机制。

创作过程是一个分阶段的心理活动体系。大体分之，可为三个阶段：准备阶段、酝酿阶段和写作阶段，也可称作受胎阶段、创作构思阶段和创作实现阶段。从创作主体与客观世界（描绘对象）的关系来说，第一阶段是主观世界（作家、艺术家的思想、感情与心理）把客观世界进行同化、内化的阶段；第二阶段是进一步同化、内化，即主体对客体进行加工的阶段；第三阶段则是同化、内化过程结束，孕育过程结束，即成熟的"婴儿"诞生、成熟的思想感情、心理外射的阶段，成熟的人物形象、故事情节、主题思想表达出来的阶段。

可以想见，这三个阶段的心理活动状况是不同的。无可否认，三阶段中的心理活动都存在一定的模糊性，而不会像数学公式那么清晰，但就整体而言，是由模糊向清晰发展而逐渐改变模糊性的过程，是使模糊性与清晰性统一的过程。我们现在分几个阶段来探讨创作心理的活动状况，看它是不是以模糊性为第一个特征。

在准备和酝酿阶段，作家、艺术家先是通过观察生活或阅读资料，访问有关人员、地方等途径，来收集、积累资料；有的作家的这个过程的前一阶段，实际上就是他的"自在"生活本身。如曹雪芹之于《红楼梦》、歌德之于《少年维特之烦恼》等。但不论何种情况，在这个过程中，创作主体既要通过感觉、知觉、记忆等心理活动过程，积累大量的表象、信息和审美意象，又会通过选择、分析、思考、推理、判断，对所掌握的素材进行初步加工，使客观世界内化，在心理上把外在刺激与自己原有的心理格局同化。两者是一个完整的心理活动过程，也是一个完整的认识过程。在这方面、这时候，作家、艺术家与一般人、与科学家的心理和个人认识活动过程具有共同性的一方面；同时有其独特性的一面，即在这个过程中，始终活跃着表象活动。无论人物的活动、事件的过程、环境的状态，都保留着，特别是注意到它的形象、动态与外在形式，而不予抛弃。但是，分析、抽象、推理、判断这些认知活动，也是同样存在着、活动着的，否则便不可能内化和同化。

在下一阶段即酝酿阶段，内容大致和前一阶段相似，但不同的是，主要的目的已经是创作构思，所想的是主题、结构、人物的性格特征与社会本质及相互关系、情节的发展线索等。因此，各类表象活动的心理过程加强了，对素材进行理性加工、以达到真理的境界的认知活动也加强了。这样，作家、艺术家在准备和酝酿过程中，就不是对于描绘对象停止在、满足于概念和理解上的模糊性了。相反，倒是对于描写对象，经过努力思考、分析、推敲，使之从模糊到清晰、从肤浅到深刻、从简单到复杂、从个别到一般、从低级到高级的过程。所谓创作准备，所谓创作酝酿，有时是长达几年甚至十几年、几十年的时间，要做的正是这些工作。许多世界文学大师，在他们对于自己的名著杰作的写作过程和经验的记述中，都明确、深刻地阐明过这个心理活动和认知相结合的过程，并且强调了在认识上、概念上、知解上达到明确性的必要性和重要性。果戈理谈到自己的创作时，曾多次明确地写到如何深思熟虑和所要达到的"切实而根本地探索社会"的目的。他说："一个艺术家只能够描画他感觉到了的，在他头脑里已经形成了**充分的概念的东西**；否则的话，画将是死的，学院式的画。"①（黑体是引者所加）这里，果戈理强调的正是在头脑里形成充分的概念这一点。冈察洛夫自称为"不自觉创作的"人，他甚至说奥勃洛摩夫这个杰出的文学形象是他同批评家别林斯基共同创造的。但是，就是他，仍然说："我的心中始终存在着一个形象，同时还有一个**基本的主题**，就是它引导我前进"。（黑体是引者所加）他还说："我要做的只是观察和思考而已。"②这里，很明显并非模糊性与直捷性在起关键作用，成为创作的特征，而是相反。

还可以举出巴尔扎克、托尔斯泰、屠格涅夫、罗曼·罗兰这些大师，他们的巨著的诞生，也都是经过了长期的准备和酝酿的，在这个过程中，他们思考、推敲、推理、判断，活跃着的形象思维与逻辑思维的分别的、交叉的和融会的积极活动。在这里，简直可以说是尽量排除模糊性与直捷性的存在。巴尔扎克力求在《人间喜剧》中，全面地写出"一部社会历史""一部人类心灵的历史"。他说："《人间喜剧》这个基本意思，在我的脑海里，最初像一个美梦，像一种不能实现的计划，我对它反复思量，又让它飘然远引；又像一个幻想，它微笑着，露出一张女性的脸庞，但马上又展翼振翅，飞回奇幻的太空。可是这个幻想也如许多幻想一样，却化为现实，它发号施令，它有束缚力量，非听从它不

① 段宝林：《西方古典作家谈文艺创作》，春风文艺出版社，1980，第404页。
② 《迟做总比不做好》，转摘自《外国理论家、作家论形象思维》，中国社会科学出版社，1979，第108页。

可."① （黑体是引者所加）巴尔扎克在这里所叙述的他的创作心理的活动，正是反复思量去捕捉那个时而像梦一样飘然远引、时而像鸟一样展翼振翅飞去的基本思想、整体计划，使模糊化为现实。托尔斯泰的《战争与和平》，从准备到写作花了六年时间，其间，他不断地深化对于历史、人物、事件，对于主题思想的理解与认识，最后得出"写人民的历史"的总体认识与立意，同时，也不断明确了整体结构、人物性格及他们之间的关系与他们的思想的历史内涵。《安娜·卡列尼娜》构思三年、写作三年，才达到了他反映俄国1861年改革后社会情况的目的。罗曼·罗兰的《约翰·克利斯朵夫》的酝酿过程，也同样如此。他从要写"一个受难的艺术家"的动机开始，发展到以德、法两国为背景来批判欧洲资产阶级社会的黑暗现实和描绘欧洲资产阶级思想文化衰败的宏伟深刻的主题。

　　所有上述的情况，都说明这些大师们在创作的准备和酝酿阶段，所进行的正是对于描写对象在概念上和知解上的明确化，他们苦苦地思索，长时间地酝酿，直到形成一个总体上的明确概念和对其本质的在理性上的掌握。而且，一旦达到这个目的，这种概念上和知解上的明确理解与意念，便成为创作时的基本思想、总体立意、贯穿主旨，他们以此来构思作品的结构、对素材的取舍与加工、对人物性格的掌握与刻画。可见，在这里，正是对描写对象在概念和知解上的模糊性的克服，而不是对于模糊性的满足，是依靠这种克服所取得的成果去获得创作的成功，而不是相反。

三

　　那么，在写作过程这个创作的第三阶段，创作心理的活动状况又如何呢？是否模糊性与直捷性在起重要作用呢？的确，在写作阶段，创作主体的心理活动过程同前两个阶段大不相同，主要活跃着的是形象思维，是具体的、生动的人物、情节、场景的活动，是充满表象的记忆、想象、虚构的心理活动。但是，是否就排除了分析、思考、推理判断等认知的、理性的活动了呢？是否就"不需要经过一个由现象到抽象、由

---

① 巴尔扎克：《人间喜剧》前言，载《文艺理论译丛》第二辑，转引自《外国名作家创作经验谈》，浙江人民出版社，1981，第12页。

概念到形象的心理活动过程"了呢？也不是的。一般地说，创作过程不是短暂的一瞬，有的也长至一二年、数年，甚至十几年，普通的也是数日、数月至一年许。在这样的时间区段中，数年、数十年的当然不必说，就是数日、数月的时间中，作家、艺术家在创作时，尤其是创作间歇期，也是要进行着理性分析、认知活动的。所不同的只是在这个阶段，一般地说，这种理性的心理活动过程居于次要地位，是作为次要因素嵌入创作心理活动过程之中的。而且，作为创作第三阶段的写作阶段，是前两个阶段的继续，是前两个阶段一切准备、酝酿、计划的实现，两者是不能割裂开来的。即使说在写作阶段有一种模糊性存在，是直捷地达到真理境界，把握社会本质，那么，它也是作为"前因"之"后果"出现的，是在已经达到的对对象的明确认识、定型把握基础上的"模糊"，尤其是在这个基础上的"直捷"。——那么，这种"直捷"就是水到渠成的一种表现，而并非越过了认知阶段的"穿透"。

还要特别指出，作家、艺术家在创作过程中，对于描绘对象，如人物的形象、性格、思想及环境的状态、自然的风物等，进行描述、表现时，是不断地进行理性的分析的，是"寓评于叙"的；有时，对于文学家来说，还直接地进行评述、议论。前一种是"常态"，在形象的描述中蕴含着理性的分析、判断；后者是特殊情况，在局部来说是基本上属于理性的议论。仅仅想一想《战争与和平》《约翰·克利斯朵夫》的人物与事件描写，就可以想见这两种创作状况。而在这两种创作状况中，创作主体的心理活动，是既有基本的表象活动，又渗透、融会着逻辑思维活动的，这后一种心理活动（分析、推理、判断）都受到作家、艺术家对于描绘对象的概念上和知解上明确认识的指导。

在文学作品中，对人物思想的表述，包括其观点、见解、对事物的分析，总之，他的逻辑思维活动，要（而且经常）进行；人物之间的对话，特别是争辩、讨论，也常常做理性的申述。这些都是作品中的人物的思想行为。然而，实质上不都是作家的创造吗？不都是创作主体在概念上和知解上的具体表现吗？而且当作家写出这些时，必然是进行着理性的分析、推理、判断等心理活动的，而不会是直捷地完成的。

一个作家对自己的作品，在理论上、在科学论述的意义上是要匡正、讽刺、攻击什么，的确，有时不是很清楚的，是模糊的，不能或没有去做科学的、准确的、抽象的概述；然而这一点，在创作上是属自觉目的的范围，它却不是创作心理的必备内涵。但是，他在心目中，在心理上，赞颂或同情什么，反对什么倾向，批判什么倾向，谁是正面的人物，他的主要的品质与特点是什么，谁是反面角色，他的主要品质和特征是什么，作家却都是清清楚楚、明明白白的。而这些，则是创作时必须考虑的，因而是创作心理的必备内涵。事实上，曹禺对于《雷雨》中的每一个人物，尤其是周朴园、繁漪这些主要人物的性格、思想、感情的认识和了解，对他们在社会本质上代表什么势力，是多么清晰、多么深刻。就在他的剧本中，每个人物出场前的那一段介绍，简直就是人物性格的论述、评析，那是认知性的、论理的。而这些难道不都是对描绘对象在概念上和知解上明确、清晰的表现吗？当然，他并没有也不能、不必用抽象的、理论的语言来表达整个作品，因为他是在写戏。作家在一种模糊影像或在一种情绪的冲击之下欣然命笔，这种情形是有的（但不是经常的，更非必然的，因此不是规律性的），但是，当他既然提起笔，展开纸，并且写下文字之后，在这个创作的过程中，他却是会要逐步明确起来、清晰起来，清醒地来进行工作的，至少也会在下笔如泉涌，信笔写下后，再来加工整理；否则，模糊的情绪是无法变成清晰的、具象化的作品的。

四

鲁枢元同志在他的文章中，从理论上阐述、论证了文艺创作这种模糊性和直捷性的客观依据。他指出模糊现象和模糊概念是普遍存在的。他举出了"模糊数学"与"模糊语言"。他列举了大脑对于事物的识别、判断在很多情况下是一种"模糊运算模式"[1]等。这些都是事实。但是，这些事实说明了什么呢？第一，既然我们承认模糊性认识是认识的普遍现象和方式，自然科学和社会科学认识、反映客观都是如此，不独文艺为然，因此，它就不是艺术创作心理独有的特征了。第二，因此，模糊认识只是一个过渡阶段，它需要前进，或者向科学的、理性的、抽象的认识明确化、清晰化，或者向艺术的方向明确化、清晰化。而在这个过程中，无论是科学还是艺术，都是要进行一系列的认识活

---

① 鲁枢元：《关于创作心理研究的再思考》，《文艺报》1984年第7期。

动、心理活动的，是不可能直捷地达到真理的彼岸的。

鲁枢元同志还列举和论证了艺术认识为什么会是以模糊性为特征的原因。他说：第一，文学艺术所要表现的对象，"是具体的社会生活和丰富的人的内心世界"，而这些都是"更像一些边缘不清、复杂多变的模糊集合，其中有些东西是只可意会而难以言传的"。所以"文学要相应地表现这样的对象，自然也就带上了某种程度的'模糊性'"①。在这段话里，除了前面所指出的论证逻辑上的问题之外，还有一些逻辑上的混乱。第一，社会生活与人的内心世界，不仅是文艺，也是科学认识和反映的对象，它作为"模糊的集合"应该是一视同仁的，并不仅仅以对艺术为然。第二，对于这种模糊对象，科学固然要经过加工，达到对真理的认识；艺术也负有同样的任务，具有同样的性质，所不同的只是加工的机制和表达的手段不同而已。第三，他的结论是文学"相应地表现这样的对象"时，不得不带上某种模糊性。这里，问题的性质又不是在创作时对于描绘对象在概念和知解上的模糊性，而是表现在结果（作品）上的模糊性了，即不是生产过程中的模糊性而是产品实现上的模糊性了。而如果作品是带着"模糊性"的，那么，就否定了直捷地达到了真理境界，把握社会本质的结论了。而说是"只可意会而难以言传"，那么，就更进一步否定了用语言来表达这种模糊性的可能性，这就无所谓文学创作了。

鲁枢元同志在文中还指出，由于文学表现内容的形式"是浸透了作家主观情绪的艺术形象"，而"从心理学看来，知觉中的表象、记忆中的表象，以及审美过程中的意象，比起思维过程中的概念来总是较为模糊的"。这段话中，也同样有一些界说模糊因而不利于理论阐释的地方。第一，说两个"表象"和一个"意象"比起思维过程中的概念来总是较为模糊，这是对的；但是，难道文学创作的过程就停步于"思维"的门外而满足于概念的模糊吗？这是不符合创作的思想、心理活动实际的。第二，难道在知觉表象、记忆表象中，特别是审美过程的意象中，思维也都是被排除在外，或不存在的吗？这又是不符合心理学的原理和心理活动实际的。第三，如果说审美过程中的活动，在概念上、知解上不如理论认识、科学认识（不能说是"思维过程"）用抽象的、理性

---

① 鲁枢元：《论创作心境》，《上海文学》1983年第5期。

的、科学的词语来表述那么明晰清楚，而是带着活生生的、具体的形象，那么，在表述上确实是不如理论语言那么简洁明晰，而不免模糊；但这本来就不是艺术的任务，它的特征本身决定了它并不需要这种明确，如果这样它便成为理论的、科学的著作或概念化的作品了。至于在形象性方面，包括形象的外在形式和社会的、历史的内涵和本质，作家、艺术家倒确确实实是明晰清楚，毫不模糊的。否则，作家、艺术家就不可能写出思想形象明晰清楚的作品，创造出性格鲜明、体现了时代历史内容的典型人物来。

五

鲁枢元同志强调，从模糊性认识直捷地、飙发凌厉地穿透社会生活的实质，达到真理的境界。他认为，这是"基于文学艺术家在其深层情绪结构中表现出的那种高级的感觉能力"[1]。

我们不能否认，作家有时凭一种感觉、一种情绪，去开始他的创作，并且能够获得成功。但是，这种"感觉"，不是"原始的"、单纯的、纯个体的感觉，它有着几个重要的内涵。首先是民族的、时代的、个人的历史文化积淀，决定了他的感觉水平，其中以感觉形态蕴含着知解、理性、理论的内容。其次，是基于作家的天然禀赋，而以感觉能力表现出来的创作才能，即别林斯基所说的"直接创作的自然力量"。最后，作家的创作经验、技巧，也可以作为感觉能力的底蕴，表现为感觉——创作的实现。但是，这里特别要注意的是，这三种情形的任何一种和三种的综合形态，虽然都以感觉能力的形态出现，但其中都蕴含着知解、理性、理论等认识内容，因此并非单纯的感觉。这些内容的存在和作用，便是那种看似"直捷性"的具体内涵，其中活跃着理性的、认识的潜在的心理活动过程。我们需要研究和揭示的是这种潜在的底蕴和心理活动机制，而不是用一种歌颂赞美性的词句来掩盖了它的内容。这反而不利于研究探讨工作的进行。

这里我们还要特别指出，别林斯基对于作家"直接创作的自然力量"，是抱有保留态度的。他告诫作家除了依靠这种力量之外，"还要求博学，植基于对现代世界里向前疾驰的精神生活的始终不懈的追求的智

———————————

[1] 鲁枢元：《论创作心境》，《上海文学》1983年第5期。

性发展"。他告诉人们要注意莎士比亚"创作理性所赋予他的幻想形象的价值和意义"。他的结论是："概念、内容、创作理性——这便是衡量伟大的艺术家的尺度。"①别林斯基在这里强调的不是作家的艺术本能、艺术魔力，而是创作理性，这是值得我们深思的。

鲁枢元同志赋予作家的"高级感觉能力"好似一种神奇的认识力量。然而，这种"高级感觉能力"究竟是什么？它绝不可能只是一种感觉。艺术创作中的感觉活动，最主要、最基本、最核心的心理活动就是想象。而想象，正如同康德所指出的："想象力是一个创造性的认识功能"，"在美术里，想象是否比判断更重要呢？有想象，艺术只能算是有'才'；有了判断，艺术才能说得上是'美'。"②歌德更把想象视为人的精神本质里的四个主要功能之一，而它的作用在于："它以记忆的方式去补助感觉；它以经验的方式为理解提供世界观；它为理性观念塑造或发明了形象，……想象为它的三个姊妹功能这样效劳，同时也被它的那些亲戚引进了真理和真实的领域。感觉给它以刻画清楚的、确定的形象；理解对它的创造力加以节制；理性使它获得完全保障，在思想观念上立下基础而不致成为梦境幻象的游戏。"③这两位经典哲学家和美学家的话是很深刻的。单凭一种感觉，不管多么高级，都不可能达到认知的目的，达到真理的彼岸，把握社会的本质。而且，事实上，这些心理活动是一种整体性的活动过程和系列，它们在一个共同的活动机制的"肌体"里有机地、分工协同地活动着，解决人类的认知活动和目的。作家、艺术家在创作时的心理活动机制，就是如此。感觉和知觉的表象、记忆中的表象、审美活动中的意象，都是组成想象的素材，在感觉、理解、分析、推理的心理活动过程中，去建构艺术的产品和人物的形象。在这里，是不可能从感觉（不管多么高级）就直捷地达到真理的境界的。这里横亘着一个不可逾越和回避的认知的和心理活动的过程。忽略和否认这个过程，就不免使创作心理神秘化，使创作也成为一种神秘性的活动，而无规律可循了。

---

① 王元化：《王元化文学评论选》，湖南人民出版社，1983，第64页。

② 康德：《判断力批判》，转引自《外国理论家、作家论形象思维》，中国社会科学出版社，1979，第33页。

③ 康德：《判断力批判》，转引自《外国理论家、作家论形象思维》，中国社会科学出版社，1979，第34页。

艺术创作在心理活动上的特征，不在于越过这个过程，而在于在这整个心理活动过程中，始终不抛弃、不削弱表象的活动，无论人物、事件、场景，其组合、调整、改造、虚构都是充满着形象的活动的。"想象在其本质上也是对于世界的思维，但它主要是用形象来思维，是'艺术的'思维……"①高尔基的这段表述，可以概括艺术创作心理过程的真正特征之所在。

## 六

当然，我们并不否认作家、艺术家创作心理上的一定程度的模糊性。但是，首先需要明确，模糊性，这是人类认识、反映世界和在这种实践进行过程中的心理活动的共性；而且，它与精确性同生共存，此消彼长。人类并不能穷尽他们的认识对象的全部本质与内涵，其中总是存在未知数和模糊性；不过模糊性与精确性处在一个互变互换的动变过程中，要说模糊性是对反映对象在认知和概念上的第一个特征，那倒是一个共性，而不是文学艺术创作心理所单独拥有的特征。不过，创作心理的模糊性又有它的特点。

其次，我们更需要明确，这种模糊性，是一种认识的、反映的和心理活动的现象，仅仅描述这种现象的状貌是不够的；把它当作本质特征，更是错误的。那么，这种现象的本质是什么呢？它就是客观的事物和世界，是生活本身及其表现的多维和多层次性、丰富性、多义性、偶然性、蕴藉性；同时，也是对象的无限丰富性和我们认识能力的有限性之间的矛盾的反映。正是这两方面的原因，决定了在对对象的认识和反映中，在创作心理对对象的认知和概念上的一定程度的模糊性。作家、艺术家在心理活动上，以形象和想象，力图全盘地、如实地、具体地、生动地即原样地再现和表现客观世界、社会生活，就必然会不像进行抽象反映的科学认知那样，对对象进行了排除、舍弃其次要的、不需要的、活生生的原状原貌的"素材"的抽象制作功夫，而是保留了客观世界和社会生活自在自生、必然存在的形外之象、言外之意、弦外之音、题外之旨。这就决定了创作心理和在这种创作心理活动下产生的文艺作品的"命中注定"的模糊性。但是，这种模糊性只是在一定程度上存

---

① 高尔基：《我怎样学习写作》生活·读书·新知三联书店，1951，第7页。

在，并不构成创作心理的第一个特征。而且，作家总是在竭力追求这种模糊性的清晰化，他们能够不断前进，有所收获，有所改进，但是，又总是不能最终地、完全地达到目的。因为正如前面所述，对象的丰富性、深刻性是无限的，是人的认知能力所不可穷及的。但是，作家、艺术家总是在这种追求精确与清晰的过程中进行创作的。因此，与其说创作心理的特征是其对描绘对象在认知与概念上的模糊性，不如说是由这种模糊性向清晰性、精确性不断流变、转化的过程。在前述创作心理发展的三个阶段中，这种过程是不断向前发展的。

然而，我们这里说的还只是作家、艺术家在创作心理的总体上一定程度的模糊性及其性质。至于在作家、艺术家进行反映的过程中，即实际创作（即写作）过程中，在心理活动上，也是存在着一定的模糊性的。没有一个作家、艺术家在创作时，无论他的构思如何清晰、明确、具体、细致，在创作心理上，不是存在一定的模糊性的。但这不是对描绘对象在认知和概念上的模糊性，而是更多地表现在对对象的形象、状貌、发展路径和具体行动规程、趋向等方面，存在一定的模糊性。正是这种模糊性，给予作家、艺术家在创作时发挥想象、幻想作用，产生和发挥灵感的作用。在这里，偶发性和灵感起着很大的作用；而客观事物、人物性格和生活自身逻辑的发展规律，也在发挥着它们的主动性。但同时必须看到，无论是作家、艺术家的灵感、想象发挥作用，还是客观的一切发挥它们的主动性，其作用与意义，也正是由模糊性向精确性、清晰性发展，是填补欠缺和"漏洞"，是解决模糊性的"作梗"。这里，阻力变成了动力，缺陷得到补充，模糊性起到了积极的作用。

但是，很明显地，在这里，模糊性仍是非固定的、流变着并且改变着自身性质的过程，而不是凝固的、恒定的本质特征。

当然，我们还可以指出创作中的其他模糊性的存在。比如，创作构思和主题思想上的模糊性，对人物形象的本质及其社会意义的认识上的模糊性，等等。但是，这种模糊性是在整体上基本明确的前提下才存在的。同时，某种程度上的模糊性，可以给作品留下暗示性、象征性、隐喻性，这是含蓄和蕴藉，能够给读者以审美的充足活动余地。但是，这种模糊性是有界限的、有量度的，而且它要具有引导欣赏者按一定方向去想象、进行再创造的"定式"。这又是一定程度的明确性。这也就说明这种模糊性是与明确性结合着的，处于辩证统一的状态中。显然，这不是作为事物的第一个特征的状态。

文学作品的语言，也显然往往是模糊的，无论描述高矮、长短、胖瘦，也无论是描绘事物、自然景况、量词、状词、形容状貌景象，都是用的模糊语言，如"高高的""三五里""绿茵茵""响声很大"等。但这种模糊，不是作家不能用精确数字（如几尺几寸、几里、多少）来说明，而是因为如果这么精确，文学作品就不成其为艺术，读来味同嚼蜡了。另外，作家有时是明确地、有意地采用模糊语言来叙事状物、评人议事的；有时，又用语表精确、语里模糊的方式来表述。如"白发三千丈""千里莺啼绿映红"，"三千"与"千里"都明确，但实际长度却是夸张的模糊。这里，模糊语言是一种修辞与表达手段。而这种模糊也是为作家的精确表述艺术意图服务的。它仍然不能够成为对描绘对象在知解与概念上的模糊性特征。

最后，必须指出，理论的目的性总是在探寻出规律，来说明、解释对象和实践，并指导实践。如果只是提出并论证了作家、艺术家的创作心理的特征是模糊性和直捷性，那对于文学艺术创作（作品）和创作实践，具有什么作用和意义呢？

那无非是证明了：创作是靠心理上对描绘对象在概念上和知解上的模糊性取得成功的，是从感觉直捷地达到真理彼岸的。

那是不是意味着：你要创作获得成功吗？你就莫使自己对描写对象在概念和知解上明确起来，保持模糊吧，这是特征，它能使你成功！不过，如果作家、艺术家对自己描写的对象已经在概念上和知解上并不模糊而是清晰的呢？那该怎么办？是不是要使它再搞模糊？否则，不就违背了模糊性这个第一特征而遭到失败吗？既然，反映客观世界的真理、生活的真实，是靠感觉的直接穿透能力，那么，还要不要思考、推敲、琢磨，要不要理论与知识？等待"直捷性"穿透力出现吧，如果没有，那是你无能，活该失败。……这样，我们对创作心理的研究，究竟还有什么意义和作用呢？

创作心理活动的规律，从这里走向模糊状态了。自觉性的活动，成为自发性的活动了。科学在这里无能为力，也没有活动的余地。真正是靠灵感，靠自发性，靠天才的恩赐了。

（原载《社会科学辑刊》1986年第4期）

# 创作心理的形成及其结构与活动规律[①]

　　创作心理，这个自有艺术创作以来就存在的客观现象，长期以来被我们忽视。在向来的关于艺术规律的探讨中，我们一直忽视作为创作主体的作家、艺术家自身情感的、理智的、思想的与心理的活动规律。这就使研究与探寻是跛足的。而缺乏对创作主体、审美个体的内心的、微观的测试、剖析和总活动规律的探寻，总不免有隔靴搔痒的缺憾，总不免由于遗落了另一方面的研讨而使整个理论体系产生缺陷，从而使宏观的、社会的、客体的"外部规律"的研究也不可能达到完全的、深入的和科学化的结果。开展创作心理的研究，就是要研究作家、艺术家的心理，研究他们在创作实践中如何发挥主观能动作用，这就会使创作规律的研究向科学化、完整化发展，其特点是向创作主体的内省经验和微观规律方面深化。这在整个文艺美学的发展和建设上，都是具有重要作用和意义的。

## （一）创作心理的形成及其双层次三阶段结构

　　黑格尔说艺术作品是"心灵产生出来的"，勃兰兑斯则说文学就是心理学，一部文学史就是心理发展史（这是他的巨著《十九世纪文学主流》的中心思想之一），他们都正确地指出了创作主体的心灵的、心理的能动作用，虽然不免失之偏颇。我们今天研究创作心理，就要一面肯定作家、艺术家心灵的作用即能动的作用，看到创作的心理根源，并探寻其活动规律；同时，要肯定这种心理活动和心灵能动作用的非超时空性，而论证其物质的、社会的、客观的基础，并阐明两者之间的辩证关系。因此，如果只提出若干创作心理的"性"，便仍然是对创作心理的客观性状的概括性描述、定性式描摹，那就只说明了"是什么样的"，

---

① 　原载《辽宁大学学报（哲学社会科学版）》1987年第2期。

而未具体描述、论证"为什么会是这样"和"它是如何活动的"。这里，就需要从发生学的角度，从史的发展上，来探寻与构建社会与心理的、客观与主观的辩证发展的路径了。

创作心理有一个发生与形成的过程，在这个过程中的每个阶段各有其特征，成型后又有其分部结构和总体性质。这些需要作分别的研究和描述，需要有明确的概念和对活动规律的清晰的描摹。因此，对这种复杂的、流变的过程和结构，不能只作笼统的概述，避免以偏概全或以全蔽偏。

创作心理是在历史的、民族的、文化的积淀的"土壤"上生长起来的意识之花。这些历史遗产从一开始便决定着人们的创作心理活动的素质和水平。同时作用于和影响了这种心理的，还有时代的、社会的条件；对个体来说，还有具体环境的（地区性的）、阶级的、家族的、家庭的影响。我们只要回顾那些世界知名的作家、艺术家们的生平，便可以对这些论述找到充足而生动的实证。贝多芬、歌德、普希金、果戈理、托尔斯泰、高尔基、巴尔扎克、雨果、鲁迅、郭沫若、茅盾等，他们的生平就证实着他们的创作心理的成型与素质如何为他们所属的民族、历史、文化、时代所决定，又如何为他们个人的生活经历和独特的心之历程所赋予具体形态与特异色彩。作家、艺术家在这个基础上形成的特殊创作心理，作为一种思想基础、心理基础、创作个性、独特的创作才能，影响着、决定着他们的艺术心理与手法、特殊内涵与形态。这样，我们看到，作家艺术家的创作心理是一个唯物地、辩证地形成发展的过程，它们大体上经历着这样的有机地相联系、相延续而又交叉渗透的两个层次的三个阶段。

1. 第一层次的三个阶段

（1）创作心理形成期。在这个时期中，作家、艺术家由于自己独特的环境（包括具体的社会环境、周围的小环境、家庭等）和经历，也接受上述民族的、历史的、时代的营养和影响，形成既有共性更具个性的、带有独特色彩的一般心理。作为作家、艺术家，在这个创作心理形成的过程中，经历着自己最初的人生觉醒与艺术觉醒，他们在这方面的醒悟一般比其他类型的人来得早，觉醒度高，深沉、激越，带着鲜明的个性色彩。这种最初的人生觉醒与艺术觉醒，往往成为作家、艺术家的独特心理模式，决定了其今后对于人生经历、生活素材、艺术元素的喜好、筛选、择取的独特"口味",因此,也成为他们成长的和创作心理养成的特殊路径。

（2）创作心理成型期。历史的发展达到一个临界点,由朦胧到清晰,由不自觉、半自觉到自觉,由游动的、变化的到相对稳定的状态。这时,创作心理成型了。作家、艺术家的胚胎,在经历了若干年的酝酿与发展,有意的或无意的培养后,终于发芽滋长了。其心理活动已经不同于一般人,常常作形象的活动、艺术的思考,记忆的闸门常被冲开,往事带着故事情节与人物形象,活跃在脑子里和眼前。这些内心的活动、情感的波动,都是在一种特定的、已经成型的创作心理模式中激荡回旋着。于是,在客观的发展中,有时也有主体的自我发动和培育,进入创作心理发展的第三个阶段。

（3）创作心理活动期。这时候,思绪起伏、情绪激荡,作家、艺术家投身于创作活动之中了。这时的创作心理已经不是一种客观的、处于平缓发展的心理状态了,而是进入主观能动的、激发跳跃的活动状态了,甚至可以说不仅是一种状态,而且是一种实质性的实践运动了。这就是真正的创作期,也可叫写作的临战期。这个时期的心理活动特点将在下面详述。

在这里,必须说明,这三个发展阶段是相延续的、梯级式向上发展的;但阶段之分,只有相对的意义,只能做大体的划分,只能是就其主要内涵与特色来相区别,都不是绝对化的。它们之间存在着交叉渗透的现象。

在这三阶段的发展过程中,形象的活动和感情之波的涌动都是明显的特色;但是,理性的活动和逻辑思维也同时存在并发挥其不可少的重要的作用。可以说,作家、艺术家在这个过程中正是在追求明确的意念、清晰的图像和生动的形象,不断克服自己思绪上、理念上和心理上的模糊性。托尔斯泰酝酿和写作《战争与和平》,经过了长期的思索,最后才达到写"人民的历史"的明确思想,成为他创作心理的基本指导线索。罗曼·罗兰早在高师读书时就产生了写一部真正的受折磨的艺术家传记的梦想,而真正动笔创作,却经过了从"云遮雾障"到人物印象模糊,再进入能够铸造出色彩鲜明人物形象的漫长过程。在这悠长的岁月中,作家的创作心理在形成的过程中成型,他的作品的主题和人物形象也在酝酿中明晰和成熟起来。屠格涅夫写《父与子》及巴扎洛夫的形象、鲁迅创造阿Q的形象，都在酝酿过程中，经历了反复推敲的孕育过程。这里，都不存在模糊性和由感觉到真理的"直捷性"。因此，把它们作为创作心理的规律提出，是可以讨论的。

2. 第二层次的三个阶段

（1）酝酿、构思期。作品的腹稿正在酝酿中，审美情绪与意象汇集、高涨、迸发，对情节、故事、形象进行大幅度的、战略性的调整。

（2）要求表达的冲动即创作冲动期，有如作战，战略的和战役的计划都已拟就，兵力也已部署就绪；战壕已经挖好，工事已经全备，战斗的情绪动员已经完成了；摩拳擦掌，急切地要求投入战斗。创作欲望达到顶点，这欲望带着活跃着的形象，带着鲜明的意态和思绪，含着强烈的意欲表达的理念，形成难以遏制的冲动。

（3）于是，战斗打响，执笔写作了，进入创作的实践阶段，这是艺术表达期。这才进入我们平常所说的创作时期。事实上，这个临战期，经历了相当长的、内涵相当丰富的、也许是曲折的、令人欣喜又叫人苦恼的发展时期。这时，长期形成的、已经定型的创作心理，以俨然的战略主帅和战役指挥者的神态，登上指挥台，又投身于具体战争，在实践中发挥着它的巨大影响和决定性作用了。

为了明晰起见，表示如下。

第一层次：创作心理形成期（创作预备期）→创作心理成型期（前创作期）→创作心理活动期

第二层次：酝酿、构思期→创作冲动期→艺术表达期

当然，这样两个层次的三个发展阶段，一方面是有连接性、延续性的，是一种既互相传承又互相反馈的几个阶段，它们之间的界限不是绝对的，但是，另一方面，它们之间又是有原则性区别的，各有共性、延续性基础上的不同的本质特征，这才显出了阶段性。事实上它们各自的作用和心理活动状态也是不同的。这样，对它们的作用、意义、活动规律与特性，就不能笼统地作共性的表述，而必须对各阶段作分别的论述，并在肯定共性的基础上，着重申述、探索其特殊性。这是在理论上和研究方法上的区别对待与深入；否则，难免有以偏概全之弊，造成论述与理论上的偏颇和不明确性。

（二）艺术表达阶段的心理活动节律

在艺术表达阶段（写作阶段），作家、艺术家进行着怎样的心理活动？创作心理处于一种什么样的活动状态？

当作家、艺术家由创作冲动进入执笔写作的阶段时，他是带着激情奔进突袭的，如醉如痴、若迷若狂，如芒刺在身，若骨鲠在喉，他兴奋不已，心旌摇荡，全神贯注地进入创作的实践，有如战士奋身战斗于沙场上。有的作家、艺术家，沉浸在这种创作活动中，废寝忘食，有的笔走龙蛇，一气呵成；有的与作品中人同声哀乐，或为其生而乐，或为其死而悲；有的则既是作品中人物的创造者，又是人物既成性格发展的追随者；如此等等。这些都并非虚拟悬想的情状，而是历史记载着的或作家、艺术家自己记叙了的实际情况的概括。

这种创作状态中最突出的基本的心理机制和运动规律是什么呢？正如大家所知道的，是形象的运动。这时候作家把以往生活中接触到的，经过感觉、知觉阶段形成表象的素材，把从情绪到情感形成了感情的素质，从存储信息的记忆库里调动出来，通过联想、想象、虚构，通过形象思维和逻辑思维的交替和渗透，特别通过灵感的迸发，对已经酝酿成熟的故事、情节、人物典型形象进行选取、连接、改造、制作的工作，使情节与人物典型化，并把它们从内在到外在、从内心影像到物化形态，编织成完整的形态，表达出来。这个艺术表达的全过程的心理活动状况，就是以表象活动为特征的心理活动的矛盾运动过程。这是一个相对稳定而又变动不居的矛盾运动过程。在这个过程中，作家、艺术家以表象元素为中心，调动了全部心理元素的技能与效应。它可以表示为如图1所示（这可视为创作心理的第三层次，也是三个阶段）。

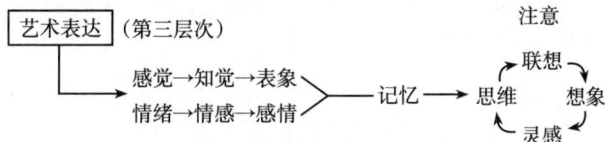

图1　创作心理的第三层次

在这个心理活动的整个流程中，表象运动始终处在活跃状态和居于中心环节。在全流程的每个环节上，都有表象的活跃的身影和积极的作用。这一点正是艺术创作不同于科学研究及其他掌握世界方式的基本特征。但在这个表象运动的全过程中，想象又居于最重要、最关键、最核心、最活跃的地位。这种想象是艺术表达时对心理活动机制的中心环节，艺术的"神奇"力量即在于此。黑格尔说："如果谈到本领，最杰出的艺术本领就是想象。"他更进一步指出，这种想象，不是"纯然被动的幻想"，"想象是创造性的"[①]。康德也指出："想象力是一个创造性的认识功能。"[②]高尔基也说："想象是创造形象的文学技巧的最重要方法之一。"[③]这些论述是对艺术创作实践的理论总结，概括了创作心理活动机制的基本特征。

在想象这个中心的心理活动环节中，幻想和虚构，又是它主要的手段、方式与方法。车尔尼雪夫斯基指出："诗情才能中的主要东西，是所谓创作幻想。"[④]苏联著名作家康·费定则指出："艺术家的幻想的任务就在于，紧紧跟随着形象的发展"[⑤]。这就是说，幻想是作家创作才能中的主要内容，是创作活动中主要的加工手段、心理活动的内涵，而幻想作为心理活动的方式，其特征是紧跟着形象的发展。幻想与虚构是不可分的。幻想是虚构的手段；虚构故事的情节、人物的活动和性格表现等，则是幻想的活动路径与归宿。

利鲍把创造性的想象分解为三种基本因素，即情绪的、无意识的和理智的。无意识因素即灵感，而理智的因素则包含分想与联想两个连续的过程。分想，是对于萌芽于知觉阶段的意识进行选择；而联想"则是一种思维的方式，它正确地被认为是在理智的领域中想象的本质"[④]。

在这个幻想的、虚构的想象活动中，感情是不可少的主要的和重要的动力，又是赋予作品以色彩和动人力量的源泉。但丁把这种感情因素比作艺术家的"心和物（即主体和客体——引者）之间经过喜悦而发生的新联系"[⑤]。别林斯基明确地论证："感情是诗情天性的最主要的动力

---

① 黑格尔：《美学》第1卷，商务印书馆，1979，第357页。

②③ 转引自金开诚：《文艺心理学论稿》，北京大学出版社，1981，第27页。

④⑤ 转引自米·赫拉普钦科：《作家的创作个性和文学的发展》，上海人民出版社，1977，第96、98页。

④ 以上均见李斯托威尔：《近代美学史评述》，上海译文出版社，1980，第83页。

② 但丁：《神曲·净界》第18篇，转引自《文艺心理学论稿》，北京大学出版社，1981，第102页。

之一；没有感情，就没有诗人，也没有诗歌。"①狄德罗认为，"根据情感和兴趣去描写，这就是诗人的才华。"他说："没有感情这个品质，任何笔调都不可能打动人心"②。感情，在创作心理的活动中是必不可少的"元素"、酵母、催化剂。常见那种苍白的、打不动人心的艺术品，虽然故事曲折、人物齐备、有生活素材、有人物命运的变幻，但缺乏或非真情，便失一而全败。

这种想象的活动，以心理活动中的记忆为依据和基础。记忆这个储存库里的素材与信息丰厚，作家才能为有米之炊。而作家、艺术家的记忆，在心理学上的记忆类型中，形象的记忆是主要的。在前述第一层次三阶段的前两阶段中，形象的记忆、记忆中的形象，是主要的库藏、主要的特征。有此源，有此根，才有后面的幻想、虚构的想象的洪流和大树。

注意③，是想象活动中的筛选机、加强剂，作为一种心理过程，它同感觉、知觉、记忆、想象、思维等一切心理过程相联系、相伴随，参与整个认识过程。情感、记忆、想象都通过"注意"这一心理过程发挥着重要的作用。他们多以有意注意（主动注意）的方式，怀着自觉的目的和意志的努力，进行心理活动，把记忆中的那些场面、形象、情节、风物等，进行筛选，把不要的舍弃，把需要的留下，把重要的加强——添枝加叶，加色加香，以注意之剪，裁芜选汰，以注意之笔，增添夸张，使一般的突出，使平淡的生辉。

灵感则是以想象为中心的心理活动中迸发出来的耀眼火花，它是量变过程中的质变，长期的思绪、情感、想象的酝酿积累过程中的爆发，它是创作心理领空的耀眼彗星、艺术创作活动领域中的瑰宝。但它是有规律地出现的，就像彗星有规律、有轨道地出现和运行一样，但它的这种活动不同一般，特异性、突发性、偶然性很大，这也正像彗星一样。灵感并不神秘，它有大小质量的差异，也像彗星之有质量不同一样。小灵感，在创作心理的活动流程中，是总会出现甚至经常出现的。这正是想象表现的一种特异形式。黑格尔说得好，"灵感就是这种活跃地进行构造形象的情况本身"，这就是说灵感就是想象活动的一种方式和结

③　转引自《文艺心理学论稿》，北京大学出版社，1981，第95页。

②　同③。

⑤　"注意"，在心理学上指对于刺激和环境变化的一种定向反射，是心理活动的指向和集中，具有对象的选择性和意识的集中性两个特点。

果。黑格尔还说，艺术家只要"从外来的材料中抓到真正有艺术意义的东西（'艺术意义'的主要含义就是形象性），那么，天才的灵感就会不招自来了"。因此，黑格尔在正面回答"灵感究竟是什么"的时候，明确地说："它不是别的，就是完全沉浸在主题里，不到把它表现为完满的艺术形象时决不肯罢休的那种情况。"[①]

在上述写作阶段的创作心理流程中，思维作为心理活动的内涵之一，发挥着什么作用？在这个具体的写作阶段，是否同创作心理的形成阶段不同，存在"艺术反映的直捷性"和"文学艺术家对于自己描写对象在概念上和知解上的'模糊性'"？我以为回答都是否定的。

心理学认为，思维是它以前的诸心理现象和过程发展的必然趋势，它同感觉等心理现象是处于辩证的关系中。"感觉为了思维才是有意义的感觉，思维有了感觉才是实在的思维。"[②]因此，某个历史条件下的某个时代一个具体人的感觉，包蕴着它以前文化发展史的共同成果。正是在这个意义上，马克思说："感觉在自己的实践中直接变成了理论家。"[③]另一方面，思维着的头脑和心理活动，又正是以前述心理文化水平上的感觉为素材、资料来进行思维的。一个是历史基础上的思维"武装"起来的感觉，一个是以这种反映着历史思维水平的感觉为加工对象的思维。两者之间是既有区别又有联系的，是彼此渗透、互相结合着的。它们之间既无不可逾越的鸿沟，又不是绝缘，而是一个完整心理过程的有机联系着的两个阶段。至于情感和注意，作为心理过程，带着思维的特征，更是很明显的。列宁说："没有'人的情感'就从来没有，也不可能有人对真理的追求。"[④]感情的动力与归宿带着对真理的追求，因而含着理性、思维的因素。注意，更是理智与思维的一种表现形式，筛选与强化之举，都与思维的概念判断分不开。这是从一个短暂的心理活动过程来说的。如果从整个创作过程的临战阶段（艺术表达阶段即执笔写作阶段）来看，更是如此。许多文学创作（及其他艺术创作）的过程是一个不短的时期，几十天、几个月，有的长达几年、十几年，而有的酝酿过程长达几十年。托尔斯泰的《战争与和平》《安娜·卡列尼

---

① 黑格尔：《美学》第1卷，商务印书馆，1979，第364-365页。

② 陈孝禅：《普通心理学》，湖南人民出版社，1983，第262页。

③ 马克思：《1844年经济学哲学手稿》，人民出版社，2000，第86页。

④ 彼得罗夫斯基主编《普通心理学》，人民教育出版社，1981，第410页。

娜》《复活》三部名著的写作阶段都是很长的，而且在这个写作时期，他深思熟虑，进行了紧张的、深入的、细密的思维，对主题、思想、理念、人物形象都进行了推敲，并且经过推敲而改变了原先的立意，使主题深化、典型人物的社会意义加强、反映的历史面貌更广阔与深刻。这里，进行了反复多次的思维——既有形象思维又有逻辑思维。一般地说，在这种持续相当长时间的写作过程中，工作的性质和思维的方式是交替出现、彼此渗透地进行着活动的。在这里，思维进行着非常有意义的工作，在整个心理活动过程中起着引起表象活动的质的变化与飞跃的作用。黑格尔说道："没有深思熟虑，人就不能把在他身心以内的东西搬到意识领域来，所以每一部伟大的艺术作品都使人感到其中材料是经过作者从各方面长久深刻衡量过的、熟思过的。轻浮的想象决不能产生有价值的作品。"[①]黑格尔还说："没有思考和分辨，艺术家就无法驾驭他所要表现的内容（意蕴）。认为真正的艺术家不知道自己在做什么，这是一个错误的想法。"[③]费定则说："幻想不应该使形象离开生活的逻辑，不应该把形象变为荒诞无稽的东西。幻想是不排斥逻辑的。"[④]我们在众多的作家、艺术家传记和有关他们的创作生活的记述中，都能看到他们如何在创作过程中思考、推理、判断，进行理论思维，不同的是，他们在思维过程中总是伴随着形象的飞动、表象的活动，而且总是同形象思维交替或互相渗透进行。因此，把艺术反映的特点概括为其"直捷性"，是"常常体现为文艺家直接从社会生活现象中观察、感受、把握到真理的那种能力"（鲁枢元：《反映论与创作心理》)。这是与写作心理实际状况不相符合的。同时，作家、艺术家对描写对象无论是在概念上还是在知解上，也是具有明确性的。只要看看巴尔扎克创作《人间喜剧》，托尔斯泰创作《战争与和平》、《安娜·卡列尼娜》和《复活》，屠格涅夫写《父与子》的情况，就能发现，他们对描写对象在概念上和知解上是何等明确！他们在酝酿过程中，所要着力追求的正是对结构、情节、形象、典型性格在概念和知解上的明确性。他们追求的正是勃兰兑斯所说的那种"作家追求自己倾向的典型性"的目标。这里，在达到

②③　黑格尔：《美学》第1卷，商务印书馆，1979，第358—359页。

④　米·赫拉普钦科：《作家的创作个性和文学的发展》，上海人民出版社，1977，第98页。

目的的过程中，正是要排除模糊性，也排除了直捷性。①

在写作阶段的这种创作心理活动，是充满矛盾的。这里活动着的矛盾是：创作心理充满表象活动的形象性与表象活动向思维发展的抽象、概括活动；创作时形象活动的弥漫感情因素与形象活动中向理性发展的趋向；创作心理所凝聚的历史文化积淀的共性和影响力与创作心理中突出存在的主体的独特性与"自我表现"的要求；等等。这里的矛盾，是客体与主体、共性与个性、感情与理性、历史与现实、形象与观念、抽象与具体、个性的排他性与凝聚性等之间的矛盾双方在作家、艺术家的头脑里斗争着，各自顽强地要表现自己，这种"自我表现力"对对方既具有排他性，意欲压倒甚至取代对方，但同时具有强大的刺激力和激发作用，使对方发扬自己的特性，在斗争中求生存、求发展，从而发展自身、压倒和取代对方。这就是相反相成的规律，矛盾推动事物发展的作用。这里进行着具体的、生动的、激烈的、活跃的矛盾斗争，构成了生动活泼的创作心理运动。在这种矛盾斗争和心理活动中，创作主体（作家、艺术家）总是偏心眼，偏向感情、形象、个性，此正是他们之所以为作家、艺术家，此正是其活动为艺术创作活动，这是一方面。另一方面，理性、概念、共性、思维，也不是被动保守的，它们既要与对方斗争，又要监督指导对方的活动，渗透、打入对方，影响对方，并且也确实帮助了对方。这就是现实矛盾运动中的相反相成、相辅相成。在这样纷繁复杂、丰富多样、生动活泼的矛盾运动中，作家、艺术家充分发挥了其主观能动性、创作心理的特征和才能，也充分发挥了各种心理活动机制，使它们个个发扬所长，贡献力量。在这里，是绝不存在什么从感觉直接进入理性、真理的飞跃的；在这里，也是不存在什么模糊性和直捷性的。

170

彭定安文集 19

---

① 在创作过程中，一定的模糊性是存在的，但不是凭着这种模糊性的特点而使艺术的创作获得成功，都是在创作计划、艺术构思等方面，自然会留下一定的模糊性，从而造成可塑性，让作家能够在此种意识、计划、思考的间隙中，发挥想象、灵感的作用，有时得到"神来之笔"，取得意外的成功。此问题较复杂，限于篇幅，此处略而不论。

# 创作心理中的普通心理[①]

——创作心理研究之一

人的心理过程，是一个有序的、有层次的运动、变化的发展过程。在这个过程中，人的各种心理机能发挥着它们各自独立的和互相关联的作用，而各种心理机能又是在身体各种器官发挥作用的基础上，才能发挥作用的。这里表现着心理在生理基础上的作用范围和作用力。但是，在这个作用力和作用范围的领域中，人的心理却能千变万化，成就其极为广阔、深刻、奥秘、精巧的"事业"，从而演化出人类的万千创造，其中包括文学艺术的创造。

感觉器官→接受外界刺激→脑神经作用→各种心理活动：认识、感情、意志。

这可以说是人的心理、意识活动的一个比较完整的生理-心理过程。在这个过程中，经历着极为复杂、极为多元、多维的迅疾而微妙、奇诡的生理-心理作用，这些作用的产生基因、活动机制和各方面的规律，我们现在还只能说懂得一些但却懂得不多，面前还有许多"黑箱"，我们今天的认识可能具有一部分或相当大的真理性，但肯定还很多非真理性的方面，有待于继续探求。可喜的是，我们现在已经有了自然科学与社会科学相结合而产生的力量，使我们具有了新的眼力和手段，从生理和心理两个方面、从生理与心理的结合上探求人的心理活动的奥秘。

对于人的一般心理，以至于对于作家的创作心理的研究，现在也可以和应该这样做了，这使我们的研究可以更可靠一些，更好地建立在科学的基础上。在作家、艺术家的成长上，人们常常归之于所谓艺术家气

---

[①]　原载《作家生活报》1988年1月25日。

质，而这种"气质"，又常常被归之于天赋。许多被尊崇为天才和被人完全相信为天才的艺术大师们，几乎没有一个不是否认天才的存在的。歌德如此，托尔斯泰、高尔基如此，鲁迅也如此。他们往往强调勤奋和学习对"天才"出现的意义。这自然是有道理的，也包含着他们切身的体验和个人的经历。他们都是极度勤奋的人，善于学习的人。但这究竟不是完全的和彻底的答复。无论勤奋还是学习，都离不开人的活动，人的活动又离不开他的活动的能力和所能取得的成效。这成效的大小又决定于他的生理各种感觉器官的品质和能力，以及在这种生理基础上的各项心理活动的能力。因此，我们在没有正式进入创作心理这一特殊的、属于创造学范畴的心理活动领域之前，就一般心理活动的生理和心理基础，作一些基础性的简略介绍，是很必要的。这是我们走上探究之途的基础和垫脚石。脑科学的发展，脑-意识问题的研究，脑-精神互相作用的研究，以及创造科学的发展，都为我们提供了比以前更为科学、更为坚实的基础，也提供了更可靠的垫脚石。

心理学的研究告诉我们，自我意识是人的个体意识的最初的和最基本的要求，它是意识的一个方面、一种形式，而且是人生"入世"过程中最早需要和具有的必备心理能力，一个人没有迈过这个心理"门槛"，就不可能继续前进。这个"门槛"的第一阶段就是把自己作为主体与客体区分开来，这是个性特征的重要标志。人类在自己的童年时期的几十万年的发展中，才获得这种主体意识，把自己同客体——自然界、动物界——区别开来。但是，现代人，却在个体的童年时代就具有这种主体意识了。这是人类意识区别于动物心理的重要标志之一。幼儿小小年纪，就可以把自己同动物区分开来了。"区分主体与动作是自我意识产生的起点。"他懂得自己的行动产生的后果，体验到自身的力量了。"知道自己的名字，把名字理解为自己的信号，这是自我意识的萌芽。"而当掌握了语言中的代名词"我"时，儿童的自我意识就起了一个质的变化，标志着他的自我意识开始发展了。这时，他已经在心理上、意识上明确存在一个"自我"与世界相对而立了，他不断观察、理解这个世界，接受这个世界的刺激并作出依据自己的水平能够作出的反应。一个幼儿在三岁的时候，便出现了个体意识发展上的明显质变。这是人类个体意识产生的关键年龄。

一个预备作家，在这个年岁上，就以一个初具自我意识的个体，在自然界和人世间，逐渐锻炼、培养自我意识，向作家的道路走去了。我们纵然不能说客观的培养（不自觉的）和社会的选择（自发进行的）在两三岁之前就已经发生了；但至少可以和应该看到，从两三岁起，一个人的作为未来作家的自我意识和整个心理能力（包括创作心理）的培养工作和社会选择工作，已经确确实实地开始了。

一个天真活泼的两三岁的幼童站在我们面前，他在一天天发育成长，他的自我意识，他的心理能力，也都在一天天地发展。事实上，一个作家的历程，在此时期就已经"正式"地但却是不自觉和难弄明白地开始了。也可以说，一个作家的创作心理和创作能力的形成史，是可以追溯到这个孩童时期的。在这个最初的基础上，他的各种心理能力，随着年岁的增长和活动的开展及环境的影响，而不断发展、成长。他的人生的"三觉醒"（指人生觉醒、艺术觉醒、性觉醒）的迟早、疾缓和觉醒度的深浅，以及向作为作家的"定向"性的强弱，均取决于诸种心理能力的发展程度，而诸种心理能力的发展程度，又受到三觉醒诸种指标的达到程度的重要影响。这是一个互相制约、互相推移的双向发展过程。我们在这里侧重从诸种心理能力发展的状况、水平及它的作用方面，来阐述创作心理的发展成长过程。在这个过程中，作家作为一个人，有他的一般心理能力的发展，这是他的创作心理发展的基础，也是创作心理结构的基础；而作家作为一个艺术类型的人，又有他的艺术创作心理特别是文学创作心理的发展过程，这是他的一般心理发展基础上的特征与特长。

# 睁开眼睛看世界：人生觉醒①

——创作心理研究之二（上）

我们追溯一个作家的经历，研究那些文学大师们的传记，以及回顾我们自身的人生路程，就会发现，每个人都要经历三个方面的觉醒：人生的觉醒、艺术的觉醒和性的觉醒。我把这称为人生三觉醒。这是每个人都会经过的觉醒，又是非同小可的觉醒；它们决定了一个人睁眼昂首打开心扉面对社会，走向人生、走向世界，在生活的大海中搏斗、生长、发展、享受，他一生的思想情感的特质、性格的特征，一生的事业的成就大小，都奠基于这三觉醒之上。一个人成长到一定时期，往往由于某个事件的刺激，忽然产生了对于人生的一定的看法，他觉醒了，心中暗说道：啊，原来人生如此！这种人生觉醒，对于一个人日后的发展影响巨大，往往是他一生发展的基础。

对于一个作家来说，这种人生觉醒，是至关重要的，它成为他的创作心理的最初因素，也会决定他的创作心理结构的基本性质、基本方向。

这种觉醒期，一般是在少年时代。它的发生，往往是一种突发的事件、一种重大的震动、巨大的刺激所诱发的。好像能量积蓄到一定程度、酝酿到一定时候，一个震荡或一个冲击便突然地、雪崩似的爆发了。于是它在心灵中留下深深的刻痕，在记忆之国中留下永葆鲜明印象的印记，成为形成中的心理的特殊素质。

鲁迅是在13岁的时候，在家庭突然发生变故中，产生了人生觉醒。而从13岁到17岁的四年中，一系列令他痛心疾首的事件接连发生，他的人生觉醒便循着一开始的路，向前走去，向更深处发展了，最

---

① 原载《作家生活报》1988年2月5日。

后他产生了与破落的家族、与旧的人生、与故乡的旧的生活彻底决裂的坚定决心。

他的人生觉醒的触发是在不幸中、在巨大的震荡中发生的，因此，带着哀伤、带着悲痛，带着送走已逝的欢乐岁月的惆怅，也带着忍受眼前艰困折磨的忧伤，还带着为今后前途的渺茫和追求一个朦胧美好理想的疑惧与决心。这些，便构成了少年鲁迅的一种心理格局、心理定式。以后，他便按照自己的这种格局和需要，去捕捉、同化和内化社会人生的信息，形成自己创作心理的建构。这建构，在心理内涵的知、情、意三方面，都留下了它的特点。在对人生与世界的认知上，他看到它的灰色的雾罩，感受到它的悲凉、冷酷、崩毁，他的情感、情绪是趋向内向型的，是抑郁、深沉、哀伤的；他的意志、欲望，是同已有的、旧存的决裂，热切地希冀追求新的环境、新的生活、新的心境。我们可以说，鲁迅创作心理中最突出的特点和为他终身所坚持的、中国知识分子（尤其是杰出的知识分子代表）的核心意识——忧患意识，此时已经牢牢地在他的心理机制（知觉、情绪、情感、意志）之中植根了。这忧患意识同他炽烈追求理想、追求新的人、追求新的生活的愿望，是紧密地结合在一起的，是同一个事物的两个方面，只是鲁迅以忧患意识为显露的、突出的、鲜明的心理特色。

这是他的创作心理的最早的进步渊源。

俄国伟大作家托尔斯泰是另一种情形。他童年时听兄长讲了一个埋在地下的绿色枝丫能给人类带来和平幸福的故事，从此就立下为人类寻找这个"绿色枝丫"的宏愿，并以此走上人生觉醒的道路。本来，他的童年也是迭遭不幸的：九岁时父亲因中风在路途中猝死，接着是祖母丧亡，但虽如此，他却未感不幸。因为他的童年太美好了：生活富裕，亲人爱抚，使他感到欢乐与幸福，长辈的死亡，并未冲淡这一切。托尔斯泰把自己的童年期称为"一直到十四岁的光辉的、天真的、快乐的、诗意的孩童时期"。

托尔斯泰自从那么早就种下理想的种子而开始人生觉醒之后，就是在这样一种欢乐的、温情的、幸福的、光辉的物质生活、情感生活和心理状态中，继续他的人生觉醒，它成为一粒伟大的、含量丰富的种子，在很多年以后，在文学的世界里发出了光辉的、绿色的嫩芽，枝繁叶茂，直至大树婆娑，伟岸挺立。

他同鲁迅完全不同。一个在凄苦艰困现实生活中开始自己的人生觉醒，怀着哀怨和愤恨；一个在美丽幽雅的幻想的世界中，萌发自己的人生理想。一个用人生的苦汁浇灌了那最初的人生觉醒之苗；一个用欢乐幸福的甘露养育了童稚的理想的种子。一个在13岁在人世的大震荡中用眼泪告别童年；一个14岁在对于人生的美好感受中无不留恋地向幸福童年挥手。这一切，以后是那么深切地影响了他们，以至于他们的创作心理、艺术思维、艺术世界都是那样的不同。

中俄两国文学大师的经历说明人生觉醒在幼年或童年及少年时代来到，其标志是对于世界与人生产生了一种概括的、整体的、抽象化了的看法、见解，它是幼稚的、朦胧的、不确定的，但却总是带着明确的意念、倾向，它对于一个人日后的思想、情感与心理的发展，起着滥觞的、重要的作用，其作用力量是深沉的、久远的。

# 睁开眼睛看世界：人生觉醒①

## ——创作心理研究之三（下）

为了撰写《创作心理学》一书，我对我国20位当代作家进行问卷调查，感谢他们都认真热情地填写了问卷，下面先摘引几位作家的回答，以了解他们"人生觉醒"的大体状况。

程乃姗：

人生感受：

对社会的不安全感，想家，喜欢与自己小圈子内的人交往。并坚信当时"资产阶级生活方式"和"小资产阶级情调"，是一个人正常的生活方式和品味，不应该随意"扣帽子"和加以指责。

促成原因：

---

①　原载《作家生活报》1988年2月5日。

① 具体事件："文革"前及"文革"中频繁的政治运动和人与人之间互相提防及不信任。

② 偶然触发：一系列熟知人的遭遇。

贾平四：

人生感受：

人生艰难，世态炎凉。

促成原因：

基于突发事变："文革"中家庭的变化。

胡万春：

人生感受：

我在少年时代，是处于旧社会，我受到了马克思主义的影响。这以后才确定了我对人生的基本看法，我希望自己活在世上，能多干一点给人类带来光明的事，使人生活得更美好。21岁开始，我就学习创作了。

促成原因：

1950年学习了马克思主义关于剩余价值学说。

达理：

人生感受：

在这个有缺憾的世界里，尽力使自己活得少一点儿缺憾。

促成原因：

生活的坎坷，如1957年父亲被打成右派。

从以上各位作家的答复中，可以看出几点：作家是敏感的，人生觉醒的出现时间较早，年岁较小，许多人在少年时代，也有一些在青年时代的早期往往较早地形成对于人生的比较明确的看法、比较深切的感受，而且具有自己的特点，反映了自身的经历和身世，也反映了时代、国家和社会的面貌，还能用富有特色的或颇具哲理的明确语言表达出来。

从这些作家的记叙中，还可以看到几代人的觉醒和成长，但都在心理上打上了中国现代历史的深深的印记，也刻下了他们自身家世的痕迹——其中多数是含着辛苦的。

童年的生活对于一个作家来说，不仅是重要的，而且具有某种"选择性"，就是说，有一种童年的生活，对于作家之成为作家是更好、更有利的。海明威曾经被这样地问道："一个作家最好的早期训练是什

么?"他的回答很明确:"不愉快的童年"。(见《海明威谈创作》,第85页)

许多作家都有一个不幸的童年,而且这个童年的不幸,也都往往反映在他们的作品之中。他直接写了不幸的童年,或者间接地反映了童年的不幸。我们可以列出一个长长的著名作家的名单来证明这个论点。但是,必须说明,这里所说的不幸或不愉快,并不只是指穷困,虽然首先的和重要的内涵是童年在穷困中度过,那些童年生活可能并不困难甚至富裕的作家,也可能是不幸或不愉快的,比如遭到亲人的故去的哀伤打击,至亲至爱的人的不幸(比如父母的离异或不和睦)带来的痛苦经历,以及家庭生活的不愉快(原因有种种,表现各不同),等等,这也会造成不幸和不愉快。如果说鲁迅、高尔基、马克·吐温、狄更斯等这些作家是穷困的不幸童年造就了他们,那么,托尔斯泰、屠格涅夫及普希金他们,就是非穷困的不幸童年,成全了他们。

为什么会是这样:不愉快的童年成为作家最早的训练?这是因为,这种不幸,促使他们更早地睁开眼睛来看世界、看人生,而且,这种不幸也使他们所受的刺激具有更大的强度、更深的刻痕,因此,也铸成他们更敏感的感觉和感应心灵,同时,使他们更容易从"白日梦"中去寻求解脱、解答,寻求感情的宣泄和心理的平衡。这些,对于一个作家却是很需要的,是最好的训练。这些,也因而汇集起来形成了他们的心理品性的基础,同时构成了他们的创作心理的基础。

当然,不能说必须如此,并不是所有的作家的童年都是不幸的。他们会有别的条件来弥补这方面的"缺憾"。但是,同时必须明确指出:童年的不幸,不幸的童年,确实是最早的也是最好的作家训练。

从前面所列举的例证中(包括文学大师和当代作家),还可以看到:作为以反映人生、反映自己对人生的感受(包括思想和感情的)为主要职责的作家,他的人生觉醒的主要内涵和标志,正是对于人生的意义和真谛的体验和认识。这种体验和认识,总是带着个人的生活印痕和情感色彩。而且,特别重要的是,他的创作心理的基本内核,也往往就此形成,其特色也就此形成,他今后的创作,也就总是同这个核心不可分离,或关系极大,至少是他的重要的、优秀的作品与此有关。比如鲁迅之寂寞、孤独和不正常的丧亡,托尔斯泰之与人生幸福的追求,海明威之与海和渔猎,高尔基之与流浪,等等;在我国当代作家中,比如,杨大群之与战争，邓刚之与海和"海之搏"，程乃姗之与"资产阶级生活"，等等。

在这里，我们事实上还可以捕捉到作家创作才能的信息：生活刻痕之深浅、心理反应之强弱，"事件"本身色彩的鲜明与否，作家感受之深浅，都是既关乎他的创作心理的形成，又形成了他的创作才能的内涵和高低。

当少年预备作家带着初获人生觉醒之姿，睁开眼睛认真观察、感受和理解世界时，他就跨步迈上创作之路和作家之路了。

# 情朦胧、意朦胧、美朦胧：艺术觉醒[①]

——创作心理研究之四

每个人都有他的艺术觉醒，不同的只不过是来到的时间有差别，觉醒的程度有差别。所谓艺术觉醒，也可以说是美的觉醒，就是说，"忽然"有一天在某个时期，对于自然，对于文学，对于艺术，发生了一种心灵的感应、情感的交流；对于其中的美，有了一种感应、一种发自内心的接受、一种动情的反映。开始认识美、懂得美、爱好美了。这个时期的到来，一般都是在少年时代，有的人早些，在儿童时代就到来了；有些人则晚些，要到少年时期的末尾、青年期开始时才到来。在这种觉醒发生之后，对于文学、艺术，对于美，就有一种带着自觉性的接受和欣赏了，人就成为一个带着自觉性的美的接受主体了，是美的主人了。当然，这时还是一个幼稚的并不深懂的"小主人"。对于美的感受处于一种朦胧的状态：情朦胧，意朦胧，思朦胧，美亦朦胧，说不清、道不明，可意会而不可言传，觉其有又说不出，知其然而不知其所以然。然而正因为美是处于如此状态，所以既爱之又难言之，像雾中看花、水中

---

① 原载《作家生活报》1988年3月15日。

望月，山水迷蒙，江山隐隐。这更增加了初觉醒者对于美的爱、对于美的追求。

当然，由于环境不同，也由于时代不同，还由于家族和家庭的状况不同，所接触到的文学、艺术的性质、方面不同，接触的程度也不同，因此，觉醒的程度也是很有差别的。而且由于各种条件和状况均不同，在原有觉醒程度和性质不同的基础上，又会有着不同的发展，不同的变异。有的人会终其一生，觉醒的程度较之最初觉醒时无多大差别，欣赏水平始终停留在原有的基础上，有的人会有提高，而且不断地提高，但是却始终停留在欣赏者的领域中，他或者是由于分工的限制、生活的安排，而没有去从事文学艺术的创作，或者是由于没有机会和兴趣，而没能走上艺术创作的道路。但是，有的人却是在最初觉醒的基础上，逐渐地通过自觉和不自觉的学习，通过种种因素的影响，有一天走上了从事文学、艺术的创作道路。这是他的艺术觉醒起了质的变化的结果，是最初艺术觉醒的延续和发展。这种艺术觉醒，往往与人生觉醒在大体相同的时期发生，而且，在以后的发展途程中，与人生觉醒相伴而行，互相促进、互相渗透、互相交换信息，彼此结合着形成一种心理结构，其感觉、知觉、记忆，它所形成的形象、意象，在欣赏时的想象活动和接受态势，都是两者互相促进和影响的。

作家的最初的艺术觉醒，是很重要的，对于他日后的成长，具有决定性的意义。他们的觉醒总是有特色的，觉醒的程度也比一般人更深。

从一些作家、艺术家的传记来看，他们的这种艺术觉醒，往往带有这样一些特点：（1）觉醒得比一般人早，表现出早慧的状态，有人甚至是一种被称为天才的状态。有人在三四岁或五六岁就显露出对于艺术的非凡的理解或者是一种"天才"的感受性，有的甚至表现出具有创作能力，尤其是音乐家在这方面表现得甚为突出。（2）他们的艺术觉醒的水平高、程度深。许多文学艺术家在童年或少年时代，一经觉醒，就表现出对于艺术有一种虽不是很自觉、不是理论化的，但却是自发的、鲜明的规律性理解和掌握。他们的艺术聪慧以至天才状态，也突出表现在这方面了，还表现出一种自发的创作状态。（3）他们往往表现为一种顿悟状态，好像是"天机"骤得，豁然开朗，便初得其中滋味。这也表现了他们艺术觉醒的深度。有不少作家往往是由于一幅画、一首诗、一出戏或者某人的一次影响，而进入这种顿悟状态。（4）作家的最早艺术觉醒出现后，往往便"一发而不可收"，对文学艺术的爱从此萌生，接触日多，乐此不疲，既有不自觉的赏玩，也有自觉的学习。觉醒的程度日益提高，理解力越来越强，逐渐地形成着一种创作心理（一般都处在不自觉状态）。（5）他们的这种觉醒，往往都同环境、同他接近的人所给予的影响有关。这种外力的影响，有时简直带有关键的作用。如果说作家、艺术家具有他们的特殊禀赋，那么，这种环境和给予影响的人，则是天赋之才得以成长的泥土，使幼苗成长、开花。

# 关于创作心理学的几个问题[①]

　　首先我要声明一点，我今天所要讲的，或者我现在进行的工作，还很难称得上创作心理学，只不过是我在这方面作的一些探索。今天我主要谈两方面的问题，一个是作家创作心理的形成；一个是创作心理形成机制，这方面内容很广，今天我侧重谈两点，第一个是"创作六魔"，创作的六种魔力，第二个是"最佳创作心态"。

　　创作心理学全称其实应该叫文艺创作心理学。因为创造学现在是一门普遍流行的新兴学科。创造心理学是科学的创造、技术性的创造，所有的创造都包含在内。文艺创作心理学包含在创造心理学的里面，是创造心理学的分支。但是文艺创作心理学带有自己的极大特点，它有很多的规律现在很难被人掌握，是一种"黑箱"状态。现在大家谈论的问题，一些被认为规律性的现象，目前看来它的科学性也很难得到肯定。我今天所要谈的一些问题，大多是我个人的看法，是不是科学的，这需要时间的检验，也需要实践的检验。在谈正式的问题之前，我想先讲一下创作心理研究的意义和作用。文学创作心理学是对文学的本质、文学创作的规律的研究，向人的内省经验的发展和深化。原来也研究文学创

---

① 这是作者在辽宁文学院的授课记录。记录稿原载《辽宁师范大学学报》1999年第3期。

作的规律，比如说要深入生活，要有思想，有技巧，形成过一个公式"生活+思想+技巧=作品"。后来又发展成了"领导出思想，群众出生活，作家出技巧"，三者相加就出来一部好作品。那样的东西是不是作品呢？我们称它为"文艺积木"，是小孩子搭的积木。生活、思想、技巧这三者必须是融为一体的，而且必须是融会在一个作家的心灵中间，形成他自己的创作心理才能够产生好的作品。所以对于文学创作心理的研究，是对文艺本质研究的深化，是对创作规律研究的深化。向哪深化？是向人的内省经验的深化。因此，研究文学创作心理学，对于总结文学发展的历史，总结文学创作的经验，寻找文学创作规律，以及培养文学创作者都是很有好处的。我们现在办文学院，要从青少年里发现能够培养为作家、艺术家的人才，怎样培养？这里面有一个科学的道理。这里有两个规律性的现象，一个现象不在我们今天讨论的范围之内，即作家以至于人才的出现是成群体的，比如北京作家群、湖南作家群等，其中有很多规律性的东西可以研究、可以总结。今天讨论的是第二个规律性现象，即作家个体的成长规律，这个规律性现象，我觉得万流归宗，都归在他的创作心理。现在提出了文学主体性的问题，我认为文学的主体是四个。昨天我讲了文学的四个世界和作家的四个世界，我想和这两个"四个世界"相对应、相关联的，还有文学的四个主体性。刘再复同志的《人物性格组合论》，提出了文学主体性的问题，我读他的书，感觉到他所研究的是四个主体中的第三个主体，即人物主体，作品中的人物主体，也可以叫作形象主体。第一主体是客观世界。客观世界是人认识的对象，所以它是一个客体，但是它也是一个主体，是整个创作领域中的第一主体，没有它就没有创作。第二主体是创作主体，就是作家。第三主体是人物主体、形象主体。比如阿Q、安娜·卡列尼娜。刘再复谈的主体性，基本上谈的是主体三。第四个主体就是读者，即欣赏者主体。今天我所谈的是属于第二个主体的问题，在我看来，主体二是这四个主体的中心项，我认为要想研究好这四个主体，最重要、最关键、最核心的是要研究好主体二，研究作家的创作心理。这是我要讲的研究创作心理学的意义和作用。

下面我开始讲第一个大问题，即创作心理的形成。我认为每一个作家都有自己的创作心理，每一个作家都有一个自己的心理世界，也可以说就是它的特殊的艺术思维。作家的创作心理的构成、文化层次，决定了这个作家作品的成败、得失、好坏、高低和作品的性质。比如说鲁迅。鲁迅十几岁时，家庭遭到变故，鲁迅作为长子、长孙承担了家庭变故之后出现的许多不幸，所以鲁迅的童年、少年是寂寞痛苦的。后来鲁迅又有一个不幸的婚姻，他也看到了他的整个没落家族的各式各样的人物。所以鲁迅少年时代的际遇形成了他创作心理的特色——悲剧心理。因此，鲁迅的作品写的都是一些不正常的死亡、不幸的婚姻。那篇叫《幸福的家庭》的小说恰恰写的是不幸福。后来鲁迅和许广平的爱情也出现了很大的波折，我在我的《鲁迅评传》里写道：鲁迅是被比他更勇敢的学生许广平拉着他的手冲破了封建的网罗。这里也是带着许多的痛苦、斗争的，这些都反映在鲁迅的《野草》里。《野草》是他的一声叹息、一声哀鸣，是他在心理不平衡中间寻找心理平衡的过程。这就是创作心理对鲁迅的创作所造成的影响。

托尔斯泰出生于富豪之家，他的少年时代是很幸福的。他在回忆中讲道：他是在人与人之间特别温柔友好亲密的关系中长大的，所以他的艺术思维和鲁迅是不一样的。这里，我主要想说一下创作心理对一个作家的影响。创作心理中有一个两极力量所造成的张力，作家的创作心理就是在这个张力场中形成的。一个是思想与艺术的矛盾，作家需要思想，作家都应该是思想家，真正的大师都是思想家。但是作家只有思想，而没有艺术，就不是作家。所以他又必须有艺术的素质和气质。这两者是矛盾的，但是作家是要在这个张力场中间发展的。第二个是逻辑思维和形象思维的矛盾。第三个是集体无意识和个体无意识的矛盾。"集体无意识"是弗洛伊德的学生、心理学家荣格提出来的。但是我们现在对集体无意识的理解更扩大化了。我认为集体无意识就是人类、民族、阶级流传下来的文化积淀。就是在一个人心灵中形成的基础的意识。这里我还要解释一下"无意识"，弗洛伊德有"无意识"，荣格有"无意识"，现在很多人都用"无意识"这个概念。但是有的翻译为潜意识。我现在用我的概念。暂时还是叫"无意识"，但是我准备在我的书里叫"潜意识"，我觉得"潜意识"更科学一点。因为按照弗洛伊德的解释也是这样，人的意识像海里的冰山，它的大部分是在水里，是无意识层次。意识层次只是露出水面的那一点。如果就用弗洛伊德的比喻来讲，还是用"潜意识"更准确一点。潜意识在向意识过渡时有个前意识，前意识的前面才是意识，就是习惯上说的有意识。集体无意识也可以说是集体潜意识，它与个体无意识有矛盾。第四个矛盾是意识与无意识的矛盾。作家的创作心理是在这些矛盾的张力场中形成的。这里插一句，比如说我已经是作家了，我的创作心理结构已经形成了，那么我研究创作心理还有什么用呢？我认为一个作家的创作心理是在不断发展和不断变化的，这就是我昨天讲的一个人一生会不断地发生艺术再觉醒，他的觉醒就表现在创作心理结构的变化上，一个结构因素发生变化，一个结构的各种元素间有序性也发生变化。比如说20世纪50年代的作家的创作心理很显然的就是为政治服务，阶级斗争的这根弦在他的创作心理结构中占主导地位。那么现在的作家创作心理，显然是追求艺术的东西加强了，或者说追求艺术与前者的结合加强了，心理结构的有序性发生了变化。所以即使已经是一个作家，研究创作心理也是很有好处的。一个文学习作者或想当作家的人研究这个也是大有益处的，一个文学欣赏者研究作家的创作心理也很有意思。

那么一个作家的创作心理是怎样形成的呢？第一点，我想谈的是人生三觉醒。这是我自己的一个认识，我想一个人的一生都要经过三个觉醒：一个叫人生觉醒，一个叫艺术觉醒，一个叫性的觉醒。

人生觉醒就是一个人在自己的一生中会在某个时期突然对于人生产生一个整体性看法，形成一个概念。这个时期一般都出现在少年时代，往往都是由于突然的事故、突然事件的触发，产生了对人生的看法。当然这和他原来的积累有关系。比如鲁迅，他十三岁时家庭突然破落，以后遭到人情冷暖、世态炎凉的刺激；因此对人生产生一种看法，就是后来他在《呐喊》自序里讲道："有谁从小康人家而坠入困顿的么，我以为在这途路中，大概可以看见世人的真面目；……"看见世人的真面目就是看见人生的真面目。什么真面目？他讲，我要离开S城，寻找新的人们。鲁迅的伟大就在这里，他在人生的起步时就着眼于人。以后到日本留学，研究人，他说一个国家的复兴"首在立人"，最主要的就是建设人。为什么他要弃医从文？就是因为文艺是能够改变人的灵魂的。

托尔斯泰在童年时代，他的哥哥给他讲了一个故事，说有一个绿枝丫能够使人类的一切灾祸和痛苦解除掉，给人类以幸福。这个绿枝丫就埋藏在院子里的某棵树底下。托尔斯泰从此就怀着一种幻想，就是要寻找绿枝丫给人类消灾去祸，建立一种永久的幸福。他到处挖也没有挖到，但是从此之后，他一直怀着给人类寻找幸福的愿望。这就是托尔斯泰最早的人生觉醒。这个最早的人生觉醒往往贯穿着作家的一生，鲁迅一生研究中国的国民性的改造，托尔斯泰一生追寻人类的幸福，托尔斯泰临死时，写遗嘱要把自己埋在他哥哥讲的有绿枝丫的树底下，最终他确实被埋在那里了。所以少年时代留下的记忆刻痕是很深刻的。

第二个是艺术觉醒。就是对艺术产生了明确的感受意识。鲁迅最早的艺术觉醒是从图画开始的，他床前挂的那幅"老鼠招亲"的年画，当时叫画纸，启迪了他的"艺术良知"。以后是《山海经》、民间戏曲、女吊、无常等这些东西促使了他的最早的艺术觉醒。托尔斯泰最早的艺术觉醒是音乐，他在自传性小说《少年》《青年》中写道，他一听到钢琴声，就沉醉在那里了。作家少年时代的艺术觉醒是很重要的，有了艺术的觉醒，他就非常愿意学习文学艺术的东西，这样就培养了他的艺术素质。比如屠格涅夫，他的一个农奴总给他念诗和小说，这样他开始接触到了艺术，他越来越认为诗的世界能够使他逃离现实的痛苦，沉醉于艺术之中。所以最重要的一点就是，作家有了艺术觉醒之后，他接触艺术就具有了艺术感受力。应该说世界上的每个人都经历他的人生觉醒和艺术觉醒阶段。在这个之后，由于主客观条件不同，有的人终生保持着艺术欣赏者的水平，在艺术觉醒之后没有发展。有的人自觉不自觉地发展着他的人生觉醒和艺术觉醒，因此形成了创作心理。

第三个觉醒就是性的觉醒。一个人到了一定的年龄自然会产生性的觉醒，性的觉醒是一种生命力的觉醒。所以人在这个时候，一般都有一种朦胧模糊的对异性接触的向往，这也是一种正常的感情、一种正常的心理活动。这种感情和心理活动所产生的东西有时候是艺术的感觉。我昨天谈艺术的发生学其中第二个就是人的生产再生产产生艺术。还有一点，就是由于他对异性有一种朦胧模糊的要求，因此他对于文学作品中描写爱情的东西有一种特别深沉的感受力，通过这种感受力也就培养了他的艺术感受力，比如青少年都爱读爱情小说，愿意看爱情故事，因为他从中得到心理的满足，一种感情的寄托，还有就是我说的那种朦胧的，但是很强烈的要求的满足和宣泄。在这个过程中间也就培养了他的艺术感受力。所以应该讲人生觉醒、艺术觉醒、性的觉醒是三位一体的，融会在一起，同时发展，成为人的创作心理。我们从很多作家的回忆录里可以看到，一种爱的感情在心里浮动时，那是一种美好的感情、一种美好的境界，这种心理如果能够得到一些好的文学作品的浸染，那么就起到一种净化的作用；但是如果受到不好的东西影响，就会把它恶化、污染，所以在觉醒的发展过程中，接触什么样的作品是很重要的。所以每一个作家都经过这样三个觉醒，这就是其形成创作心理的一个基础。为什么这样说呢？因为一个作家的创作心理从心理学上讲是由感觉能力、感知能力、想象能力、记忆能力、联想能力、通感能力这样一系列的心理机能组成的，就是由他的心理活动的机制和心理活动的能力所组成的。他在人生的觉醒过程中，比如说他对人生产生了一种看法，那么他就经常地感受人生的刺激，这样，很显然就发展了他的感觉能力，形成敏感的气质。作家都是敏感的，鲁迅的一个很大特点，我称为明敏的心性。艺术觉醒之后，通过不断地接触艺术，从中也培养了对艺术的感觉能力，加上对知识的不断学习，三大觉醒也帮助和提高人们的感觉能力和感知能力。

人生的觉醒期，我把它称为作家创作心理形成的曙光期，这是很重要的基础，许多作家到老到死，他的作品心理还是他少年时期的三大觉醒时形成的基础。度过了曙光期，基本上就是度过了少年期，进入青年期，那就进入了创作心理的形成期，就是正式地形成他的创作心理，我把这个创作心理叫作作家的心理复合体。关于作家的心理复合体的形成过程和建构，今天我不能详细地谈，这里我想侧重地说这样几个问题。一个是在这个过程中，作家主要是培养自己的创作能力的基本功，这个基本功不是指技巧的，而是指他的心理活动的能力，各种心理能力的培养，主要是这样一些东西。第一是感觉的能力，凡是一个好的作家都具有明敏的感觉，对于人，对于事件，对于知识，特别是对于艺术都有一种很敏锐的感觉，这种感觉的能力是可以培养的，人的一生都可以培养，怎么培养？就是你不断地去接受客观的刺激，主动地接受刺激，主动地去感觉，这是一种能力。再往前进一步就是知觉的能力，知觉能力已经带有理性的因素，带有概念和理论，知觉的能力也要继续培养。一个作家在青年时代，对艺术、理论的学习和知识的掌握，对于提高他的知觉能力是很重要的。然后进一步的是表象。就是在他的头脑中能够对他所感觉和知觉的事物留下他的表象，进入他的信息库。一个好的作家都是在青年时代留下了大量的表象，在他的记忆中留下了信息刻痕。再进一步的是意象，就是他的思想，他的心理对于表象进行了一定程度的加工，形成了自己的意象。比如说"春色满园关不住，一枝红杏出墙来"，或者"春风又绿江南岸"，这些其实都是作家自己形成的意象，所以对于一个作家来讲更重要的是要形成自己的意象。在心理现象中，还有一个我认为很重要的就是"注意"。就是能够集中自己心理元素的机制去对待人、事物、事件，作出他的反映和判断。作家在创作心理实现的过程中，即临战状态时，心中大量使用着"注意"这个心理活动。还有一个是记忆，要在创作心理形成过程中，培养自己的记忆力，当然有的是自觉的培养，有的是不自觉的培养。记忆大体上分为三种，一种是运动记忆，一种是逻辑记忆，一种是形象记忆，对于作家来讲，最重要的是形象记忆。比如说我对于某件事是逻辑记忆的，即某月某日发生了什么性质的事情。形象记忆则是，作家可能对事情发生的日期记不准，但是事情的经过，是冬天还是夏天，是晴天还是雨天，人穿的是什么样的衣服，对话如何，等等，他都记得很清楚。这些归纳起来讲，从心理学上看就是形成一个"有意识的人"。就是通过这一系列的心理活动的培养，使作家成为一个意识自由的人。所谓意识自由的人就是对于他的感觉、知觉所形成的表象、意象，他的记忆，都能够成为其主人，处于一种自觉的主人的状态。如此我们就进入这样一个问题：作家的创作心理也是他的创造才能的构成因素。什么东西构成了他的创作才能和创作心理？第一个就是感受力。感觉的、知觉的和形成表象、意象的东西总和起来形成了他对客观事物的感受力，对于人物形象和人物性格的感受力，对于语言的感受力。第二个是这种感受力又转化为观察力。这种观察力有两种性质：一种是自觉状态的，就是有意识地观察社会、观察人生；还有一种是直觉的能力，就是直觉地去把握它。我将在谈"创作六魔"时，详细谈直觉的问题，这里不详细解释了。第三个是记忆力。记忆力是由观察力发展而来的，变成记忆库中大量的形象记忆。记忆力所促成的各种材料作为信息输出的时候，就构成了第四个层次的想象力。鲁迅讲他的很多的小说都是他未能忘记的记忆。第五个是表达力。一个作家的创作心理，也可以叫作家创作才能的构成，就包括感受力、观察力、记忆力、想象力、表达力。这里我再侧重讲下想象力的问题。想象力是一个作家最基本的能力，是作家的翅膀。如果一个作家缺乏想象力，他的飞翔能力是低的。他进入艺术领空的高度是低的。可以说一个作家才能的高低，主要在于他的想象力的高低。那么想象力是由什么东西构成的呢？是否说胡思乱想就是想象力强？我简单地说一下想象力的构成。想象力首先的能力是再现力。其次是内心视觉能力。何谓内心视觉能力？就是在再现的时候，不是说在一个屏幕上确实出现过那么多形象和场景，而是闭上眼睛在心里看到的形象的活动。一种内心的视觉能力，这是作家想象力中很重要的能力。有创作经验的都可以想象到，自己在想象时，是用内视觉去看的。我写过几个电影剧本，还写过报告文学，我没有更多的创作经验，但是我仍然粗浅地感受到，一个作家的内视觉能力是很重要的，在他的创作过程中，往往那些成功的、得意的地方是他内心视觉能力发生作用的时候，或者说内心视觉能力非常舒畅的时候。第三个是组合能力。你在大连、在旅顺、在上海得到一些印象，获得各种各样的形象和性格，想象的时候不是单个进行的，多数是把各种印象重新组合。一个作家的创作过程就是各种形象的组合过程。所以作家创作心理中的这种组合能力是很重要的。第四个是心理幻觉能力。实际上作家都可以说是做白日梦的人，这不是骂人。作家必须做白日梦，如果你没有进入白日做梦的状态，那么你的创作状况还是一种"隔"的状态，不是契合的。所以，作家的心理幻觉能力是很重要的，甚至于幻听、幻视。所以在某种程度上讲，作家的心理都是"变态"的心理，这种"变态"不是病态，也不是骂人。原始人在艺术元素中都进入一种狂迷状态，带有迷信的成分，当然现代人进行创作不是这样的，是在一种意识的支配之下进入迷狂状态的。最后一个是创造力。这是一种提高，是组合也好、再现也好、幻觉也好，都要进行创造，要改造、变化和变形。我在讲心理幻觉力的时候，漏了一个幻觉能力中很重要的一个方面，即悬想力，悬想别人心里所想的能力。陀思妥耶夫斯基这方面的能力很强，他的心理描写更多的不是描述和阐述，而是呈现和表现，表现了一种极高的悬想能力。这里我顺便说一个问题，就是我们很讲究心理描写，也学习西方现代派的心理描写，但是我觉得我们中国古典小说在心理描写上是有优秀传统的。我们的心理描写有两种办法：一种是客观叙述，这个我们现在用得比较多的；另一种是通过人物的行动来表现人物的心理，而作者并没有更多的说明，这样，使读者具有更宽广的想象余地。我觉得我们对这个传统注意得不够。

这是我谈的创作心理形成过程的第一个问题。

第二个问题，我称为作家的生活学。作为创作心理研究来讲，研究的只能是预备作家的生活学，也就是创作心理的生活基础。这里我想谈这样几个问题。第一个是作家的主体性和生活的主体性。就是我一开始讲的，客观世界是主体一，作家是主体二。这里讲的是主体一的主体性和主体二的主体性。客观世界、现实生活是一个主体，人是包含在这个主体之内的，它有一个主体性；创作者、作家作为一个认识的主体，也有它的主体性，它要对这个主体一进行认识，形成自己的看法，要把主体一变成自己内心世界的东西，这里有一个融化、理解、吸收、内化的过程。作家形成自己的创作心理的过程，是不断地使主体一变成主体二的过程。所以借用哲学的话来说，我想作家的生活经验，一种是他的"自在的生活"，就是稀里糊涂的每天都过这种日子，每天都接触很多的东西，但只是接触而已，没有留下什么记忆，也没有留下什么思考。另一种是由自在的生活进入自为的生活，就是对生活有一定程度的理解和掌握。最好的状态是"为我的生活"，这里的"为我"不是利益上的为我主义（个人主义），而是指创作上的为我所用，它进入了我的创作心理结构。这是第一点，生活的主体性和作家的主体性。这个过程中有这样几个关系，一个是生活对主体的入侵。生活主体是不断地侵入创作主体的思想领域的。第二个是创作主体对生活的感受和感应，这种感受和感应是同他原来的创作心理结构即心理定式密不可分的。进入第三个层次，就是生活的主体进入创作的主体之后，形成了生活的积淀和结晶。各种生活映象形成他的心理积淀和结晶，这就是创作的准备。如果说一个作家的作品是一个结晶体的话，那么这个结晶体的初坯就是在这个时期形成的，然后在创作过程中再去雕琢，再去重新组合。因此第四个层次就是从生活到心理，就是整个的生活变成了他心理结构的内涵。

作家生活学的第二个内容就是特殊的人生经历和人生感受。一个作家创作心理的形成决定于他的特殊的人生经历和特殊的人生感受，这是两个层次，可能经历很丰富，但是感受很淡薄，是十比一；也可能经历很丰富，感受也很丰富，是十比十；还可能经历是十，感受是十二。一个出色的作家的创作心理结构，他的感受力和感应力的弹性是很大的。他的输入少，输出却很多。一个和鲁迅生活在同样时代的作家，他对中国社会和中国人生的感受与鲁迅相比是大不相同的。那么这个经历的和感受的能力都受到一些什么因素的影响呢？一个是知识的影响。就是作家在青年时期形成心理结构之后，不断地接受知识，知识形成了他的感受力，他是在知识之宫里嬉戏和遨游，获得自己感受力的基础。第二个因素是集团意识的承继和发育。集团意识也可以叫集体意识，包括民族的文化传统、家族的文化熏染，这是继承的。还有就是个体的发育，自己的努力和感受。第三个因素是大小环境的熏染和培育。这里的大小环境包括时代的、历史的、民族的、家族的、家庭的、周围人的和同时代人的环境。比如鲁迅的创作显然与他绍兴的生活和日本留学的经历分不开。

第三点，生活的储存和记忆之钳的执着。我前面讲的作家一系列的活动，包括他的经历和感受都要储存起来，储存起来才能使以后的创作有素材，那么如何储存？主要靠他记忆之钳的执着，要靠这个东西。所以作家自觉地培养自己的记忆力特别是形象的记忆力是很重要的。

最后一点，预备作家的艺术习得。就是说作家在整个的生活过程中要不断加强自己的艺术感受能力。这个艺术的感受能力表现在两方面，一个是对于别人的作品的艺术感受力，就是说对那些好的文学作品如何去感受；感受得越深，得到的就越多。另一个是对于自己作品的艺术感受能力。不是写完了作品之后对作品的艺术感受能力，而是在创作过程中不断地对自己的作品进行艺术的审视，用自己的艺术感受能力去感受自己的作品，是不是具备了一种很高的艺术素质。如果是，就这样发展；如果不是，就修改。作家的这种艺术感受能力是在自己的整个生活过程中培养起来的，我把它叫作艺术习得。那么我们如何通过文学作品来培养我们的艺术感受能力呢？我在这里提供一个参考的东西，就是讲艺术魅力时谈的文学作品的四个层次，这个层次感我觉得对于我们去感受别人的作品和感受自己的作品都是有用的。第一个层次是语言层，就是感受语言的语境、语感、语风；第二个是意义单元层，就是对语言的意义和语言表现的意义所构成的不同的层次、不同的静态功效和动态功效；第三个是被再现事物的客体层，就是物象的层次，是所描写的各种人物、各种场景、各种事件所表现出来的客体内涵；第四个是图式化的层次，这是很重要的，就是说作品的内在结构所建立起来的另外的世界，即象征意蕴。我想对于别人的作品，可以从语言层、意义单元层、客体层和图式层去进行感受，同时对于自己的作品也可以进行这样四个层次的审视。这是我所讲的作家的生活学。

下面我谈第二个问题。因为时间关系我只谈两个方面。先谈"创作六魔"，即创作过程中具有魔力的六个方面：一是无意识；二是直觉思维；三是灵感；四是想象；五是梦；六是语言。现在我分别地说说它们的大意。

（一）无意识

创作是有意识的还是无意识的？当然创作首先是有意识、有目的的。但创作又是有意识和无意识的结合。我以为如果创作只有意识，只有理性，只有目的，而没有无意识的作用，作品是不会成功的。当然这里牵涉无意识的概念，什么是无意识？我以为无意识不是没有意识，而是还没有意识到的意识，它具有巨大的潜在的能量，所以有人称无意识为潜隐灵知。这正是一个作家才能特殊的地方。这种无意识往往是在人的少年时代形成自己的创作意识的时候就潜存在意识的深处，作为潜意识而存在，以后在自己的生活发展过程中又不断增加着潜意识，就是我讲的那些进入信息库，埋入记忆的深处形成自己心理结构中的潜隐灵知。这种东西作为一种无意识不断出现在你的创作过程中，一个作家在他的创作过程中如果一切都按部就班地进行，一切都在意识状态中进行，那么他的创作会是呆板的，缺乏艺术的感受性。

（二）直觉思维

什么叫作直觉思维？我们用习惯用语可以做一个初步的理解，就是一眼看上去的感受，比如说我看一个人，第一印象就有一个直觉，我对他有好感，或者没有好感，或者无所感。这个直觉的感受力是一个作家的感受能力中很重要的因素，但是这个直觉的感受能力不是一个肤浅的东西，而是很深沉的。马克思讲意识有时候直接表现为"理论家"。就是说文化素养、理论素养、生活经历都组成了直觉的能力。所以当接触到一个人或一件事时，马上有一个直觉的反映，这个直觉的反映包含着全部知识修养、文化素养、道德素养，一切的素养都在直觉能力中包含着。所以也可以说作家的直觉能力直接表现为理论家。直觉的能力表现为一瞬间的能力，它的思维特点是闪现的，这种思维被称为直觉思维，作家在创作过程中是不断出现着直觉思维的，直觉思维是形象思维的一个组成部分。直觉思维往往表现为灵感状态，表现为爆发状态。作家往往有这样两种情况，一种情况是在创作的预备阶段运用了许多直觉思维，这种种直觉留在了他的记忆库，在创作时出现。另一种是在创作的过程中出现了直觉思维，表现为一种爆发，我把它叫作"灵感流星"。

一部作品之所以成功，就是"灵感流星"的不断出现。所以直觉思维在创作过程中是具有很大魔力的。那么对一个作家来讲，直觉思维能力是不是可以培养？我认为可以培养。如果说在青年时代形成自己的创作心理结构的时候处于一种不自觉状态，那么已经成为一个作家之后是可以自觉地来培养这种直觉思维能力的。怎么培养？就是文化素养的提高，理论素养、艺术素养的提高，创作经验的积累。这些东西都会结晶为直觉思维能力。

### （三）灵感

存不存在灵感？以前出现过争论，现在完全可以肯定有灵感，没有灵感的作品不会是好作品。现在讲思维是三种形式，甚至有四种：逻辑思维、形象思维、灵感思维，还有直觉思维。灵感思维是文学艺术创作中不可缺少的东西，是作家创作心理结构中的最重要的因素之一，是"创作六魔"中最大的一个魔力。我把灵感称为思想领空的彗星。它的出现有这样几个规律。第一，它在长期思考过程中产生。灵感不是凭空产生的，它是在长期的酝酿思考中，在经验的基础上，思考和心理活动的基础上产生的。第二，它是爆发状态。这个爆发需要有一个东西去触发它，这也是一个规律性的现象。第三，这种触发往往和你思考的东西相隔很远，恰恰和你思考的东西不同，就是说离开了它，却获得了它。我自己也有这样的经验，有时候当你百思不解时，把它放下后，它却突然地出现了。自然科学家也需要灵感。灵感状态的出现还带有个人的独特的规律性，像诺贝尔奖获得者、物理学家杨振宁，他说他的灵感一般是在早晨刷牙的时候出现，这是一种心理活动的思维习惯。有一位美国的科学家讲，他的灵感是早晨上厕所时出现的。我品味我自己的情况，往往是在半夜或清晨突然醒来，比如说酝酿一篇论文，突然醒来时出现一个相当完整的提纲。灵感是一个稍纵即逝的东西，你不抓住它，它马上就过去了，过去了就再也回想不起来。这是一种心理现象，有科学依据的。我的经验也是如此，必须马上起来把它记下来。我去年在兴城疗养，和作曲家王酩住在一起，他讲他的许多歌曲几乎都是在灵感状态下找到主要旋律的。他的爱人也说：王酩有时候上街买菜，忽然拿着空菜篮子回来了，坐下来就写，这就是他想起什么旋律了。灵感就是这样稍纵即逝，不记录下来，过一会儿就再也想不起来了，这在心理学上叫没有形成刻痕。再如托尔斯泰的《哈泽·穆拉特》就是托尔斯泰看到一道车辙压过牛蒡草时，忽然想到哈泽·穆拉特的性格，然后由牛蒡草获得一种灵感，写成《哈泽·穆拉特》。所以灵感往往是有一个东西给予触发。一个作家在酝酿他的作品过程中需要有灵感的激发，特别是在写作过程中（即临战状态）需要有灵感的不断出现。所以一个作家如果完全按照他的提纲去写，这个作品是演绎性的，很难获得成功的。托尔斯泰写《安娜·卡列尼娜》，写《复活》，写《战争与和平》都中途变卦，就是说他获得了新的灵感、新的解释。所以灵感是一个思维形式，当然它还有许多规律性的东西我们没有掌握。灵感的出现往往是模糊的、不完整的，需要我们去挖掘和整理。发现苯的环形结构分子式的科学家就是在半梦幻状态中，突然出现了一个环形蛇的形象，就是一个蛇的头咬着自己的尾。他忽然想到苯的分子结构就是环形结构，然后经过仔细整理写出了准确的苯的分子结构式。灵感的出现是因为他长期思考，但是苯的环形结构并不完全和灵感中的环形蛇相同，它是经过仔细的整理过程的。而且这位科学家是在他的少年时代听大人给他讲过环形蛇的故事，这个积淀在他长大后考虑苯的环形结构时忽然出现了，这是人的心理状态中很有趣的现象。甚至爱因斯坦的相对论都有灵感的触发，都是在非逻辑思维状态下产生的，这也是灵感思维的一个特点，在灵感产生的一刹那，是非逻辑思维发生作用，按照逻辑思维的成规，按部就班地想，反而不出现灵感。

**（四）想象**

前面已经讲过了。

**（五）梦**

梦是一个人的愿望在无意识中的实现，隐蔽的实现。弗洛伊德对梦的解释，大部分都是正确的，但是他讲梦都是和性意识相关，这是泛性论，那就不对了。我说作家要会做白日梦，作家不会做白日梦就写不好作品，一个作家真正进入一个好的创作状态时是一种梦幻状态。所谓梦我想是两个层次的，一个层次是想象的过程，他的意识是清醒的。精神病人就是他的梦的状态僵化了，他生活在梦中。我看见精神病人经常想，精神病人看不见周围的世界，周围的世界在他的心里没有反映，他生活在自己的梦中，也许正想象着他是在一个自己所企望的环境里和一个什么人交谈，他的梦僵化了。他把现实梦化了，然后又把现实僵化在他的梦中。作家没有僵化在梦中，他很清醒地意识到自己是在做梦，但是当他在做这个梦的时候，是要抛除意识的。想象那么多场景，想象人物的对话、人物的活动，当然是要进入一种梦境的。

（六）语言

作为语言艺术的小说，它必须运用语言的魔圈，作家的一切梦的实现就依靠这个语言的魔圈，没有这个语言的魔圈作家就失去了他的立足之地，那么这个语言魔圈有些什么东西值得我们考虑的呢？第一，就是要从再现性的语言向表现性的语言过渡，这个我昨天已经讲了。第二，是把叙述的过程变为表现的过程，这个昨天也讲了。因此作家在使用语言的时候，是一个感受的主体、感情的主体，是把自己的感触、感觉、感受、感情输入到他的作品的信息库里去，运用语言的符号，让读者去破译。因此作家运用语言的魔圈，居于前面讲的文学的"四个世界"之中，成为"世界一"、"世界三"、"世界四"和"世界二"的中介、桥梁、导引、诱因和创造的基础。所以语言就是作家的内心体验和生活经验的符号体现，通过语言的魔圈把读者引入"世界三"，引入"世界四"和"世界一"，这是第三。第四，要改变语言的叙述习惯和常规的程序，由对于外在形象的描述变为对于内心、心性、心灵的体现。第五，在外在方面就要求追求语言的节奏性、韵律性，特别是语言的暗示和隐喻。因此，作家使用语言就不是一种遣词造句，而是营造。什么样的营造呢？就是对于自己的感受、感觉、感情和视野的一种营造。这样的话，作家所提供的就不是一个"读"的作品，而是一个"感受"的作品。我的小说不是给读者去读的，而是给读者去感受的。因此，最后一点，语言就升华了，升级为作品的主要元素，不是一个外壳。我们讲语言是思想的外壳，但是在文学作品里已经摆脱了这种外壳的地位，而形成创作的本质元素。因此我觉得作家在语言方面，要培养自己的语感能力，即对词汇、语音的感觉能力，要去掌握语言的心理功能。比如说我描述一个事情，我要把我的感受写出来，我还要预测到语言的音节、韵律，在读者心里引起的反应，这就包含着语境的创造和语感的创造。这是我谈的创作心理机制的第一个大问题，即"创作六魔"。

第二个问题即最佳创作心态。就是作家在写小说的过程中，最好的心态是什么样的？这里我说几点和大家讨论。

第一个是创作冲动的爆发感。就是一个作家在创作作品时，需要一种动机去推动他，这种动机是由于他内在的要求，一种内驱力触发他，而且是一种爆发的、喷发的状态，一种压抑不住的状态。这是一个作家创作成功之作的最早的一个优势心态。

第二个是孤独感。凡是文学大师都是孤独的，这种孤独不是一种离群索居的孤独，而是一个走在社会思想前列的人往往不可避免存在的一种孤独，就是大多数人跟不上他的发展水平，所以他不免产生孤独。还有一种孤独是因为他的理想很崇高，而周围的人往往不理解他，因此产生了孤独。所以我认为文学大师、哲人智者的孤独往往是通向人民心灵的一种思想状态。他们恰恰是通过孤独接近了人民，这是他们接近人民、为了人民的一种心理反映。我把它叫作宏观的总体性的孤独感。还有微观的个体性的孤独感，就是作家在创作过程中摆脱了俗念的束缚。如果一个作家只是想着他的作品发表后能得到多少稿费，那么他的小说是难以成功的。这种脱俗的孤独的感觉，是一种暂时的完全沉醉于自己作品中的感觉。

第三个是超越感。这种超越不是脱离，而是宏观地高高地站在所掌握的素材、所要反映的对象之上，完全把握着、驾驭着、控制着、超越着它的感觉。不是被素材牵着走：这个太复杂了，怎么写它？写这个还是写那个？加重这个，还是减轻这个？搞不清楚，被素材羁绊住了，这不是好的创作心态。

第四个是契合感。就是和他处理的对象、他所掌握的素材完全处在水乳交融的状态。也就是作品所反映的生活是他自我的生活，作品中所写的人就是他自我的一部分，完全的契合。凡是好的作品都是表现为这样的。所以可以说，任何作家的作品都带有自传的性质。这个自传不是说他的生平自传，当然也包含着这个，如托尔斯泰，很多小说故事是他的家庭的故事。鲁迅的小说素材很多是他自己的生活过程。还有一种是他心理的、情绪的、感情的自传，某种意念、某种情绪折射在里面。比如说鲁迅的小说《伤逝》，是写涓生和子君的爱情故事，整个的过程是由爱到爱的失败。但是周作人说：《伤逝》是写兄弟失和。周作人有些胡说八道的东西，但是这个说法我认为是对的。这是他的感情的一种折射，兄弟失和给了鲁迅很大的痛苦，这件事情对鲁迅的一生刺激很大。这种感情的内在的东西，是通过一个爱情故事折射出来的，他把他的情绪灌输到作品中去了，这也是一种契合的状态。

第五个是灵感流星的不断闪出。就是小灵感，每个章节中出现的灵感。郭沫若写《屈原》是有很详细的计划的，但是他后来整个地打破了，九天就写完了剧本，就是他处在一种灵感飞扬的状态了。

第六个是模糊性状态。如果一个作家对于某个作品的每一个细节，人物性格发展的每一个阶段都想得非常细致，然后按照这个预想去写，我认为这样子写不好。而处于一种模糊状态的时候（不是全部的模糊，而且在有些地方是模糊的），这个时候是一种比较好的创作心态，就是说这个模糊的地区就是他的灵感飞扬的地区，就是他的创造性活动的领域，就是他的作品在创作过程中不断发生变化的地区。如果一个作家写作品完全按照他的提纲一条一条地去写，即使是写论文也不行。我写论文都不是完全按照提纲去写的，而且往往写出来的东西都是离开提纲的，还有的得意的地方都是提纲里没有的，但是提纲可以成为一个诱因。

第七个是无意识状态。不是完全的无意识状态，而是在有意识状态中间存在着一部分无意识状态，这也是作家的创作心态中最佳的一种。

以上我谈了七种作家的最佳创作心态，我的书里称作"创作心态七佳"。这七种最佳的创作心态不是分别存在的，而是融为一体的，在整个的创作过程中有机地结合在一起发生作用。

关于创作心理，我今天要谈的就是这些。因为现在的创作心理还有许多的东西是"黑箱"，没有解决，我现在谈的也只是一种探索。好了，谢谢大家星期天还来听我这个发言。

# 创作心理的内构造

每个作家都有一个独具特色的创作心理的内在构造。

这是一个同外在世界、外在基础相联结、相接续又相对应的另一个世界、另一个基础——内心世界与内在基础。这是一个人的心理、意识的内外世界、主客观表现的完整体的另一个方面，是两"相"结构系统的另一个子系统。它是由外在世界促成的，又是自我孕育的，是两者结合而诞生的。它的生成和发展，是自我意识的生成和发展。

对于一个作家来说，生成和发展这个以内觉到内心世界、内在基础的体系，是十分重要的、必不可少的，是创作心理的基础，也是它的核心。这个内心世界决定主体对于外在世界的把握和认识、理解、情感，也决定将来如何反映、描绘它。

S. 阿瑞提在《创造的秘密》中，详细地讨论了内觉问题。他指出内觉是一种无定形认识（amorphous cognition）、一种非表现性的认识。就是说，内觉是不能用形象、语词、思维或任何动作来表达的一种特殊的认识。因此，它不同于概念这种成熟的认识形式，而是一种非言语的、无意识的或叫前意识的认识。它没有达到成熟的思维水平。它只是"不能详细准确加以分析的体验"，是"无形象认识的实际呈现"。

这是认识的一种不成熟形式，但不是一定低于成熟认识形式的形式。它的这种特性为它带来自己的优势。

阿瑞提指出："内觉是对过去的事物与运动所产生的经验、知觉、记忆和意象的一种原始的组织。"意象既高于这些，但是，却又没有达到意识水平，它把经验等进行了组织，但又受到压制而不能达于意识，只是产生间接的影响；它超越了意象的阶段，但又不能再现任何类似知觉的形象，所以不易被认识到，它含有情感成分，但是又不能发展为明确的情绪感受，它进行了诸心理活动的组织工作，但又不能导致直接的行动；它在认识上比意象有了相当的扩展，但却既不能在主观上予以察觉，又不能转化为语词的表达而停留在前语词水平。这样，内觉就是非常模糊的、不稳定的、不能告知别人和与别人分享的。它确确实实是一种内觉。阿瑞提为此把它定性为："一种简单的心理活动受到抑制之后所体现出来的情感倾向、行为倾向、思维倾向。"

这样，我们看到，内觉有两个特点：一是消极的，即它是在一种简单的心理活动受到抑制后出现的，抑制是它的条件；二是积极的，即它是几种简单和复杂的心理活动的组合，具有情感、行动、思维的倾向。但从另一面说，又可以描述为它是积极的组合，但却是受抑制的结果，它也是消极地被抑制了，只是一种不明确、不稳定的倾向，但又是积极地形成了一种动势，要求转化。因此，"内觉是脑的中介结构"，是一种承前启后、承低启高的中间过渡"领域"。

这个领域宽泛、流变，很有用处。这种内心感觉，往往使人感到一种非言语可以表达、只可意会不可言传的"一种气氛、一种意象、一种不可分解"的"'整体'体验——一种相似于弗洛伊德所说的'无边无际的感受'"。这种感受类似直觉、潜意识、本能。它也是与它们相通的一种主体的感受、心理状态和潜在的能力。[1]

由于内觉的这种特性，它同创造力和创造活动的关联，它同艺术创造、审美活动的关联是很明显和自然的。也许我们可以说，内觉是人的审美本能的一个条件、一个组成部分。内觉带有一定程度的抽象（这是它超越意象和不同于意象的地方），但它又没有达到抽象的程度。[2]它只

---

[1] 日本禅学大师铃木大拙在《禅与心理分析》中讲了这样一个故事：禅师柳生但马守有一天在花园里欣赏盛放的樱花，他沉湎于默想中。突然，他感到身后有一股杀气，转身一看却无他人，只有平常拿着剑跟随他的侍童。事后他查问起来，竟是侍童当时心里有一个活动："主人的剑术尽管再好，如果现在我从后面突然袭击他，他恐怕还是不能防卫自己吧。"这念头被但马守觉察到了。铃木大拙解释这"杀气"说："这是一种无法描绘的东西，只能从内在感觉到，是从某个人某种东西发出。某些刀剑充满了杀气，而另一些则令人感到敬畏，或尊敬，或者甚至慈善。这要靠造剑者的性格或气质而定，因为艺术作品反映出艺术家的精神。在日本，刀剑不仅是屠杀的兵器，而（且）是一种艺术品"（《禅与心理分析》，第48页）。这里所说的从"内在感觉到"，可能就是一种内觉。禅师凭内觉识杀气，艺术家也可能凭内觉感受生活并体验它。

[2] 阿瑞提曾举"红"为例。我们看见许多红色的物体之后，能够抽象出"红"这一特性来；但内觉还达不到这个水平，它的抽象是模糊的，特征不能用词语表达出来。(S. 阿瑞提：《创造的秘密》，辽宁人民出版社，1987，第70-71页)

是一定程度的抽象的感觉、感受。感情和倾向，是一种"原始的抽象形式"。创造力就往往把这种"原始的抽象形式"改变为具有普遍性的抽象类型，达到一种高层的心理机制。比如一种散乱的、模糊的、抽象的、无定型而又捉摸不定的情感，最后被用诗歌或戏剧的形式表现出来（《创造的秘密》，第71页）。艺术创造正是这样：创作主体的一种莫可言状的、只可意会无法言传的、"剪不断、理还乱"的思想、情绪、情感、感受，一方面强烈，一方面又很模糊，可是恰恰是这种"内觉的驱使"，推动作家、艺术家去创造，去创作一首诗、一篇散文或一幅画。而且，往往在这种时候的创作是成功的，富于艺术素质的。这原因就在于内觉是发自内心的、冲动性的、强烈的、要求冲决而出的。由此可见内觉同文学创作、同审美活动关系密切。

阿瑞提之所以说"从事科学工作或进行逻辑思维的人注重概念而难于觉察内觉，而具有'艺术气质'的人能更多地体验到内觉"[①]，是因为前者在学习、训练和日常工作的过程中，更多地接受和被要求做到注重实在、事实、逻辑推理、抽象思维，因此压抑了内觉能力。而有艺术气质的人，在同样的活动中，却更多地发展、扩充了内觉，而相对地抑制了注重事实与逻辑的一面。一般地说，人类在自己的远古的童年时期，更为经常地使用内觉，这方面的心理能力强；现代人在童年时代也是更能体验内觉的。相反，现代人在成年时期却抑制了内觉。但是，具有艺术气质的人却使内觉活跃，并且不断增长，"自我扩充、自我丰富，增添新的范围，即使在高水平的心理活动出现后也是如此。"（《创造的秘密》，第72页）这就是作家艺术家之所以被称为"童心永在"、不失其赤子之心的原因。

由此也就可知，作家要构建、发展自己的创作心理、创作才能，就要发展自己的内觉能力，提高内觉水平，建立一个丰富多彩的内觉世界。

前面说过，内觉是中介结构，是过渡领域，是处在流变状态中的。阿瑞提指出了内觉的五种转变趋向和可能，它们都会成为通向创造力的出发点。其中有两种以上与文学艺术的创作有关，于文学艺术创作有助

---

① 阿瑞提指出，科学工作者"处在创造力时期"即正在进行创作活动时，也是能体验内觉的。这同他们平常的表现不同。由此也可见内觉与创造的关系。（S. 阿瑞提：《创造的秘密》，辽宁人民出版社，1987，第71页）

益。①这就是转变成情感和转变成梦、幻想、白日梦、遐想等。内觉的这种转变，成为移情、直觉和灵感，直接变成创作发展的契机、推动力和内涵。在创作活动中，内觉有时会直接变成语言或某种视觉艺术（画或雕塑）。所谓直接，就是从压抑状态、从潜意识中，迅速地、未经意识经营地转变成语言（文学作品）或视觉形象（造型艺术作品）。所以表现为一种"直觉"和"灵感"形态。阿瑞提称这种状态为"主观上觉察不到那些先前的阶段"，这种先前阶段就是在内觉和"灵感"之间可能有的、很多中间阶段。（《创造的秘密》，辽宁人民出版社，1987，第77页）

音乐和抽象的视觉艺术是这种中间阶段"最短""离内觉认识阶段最近的创造力形式"《创造的秘密》，辽宁人民出版社，1987，第79页）了。音乐不必直接模仿或简单模拟自然的声音（溪流与鸟鸣的声音），而"抽象艺术中的色、线、形也许并不是再现任何自然存在的事物，而是企图表现艺术家心中的内觉生活"。文学、戏剧虽然中间阶段更多一些、"路途"更长一些，但是，也会有这种直接的过渡、跳跃式的艺术获得。阿瑞提在他的著作中列举了尼采写《查拉图什特拉》时的情况、亨利·詹姆斯创作《波音敦的珍藏品》的情况，并指出："剧作家或小说家经常是从内心中蓦地出现一种幻景，随后的剧本就是以这一决定性的景象为中心而构成的。"（《创造的秘密》，辽宁人民出版社，1987，第80页）在这里，一方面内觉以无意识状态产生并围绕着这个形象；另一方面则是创作主体对内觉进行一种有形的、外在的、语词的表达（同上）。这种内心蓦然出现的幻景、形象，就是内觉的转变，是创作的"胚芽"或"种子"。亨利·詹姆斯说他的《波音敦的珍藏品》的"最初的胚芽"，像一粒"单一的、微小的种子，一粒无意中被邻居的某件事所偶然提示而瞬息出现而又随风飘落的种子"（同上）。这种外在的刺激，触发和激起内觉的活动与转变，使早已贮存于内心的大量素材在内觉水平上重新加以组织，最后，终于呈现为某种艺术形式。意识在中间的工作，往往是自发的、自调整、自整合的，并不为主体所察

① 内觉的五种变化："转变成可以传达的符号，也就是转变成各种前概念形态和概念形态（符号一般是语词，但也可能是图形、数字、声音等）；转变成动作；转变成更确意的情感；转变成形象；转变成梦、幻想、白日梦、遐想等等。"（S. 阿瑞提：《创造的秘密》，辽宁人民出版社，1987，第76页）

觉，所以往往表现为直觉和灵感形态。

属于这种内觉——创造情景的文学创作，还可以举出托尔斯泰创作《哈泽·穆拉特》和《安娜·卡列尼娜》的情形。前者由一朵路旁的牛蒡花而激发了心中以内觉水平存在的素材（关于哈泽·穆拉特的和关于生命、人生意义的，有一部分是属于显意识和概念阶段的），后者最初是激发了作家的一般内觉，后来经过思考，才能将处于内觉水平和其他更高水平的素材转变为可用的材料。

总结起来，可以归纳为内觉的三相内涵结构：（1）过去的结构（体验、认知、印象、意象、概念等）；（2）当前的无意识情感，即不明确、不稳定的情绪倾向；（3）神经细胞组织或内在心理组织。这三者结合决定了内觉的蕴涵（《创造的秘密》，第82页）。

这样，内觉并不是无源之水，内觉所带来的创造力（在内觉水平上表现的创造力），也不是纯天才的产物，它决定于三个相关因素：第一，过去的经验，这就涉及创作主体过去的全部经历（外在的和内在的、宏观的和微观的），过去的全部积累（生活、情感、形象、审美等的积累），学习和艺术实践（艺术欣赏与艺术创造）；第二，当前的无意识情感，这涉及对象（刺激物）的形态、刺激能量和刺激力度，当时的时空环境，涉及主体的情感积累（历史的）和情感现状（现时性的）、情感类型和强度、意象储存与内觉水平等；第三，神经细胞和心理组织的状况，这涉及遗传、生理条件和性质及与前两项有关的心理素质。在这样的三相结构中，每一相都是具有客观性、实在性和规律性的，不是全部归于主观、虚玄和随意性的，不是天才的，不是不可知的。因此，它也就是可以探寻规律的，是可控制、可调节的，是可培养、可训练的，是可以通过主体努力去求得预期效果的。一个作家可以在掌握规律的情况下，通过自我努力，去达到内觉水平的提高、内觉贮存的丰富。这也就是提高自己的艺术素质和创作能力。对此，作家、艺术家要体会品味，自觉地加强自己的内觉艺术修养。

许多作家都谈到创作时的内视力，谈到作家的内视力的必要和重要。什么是内视力？这就是作家从内部去观看对象、观看自己所虚构的形象、观看意象制造的形象。苏联的 H. M. 柯斯托马诺娃在1956年进行了一项有趣的实验和研究：她研究双目失明之后成了雕塑家的林娜·波是如何创作的。她要创作一座雕塑品——《芭施基尔卡姑娘》，她身边有一个收养的俄罗斯女孩。当构思产生后，她调用了自己的全部视觉经验，她选配适合需要的形象，她还让自己的小孩帮忙，找到"适合我的思想姿势"。这也找到了。于是："现在应等待我的'模特儿'的'出现'。这个'模特儿'一定会在我睡着之前'出现'。我会在以后将要雕琢的大小上清楚地看见它。此时我在思想上用手进行测量，在思想上巩固骨架。"（H. M. 柯斯托马诺娃：《视分析器损坏者的视觉想象的特点》，转引自尼季伏洛娃著：《文艺创作心理学》，甘肃人民出版社，1984，第34–35页）这是一个特例，最能揭示作家、艺术家的内视力的性质与内涵；它不是用眼睛来看的，而是用心来"看"，用感觉、体验来"看"，用思想来"看"，它凭借和调用记忆和视觉经验。我们还可以补充：创作主体还凭借和调用意象与内觉的储存。这种内视，虽然不用视觉，但却是形象的，是活跃的、行动的。歌德和巴尔扎克都说过，无论是体验还是想象，都要深入人的心灵，这种深入要靠自己的心灵，这就是一种内视。作家在整个的创作过程中，从构思、酝酿到写作，都不断地运用内视来观察、体验人物的心灵和行为。狄德罗说："有天才的人、诗人、哲学家、画家、音乐家都有一种我不知道是什么的特殊、隐秘、无从规定的心灵品质，缺乏这种品质，人就创作不出极伟大极美的东西来。"（《论天才》，转引自《西方古典作家谈文艺创作》，春风文艺出版社，1980，第111–112页）这是一种什么品质呢？狄德罗说，不是想象，不是判断力、不是狂热、不是敏感，也不是趣味。他说是"头脑和脏腑的某种构造，气质的某种构造"。他没有说出是一种什么构造，但他说这种构造还必须补充两样东西：观察精神和预见性。我们理解狄德罗的意思，有可能就是内视力，至少是在这种构造中包含内视力。狄德罗还谈到，拉斐尔、加拉雪绘画中的形象，是从哪里找来的呢？他说："他们是从一个强健的想象力中，从作家中，从云霄中，从火焰燃烧中，从废墟中，从整个国家中吸取最初的形象，然后经过诗意的扩展。"（《绘画论》，转引自《西方古典作家谈文艺创作》，春风文艺出版社，1980，第109页）

# "两面神思维" ①

——关于作家的思维方式及其特征

　　我在读过德国著名作家、1972 年诺贝尔文学奖获得者海因里希·伯尔的两部长篇小说《莱尼和他们》《保护网下》之后，引起一点关于作家思维特点的感想。

一

　　《莱尼和他们》的故事很简单："二战"期间，军工花圈工场的女工莱尼对苏联战俘产生了爱情。作家没有直接去描述这段爱情，而只是将此作为一个"历史事件"，向现在仍活着的当时工场里的人们进行调查。于是"他们"一一出场，提供"证词"，既讲莱尼，又自我暴露。第一叙述者（作家）退为调查者，而让"他们"作为第一叙述者站到前台表演：以今天今人之观念讲昨天，过去的"历史"映照在今天的"现实"之中，既是对过去的回顾，又是与"现状"的对照。这里，透过多重的"复眼透视""交叉映照"，使"主体"和"客体"、"自在"和"他在"、"昨天"和"今天"、"事实"和"观念"、"外在"（"美"）和"内在"（"丑"），渗透汇融，同时、同地、同步、同事（件）一次成像。这就是以少胜多，以一当十，以薄（简略故事、习见故事）映厚（深厚的历史、社会、文化内涵）。艺术的高值效应，就要靠这种本领了。

　　《保护网下》的故事也并不复杂：国家保安机关采取一切安全保护措施，以免雇主协会主席遭受恐怖主义分子的杀害，因此，保护网成了监禁网，被保护者一家失去了一切行动自由。故事以这一事件为主干展开，但各个"分枝"故事，既从"主干"分出，又一一回归"主干"，

---

① 原载《芒种》1995 年第 11 期。

而每一"分枝"又同时成为一个"分主干",每节皆有一个"主要人物",在另一节,他退居次位,另一主角登场,但鱼贯相连,或隔节相连,如此推进故事。巧妙的,也是深刻之处在于,故事演进着,形成了多重生活的悖论:被保护者,被监禁了;冲破监禁的是执行监禁任务的警察;冲破保护网的是被保护的对象(雇主协会主席的女儿);仇恨雇主协会主席的是因为有钱而仇恨金钱的雇主协会主席的儿子、媳妇;最后放火烧了雇主协会主席宅第的竟是从家庭里杀出的雇主协会主席的8岁的孙子。

二

这位诺贝尔文学奖获得者,在构思作品时对生活作了多么深入、细致、独到的探究和思考,正是这种思考和所得出的结论,形成了他的叙述策略和结构范式的设计,逻辑思维在这里发挥着决定性的作用,它使生活升华了,取得了生活化的、形象化的、和着典型人物血肉的理论形态。反过来说也可以:理论、思想取得了生活化的、形象化的、人物典型血肉的文学形态。作家在处理事件、人物、意旨时,经过深思熟虑,发挥知性的威力、理论的穿透力,提炼、推理、判断,打破、打乱生活的原生状态而重构事实,作家凭此深入生活的本质,然后"重构了一个新的生活世界",发掘、建构了一个"意义世界",并组建了一个与之契合的叙述范式,从而能够更系统、更全面、更深刻也更独到地反映生活、刻画人物。这正是逻辑思维之建功立业与胜利。或者说是逻辑思维与形象思维协同工作[①]的胜利。

三

德国两位文学大师歌德和席勒,论述过两种思维的"共存一体"的关系。

歌德说:"所有的推理都被转变为一种表象。"又说:"最高的智慧乃是懂得每件事实都已经是理论。"推理可以被转变为表象,而事实本身就蕴含着理论了。歌德在《色彩学》中又指出,我们对事物"**每看一眼**",都导致一次"审查",而每一次审查又导致一次反思,每一次反思

---

① 本文黑体为著者加。

又导致一次综合。概括这种观察—感觉—印象的行程是：观看—审查—反思—综合。所以歌德说："在对世界的**每一次注目**中，我们就已经在进行**理论活动了**。"他在根基上、原始形态和哲学意蕴上揭示了观察—感觉—印象（形象思维范畴）同审查—思考—综合（逻辑思维范畴）的互相推移、演进、渗透、转化以至于结合的进程和结果。所以恩斯特·卡西尔说，"歌德否认在直观和理论之间有判然的界限"，"在他看来这两个王国并非不相往来"。（以上引文均见卡西尔著《卢梭·康德·歌德》，生活·读书·新知三联书店，1992年版，第99页）

席勒的朋友洪波尔特（他同歌德、席勒"三足鼎立"，为当时德国思想文化界的三颗巨星）写信给席勒说："没有一个人能够说究竟你是诗人在做哲学思考呢，还是哲学家在做诗？"在创作和研究的实践中，席勒也是一面从事文学创作，一面做理论的思考和著述。他在给歌德的信中说："当我应当进行哲学思考的时候，诗的心情常常占了上风；当我想写诗的时候，哲学的心情却又占了上风。"（转引自蒋孔阳著《德国古典美学》，商务印书馆，1984年版，第178页）歌德说明了两个思维的王国"并非不相往来"，而席勒则表白了他在实践中出现了两种思维互相"侵犯"和干扰的情状。这正表明两种思维的交相辉映。

我称这为"两面神思维"。我在这里是借用，这种思维方式的原意是指在思维的同一瞬间，向相反的两极同时运作，爱因斯坦是此种思维方式的典型代表。我们这里则是指逻辑思维与形象思维两种能力，在同一个作家、艺术家身上体现出来。

四

不过，以上所说，还只是两种不同类型的思维方式、思维能力的**外在性结合、外在性体现和外在性功能发挥**。

事实上还可以进一步揭示两者彼此渗透、"你我之中互有"的**内在性结合、体现与功能发挥**，即在**同一瞬间，共时性**发生作用。

前述海因里希·伯尔的创作状况，其实已经提供了一个作家创作实践的证明。不过，我们仍可在此寻觅一点理论的渊源。

列维·施特劳斯在着重研究人的思维结构时指出：未开化人的思维的**具体性、整体性**特征，同开化人的抽象思维的**概括性、抽象性**是不同的。但是，这两种思维形式在长期的人类发展史中，却各作平行发展，

205

［两面神思维］

既保持了自身的特征，又共存于人类思维结构体中；不过，它们各司其职，发挥着不同的文化功能。它们互相渗透、补充，在人的思维过程中同时发生作用。即人在思维时，既有具体性、整体性，又有概括性、抽象性。比如野性思维中"丰富的抽象性词并非为文明语言所专有"（《野性的思维》，商务印书馆，1987，第3页）。就是说以形象为特征的野性思维中，也含有抽象性，即含有逻辑思维的因素。

　　恩斯特·卡西尔在论述同"野性思维"属于同类同品的"神话思维"时指出，"神话思维"同语言、艺术是**同源**的，他引述维科的话说："人类文化的真正统一表现为语言、艺术和神话的三者合一。"（《野性的思维》，商务印书馆，1987，第4页）在"源"上同一的两种思维，在"流"上，也是互相渗透的，卡西尔说："科学长久以来**保留着原始神话的传统，只是赋予它另一种形式而已。**"（《野性的思维》，商务印书馆，1987，第6页，黑体为引用者所加）另一方面，"在理论意识与神话意识之间，并没有……那种断裂、没有鲜明的时间分界线。"（《野性的思维》，商务印书馆，1987）我们从这种对于两种思维方式的"源"与"流"的特点论述中，可以得出结论：逻辑思维和形象思维，在"源"上是同一的，"本是同根生"，而"流"即长久的发展史上，又一直是互相补充、互相渗透，不断裂、无鲜明界限的。这也就是说，我们可以合乎理论逻辑地指出：作家在创作实践中，即在从事创作时的思维运作和智力操作，是具体性的、整体性的、形象性的、感觉性的思维，也就是"野性的""神话性"的思维，同概括性的、典型性的、抽象性的、理性的思维，**一齐进行、一齐活动、一齐创造**的。列维·施特劳斯所说的语言中的抽象性，卡西尔所说的神话思维中的"神话幻想""梦幻体验"，都在创作活动中发生作用。这正是作家在创作活动（写作过程）中，两种思维同时发生作用的具体运作形式和表现形态。

　　我们还可以从语言学角度略加补充论说。语言哲学大师海德格尔指出，语言具有自我陈述能力，词语中包含着产生它们时的生存状态。这便意味着词语、语言既具有历史-社会的存在状况的"时相"，即形象性、具体性的东西，又具有一种抽象性、象征性。因为语言已经是对"实在"的抽象表现。比如我们说大小或红黑，尤其是说"崇高""热情"等时，是对具体、个别、形象的事物抽象化、概念化了的。所以，卡西尔说，语言是"从感性过渡到理性的中间环节"，是从"神话"过渡到"科学"的中间环节。"神话"是"前语言",而"科学"则是概念系统。这样,语言就是介乎形象思维和逻辑思维之间的,也就是说,语言之中就蕴含着形象和抽象、蕴含着形象思维和逻辑思维的具体结合。

因此,作家在使用语言材料来构筑他的作品大厦之时,**这本身就是两种思维交汇融合的运作过程**。因为"材料"(语言)自身就是融合着两种思维的。

我常常想象托尔斯泰在写《战争与和平》或者《复活》时,如何一面在脑中活跃着各种人物形象、战争的恢宏场面、舞会的豪华景象,一面则选择着、创造着各种可用的、精妙的、富有表现力的语言,并思考着如何把它们组装起来,成为一种话语,把那些活动着的人物、场面表达出来,并且同时把握着行进的"节拍""方式",照顾到总体的结构、完整的叙述框架,内在的、潜存的、事先确定的小说旨趣,想好了,合意了,然后才汇合、体现为具体话语、句式、段落,落在纸上。这正是作家"两面神思维"运作的情景。他操纵着语言,构造句、段、章,这是具体的、局部的"两面神思维"运作;同时,形象思维呈现着、跳动着、翻滚着,逻辑思维则导引着、控制着、规划着,彼此交错,融会贯通,运思落笔,化为话语,制成作品。

这就是"两面神思维"的状况了。不过,为了更准确一些,我们不妨称作家的"两面神思维"为"形象-逻辑两面神思维"。

# 文学创作中的悬拟心理活动①

## ——创作心理研究

作家在进行创作时，他的创作心理在总体上的活动，可分为三个方面：一是创作心理的本体活动；二是创作心理的悬拟活动；三是创作心理的预测活动。这三项创作心理的活动，当然都同普通心理学有关系。不过，我们在这里只从第二项即创作心理的悬拟活动方面，来讨论创作心理同心理学的关系，以及作家的创作活动同心理学知识的关系。

创作心理的悬拟活动，是作家在创作时"以己之心，度人之腹"的心理活动，即运用自己的心理活动，来悬拟、推测别人的心理活动，构建作品中人物的心理活动，这是创作心理的本体活动所产生的结果。作家在此时进行着双重的、双层的心理活动：在心理本体活动的基础上，"拟人"在进行别人的心理活动。这是作家、艺术家的一种特殊本领、一项"特异功能"，他沉入一种想象的、幻觉的境界之中，他生活在自己制造的"别人"的意识中，进行着一种"熟悉的陌生人"的心理活动。果戈理写波普里希钦、鲁迅写"狂人"，都用第一人称的日记体裁，鲁迅"逐日"地为狂人写下了自己的日记，悬拟着他们的狂悖心理和在这种心理状态下狂人对事物、景象、人物等的反应和态度，更用狂人的语言表述出来，形成文字。在这个创作过程中，一直进行着既是沉迷的又是清醒的心理悬拟活动。即使不是这种以"我"的自白的形式来创作，而是第三者的叙述方式的描写，也同样需要这种悬拟心理活动。莎士比亚之描写李尔王的狂态、哈姆雷特的心态，陀思妥耶夫斯基的描写变态人的心理状态、他们的白日梦心态（如《罪与罚》中的拉斯科尔尼科夫），以至于托尔斯泰的细致地描写刻画彼埃尔、安德莱·保尔康

---

① 原载《鸭绿江》1988 年第 5 期。

斯基公爵、娜塔莎（《战争与和平》）、安娜·卡列尼娜（《安娜·卡列尼娜》）、马斯洛娃、涅赫留多夫（《复活》）等人的细微而详尽的心理活动，也都无不需要沉浸于一种悬拟的心理活动之中。

这种悬拟心理活动是作家的"人格化"特性。在文学史上流传着许多关于著名作家在创作过程中进入悬拟状态的故事，作品中的人物已经成为他自身的人格化身，彼乐我乐、彼哭我哭、彼病我痛、彼死我伤。巴尔扎克因为自己作品中的人物的死亡（他的悬拟中的死亡）而哭泣，托尔斯泰因为笔下人物的不幸而哀伤，福楼拜甚至在写到爱玛·包法利服毒临终的情节时，自己也感到了中毒的种种症状，而去求医。"这是一种禀赋，作家以强烈的力量，使自身与人物合成一体，亲身极其痛苦地体验作品人物（按照作家的意志）所遭遇的一切。"（《金蔷薇》，上海译文出版社，1980，第132页）

这种人格化的悬拟活动，是创作心理的一个重要的、不可缺少的功能。作家创作水平的高低，很重要的、基本的因素之一，就是这种悬拟的心理功能。托尔斯泰笔下的人物（彼埃尔、安德莱公爵、娜塔莎、安娜·卡列尼娜、马斯洛娃等），《红楼梦》中曹雪芹笔下的宝、黛，陀思妥耶夫斯基笔下的拉斯科尔尼科夫，鲁迅笔下的"狂人"与阿Q，曹禺笔下的繁漪，都无不是心理活动具体、详细、性格化的，因此人物是栩栩如生，如见其人。而这一切，都只不过是作家心理活动的结果罢了，是作家创作心理中"悬拟心理能力"所开出的艺术之花。

韦勒克和沃伦在《文学理论》中，很有意思地提出了"作品本身的'心理学'问题"来讨论。他指出，戏剧和小说中的人物的心理活动，"在心理学上具有真实性"，也就是说，人物的心理活动规律和表现，是符合心理学规范的。因此他提出，"一个作家可能有意识地，也可能朦胧地持有一种心理学理论，有时它看来就符合于一种人物或一种情境的。"就是说，作家是在一种心理学理论的指导下来进行人物心理活动的悬拟的，（或者说他所悬拟的）人物的心理活动是符合某种心理学理论的。他举了一系列例证：哈姆雷特是属于"忧伤沉郁的多血质者"类型，《皆大欢喜》中的贾克斯属于"黏液质的阴郁所引起的矫揉造作的忧伤"类型，商迪则可证明患有洛克（J. Locke）所说的"语言联想症"，司汤达《红与黑》中的于连·索黑尔则被人用特哈西（D. A. deTracy）的心理学的术语加以说明。他还指出："鲁迪安·拉斯柯尼哥夫的动机和感情则被人用一种具有临床心理学特点的方法加以分析。普鲁斯特无疑地有一套关于记忆的心理学理论。甚至对他自己作品的组织，他的理论也具有重要性。弗洛伊德式的心理分析往往被小说家们有意识地采用，如艾肯（C. Aiken）或弗兰克（W. Frank）就这样做。"（《文学理论》，生活·读书·新知三联书店，1984，第89页）我们在这里还可以做一点补充，比如鲁迅在《狂人日记》中对于狂人的心理描写，是符合心理学上描述的迫害狂病人的症状的；而他的《补天》（《不周山》），他自己就声明是"描写性的发动和创造"的，是"取了弗罗特（按即弗洛伊德）说，来解释创造——人和文学的——的缘起"（引文分别见《南腔北调集·我怎么做起小说来》和《故事新编·序言》）。这是运用并符合一般心理学理论和弗洛伊德的心理学理论。此外，我们也还可以分析《雷雨》中的繁漪、《子夜》中的吴荪甫、《家》中的觉新等形象，证明他们是符合一般心理学或性心理学（特别是其中的性压抑与无意识活动）的理论的。这些，说明了成功的作品、文学大师和杰出作家，总是能够成功地、符合心理学原理和规律地去悬拟人物的心理。反过来说也可以：如果能够符合心理学规律和原理来悬拟人物心理，作品就能够达到最佳或较高水平。

这就证明了一点：创作心理在创作过程中进行工作和实际运行时，悬拟的心理活动及其水平，是非常重要的，对于作品是起到关键作用的。作家在创作沙场上的搏击，很重要和很关键的一个环节，便是这悬拟的心理活动，《文学理论》中称为"作家成功地使他的人物的行为带有'心理学的真理'"（《文学理论》，生活·读书·新知三联书店，1984，第90页）。这一点对于作家取得创作的成功是重要的。

然而，正如《文学理论》中所提到的，这里马上遇到几个问题：一个是，作家是否一定要掌握心理学理论，按照这种理论来创作自己的作品，特别是据此以悬拟人物心理？第二，即使作家具备了心理学的理论装备，他"能否真正成功地把心理学体现在他的人物和人物的关系之中"？（《文学理论》，生活·读书·新知三联书店，1984，第89页）第三，就算做到了第二点，即作品具有了"心理学真理"，那么这种"真理"，这种人物心理在心理学上的合规律性，是否就具有艺术上的价值呢？

关于第一点，我们可以说，一定的心理学知识或较高的心理学素养，对于作家观察生活和人物、剖析他们的心理，对于在创作时，较准确、较生动、较合理地悬拟和表达人物的心理和人物群体的心理纠葛与关系，都是有好处、有帮助的；文学作品的"心理学上的真理"性，往往能够达到或有助于达到作品在生活上和艺术上的真实性；反之亦然。有的文学作品把人物写"假"了，缺乏说服力和可信性，其重要原因之一就是人物的心理活动和受心理活动支配的实际行动缺乏心理依据，不符合人的心理活动规律；如有违反心理活动的基本规律的情况，那就成为败笔和笑话了。至于成功的例子，前面所举诸文学大师之所为与成就，便都是确凿的，具有说服力的。

至于作家能否成功地在人物和人物关系中体现心理学规律，则有两个方面的问题。第一是，那些心理学的规律究竟怎样才算成功地被体现了？在《文学理论》中，就提出了两种情况：许多伟大的艺术恰恰在不断地违反心理学准则；戏剧或小说中吸引人的情境，比写实性的心理动机更为重要。比如"意识流"小说就并不是把"主观的实际内心变化过程'真实'地重现出来"，就是说并不追求人物心理活动和行动的"心理学的真理"；而只不过是"把意向加以戏剧化的一种表现方法"，"这种表现方法似乎不能说是科学性的或甚至是'写实性'的"。（以上引文均见《文学理论》，生活·读书·新知三联书店，1984，第90页）比如福克纳的名著《喧嚣与愤怒》，运用意识流手法来体现白痴班吉是什么样的人、勃洛姆太太又是什么样的人，其中是很难说都符合某种心理学的准则的。

至于符合"心理学的真理"是否就具有艺术上的价值，则主要地要看作品本身是否有艺术上的价值，是不是一个艺术创作。"心理学上的真理"，可以使作品更具有艺术上的真实性、可信性，具有艺术上的魅力，但两者之间并不能画一个等号，即不是"心理学上的真理"=艺术价值。因为在艺术创作中按"心理学之图"来索取艺术上之"骥"是不行的，艺术作品不是心理学讲义。

但是，毫无疑问，悬拟的人物心理活动，必须符合人的一般的、基本的心理规律，符合心理学上共通的、公认的、一致承认的基本规律。（心理学的派别甚多，自古至今，分庭抗礼。现代心理学，更是学派林立，众说纷纭，所以很难依据某一种心理学说，来定文学作品的是非，肯定或否定它是否具有"心理学上的真理"。但是，心理学的研究，毕竟总结了一系列人的心理活动的基本范畴、基本规律，它们是举世公认的。）否则就会是违背常理也违背生活的，也就是不真实的了。因此，"在某些情况下，作家在心理学方面的识见似乎提高了作品的艺术价值是可以肯定的。"作者在这里给了两个限制条件：（1）"在某些情况下"；（2）"似乎"，以此表示了一种保留态度。但笔者认为，心理学方面的识见，对于提高作品的艺术价值，肯定是有帮助的、有益的。至于写成了心理学讲义或演绎了心理学规律，那是作家的水平问题，而不是心理学识见的责任。

同时，作家的心理学知识，也会帮助他在生活中和创作中去观察、体验、感受、分析，整理和表达人物的心理素质、心理活动和心理规律，使对人物心理的表达更深刻、更入情入理。因此，它应该是作家的一项重要的艺术创作的准备，是创作能力的一个内涵，是进行悬拟的心理活动时的一种理论指导、规范参照系的艺术价值的添加剂。《文学理论》中指出："只有当心理学上的真理增强了作品的连贯性和复杂性时，它才有一种艺术上的价值——简而言之，如果它本身就是艺术的话，它才有艺术的价值。"（《文学理论》，生活·读书·新知三联书店，1984，第91页）所谓增强作品的连贯性和复杂性，就是说，使作品中的人物的心理活动、心理规律具有连续性、一贯性，但又不是直线的、单一的、苍白的，而且包含着心理活动各种能力和机制（感觉、知觉、表象、记忆、想象、情感、思维、意识、个性等）的复杂运行过程；同时，使作品中的人际关系和情节发展，具有了个性的和群体的、社会的心理依据、心理表现、心理纠葛和心理发展，从而成为一个心理复杂系统，使作品具有了复杂内涵。《哈姆雷特》《战争与和平》《安娜·卡列尼娜》《罪与罚》《约翰·克利斯朵夫》《阿Q正传》这些名著的状况，便都是如此。

因此，总括起来说，心理学知识和装备及其运用，对于作家来说，是必不可少的、有益的；"心理学上的真理"，对于一个作品来说也是必要的、有益的。但它们又不是必须遵循的不二法规，也不是束缚作家手脚的绳索；相反，它是助力和风帆，会推动作家的合理想象，扬帆驶向艺术之海。关键在于符合生活的规律和艺术的规律。如果来自生活的实际，而又符合艺术创造的规律，那么，作为成功的艺术表达的方式、方法，是有益的、有助于人物心理与性格的表现的。即使违背了心理学的准则，缺乏"心理学上的真理"，也仍然是可信的，是有艺术价值的。心理学在这里不会"挑剔"或加排斥，倒是自然会去总结和反映这种心理现象，补充、修改和提高自己的学说内涵。因为心理学规律，也是来自生活、来自人自身的心理活动的。

# 白石道人的艺术世界[①]

一

文学艺术是客观世界的反映，但它是通过作家、艺术家的心灵而进入艺术世界的。文艺作品也不是自然的本身，而是第二自然。在这个第二自然里，便有着作家、艺术家自己的一个艺术世界。忽视了这个创作主体（作家、艺术家）的能动作用，就不能真正理解文艺作品，也不能真正理解创作这个作品的作家、艺术家。的确，我们的文学研究，过去常常忽视这个创作主体的主观世界，好像他们只是纯客观地、被动地反映世界。因此，也就不能如实地理解和评价其价值。许多古代的作家、艺术家也便在这个未曾被真正如实地理解的状况中，被误解了，被冷落了。死者无知，荣辱毁誉，任凭后人摆布，绝不可能辩解。但是，对于祖国文学艺术的遗产，要对古人与后人负责，要有科学的态度，而且，应准确地评价。科学地总结卓越的作家、艺术家的创作经验，对我们认识和探索艺术规律，对于继承民族遗产，以指导当今的创作实践，都是很有好处的。因此，评估便有着重要的现实意义，而不是"为古人担忧"，于事无补费精神了。

白石道人姜夔（约1155—1209），便是这种被误解与冷落了的一位古代作家兼艺术家。他曾经被清代人捧到吓人的高度，说是词中之有姜

---

① 原载《江西社会科学》1986年第6期。

白石，"犹诗家之有杜少陵"（宋翔凤《乐府余论》），这自然是过誉了。但是，后来的评论，尤其是近几十年来，姜白石便被大大地冷落了，其原因主要是其作品"没有更大的现实意义"，只是艺术上颇有成就，远不及辛弃疾，等等。这评价也不能说毫无道理。中国一百多年以来，尤其是后几十年来，国难深重，民族危亡，以后又是血雨腥风，战乱连年，人民主要是用刀矛枪炮，与民族敌人拼搏，同阶级敌人战斗。因此，从政治上，对于辛弃疾及陆游等诗人，予以高度的评价，而不免怠慢了白石道人，这是可以理解的，甚至是自然的、应该的。从接受美学的角度看，在这种民族争生存、人民求解放的长期斗争中，人们喜吟铁马金戈、慷慨悲歌之句，从中得到精神的寄托、意志的鼓舞、感情的抒发和心理的平衡，并于审美的愉悦中，感受思想与艺术的教益，这也是很自然的。但是，不合理或者说不公平的是，我们又过于怠慢冷落了白石道人，特别是以他与辛弃疾比，扬辛抑姜，就显得偏颇了。这不免在对待遗产的接受和继承上，在社会审美活动与享受上，造成了我们自身的缺失。

事实上，也许可以说，如果全面地衡量，辛固然高于姜，但辛也有他的不足，正如姜也有他的不足一样。但问题并不在于此。在历史和艺术的天平上，我们很难，也不要去量出谁的"不足"更多一些。主要的还在于，无论是就时代与历史的必然来说，还是就艺术创作与审美需要来说，南宋以至于整个宋代，或者更进一步说，在我们文学史上，如果只有辛而无姜，大概既是不可能的，也会是一种缺憾。就政治思想的鼓舞与教育来说、我们的需要来说，对于姜白石也是欢迎的。同样，就前者来说，姜也有其特殊的作用；而就后者来说，辛也有其巨大的贡献。

作家、艺术家都有各自不同的身世，不同的经历、生长于不同的环境，也有由于这些方面的不同而带来不同的创作心理和不同的艺术思维、艺术世界。辛弃疾是一位有雄才大略的爱国英雄，他官位不低，常带兵征战，"余事作诗人"。他把爱国主义、英雄主义和战斗精神，倾注于词中，给词以慷慨豪放的气韵，带动南宋词坛"从宣和以来的袅袅余音中转向了'虎虎有生气'的局面"（吴态和《唐宋词通论》）。在这方面，姜白石是无论如何不能与之相比的，价值也比他差得远。辛弃疾"常搵英雄泪"，不欲作诗人。但是他英雄之志未能伸，"余事"之作却成功。他不是传统意义上的文人，但却是真正的诗人。姜白石与辛弃疾大不相同，简直可以说是两个"世界"里的人。他一生不仕，功名不就，沦落江湖，寄人篱下，他不是像辛弃疾那样，本有地位，但被闲置，意欲报效，为国驰骋，但被"错用"（"用之安内而不用之攘外"——《唐宋词通论》）。他是布衣终身，本无进身之阶，更被弃置不理（他进《大乐议》《琴瑟考古图》均未获朝廷青睐），他有忧国之心、不满之意，但不敢明说，他不是被错用，而是根本没用他。他是终身不得志，无可奈何当诗人。他心存宫阙，无意当雅士，但霸旅终生，至死是个地道的江湖散人。他确实是传统意义上的文人，但他也确实想在"文事"之外有所作为。

这样两种不同的际遇和地位，造成了他们的不同的创作心理和艺术世界。一方面我们固然要看到他们在社会审美价值上的不同和高下差别；另一方面，我们也应该看到他们在艺术世界里和满足社会审美要求上的互补作用。

我们不能没有辛词，我们也应该欢迎姜词。这是艺术世界这个大系统中的两个子系统。

## 二

姜白石的艺术世界，可分为三个部分。

（1）他的生活中的艺术世界；

（2）他的创作中的艺术世界；

（3）他的诗歌理论中的艺术世界。

这三个艺术世界是浑然一体，互相渗透，又互为表里的，也可以说是三位一体而又各在不同的领域中表现出来。

姜白石的一生是悲剧性的。他才华超众，"少小知名翰墨场"（《深夜自石湖归苕溪》之九），他不仅能诗、善词，而且长于书法，谙熟音律，骈散之文也写得不错，可以说是一位不可多得的比较全面的作家兼艺术家，而且，在许多方面，他不仅通，更堪称卓杰。尤其是他的词，更曾得到比他大16岁的辛弃疾的称赞。他在音乐创作（自制曲）和理论上，也都是杰出的，他的《大乐议》，仅就《宋史》所载者论，亦极精邃、完密。他才著称于世，"当时的名公巨卿，如范成大、辛弃疾、楼钥、叶适诸人都折节与交。"（《中国诗史》）然而，他才华盖世，却终身不第；能力出众，却潦倒一世。他寄人篱下，"在人屋檐下，不得不低头"。吃人家的，住人家的，用人家的，得人家的赏赐，能不就范？但他又从不弯腰，"布衣何用揖王公"（《湖上寓居杂泳》之三），有时还以"戏"词讽刺与规劝他的主公，他到晚年还写出了"天工应不负才名"（《寄时父》）之句，可谓至死心不甘，不信天公终负才。但他也确实被"天公"负了终生，空有才名未得伸。最后，他死无葬身之资，"除却乐书谁殉葬，一琴一砚一兰亭"（苏泂《到马塍哭尧章》之二），伴他离开这个对他颇不公平的世界的，依然只有艺术物事。正是在这个艺术世界里，他才得到了慰藉、安抚、情的寄托、心的暂安、意的畅快、气的舒展。他在《白石道人诗说》中，说写诗要"意中有景，景中有意"，这意便是他心目中、想象中的意念、意境、意志，其中有景——有一个虚幻的世界，他的心灵所创造的世界，这是他的痛苦的心的暂安之所，是他的哀伤的心灵的寄托之处。他也正是在这种创造意中之景（即创作）的过程中，才使得自己心中不平之气得以吐露、难言之情得以抒发、痛苦之心得以平息、家国之念得以寄托，他才从中得到心理的平衡、意愿的补偿，以至于身体的休养。从生活到艺术，从现实到虚幻，这样才得生活下来。当然，这个创造艺术的工作，在这种情况下，也就成为他的事业、他的生活的依托，就像屈原之赋《离骚》，也像幼安之"余事作诗人"了。不过白石道人不是三闾大夫，不是稼轩大人，他不仅是一介儒夫，而且是人家篱落上的一株弱小的寄生草，所以这艺术世界的事业，就几乎成了他生活的全部内涵了。

他大概就这样悠荡于自己的这个艺术世界中，苦苦地过了一辈子。但是，你听，"一声何处提壶鸟，猛省红尘二十年"（《陪张平甫游禹庙》）、"平生最识江湖味，听得秋声忆故乡"（《湖上寓居杂咏》）、"花满市、月侵衣，少年情事老来悲"（《鹧鸪天·正月十一日观灯》），这些诗句哀婉沉痛，说明就是在这个艺术世界里，他也是并未忘怀现实、玩"艺"丧志，未曾消释心中的不平与苦痛的。

或云：他这就是个人的哀怨啊。是的，确实如此，但是，他这种个人的哀怨从何而来？还不是由于系念家国，常恨中原未复，朝野苟安，而自己又怀才不遇，报效无门!？他是寄沉痛于娴雅，言一己而寓天下意。

## 三

然而，难道在白石的艺术世界里，就只有这种个人哀怨或清空寄寓之词吗？也不尽然。

在他的诗词中，也不乏痛心国事、忧国忧民之作。最著名的，就是那首脍炙人口的《扬州慢》了："淮左名都，竹西佳处，解鞍少驻初程。过春风十里，尽荠麦青青。自胡马窥江去后，废池乔木，犹厌言兵。渐黄昏，清角吹寒，都在空城。杜郎俊赏，算而今、重到须惊。纵豆蔻词工，青楼梦好，难赋深情。二十四桥仍在，波心荡、冷月无声。念桥边红药，年年知为谁生。"在这首词里，他以激越深沉的爱国热情，写出了故国沦丧、无限伤乱的景象，抒发了哀痛悲愤的情怀。他自己在词序中也说，在维扬（扬州）所见，"戍角悲吟"，"予怀怆然"，不禁"感慨今昔"，并且说"千岩老人以为有黍离之悲也"。

但是，他的作品中，更多的还是沉痛抒于清空，牢骚寄于淡雅，隐隐地、违朦地、委婉地、曲折地流泻、倾诉，真有点"清气盘空，如野云孤飞，去留无迹"（戈载《七家词选》）的味道。且看《忆王孙·番阳彭氏小楼作》：

> 冷红叶叶下塘秋。长与行云共一舟。
> 零落江南不自由。两绸缪。料得吟鸾夜夜愁。

在这首词里，由彭氏小楼而想到彭大雅出使北方，更想家人与旅人两地相隔，南国对北人的思念，一声"零落江南不自由"，透露了对南宋残山剩水的感叹，但这感叹只是这么侹傯一句，且裹在冷红落叶、浮云流水、鸾鸣夜愁、情意纠缠的描写之中，既不慷慨，也不是悲歌，却是浅唱低吟，但家国之恨却又是跃然纸上、渗入情怀的。

《点绛唇·丁未冬过吴松作》，可以说比较明朗而浓郁地表达了感时伤事、物故星移的感情：

> 燕雁无心，太湖西畔随云去。数峰清苦。商略黄昏雨。　第四桥边，拟共天随住。今何许。凭阑怀古。残柳参差舞。

他写燕雁的无心，云的无心，共相随云去，暗含着对于北方的思念之情，说"人家"无心正是自己有心。数峰而清苦，酝酿着黄昏的细雨，都是凄苦景象，想去与崇敬仰慕的天随子（晚唐诗人陆龟蒙）共住，但是，凭栏怀古，何所见，只见残柳参差不齐地在摇曳。这是一幅画，一幅景，哀怨凄清，写的是眼前的景，诉的是今古的情，而于历史的感叹中，想着当今之世的兴衰，家国的沦落。

白石道人以咏物词为最多，而《暗香》《疏影》是其中最著名的两首，它们在姜白石的全部诗词作品中，也是出色的名篇佳作，脍炙人口，常为后人称道。但就是在这两首一个劲儿地写梅、绘梅、咏梅的词作中，也还有这样的句子："江国，正寂寂，叹寄与路遥，夜雪初积。翠尊易泣，红萼无言耿相忆。""昭君不惯胡沙远，但暗忆，江南江北。"它们明显地表露了作者的沉重心思与心情。而整个地体味，这两词借咏梅"感叹今昔，托喻君国"，昭君句后，又继以"想佩环，月夜归来，化作此花幽独"，不仅想象得奇诡，而且借杜甫咏昭君诗——"画图省识春风面，环佩空归夜月魂"，化而用之，"显然都是暗指徽钦二帝被虏北上的事"。（以上引号内文见《中国历代著名文学家传（第三卷）》，山东教育出版社，1983）他何尝忘记北国天地，又何尝沉醉南国清风，梅香疏影，也都寄托和蕴藏着他的一腔家国之恨忧。此外，如《八归·湘中送胡德华》中的"最可惜、一片江山，总付与啼鴂"，《卜算子》中的"万古西湖寂寞春，惆怅谁能赋""惆怅西村一坞春，开遍无人赏"等句，也都是同样隐约迷蒙，透出同样恨忧的消息。《词源》说"白石词如《疏影》《暗香》《扬州慢》等曲，不惟清空，又且骚雅，读之使人神观飞越"。这是很有见地的，是体察到白石词中的艺术世界的隐微处的。清空之处，更有骚雅，便有言外之意，弦外之音，而既骚且雅，骚其内而雅其外，此所以为白石。宋翔凤在《乐府余论》中虽然把词中白石比作诗家杜甫，实在过誉，但如下的评论，还是颇为中肯的：

> 其流落江湖，不忘君国，皆借托比兴于长短句寄之。如《齐天乐》，伤二帝北狩也；《扬州慢》，惜无意恢复也；《暗香》《疏影》，恨偏安也。盖意愈切则辞愈微，屈宋之心，谁能见之，乃长短句中复有白石道人也。

这段评论，鲜明突出，毫不含糊，总评与分析正中鹄的。尤其他指出在艺术世界中的白石道人，意愈切则辞愈微，这种艺术上辩证法，正是白石一意含蓄所追求的效果，意是切的，并非浮泛轻渺，但是辞则偏微，这是白石道人艺术世界的特征。

为什么会如此？这和他的身世、身份、生活分不开。他一生潦倒，江湖飘零，寄食人家，不敢有激昂慷慨之态，也难做铁马金戈之辞，他那食客式的地位，既使他脱离现实，生活圈子狭窄，生活内容贫乏，又使他不敢越雷池、写出激越愤怨之词。从他的创作心理状态来看，他抑郁寂寞、失意困顿，心态是惆怅无地、忧思绵绵的，发而为文，就必然是如此了。不过白石之为人，洁身自好，不欲事权贵，不愿趋炎附势，所以又表现出清高孤傲、落落寡合的态度，使他的词作，显出清空骚雅的格调。

四

在白石道人的生活中和心态中，始终存在着几对矛盾，它们互相缠绕着，又一齐缠绕着白石道人的身心：家国之恨与个人之不幸、终身不仕与济世抱负、生性高雅与寄人篱下、才华过人与怀才不遇，这个生活世界中的情状，便构成了他的艺术世界中的内涵与特征。他的词与诗，本着添离之悲，但他又不敢且不能大胆为之，于是愁离悲恨，常化作个人的愁绪与幽怨，离愁种种、别恨绵绵、相思年年、柔情依依。这是他的生活与思想的弱点与悲哀，但又是他艺术世界的优点与成就。悲化为美，美又化为悲。悲愁比欢乐更使人们产生美感与审美的愉快。因为人类长期以来生于忧患，悲愁常伴，在心理积淀与审美情趣上，养成了这个"积习"。白石道人诗的境界之美，更在于他有双重的悲、双重的怨。人生不得志，偏怀家国忧，生平无所依，寄食他人家。他悲家国残破，但不能言，不能言又偏要言，只好隐约其词、迷蒙其态；而且生活与心境如此，也只能隔岸观火、雾里看花，欲清晰而不得，得朦胧曲折便就势逶迤。在这里，沉痛也是双重的。而这也就造成了他的艺术世界的高雅。

杰出的近代文艺理论家、美学家王国维，一册《人间词话》流芳后世，其真知灼见启迪后人。但是，他对白石道人的评价是不算高的。他认为，"古今词人格调之高无如白石，惜不于意境上用力，故觉无言外之味，弦外之响，终不能与于第一流之作者也。"又说，"南宋词人，白石有格而无情"，"白石之旷在貌"。他认为白石之所以会如此，是因为

"白石如王衍口不言阿堵物，而暗中为营三窟之计，此其所以可鄙也。"不过他也承认，像王无功称薛收赋"韵趣高奇，词义晦远，嵯峨萧瑟，真不可言"，这种气象，只有"白石，略得一二"。但他又批评白石词存在"隔"的弊病，他举例以证，说的正是白石为人传颂的名句："二十四桥仍在，波心荡、冷月无声。""数峰清苦。商略黄昏雨。""高柳晚蝉，说西风消息"。他说这些词句，"虽格韵高绝，然如雾里看花，终隔一层。"他甚至说，他所喜欢的白石的诗，亦仅二语："淮南皓月冷千山，冥冥归去无人管"。总括王氏之评白石，有褒有贬，但抑多扬少，是颇不以白石之词为然的。他肯定的是白石词"格调高"，甚至评为古今第一人，说白石"韵趣高奇"。而贬者，主要的一是"不于意境上用力"，即意境差，所以没有言外之味、弦外之响；二是"隔"，如"如雾里看花"。他认为白石"可鄙"，因为他虽然口不言阿堵物，但是心中还是想着自己的生活，作"狡兔三窟"之计。有意境与不隔，是王氏评词的两个主要标准，合则高而褒之，不合则低而贬之。白石道人被他认为犯了此二大忌，怎不遭贬斥呢？

然而王氏纵是大家，他之所评，也并非没有可以讨论的地方。艺贵独创，而白石正是一位富有独创精神和独创成就的诗人，"余之诗，余之诗也"，真是一句大胆之言，但也是一种艺术抱负和信条。他不想步人后尘、作"邯郸之态"。而他的独创性，也正表现在他的格韵高绝和"雾里看花"般的迷离朦胧上。前者，是他自己追求的目标，也是历代评论家特别标举而予以肯定的一点，就连王国维不是也先扬后抑，而肯定这一点吗？而后者，笔者认为也是白石词的一大特点、优点，而且可能有重新估价的必要。

先说前者，格调高雅，神韵飘逸，这是白石自己所定的目标，并做到了这一点的。以他的身世之不幸、遭际之坎坷、生活之颠沛，而能做到这一点，是不容易的。据史书记载，白石其人，"气貌若不胜衣"，看来他可能由于迭遭命运的打击，过着寄人篱下的生活，身心两伤，纵不多病，也是身瘦体弱的。但以如此虚弱之体躯，却能写出具有"笔力足以扛百斛之鼎"（陈郁《藏一话腴》）之气势的词来；在生活上呢，他虽然贫无立锥之地，寄食人家，但却"一饭未尝无食客"，虽然身是羁旅人，仰仗他人生活，但"圈书翰墨之藏，汗牛充栋"（引文均见《藏一话腴》）。这些话可能有些夸张，但白石作品的气度格调，于此可见；他的人品风貌也由此可见。这里明显地、突出地表现一种矛盾对立的景象：身瘦体弱而笔力雄健、食人清客而家客常满、依人篱下而书墨充栋。这种矛盾使我们想起荷花的出淤泥而不染，想起梅花枯瘦而挺拔娇艳、冷香盈盈。这正是白石道人的形象，外在的和内在的、现实的和想象的、存在的和理想的、拘泥的和超脱的，如野鹤、如孤雁、如闲云，这种处境，这种心灵和这种创作心理，便使他的艺术世界里，飘扬着格调高雅、神韵飘逸的旗帜。健笔写柔情，这一致的评论，便是主要的，但对这种格调神韵的确评却是不够的。

然而，其无境界乎？王国维境界说的提出，是在美学上的一个贡献，他自己也颇以此自负。究竟何为境界，无论是王氏之说或美学界一般讨论境界的含义，均尚无定论。这里，我们且作这种解释：所谓境界，跨越着两个范畴，即创作范畴与欣赏范畴。从创作方面说，境界就是作家的主观意象与客观世界的形象的叠合汇融、统一一致，就是作家的意与境的融会统一，也可借用白石论诗之所说，是"意中有景，景中有意"，而且意景统一。但是，从欣赏角度，从接受美学来说，便是欣赏者、接受者欣赏时，其感受与作家所创造的意境完全叠合、融会、统一，即主观意象与客观形象（作品）的一致。这样，便有一个欣赏者、接受者是否"入境"的问题，如果不能理解、不欲理解或另作别解，都可能不"入境"，而不知或不觉得或不承认作品之有境界存在。如果我们这里的假说成立，或者我们按此说之界限来衡量白石道人的诗与词，应该说，在第一层次即创作阶段，是做到了意象与形象的统一和意与景的统一的，是有境界的，是格调既高，又于意境上用力且取得了成功的。至于在第二层次即欣赏阶段，那就是仁者乐山、智者乐水，各自不同了。——而我们也自不必强求一致，可以各持己见，因为欣赏与评价本来是因人、因时、因地而异的。

五

白石之艺术世界中，确如王国维之评论，"虽格韵高绝，然如雾里看花"。他的词确实隐隐约约、迷离恍惚，令人有雾里看花之感。然而，首先，他的词之隐约迷离，却是恍兮惚兮，其中有意，惚兮恍兮，其中有象，并不是抽象无物，积托空言的。我们只要品味一下他的那些著名的词作如《暗香》《疏影》《长亭怨慢》《扬州慢》《一萼红》《八归》等，就可以见到的。其次，这恍惚、迷离、朦胧，又正是白石词的一个特色，是他的艺术世界里特有的东西。正是这种恍惚而有意有象，朦胧而有物有景，或曰有景物意象而恍惚朦胧，是白石道人所追求的美学效果，因为这正是他所主张的，说理简切、说事圆活、说景微妙、蕴藉含蓄。正是因此，便留下了或者说造成了迷离、恍惚、朦胧的美学效果。白石在其《说诗》中曾说，"善之善者"，就是"句中有余味，篇中有余意"，而这种"余味""余意"是要欣赏者去体察、分析、品味，方始能得的，正在此处，留着恍惚、朦胧，而这恍惚、朦胧，又正给了欣赏者以分析、体察、品味、破译的兴味和得其余意余味之后的双重的审美愉快。如果一目了然、一览无余，倒是不迷离、恍惚、朦胧，然而乏味矣。（当然，如果迷离不知所云、恍惚不知所指、朦胧不知其意，是不好的，应该反对的，这已不是美学上的迷蒙之美，而是糊涂、贫乏、百无聊赖的粗浅之作了。）

　　白石的这种艺术世界，正是他生活的世界的反映，是生活向艺术的升华，是内心意象的外射。他的坎坷生平、失意不遇，使他有牢骚；他的爱国主义思想感情，使他有黍离之悲、家国之恨；然而他的脱离实际，无从参与斗争的江湖游士的生活，却使他个人之感情深且痛，家国之恨虽然深，但缺乏实际体验。这里，便不免留着朦胧；而他的食人清客的地位身份，又使他不能作慷慨之语、悲愤之言、激越之词，这又不得不留下了朦胧；再加他的艺术家的气质，也使他柔情蜜赋新词，在创作心理与审美情趣上，不免意识深处存着牢骚不满与家国之恨，而表面上却是书生意态，这里又自然形成了一种朦胧。这样，一方面是客观上形成了、促成了他的艺术世界的朦胧美；另一方面，也造成了他的艺术上与思想上的某种弱点。

六

　　然而，白石的艺术世界之美，远不止于此。他的词，以笔补造化之力，既反映了他所往返游历的鄱阳、南昌、汉川、楚州、扬州、杭州、苏州、无锡、金陵、合肥、潮州这些山川胜地的秀美之姿，又写出了自己对于这些山川之美的感受，确实做到了意中有景、景中有意，因此，而创造了第二个自然。就是那些咏物之词，写梅描芍药，也都有此种妙处。这是美学上的一个要求，做到这一点，使景物赋予了人意，使人意外射到景物，在审美者看来，也是体会到双重的审美愉悦的，一是对于艺术家创造的第二自然之美的愉悦，二是对于艺术家之能创造出这种第二自然之美的欣赏、钦敬和对技巧赏玩的审美愉悦。这一点，在白石作品的艺术世界中，是不乏实例，而成就卓著的。

在白石的诗词之中，离愁、思乡之情、羁旅之苦，是写得非常突出的。

> 空城晓角。吹入垂杨陌。马上单衣寒恻恻。看尽鹅黄嫩绿，都是江南旧相识。正岑寂。明朝又寒食。　强携酒、小桥宅，怕梨花落尽成秋色。燕燕飞来，问春何在，唯有池塘自碧。

（《淡黄柳》）

> 绿丝低拂鸳鸯浦。想桃叶、当时唤渡。又将愁眼与春风，待去。倚兰桡，更少驻。　金陵路。莺吟燕舞。算潮水、知人最苦。满汀芳草不成归，日暮。更移舟、向甚处。

（《杏花天影》）

> 荷叶披披一浦凉，青芦奕奕夜吟商。
> 平生最识江湖味，听得秋声忆故乡。

（《湖上寓居杂咏·其一》）

这些随便挑出的诗词，便足以看见他在这方面的感触与慨叹了。离愁、思亲、思乡，这是人类长期以来的生活所造成的一种带着哀愁的审美心理，这种审美心理在作品中得到抒发、满足、认同，便会得到审美的愉快。白石诗词在这方面的成就，正可以使后人在这方面得到审美的满足，这也是他的艺术世界的珠玑。

白石诗词中，情爱之作不少。尤其是所谓合肥情词，更为突出。但他的这种诗词，不仅不落俗套，而且情意缠绵而隐约委婉，又不若周邦彦词之时有感官刺激，格调也是高雅的。

《鹧鸪天·元夕有所梦》一首：

> 肥水东流无尽期。当初不合种相思。梦中未比丹青见，暗里忽惊山鸟啼。　春未绿，鬓先丝。人间别久不成悲。谁教岁岁红莲夜，两处沉吟各自知。

还有《过垂虹》诗：

自作新词韵最娇，小红低唱我吹箫。

曲终过尽松陵路，回首烟波十四桥。

前首是思合肥恋人的，写情脉脉、意悠悠，但均不涉闺情狎邪；后一首，是他因作《暗香》《疏影》大获成功，范成大赠以歌女小红，他们同自石湖归苕溪，在湖州船过虹桥时所作。就是在这种春风得意、娇女伴行之时，他也只是"小红低唱我吹箫"一句而已。

白石在这方面的词作多，虽得称誉，又遭责备。但是，事实上，他的这种词，不但有上面我们所说的优点和幽雅清高之处，因而给予人们以满足情爱心理的审美愉悦，而且特别值得我们重视的是，在这些诗词中，也不乏曲笔微词，其中隐含着他的沉痛、哀伤与寄托，确有屈子《离骚》中的香草美人之喻，但是，在他的"美人"的背后，也确实站着一位枯瘦清苦高雅的可怜的诗人的身影，他有着自己难言的苦衷、深沉的哀痛、隐存的牢骚。就在前举两首中，"人间别久不成悲"和该诗作的后两句，不是隐含着他的身世之感、伤痛之心吗？此外，如"淮南皓月冷千山，冥冥归去无人管"（《踏莎行》），"百年心事，惟有玉阑知"（《蓦山溪》），"何时共渔艇，莫负沧浪烟雨。况有清夜啼猿，怨人良苦"（《清波引》），"百年草草都寒夜，自琢春词剪烛看"（《除夜自石湖归苕溪》），"欲讯桑田成海，人世了无知者，鱼鸟两相推"（《水调歌头》），"万古西湖寂寞春，惆怅谁能赋"（《卜算子》），等等，也都隐隐地蕴含着一种哀怨、愁闷、抑郁，这种内里的意蕴，或者融于诗内，或者游离诗外，正是一种弦外之音、言外之意、题外之旨，它的审美价值和给人的审美享受，就超过它自身了。白石在《诗说》中有言："《三百篇》美刺箴怨皆无迹，当以心会心"，他是深通此中三昧的。"后之贤者，有如以水投水者乎？有如得鱼忘筌者乎？"（《白石道人诗说》），这也许可视为他的期待。

白石深通音律，并且常常自己先作了词，然后谱曲。所以，他的词，在音律、节奏、韵味和字、句的音响上，都是很讲究而且构成了他的艺术世界的美的因素。这是他特别高于其他词人之处。在这方面，他要求"句法欲响"来完成"意格欲高"的美学要求，又说"句意欲深、欲远"，就要"句调""欲清、欲古、欲和"，这都是在音响、和声、协韵、节奏上的要求和追求。他的音乐造诣和实践，又构成了他的艺术世界的一层审美价值。

七

关于白石道人在理论上的艺术世界，我们在前面论述他的艺术实践时，已经顺便地、结合他的创作，作了一些阐述了。这里，再简括地说一说。他的理论上的艺术世界，主要见之于他的《诗说》。在这本著作中，他本着自己的创作体会，总结自己的创作经验，讲"雕刻""敷衍""布置"等法度，这正是他探讨诗歌创作的内部规律，非一般技巧论。他首先提出诗（广义的诗）应该有四个要求：气象、体面、血脉、韵度。这是一个全面的美学要求，它们体现着一首诗的美学构成的基本因素，是提得很好的。然而，白石主要的理论和艺术世界，却是讨论美学构成的内部规律的。有人以为皆谈技巧，虽然也对，但低估了。白石之所论，多是关于诗的规律性论述。如他主张"意有余而约以尽之"，重一"约"字。他主张"波澜开阖，如在江湖中，一波未平，一波已作"，要"出入变化"，但又强调"法度"不可乱，还主张"散而壮""澹而腴"，等等，这都是从文艺作品的内部结构来研究其规律的，并且重视矛盾对立双方的统一，强调辩证地处理两者的关系。他说"岁寒知松柏，难处见作者"。就是指的艺术创作在处理这种矛盾中获得成功。

他又强调"叙事而间以理言"；他说，如果"思有窒碍"，那就是"涵养未至"，应当"益以学"；他提出"贵涵养"。这些，又是要求作者自身的，是先决条件。厚蓄于内，而后才能薄发于外。

白石有句名言："学即病"。他认为作诗的最高境界是"不求与古人合而不能不合，不求与古人异而不能不异"。这是一个独立的、有创造性的美学境界。他的意思是要学古人而不拘泥，并能出于古人；同时，要师造化、要学，要精思，要讲究技巧，要把"我"放进去，又把"我"的感受、意念、心象加上去，融会于其内，使意与景合一。如果我们列为公式或流程，可为：

客观世界（自然、事物、人事等）→感受、精思（形成）→意念、心象（创作）→第二个自然（作品）。

这是一个主体与客体，主观与客观，心象、意念与事物形象结合、统一的创作流程，也是一个艺术世界的形成过程和一个艺术世界。

# 传统与现代双重选择①

——关于国画现代性追求的探索

　　中国书画在迎接21世纪之际，面临着传统与现代的双重的、双向的选择。一方面，作为世界的艺术奇葩，作为世界独有的一种艺术形态，中国书画必须保持自己特有的艺术素质和表现形态；另一方面，作为现代的艺术，作为存在于、服务于现代社会的艺术，它又一定要改革、发展、创新，具有现代气息、现代气派、现代艺术素质。总之，传统既存在于现代之中，又不断向现代转换；现代既冲击传统改革传统，又要继承传统的血脉。这是一种两难选择，但也是两利选择。

　　毫无疑问，在社会现代化进程中，一切艺术事业、艺术创造，都会发生自然的和人为的现代性变革和创获。在"五四"以来的中国现代化进程中，在同时发生和进行的中国文化的现代化进程中，中国艺术文化，其中包括中国书画，正是发生了和进行了这样的"现代进程""现代创获"，并且产生了一批融中西于一体，而又保持了中国血脉、中国气派的艺术大师，如徐悲鸿、刘海粟、林风眠等。我们今天追求中国书画的现代性和向现代的创造性转换，正是继承他们的事业和创造成果，更进一步创造新的中国书画。如果没有这一进程，如果不进行这种创造，中国书画就停滞了、凝固了，因此也就"死亡"了。但是，这种现代化进程、现代化创造，又绝不能抹杀传统、抛弃传统，使中国画成为另外的东西，这也同样是中国书画的"死亡"。习惯的说法"旧瓶装新酒"，或者说"民族形式"、"传统形式"、现代内容、社会主义内容，实际上，"旧瓶""形式"都不会是原样不动的。一般地说，内容变了，形式也一定会变。而且，正如恩格斯所指出的："辩证法不知道什么绝对

---

① 　原载《荣宝斋—古今艺术博览》大型艺术双月刊，2001年第3期。

分明的固定不变的界限。"内容与形式，也是这样不存在"绝对分明"和"固定不变的界限"。它们也如恩格斯所说："除了'非此即彼'，又在适当的地方承认'亦此亦彼'。"①新的内容一定会突破和重塑形式。这样，在新的社会内容、在社会主义内容的要求下，"旧瓶""民族形式"，也会不断地变化，离开原型越来越远。因此，在内容推动、强迫"形式"改变的进程中，还需要有意地、小心地保护"形式"。因为对于中国书画来说，"形式"的特征、独特性，正是它的生命所在；失去了中国书画的形态，也就失去了中国书画本身。在美的创造过程中，在审美过程中，"有意味的形式"，是审美素质、美学构成的重要方面。尤其中国书画更是如此。

在总体上，中国书画的传统/现代双向选择和对立统一，远不仅是"形式/内容"的对立和统一的问题。更主要的和更带根本性的，是保持中国艺术精神和中国艺术创造的特殊性，以及由此而来的中国书画艺术的一切相对特征。这是保持和发扬中国书画艺术的生命力的根本所在。所谓中国艺术精神，也不仅仅是表现在西方艺术和西方审美文化是"重再现"，而中国则是在"重表现"这一点上；事实上，中国的艺术思维、艺术精神、创作原则，以及由此形成的整个审美文化，从一开始就不同于西方，是抽象的、形而上的、象征的、感性的，这同中国一开始就形成了哲学思维及整个文化精神的一致性，而且是相融会地发展着的。儒、道、佛三家一体，而以儒家为正宗，以道家为主体，并深受佛家的影响。尤其中国画和书法，更是在长期发展中，受儒家美学的"文以载道"的影响和控制少，而更多、更主要是受道家及佛家的影响，在精神上，与它们更为水乳交融。正如徐复观所说，中国文化、中国艺术精神，只有在孔子和庄子那里显出和代表了两个典型：孔子—儒家—美学，是道德与艺术的结合；庄子（道家）美学，则"彻底是纯艺术精神的性格"。他指出："它在技巧上的精约凝敛的性格，及由这种性格而来的趣味，可能高于绘画"。（以上所引均见徐复观《中国艺术精神》）这就是说，书法较之绘画，更加是道家的，更加充分地体现了庄子的，即"纯艺术精神的性格"。所谓庄学的、纯艺术精神的性格，就是自然的、超脱的、重精神的、重神似的，这同西方艺术精神大异其趣。中国绘画

---

① 恩格斯：《自然辩证法》，载《马克思恩格斯选集》第3卷，人民出版社，1972，第535页。

和书法的表现手法、整体艺术形态、审美素质，那种简练、模糊、神似胜过形似，甚至不要形或变形等，都正好与这种整体艺术精神和艺术文化相一致、相融合，同时，可以说是它的艺术产物。

艺术创造的载体和使用的材料，决定艺术作品的特征和形态。美学家李泽厚指出，中国的汉语、汉字、毛笔、木结构等物质载体——我们在这里还可以加上宣纸、墨汁、颜料等，恰恰能体现"重精神轻物质、情理交融、想象大于感觉等传统美学特征"（《华夏美学》）。这是外在的、物质的、载体的、材料的等方面，同前述中国艺术精神的一致与结合；而且，这些外在事物和条件，更加配合和加强了中国人那种内在性、想象大于现实的艺术精神。内外结合、精神与物质结合、内蕴与抒泄相结合，"珠联璧合"，相得益彰。这些配合强化了中国艺术精神的事物和条件，形成了所谓中国书画的笔墨情趣这一点。中国画中，工笔画的那种纤细、流利、逶迤和对人物、虫草、花鸟、山水的出色的、特异的表现，大笔写意画的泼墨挥洒、雄浑遒劲、笔力千斤的风神气韵，都既来自艺术家的内在艺术精神，又得力于毛笔、宣纸、墨砚。这一切，在两个方面更加强化了中西艺术精神的分离和区别：（1）中国艺术精神与西方艺术精神距离更远，差别更大、更明显；（2）中国艺术精神的民族性，也更加突出、更加独特，它的传统更加是不可替代、不可消泯的。海德格尔说："作品存在意味着缔建一个世界。"上述一切条件、物质、材料，尤其是中国气质、中国血脉、中国心，所创造出来的中国绘画和书法，自然会缔建一个中国的世界——中国的艺术世界。

我们继承传统，在现代化过程中选择传统，所要注意的、所要保持的就是这种艺术精神、艺术气质。而同时，现代化对传统的选择，也应该是这种艺术精神、艺术气质。

当然，我们在前进中，面临的最大问题是：这种传统艺术精神、艺术气质，是否符合现代社会生活的需要，是否适应时代精神、现代心态？或者，从另一方面说，我们如何在这种传统的艺术精神、艺术形态中，贯注、渗透和表现现代精神与心态？这里就涉及传统对现代的选择。关于这几个相关联的问题，我们首先可以明确：一个具有现代意识、现代精神、现代心态及现代审美意识和理想的艺术家，在运用传统艺术形式——中国书画——进行创作时，即使是传统艺术规范、传统创作素材、传统创作材料，也仍然会把自己内心的情感、心绪、意态、思维流泻、抒发、投射在作品之中，而使它具有时代气息、现代气质，同时具有个性色彩。从中国书画史上看，千百年的发展中，每一个时代都有各自的特征、特殊气质和审美情趣，虽然绘画和书法的形态是一样的。王羲之同米芾、黄庭坚等均各有千秋，并不雷同；吴道子、王维、吴昌硕等也各不相同。而徐悲鸿、刘海粟、林风眠及吴作人、李可染、吴冠中等，又是既不同于古代、近代书画，又各自具有同一时代气息、艺术气质的不同的表现。

如果情况如上所述，我们就可以想见，这种现代书画家所创作的，具有现代气息、现代气质、现代审美素质的现代中国绘画、书法，是会符合现代大众的需要，为他们所接受甚至喜爱的。

现在，我们还要更进一步阐述，这种现代对传统的选择，也是传统对现代的适应与选择，还有更深层次的意义。徐复观在论述艺术精神时曾指出，艺术作品的品性有两种类型：一种是顺承性的反映；一种是反省性的反映。前者对所反映的现实起推动、助成的作用；后者则起的是相反相成的作用，即从现实所失去的、向往的方面去满足心理和审美的需要。徐先生说："顺承性的反映，对现实有如火上加油。反省性的反映，则有如炎暑中喝下一杯清凉的饮料。"（《中国艺术精神》）徐氏还特别举中国崇山峻岭水画为例：山水画是在长期专制政治压迫下和士大夫利欲熏心的现实下，超越自然，获得精神自由、舒放生命疲困而创作的。这在创作立意、反映现实和审美理想上，不仅表现出一种反省性，而且起到了心理抒泄、情感寄托、弥补生活缺损、恢复身心舒畅的作用，这是一种有意味的审美活动。在高科技发展的时代，在科技操作精神和提倡"人性地使用科技""使科技具有人性"的后现代状况下，在物质生活、物质利益、享乐主义的影响下，现代人，也正需求这种审美活动、审美寄托和在中国书画中的心性与情意的摇曳、飘逸，以求得身心解脱和心灵的休憩。这正是现代社会、现代人对中国书画的需求，也就是中国书画在传统规范、传统艺术精神的艺术气质、品性、特征、方向的架构内，变异、改塑、革新传统，创获现代性的条件与契机。

这里，还要就中国书画与自然的审美关系说一说意见。前面所引徐氏关于中国山水画的见解，已经很好地说明了中国画与自然的关系。这是一种亲和关系，一种身心依托关系，一种情感世界与理性世界都与客观世界特别是自然（包括山水、草木、花鸟、虫鱼等）的融合。这里有两种状况：一是王国维的"境界"中说的"景物"，它是客观的，又是主观的，人——艺术家——托物寄情，或者是"有我之境"，虽有物在，但"不知何者为我，何者为物"。这里，只是融合的程度不同，而与"自然"的亲和则是相同的。另一种则是德国W.顾彬所说的：到唐代最后形成的充满中国思想的自然观和对自然的"精神（向自身）的复归"。顾彬教授侧重从中国古典诗词作了详尽的论述。他指出，中国文学中，把自然拿来或者为突出作者的主观世界服务，或者作为象征后更发展为对自然的发现，并具有一种"自然感受"。（顾彬：《中国文人的自然观》，上海人民出版社，1990，第38页）这些文学的观察、感受、表现，在中国书画中也都完美地体现出来，因为它们同中国诗歌一样，都是中国思维、中国艺术精神的产物。值得注意和肯定的是，这种自然观、自然感受和自然的美学表现，正与现代、后现代的社会状况、文化状况、社会心态，有相同相通之处。现代人深受自然破坏、环境污染、生态失衡之苦，自然家园的破坏，惊醒了现代人，懂得了要善待自然、保护自然、热爱自然、与自然友好相处。西方人发现了中国文化精神、中国文学艺术，正具有这种天人合一与自然融合的精髓。这样，中国书画及它的艺术精髓，就先天地具有一种"现代素质""现代精髓"的元素，至是与现代相通。它正符合现代选择的需求。而中国当代书画家也正可以继承、运用、发挥中国书画的传统艺术精神，使之同自身的现代思维、现代意识、现代精神和现代气质与心态紧密相结合，水乳交融地表现现代社会、现代生活、现代心态。在这里，传统与现代经过双向选择之后，达到统一，产生传统与现代汇合的现代中国书画。

最后，我还想对中国书法单独说一些认识。书法是中国奉献给世界艺坛的艺术瑰宝，是中国独创、独有的艺术形态。它表面上并不表现什么具体事物、描绘具体对象，只是书写别人或自己的诗词歌赋，书写现成的内容，但是，它却能给书写者一种天马行空的自由，可以抒发性情，书写心灵、思想、感情、情绪，并都可以在笔墨的挥洒中喷发而出，流丽表现。其中，还有风情万种的笔墨情趣。徐复观说："笔墨的技巧，书法大于绘画；而精神的境界，则绘画大于书法。"他表示：怀疑中国文人的书法置于绘画之上。他肯定了书法技巧的高超的一面，但仍有一定的保留。事实上，书法的"精神境界"自有它独立、独特的天地、境界，不同于绘画，也为绘画所无。李泽厚指出："用毛笔画线，其粗细变化，转折进行，可以异常自由灵活，而且形态万方；它的走向、动势、力度等等，如同音乐一样，又可与情感直接相联系。所有这些，当然与书画的美学特色直接攸关。"李氏在这里是将书画同论的，但就他所列举的几个方面的特征来说，书法都有其优于绘画的地方，它的自由灵活、走向、动势、力度，它的形态万方、游心骋性、笔走龙蛇，其自由度都是独特而优于绘画的。当然，在另外的一些方面，书法又有不及绘画之处。在这些方面，无论是中国绘画还是中国书法，都表现出一种能与现代、后现代境况、心态、情趣、理趣相沟通的地方。书法的现代性创获，是可以创造、获得既不破坏、毁弃传统，又能实现现代性转换的艺术佳果的。

# 海因里希·伯尔的叙事方略与结构艺术[①]

一个作家的叙事意识是创作的基石。作家是在这个基石上建构他的艺术大厦和宫殿的。建构的设计则决定于他的叙事方略和结构艺术。无论作家是否写出创造计划、创作纲要，甚至不在乎他是否打腹稿，他都是在动笔之前具有了一种整体性的叙事方略的设想的。像巴尔扎克、托尔斯泰那样，是形之于文的；有的作家则说他提笔就写，并无通盘考虑。但事实上，在潜意识层，他是受到其潜在的叙事方略支配的。从另一方面看，我们可以从作品逆推出作家的叙事方略。

叙事方略的决定，来源于客观生活（素材）的特点和作家对它的认识与把握，还来源于作家对叙述这段生活、这个故事的主旨，以及他的艺术素质和美学理想。

叙事方略是决定一部作品成败的初始条件和关键环节。我们研究一

---

① 本文是作者提交 1992 年 12 月在科隆举行的海因里希·伯尔国际学术讨论会的论文。文黑体为作者所加。原载《社会科学辑刊》，1993 年第 3 期。

部作品或一个作家的叙事方略，足可了解和把握他的整体艺术。当然，也可以从中学习叙事方略的艺术。

1972年诺贝尔文学奖获得者、德国著名作家海因里希·伯尔在叙事方略方面是富有创造性的。他的小说在叙事方略上表现出多样性、独创性和题材、主旨同艺术架构的统一性。这里以他的两部长篇小说《莱尼和他们》和《保护网下》为例，来作一些剖析。

伯尔出身于平民阶层，经历过两次世界大战的磨难和战败国德国的饥馑与废墟中的苦难生涯，民族的灾难和个人的经历锻炼了他。20世纪40年代末期，他以年青一代作家之姿，创作了被称为"战争文学""回乡文学""废墟文学"的大量作品，获得了广大读者的认可，确立了自己在德国和欧美文坛的声誉与地位。1971年当选为国际笔会主席，1972年获诺贝尔文学奖。伯尔一向主张作家要有"人的眼睛""公正不阿的眼睛"，要能透视和洞察生活，懂得"看"字在"光学意义"之外的意义。他反对用文学来"邀宠"和"得到好报酬"。因此，他对现实总是描写其深层的社会-历史-文化内涵，常持批判态度，揭露其消极现象和黑暗面，以推动社会的发展。正因如此，联邦德国前总统魏茨泽克曾说他是"既叫人反感，又赢得别人尊敬"的作家。

伯尔的这种"贴近生活""紧跟现实"的创作态度与宗旨，充分体现了他深厚的坚实的现实主义精神。但他这种精神，却是深深蕴含于和充分体现在对现实的准确把握和具有高度社会、文化含量的反映之中的；并且，特别重要的是，他用一种打破现实主义传统叙事方式的叙事方略和结构艺术，来实现自己的目的，启动和创造了一种充实而良好的审美效应。这应该说是他对现实主义的一种贡献和发展。

伯尔的两部长篇小说《莱尼和他们》和《保护网下》，都是"紧跟现实"的，是写"今天这个世道"的。不过，一部是从现实着手写过去，属意于现实和历史（《莱尼和他们》），一部是从现时出发写现实，属意于现实和未来。中心都是现实—现时，但却把它置放在德国以至于人类的历史长河中，既纳入"历史"框架、楔进历史的反思，又投进未来的闪光、展示对前景的忧心与反省。

《莱尼和他们》以莱尼这个人物为主线、为中心，从与她一生各个阶段有过各种不同程度和性质关系的人们的角度，来讲述她的故事，描绘她的形象。这些人以类似提供证词的方式，各自来讲述莱尼的事情。

"他们"之中，有她的恋人、亲人、长辈、挚友、同事、上司等，"他们"分属于不同的社会阶层，具有不同的社会地位和观点，因此，在讲起莱尼时，是"各谈各的"的，同一事实，互有补充而观点不同。这样，作家就通过"他们"，多视角、多方位、多层次、多时空地描绘了他的主角。

小说的主体故事是莱尼这个普通德国女工的一生，骨干故事则是她在"二战"期间在军工花圈工场的经历，其中主要的事件又是她同在工场服劳役的苏军俘虏博里斯冒死的恋情。整个故事平淡无奇，但是，却具有丰厚的社会-历史-文化内涵。这些都是"讲"出来而不是呈现出来的。但却不是一般地"讲"，而是由一群人即书中的"他们"分别地来讲述和评议的。这样，整个作品的完整故事，主要人物的经历、形象、行为、心理状态，都不是一次、完整地讲出来的，而是分多次、由多人、重复（然而视角不同）地讲述的。故事是完整的、人物形象是完整的，但讲述却是分散的、割裂的、"零散的"，有时是时空倒错的。这便是叙事上的陌生化，是阅读障碍的生成。读者在阅读过程中，不能那么轻松、消遣，一目了然，而是要抓住情节、过节、关节，重构和组建，自己去完成一个完整的故事和体会故事的完整性。但这不是文字游戏或艺术把戏。这种叙事方略，第一，提供了多重视角、多种观点、多份证词的对主人公的描述，却未作统一之论和一定结论。于是人物、事件、故事都不是平面的，而是立体的，不是单一化的，而是复杂化的，不同的读者可以凭借自己的经历、观点、思索和审美趣味，即自身的"参照架构"去组建自己的故事和莱尼的形象。第二，由于是由各阶层各色人等作出描述与评议，便容纳了丰富的社会-历史-文化内涵。这正符合作家创作的初衷，也正是他的社会-艺术立意的实现。

作品的结构，也由此形成。它好似一棵大树，主干是莱尼，而"他们"则是枝干和枝杈及茎叶，"他们"簇拥着莱尼，形成一个完整的故事框架。也可以说，莱尼是一个聚焦镜，"他们"都以自己的"眼"（视角）来射向、照见莱尼；同时，莱尼又是一面镜子，反映了"他们"自身的形象。作品因而也就成了多层面的、多含义的，足供咀嚼品味，创造了多种审美效应。小说原题为 *GRÜPPENBILD MIT DAME*，直译为"通过一个女人雕塑的群像"，是很切合其叙事方略和结构艺术的内涵的。

作品在这里还表现出双重的"双层面"式地反映生活的功能。一是个体（莱尼）、群体（"他们"），以同格同步的形态突现出来，彼此既表现对方又表现自己；二是历史现实也以同样方式"合二而一"地体现于作品之中。因为一切"证词"，都是调查者（作家）**当前**向活着的当事人调查，由"他们"立足于**当前**回叙**当年**往事的。现实之中讲历史，讲史之中有现实，二者融会贯通，现实具有了历史感，历史也因此楔入了现实。莱尼当年在军工花圈工场与服劳役的苏军战俘博里斯发生恋情，以超凡冒死之爱，拯救他，本可以说是人道主义－国际主义的爱，然而，在当时是可以立即处死的重罪。她有幸活到了今天，已经48岁，20多年前的"案"却并未翻过来，博里斯死了，她则被人们骂为"破鞋""俄国佬的姘头"，她"破帽遮颜过闹市"，忍受屈辱过活。"莱尼再也无法理解这个世道了"。这是一句深沉的人生慨叹。成为强烈对比的是，当年主管花圈工场的纳粹头子策佩尔却躲过了惩处，以70多岁高龄，生活优越，享乐晚年。伯尔在这里显然不只是表层地表现所谓人生不平、善恶未报，而是如他自己所说，他常常处理一种"神话－神学"的"难题"，这就是一种**人类生存困惑的原型与母题**：爱与罪恶/奉献与获取/正直、幸福与邪恶、痛苦，它们在不同的历史条件下，常常表现出一种令人愤慨而不解的倒错，即爱的真诚、深挚和纯真，成了罪恶；奉献者并未获取而罹罪；罪恶行为反得厚报；正直者未必幸福，邪恶者并不痛苦；是非颠倒、黑白混淆，善无善报，恶无恶报，时候早到，一切不报。这令人困惑。在这里，伯尔所揭示的就不是一般的生活情状了。而他之所以能够做到这一点，依赖其叙事方略之高超，他依此方略，将历史与现实，自然而巧妙地融合在一起，使起始与终端、过程与结局以**历时性之态而与共时同在**。这不仅打破了一般现实主义的叙事程序、故事构造和同生活的对应体式，而且使生活突破单一地被记叙而带有"原生态"却又经过人物加工（非作家加工）的形态出现。正是在此等处，作品一方面表现出一种浓重的深沉的悲剧意识和氛围：生命和人的生活竟会是如此违逆人类的、世界的自然规律和人类自身的厚望而悖理违情；另一方面，又体现了一种繁复的多元的精巧的叙事意识和叙事方略。因而在思想和艺术上都达到现实主义的新境界，突破了旧的窠臼，创获了新的审美效应。

这里还要补充一点，即作品在这种悲剧意识的背景下的一种幽默的表达情态。伯尔欣赏狄更斯的幽默，即那种被他称为"眼睛湿润的幽默"。这正是悲剧意蕴而幽默出之，作家的眼里含着文化含量甚高的眼泪而微笑地出语讥诮地来表达。这不是一般的调侃，更不是滑稽，也与黑色幽默不同。因为这里作家的心是炽热的、情是炽热的。

更为突出的一点是，作家——第一叙述者，隐身在背后，他不再是作品内容、故事、人物的讲述者，他成为一个调查者；而被叙述的人物（对象），却以提供证词的身份，走到了前台，现身说法，讲莱尼的故事，并且评议莱尼的事情，而且并非一般的评议，却是明显表露出自己的身份、地位、观点，当时的见解、今天的意见的讲述。这就既叙述了故事、讲述了莱尼，又表现了自己。一个是客观叙述，一个是主观评议，一个是自然地流露。可谓一"叙"三"态"，一箭三雕，一"式"三"景"。这样，不仅自己、他人／历史、现实都双层叠合地呈现出来，而且小说同时形成一个明显的第二叙事系统，即隐在的然而可见的、在关于"莱尼和他们"的故事之外的叙事系统。这第二叙事系统告诉我们，莱尼从出生到现在这一时期的德国的一般生活情状，尤其是"二战"期间的德国本土的种种生活情状。如死亡笼罩全德，苦难浸泡着德意志民族，到晚期，花圈薄棺一用再用。作者并非无意地把莱尼、博里斯的恋情安排在花圈工场，正是在此，可以窥见死亡阴影遮蔽德国大地。

《保护网下》（*FÜRSORGLICHE BEIAGERUNG*）则又是另一种叙事方略，如果说《莱尼和他们》的叙述方略是"一棵树"的方式，那么，《保护网下》则是众多开列的"树"，各自伸展枝杈、茎叶，而又互相交叉、连接、汇合，成为一个"树的群落"，构成了整个小说的完整故事和所要反映的社会生活、社会问题的整体。这部小说有21个小节，每一节集中叙述一个人的事情，当然，在"他"的事情中涉及其他许多有关人；而在此节中的次要人物、关系人物，到另一节中，就又成为主要人物、中心人物，其他人又成为关系网中的一分子。这样，一个人是一个局部、一个中心，而整体上，各个局部、各个人便构成了一个故事的整体。小说以弗里茨·托尔姆这个新当选的雇主协会主席始，又以他终篇，中间穿插叙述了他的家人、保卫他的警察、他的部属等人物。托尔姆在这一"树木群落"中是一棵"母树"，其上，还"寄生"着他的妻子、儿女之"藤"，周围则是其他诸"树"，在这个群落中，中心托尔姆

（"母树"）也不断地被其他人涉及，"诸流归一"，每段一个"主角"的故事流，最后都归趋托尔姆，归趋如何在恐怖主义的威胁中，警方如何布置了严密的保安措施，而托尔姆及其一家人又如何在此种形同也实是"包围"的保安网中生活。故事的发展和结构的精巧之处在于，恰恰是托尔姆的儿子和他的情妇，便是恐怖组织成员。而托尔姆的女儿扎比内·菲舍尔又偏同窗前监护她的警察胡贝特发生恋情，冲破了这种"保护网"而警方无法破案。正在这种特殊的故事框架中，容纳了特殊的生活和特殊的社会问题：恐怖主义者袭击的主要对象之家庭内部，偏偏产生了恐怖主义分子（家庭里杀出），保护网中的骨干分子，却自毁保护网同保护对象发生了违禁的恋情。

这里是极为普通的两根叙事线索：雇主协会主席托尔姆因受恐怖分子威胁而受到当局的严密保护和他的女儿同窗前近卫的警察之间的违禁恋情，既不惊险曲折又无卿卿我我，整个故事是平淡无奇的；但是，却被作家于故事框架中镶嵌进去深厚的生活内涵和世道哲理。为什么正是在托尔姆这个富豪之家内里杀出了危害他的恐怖分子？因为金钱培养了对金钱的仇恨，金钱催醒了人们对金钱最为憎恨、最彻底认清其本质的、反常的悟性。托尔姆的儿子因为"金钱的数字大到无法计算，却还在利上加利，谁也花不掉，对谁也没有用处"，"金钱只是自我满足"，"这是一条有许多脑袋的水怪"，他于是"把他的才智用到相反的方向上去"，他要砍掉那金钱和拥有金钱的"多脑袋水怪"，"自然连父亲也不放过"。书中写道："经济增长吞噬一切，这才是最可怕的癌症。"经济增长吞噬了人的"第一故乡"，"他的第二故乡，第三故乡，……也将成为经济增长的牺牲品"。这是一个人类生活的极大的悖论：一面建设家园，另一面，在这建设的行动中，同时存在对家园的毁灭性破坏；一面是生存、生活、幸福需要金钱，人们极力在巧取豪夺金钱，一面则是被金钱培育了"对金钱仇恨"的大量金钱的拥有者。伯尔不是随便地写道：老托尔姆的孙子，从恐怖主义分子中被弄回来后，却装着"脑子里的炸弹"，他终于放火烧了他祖父的豪华住宅（从家庭里烧出），而且这是警察最严密的防范和保卫也无法阻止的破坏（从家庭里杀出）。

同时，在这个"保护网——内里杀出"的框架中，还镶嵌着一个悖论：最严密的保安措施，一方面并不能保安（既有扎比内的偷情于警察，又有大霍尔格的放火于内廷），但另一方面，却把被保护的人紧紧地严密地束缚于保护网中，不得脱身，连恋爱的自由、正常生活的自由，甚至散步的自由都被剥夺了。他们实际上是被"保安"也是被金钱锁起来了。——被保卫＝受监视。

只有一种精心设计的结构，才能完成这种一般的故事框架中，却镶嵌了这样两相对立的、深蕴社会-文化困境与悖论的课题。在这里，叙事方略与结构艺术起了重大的作用。

如果说《莱尼和他们》的叙事方略的基本策略是"讲述"，是非一般性的而是"人物出面讲述"式的讲述，那么，《保护网下》则是叙述的基本策略仍是传统的"作家叙述"式的讲述，但结构框架却非一般。一者以叙事策略之特异为胜，一者以结构艺术之高超为佳。

我们不妨这样论定：《莱尼和他们》是写**一个人的悲剧命运**，而以这"一滴水"来反映"二战"中"社会的-德国人的人生"悲剧。《保护网下》则是写"社会-人生"这个"**面**"，而以弗里茨·托尔姆这家人为主线，在这个"面上"，反映了一个经济高度发展的社会面临的社会-人生问题：直接的层面是，经济增长、金钱笼世，却产生了反对这一切的敌对力量，产生了恐怖主义。而为了反恐怖主义，便采取了极为严密的保安措施，于是又侵及公民权利，使人虑及法西斯变形复活，而且，被保护的大亨们也因此失去了自由，连散步的自由、爱的自由都没有了。这是多么大的社会悖论！至于更深一层，则是如何在高水平物质生活的基础上，解决内心生活、精神生活的充实问题。也就是德国历史主义学派最后一位大师弗利特里希·梅尼克所提出的灵魂结构问题，是他所说的在获得丰富的外在的物质生活时，如何能既保持歌德时代精神生活的重现，又不拘守传统并加入新东西。这实际上是现在人类面对的共同问题，不仅发达国家存在，而且，对于正在全力追求现代化的国家，也不是一个未来的问题，而是现实的课题，应该预为之谋，在追求经济增长时，注意灵魂的结构，即精神生活、内在生活、宗教道德生活问题。从这里也可见到伯尔小说的深刻久远的社会意义和文化意义。

从接受美学角度来看，伯尔的这种叙事方略，有几个特点、优点和可以取得的审美效应。（1）陌生化。不是按常规、按部就班地、一板一眼地叙述，而是倒错、重叠、交叉地讲述，这就有了新奇感，具有引人的意味，并且造成一种"错层"（split level）要由读者自己根据小说提供的素材去构筑整个故事的发展线索和整体架构。这种读者自动感受，会受到更高的审美效应。(2) 多侧面地讲述和描绘，却又不作统一的定论，而让读者自己去思索判断。这里留下许多未定点和"空白"，供读者去想象、填充、玩味，于是得到更大的、创造的审美愉悦。(3) 作品的"含义"(sense) 就是多义的，因此，"意义"就更多了。这就具有了更丰厚、更多层的社会意义和美学内涵。

伯尔大量作品的中译本，除前述两部长篇之外，据笔者所知，还有《伯尔中短篇小说选》《一声不吭》《小丑汉斯》等，这些作品也都在叙事方略和结构上，具有精心的构制。小说选中的两个中篇《列车正点到达》(1949) 和《丧失了名誉的卡塔琳娜·勃罗姆》(1974) 就是两种完全不同的叙事风格。短篇之中的叙事方略也常有变换：这都是为了表现内容的需要和根据题材与立意之不同而采取的艺术设计，而且，也都取得了应有的艺术效应。这些也都体现了伯尔在对现实主义的补充、突破与提高方面所取得的成就和所作的新贡献。

（1992年11月10日于德国海因里希·伯尔家园）


# 同现实的真实而艺术的对话[①]

——《中国留学生在美国》和《炎黄子孙》观后漫语


在高科技支撑下的现代信息社会中，大众传播媒介尤其是电视，具有广泛而深刻的复制人们的思想文化心态的功能。在这个意义上，运用电视手段，如何反映生活、解读生活，然后传播，是一个非常重要的问题。同时，这种反映和解读，总是预设了一种潜在的对话，即同广大受众的对话，你认为他需要知道什么和解答什么，然后你提供阅读和解读文本。这里，便又产生了在开拍（对话）之前的选择问题，大千世界，

---

① 原载《中国广播电视学刊》1994年第3期。

林林总总，你选取什么来同受众进行对话？这样，选择—反映—解读—对话—效应，就成为一个传播链，也是电视的社会功能发生作用的程序。

在这样几个"链条"和"程序"的节点上，考验着多种类型电视片的编导的水平和成败。最近看了辽宁电视台所摄的两部电视纪录片：《中国留学生在美国》和《炎黄子孙》，感到在这几个相联系的方面取得了系统性的成功，表现了突出的可喜的成绩。

在总体上，我以为这两部电视片是同目前我国文化语境中的两个方面的消极现象、"落后话语"进行了对抗性对话。一方面是热闹文化、嘈杂文化及糜烂文化的泛滥，一方面是饥不择食和不会选择的低文化亿万受众，对高品位文化的抵制和冷漠。现在，这两部电视片推出来，面对广大受众，在两个方面与之对话：一以其所选择的对象、所述说的内容自身的文化品位之高，而对抗了上述两种消极现象；二以其如何来述说，即以其拍摄，呈现的思想与艺术手法的文化品位之高，中国广播电视进行了同世俗低品位文化的对抗性对话，这种对话既是同前述那些消极文化现象的对抗、抵制，又是正面的教育、解读、传播，因而是进行了正面文化、主流文化的复制。我不清楚编导人员的背景，但是，他们的实际行为体现出了他们这种立足于高文化品位的，坚持主流文化的对话意识。这也体现了他们的思想水平、艺术水平和传播意识的高品位。

在新一轮中国人走向世界的热潮中，留学美国的人员数量之多，堪居首位。他们的状况如何，不仅为他们的亲人和友朋所关怀，而且为后继者、有志的打算者及一般观众所关注。选择这一题材是有眼光的表现。而且，如果稍知一点其中艰难（从物质条件到其他各种社会条件），更能体察到制作此片的决心、勇气和最后的成功，是很可佩服的。但这还只是属于工作态度、创作立意方面的；更值得称赞的是怎样来完成这个可贵的立意。可以预设两种回答，而且是我们常常很容易提供也很容易被接受的答案：好（或者很好）、不好（或者很不好）。我们见过不少这样的最省事也同样是最误事的答案，包括一些艺术片在内。但是，《中国留学生在美国》，却超越了这个常数。特别是，编导人员没有想提供答案，或者说，没有打算用提供答案的方式来回答现实的问题，而是以解读的方式来作答。而且，这种解读，是通过两种方式来进行的：（1）"让生活本身说话"；（2）让人物（拍摄、采访对象）自身来说话。用让表现对象"现身说法"的方式来谈他自身，而同时是替"我"说话，这高明的方式，其实质就是呈现生活的美学手段。我们在种种场合下，看见了那些留美学子，这是生活本身，我们也听见了他们的声音。他们直接同我们对话，这是他们自身的诉说。甜酸苦辣，亲见亲闻，是他们的回答，也是编导的解读。不过，无论是诉说还是解读，都不是简单的答题，而是对生活自身说话。我们将之归纳起来，留美生活的经历、内涵、心态和学业事业发展的程序，大致可概括为：痛苦—磨难—自立成熟—奋进成功—走向世界—回归祖国。这种解读，有的是直接采自留学生的自述，有的是从客观事态中概括出来的。它大体上反映了这新一轮中国人走向世界风潮的本质。这一本质体现了一种新的观念，即留学不是玩世界，不是自然地进天堂，也不是必然地入地狱，不存在"好派"和"坏派"两个各执极端的形而上学的凝固不变的结论，而是体现为一个主体同客体进行适应、克服以至于征服、奋斗、成功的过程。这部电视纪录片以这样的解读来回答观众，是以一种正确的态度、正确的方式和正确的非答案的答案，来完成了一项大众传播任务。编导们的成功不仅仅是让人们正确地理解在20世纪80—90年代中国改革开放时代的留学、走向世界这件事，而且有助于人们正确地理解世界和时代。

编导们这种在主体创作意识潜在的指导下的客观呈现方式，不仅完成了上述那种解读，而且，观众凭着所见到的留学生生活学习的各种场面、所听到的他们的诉说，还可以从生活本身去作出自己的解读，看到和想到解读之外的各自拥有的更多东西。这就是作品的内涵丰富的表现，因而是艺术上的一种成功。本片艺术上的成功还表现在手法上的自然、朴实、真实，同时不乏"神来之笔"的浪漫象征意蕴的"笔触"，如最后的海浪和辽阔的天际，便有一种接受美学上所讲的"空白点"的作用，给人以余裕感和想象的天地。纪录片有此一笔，颇值得称赞。

《炎黄子孙》在内涵和意向上也许不妨看作续篇。它在客观上提示观众，这是炎黄子孙中的精英上品，而同时，他们也是走向世界的中华儿女中的优秀人物。他们不仅是中华民族的光荣，而且是一种最有力的证明：中国应该走向世界。

但本片并未囿于这样一个主题范围之内，它又是同当前世风、普泛的价值观念和生活态度的一个具有原则意义的对话：生命的意义和人生的真谛何在？智慧，勤劳，创造，事业，奉献，成功，这是他们用在电视片中呈现了的生活片段和他们的自述言论所阐明的意义世界，实质上也进入了审美世界这个量次。他们也述及金钱、财富、生活享受，但在他们的生活、理想、情趣和心态中，这些处在末等的地位。他们享受到的是真正的人生、真正的幸福。

这种以民族精华的实际生活经历和事业成就及他们的现身说法来进行的人生的阐释，其教育意义是深沉的、久远的，在当代社会语境中是一声嘹亮的号角，又是一曲悠扬婉转的乐章。

人类的崇拜心理，是与人的文化成长伴行的。几千年的英雄崇拜，铸就了人类的心理原型。但是，20世纪后半期，人的个性发展进而个体意识强化，英雄崇拜受到非英雄、反英雄思潮的冲击。于是，明星崇拜代替了英雄崇拜，以满足人们心理原型的需要。但这种崇拜带来许多社会-文化负效应。现在，《炎黄子孙》在客观上成为同这种低文化层次的崇拜的对话，并且提出了一个文化英雄崇拜。这是一批文化精英，他们是榜样，是值得赋予另一种崇拜的对象，这不是"英雄星座"，也不是"明星星座"，而是文化星座，树立文化星座和倡导文化英雄崇拜，这是《炎黄子孙》的重要社会-文化意义之所在。

这些文化英雄，无愧于他们所承担的角色，他们都有一番自己独特的人生体验。杨振宁谈道：他受益于本国的前辈科学家，又受益于粒子物理学发展的时代，他提出了一个历史/人物、时代/课题的坐标，一个杰出人获得成功的客观坐标；他又提出中国悠久传统文化同当代尖端科学相交叉的"现代坐标"，在这个坐标上，当代及此后的中国人大有可为。这里体现了一种深沉的学问、见识，正确的世界观和人生观。这种对人生-事业-学问的解读和诠释是深刻的、高文化的，因而教育意义也是巨大的。

画家陈逸飞，他的作品被美国评论家称为"浪漫现实主义"，这是很贴切的称谓，我们从纪录片呈现的他的《中国女子怀旧系列》的画面中即可体认到这一点。所以他说：画是一首诗，诗是一幅画，他强调自己内在创作心理和外在艺术表现上的沧桑感和追述感。他在纽约创作，说这番话，这正是在后现代文化语境中，怀念文化故土、文化故乡；站在前一语境中对后者进行新的阐释。但这里所体现的不仅是艺术与审美的诠释，也是一种人生体认的诠释。生物学家牛满江以一种内在的朴厚述说三种内容：自立与机运、科学与金钱、奉献与索取。他的体验是后者（机运、金钱、索取）不可没有，但意义和真谛在前者（自立、科学、奉献）。这位研究生命自然真谛的大科学家，也深刻地解答了人生的社会与文化真谛。鉴赏家、画家王己千则从另一角度道出一种艺术与人生的真谛，他说：金钱不是美，美是创造。杰出女华裔靳羽西讲到接受母亲的主要遗产是自信心，母亲总是告诉她，做什么都要相信能够成功。她为了拍电视纪录片《看东方》，几乎是在财产和生活上舍身忘命，她成功了，但犹未止息，又在开拓亚洲人适用的化妆品系列的事业。这又是另一番人生风韵：创业—成功—幸福。

所有这些文化英雄自身经历的和自己述说的高文化层次的人生解读，对人们的启迪是高尚的，又是深沉的，其文化效应是意义巨大的。电视片的纪录和传播，其意义和文化效应也是巨大的。我们应该感谢编导们，我以为他们制作的是人生教材性的电视散文。

朴素是美。朴素的人物、朴素的生活、朴素的语言、朴素的艺术、朴素的真理，这是《炎黄子孙》的总体艺术风格。它同其处理的对象、内涵是统一的、契合的。编导们有一种明确而深刻的创作意识，他们并不急于向人们宣传什么，也不啰唆、要向人们说这说那、耳提面命。他们只是捕捉、思索、拍摄、说得短，短到只是点到为止，更多的是让画幅、画面、生活、对象自己去说、去呈现、去渗透。我感到这种生活和人生之中有诗，"因而这种表现中也有诗"。这是一种非宣传的宣传，这是一种文化传播。

# 电视剧《三国演义》：艺术的与非艺术的接受<sup>①</sup>

　　马克思把艺术看作生产的一种特殊方式，并指出它因此要受生产的一般规律支配。这规律中的根本一条就是投入与产出之间的均衡与增值。如果以此评论电视剧《三国演义》，我们且暂不说经济上的投入产出的赔赚，即就艺术劳动的投入和收视率的比值来说，也是收获极大的。普及全国的，甚至波及泰国、日本等国的"三国热"，就是明证。而且，这种电视"三国热"，还引起了"三国读书热"。

　　这种"三国热"的内涵是颇值得注意的，"三国"故事从宋代后期就以口头文学和民间说唱艺术的形式广播于世，以后流传数百年而不衰。这次电视剧《三国演义》的播映，是对于远古历史和艺术传播史的一次现代重温，使得"三国"故事再来一次更广泛、更深入、更妇孺皆知的大普及，并且是一种远胜于口头讲说和阅读的普及。通过这种普及，不知者知之，知之不详者详之，知之不够者补充之，已知者温故而知新。

　　这种历史文学的现代重温，更有一种厚重的文化内涵。在"三国"故事中，凝聚了丰富的体现于政治、军事、经济、人事、文化、思想等领域的中华智慧。其中有许多既是具体的智慧体现，如"官渡之战""火烧赤壁""草船借箭""七步成诗"等，又在具体中体现一般，具有文化、哲学意蕴的智慧等内核。这次更加广泛的普及，有利于这种民族智慧的传播，以及有利于民族智能的增长。

　　"三国"风流人物，影响遍及中国，它成为中华性格原型和民族的集体无意识内涵。关羽——义，曹操——奸，张飞——莽，诸葛亮——智，阿斗——"怂"，马超——勇，周瑜——气量狭小，马谡——不堪

① 原载《沈阳晚报》1995年3月4日。

重用，魏延——脑后有反骨等，这种"原型意象"在中国人心态中是"一言即明"的。电视剧中这批"意象原型"，以具象的形态、以活生生的人物形象活跃于广大群众面前。且不说鲍国安饰演曹操的成功，即使众多未必十分成功的表演也使"意象"具象化了。这不能不说是一种文化收获。既把象征的意识具象化了，又使这些民族意象原型普及了。

《三国演义》中还凝聚了丰厚的中华文化传统和"元素"，涉及政治、军事、经济、文化，旁及衣食住行、待人接物、行为规范、举止风度等，比之更侧重贵族文化的《红楼梦》和更侧重农民文化与下层文化的《水浒传》，《三国演义》更富于上层人物、统治阶层的文化和广泛的世俗文化。这次电视中的现代重现，是一次形象的显示。

文化具有其普适性、借喻性、象征性和移植功能。《三国演义》多的是政争和战争，其文化含量都蕴含于这两"争"之中，但是，其中体现的一般智慧和战争谋略、战术经营、人事协调、力量整合、人事操作，许多都可吸而取之、化而用之、应用到其他领域。日本的"三国热"在商战中的谋略和处世哲学，便是一个证明。我们现代各阶层大众，从中吸取各自有用的东西，也都是可能的。

这里，还有一点可说。中央电视台《焦点访谈》曾播出罗马尼亚驻华使馆一个官员的谈话，他说每晚必看电视剧《三国演义》，以周末停演为憾事。他未说明喜爱的原因，但总体上可以肯定他是对其中所体现的中国历史、社会、文化感兴趣。这是一种比较文化学的欣赏角度。《三国演义》确实是"充分中国化"的。我在提交国际比较文学协会第12次年会（慕尼黑）的论文《两种文化心态》《文学气质与接受意识——〈三国演义〉》《〈战争与和平〉比较研究》中曾指出，《三国演义》几页可以写几次战斗，而《战争与和平》几百页才写一场战斗；《三国演义》的人物性格塑造多以行动体现心理，而《战争与和平》则以大段大段的心理描写见长；《三国演义》很少有妇女典型，只有一个貂蝉，充当美人计的牺牲品，也只昙花一现，而《战争与和平》则有一批妇女典型形象，而且个个熠熠生辉；如此等等，都体现了中西不同的文化心态和文学气质、欣赏习惯。电视剧《三国演义》的播出，对于中国人和外国人进行这种中西文化的比较，是很有益的。这一点，对于正在从传统向现代转化的中国人来说是很重要的。

到此为止，我们似乎还只是停留在对电视剧《三国演义》的历史、社会、文化的接受，即非艺术的接受的肯定，而对它的议论以至于非议，却多来自文学、艺术的角度。在这方面又当如何看？

从接受美学的角度来评议艺术品，首先一个观念便是：艺术家的创作结束了，还只是完成了艺术品的一半，另一半要由接受者（读者、观众、听众等）来完成。艺术品有由创作者所赋予的"含义"，这"含义"要通过接受者的接受活动（阅读、观听、欣赏）来形成"意义"。而接受者都有由不同时代、不同民族、不同文化背景、艺术素养和不同层次审美趣味所形成的不同"期待视野"和"接受屏幕"。电视剧《三国演义》的编导和演员们面对当代中国观众的期待视野和接受屏幕，确定了他们的基本叙述策略，这就是忠实于原著，以满足期待中的视野，同观众的内心接受屏幕对接。这个"忠实"是不可能全面的，他们抓住了两点：基本的历史演进线索和主要人物及其性格。这种选择也就是忠实于作品的、"原意"的。事实证明，这个叙述策略是正确的，为观众所接受。

"三国"在中国具有几百年的接受史和遍及全国城乡的接受领域，并且其中许多故事已经进入中国的世俗生活及政治、经济领域。不少人物不仅已成为中华性格原型，而且成为民间崇奉的神。这说明，对于"三国"的接受，是历史的，又是现实的；是传统的，又是现代的；是文学的、艺术的，同时是而且应该说更加是非文学的、非艺术的，是一种广泛的、繁复的、杂糅的期待和接受。也许我们不妨说，"三国"是按着文学艺术华衮的历史的重演和民族性格典型的显现，因而不同于一般的文学艺术作品，至少是其社会效应、文化效应不同一般。由于"三国"的这种多义性、多向性、多效性，也就带来了对它的期待和接受的多极化、多层次性。由电视剧而引起的遍及海内外的"三国热"，说明它基本上实现了对原著的"忠实"性和对"含义"的体现，这就是不小的成功。而各方面观众的坚持看、继续看以至于批评地看，也表明给观众提供了从原著"含义"到接受者的"意义"创造的基础。

这些成就，都是同电视剧从改编到导演、表演等方面的文学的和艺术的成就分不开的，也是其艺术成就的具体体现，这不应被抹杀。

当然，在这方面可商榷以至于可批评之处还很多。不过，对此持分析、辩证态度为好。比如我们承认剧中战争场面恢宏、经营费劳，得来不易；但也不能不指出：它在历史的真实和艺术的真实上，都存在严重的不足和问题；有论者正确地指出那些武打场面和动作的蹩脚，但我们也应肯定能在马上横刀挥戟，"比画一阵"，对于演员们来说"也真难为他们"了，编导演员们的努力和精神是该肯定一下才公正的。作为历史剧，历史的误读和不合适的现代诠释，在剧中可以挑出不少来，有人指出刘备不应打出"蜀"的旗帜，而汉皇傀儡还在，曹操也不该打"魏"，这都有道理，但我们也不能不提到，剧中注意到书写从用竹简到帛、起居从席地而坐到部分人的使用高椅高桌及饮酒工具的变化等这些细节，也显出编导的一番认真、一番苦心。有人说那种半文言式的古语对话，令人难懂，这固然是一个问题，但也正是这种"三国语言"才很好地表达了那种"三国智慧""三国论辩风格"，而产生一种历史与艺术的韵味。有的评论者认为，电视剧《三国演义》有两大问题：一是艺术上一味忠实原著和"精英文化方式"。但时下是："拿历史下锅"，"炒历史""戏说"盛行、大众化走运。二是太英雄气概。"三国周郎赤壁，一时多少豪杰"，但这却同时下的"非英雄时尚"不合，同平常人的求实利心态隔膜：这种时代最新的隔膜和审美心理距离是存在的，立论也是有道理的，但是，这两点实不足以全面概括当代中国人的期待视野和接受屏幕。指出部分的问题是对的，以偏概全则不可。

总而言之，多向性、多义性的电视剧《三国演义》，同海内外观众期待视野和接受屏幕的对接，总体上是成功的、有效的、"和之者众"的，是非文学-艺术的接受更多于、更优于艺术的接受的，即使艺术的接受性方面，也是瑕玉兼具，而瑕不掩玉，玉亦不遮瑕的。

# 荧屏《三国》堪观赏<sup>①</sup>

改编名著，对于艺术家来说，是一件冒险的事，尤其像《红楼梦》《三国演义》之类已经家喻户晓、形象定型的古典名著，更是不易改编、改编了不易讨好。但是，古典名著的改编却又是一件必要的事，这于国民审美教育和审美领域之扩大，都极有好处，更不要说于知识之增长、文化素质之提高及思想教育之益处了。

据我所知，在电视屏幕上，好像是《水浒传》先登台，似可看，以后是《红楼梦》胜过前者，现在又有了《三国演义》，似可说又胜过《红楼梦》。这是我的初步感觉，艺术确评为时过早，且有待过细讨论。

《三国演义》中的人物，如曹操、刘备、关羽、张飞、诸葛亮、孙权、周瑜，不仅深入民间野老，而且可以说是已经成为中华民族文化心理结构中的原型了。凡原型都有它确定的意象，包括内涵、形象和象征。我们说某人像曹操，或者以曹操为其绰号，称某人"是个张飞"，或说某人"有云长之风"那含义和象征是大家都懂得的。这就是民族心理原型的社会功能和力量。像拥有这么多"民族心理原型"的名著《三国演义》改编得成功与否，决定的关键就在塑造出来的艺术形象能否同这种"原型"相对应、相应和。现在，就已经在屏幕上出现的曹操、刘备、关羽、张飞的形象来说，观众已基本上认可了，说一声："像！"这一点已经很不容易了。

而且，如果就曹操和刘备这两个主要人物来说，演员的表演相当出色。在做到了"对应""应和"之外，还有发展。这就是，作为广大观众心目中的曹操、刘备，从阅读文本和阅读（或听讲）过程中，凭想象获得了原型意象的模样，那是隐形的、模糊的、意象特征高过形象特征

---

① 原载《辽宁广播电视报》1995年3月2日。

的；而现在出现在屏幕上的，都已经是活生生的、行动于现实场景中的人物了，已经人格化、具象化了。因此就更真实、更具体、更鲜活、更丰满了。拿曹操形象来说，"奸雄"是他的原型意象的核心，外在表现则是京剧舞台上的白脸曹操，但在屏幕上的曹操，其雄才大略与善听人言，其豁达与狭隘，其信人与多疑、真诚与虚伪、宽厚与残酷，这种两相对立的性格组合，都比较淋漓尽致地展示了。从这一点讲，电视剧已经远不是化妆、演示历史故事，而是表现了深层历史内涵、刻画了人物性格了。

《三国演义》中，有许许多多流传长久而广泛的故事，不仅流传在中国人的故事讲演体系中，而且活在人们的日常生活中。把这种"故事原型"演好，而不是流为化妆表演，也是不容易的。就现已出现的故事，如"桃园结义""煮酒论英雄""官渡之战"等来看，是既突出了人物性格又有整体组合调度的艺术呈现之功、之效的。足可给人以观赏、审美的愉悦，而不是仅仅从中知道一下故事。看曹刘煮酒论英雄一场戏，两位演员，立足于对所饰人物基本性格和这种性格在现时处境中的具体表现形态的掌握，有层次、有分寸地表现了具体的历史内容与人物性格。曹操的取进攻态势、欲擒还纵、游刃有余、既试探又观察，刘备的取守势而以退为进、心里明白而装作痴相、应付自如而以惊慌失措掩盖，等等，都表演得相当出色。

总之，电视屏幕上的《三国演义》，不仅具有使观众"借形象以读史"的社会功效，而且足可观赏，给人以审美愉悦。

# "愚笨"的智慧<sup>①</sup>

　　"狂言"在日本的流传已经有500多年的历史，足见它是植根于民族文化土壤之中的一朵古老的艺术之花。狂言是日本能乐系统的一支，能乐是以音乐为主的歌舞剧，而其中一支的狂言，却是以对话为主的滑稽剧。前者多表现神和人的灵魂，所以多使用面具，以掩饰人的真面目；而狂言则是不戴面具而以人的真面目出现的，表现人的民间的生活的。我没有得到关于狂言之取名"狂言"的资料，也不知"狂"字之日本古训为何意，但是，既用汉字"狂"字命名，大概同其汉文本意不无瓜连。果如此，则这"狂言"，令人想起孔子《论语·子路》中所说的"狂者进取，狷者有所不为也"。意在狂者有一种进取的态度，在言论上就是积极进言。而《史记·淮阴侯》中又有"狂夫之言，贤人择焉"的话，也就是说，狂夫的进言，包括批评、指摘、讽刺、嘲讽，贤人听了，择取善者而用之。如果这种推测说得通，那么，日本的狂言，就是取材于民间，以草民野夫的生活、语言，来表现有趣诙谐的小故事，而又于其中寓严肃意旨，讽世讥俗及讽喻富人、贵人、上等人、统治阶级等。这是来自民间、与人民血脉相通的艺术，所以它为人民所喜闻乐见。

　　事实上，狂言也确实以语言为重，演员在表演中使用室町时代（1336—1573）的古代日用语，而又以一种类似中国京剧道白的言语腔调说出来，使之具有音乐性，并具有"语言永久魅力的美"。同时，据资料介绍，狂言演员从表情上所体现的内心世界的情与理，还"丰富地积蓄了日本人内心表现的传统美"。还有其"拟声"，即以口技来表现开门、关门、拉锯、鸡鸣狗吠及流水、潮声等，也是其艺术美之一。可

━━━━━━━━━━
①　原载《沈阳日报》1996年4月1日。

惜，这些富有民族特性也深含民族文化背景的艺术之美，由于我们缺乏具备这方面技能的中国人，未能深入领略。

不过，仅从此次日本艺术团中几位"和泉流宗"派第19代、20代正宗传人的狂言师的精彩表演中，我们却领会到民间艺术中那种朴素而隽永、拙笨而睿智的劳动人民的智慧，那种以愚笨出现的滑稽、幽默、诙谐中深沉讽刺的智慧，下层人民对上层社会的嘲讽戏弄及由此而取得的，身处下层而能智者取胜的"胜利的微笑"和愉悦。其中，作为仆人的太郎冠者、次郎冠者，使我们想起中国的阿凡提、捷克的好兵帅克。《棍子捆绑》中，主人外出时，为了防止仆人偷酒喝，虽然使用计策，把太郎冠者捆绑在横亘于肩与两臂上的棍棒上，又用绳子捆住了次郎冠者，但他们却各自利用自己尚存的条件，巧妙地互相帮助，轮流喝了个够。——他们战胜了主人的诡计，取得了胜利。他们也喝得酩酊大醉了，以至于当主人回来，他们看到酒坛中照见的主人面孔时，还在争论是真是假。这种幽默之笔，令人忍俊不禁。

至于《附子》，更是有趣而深刻。主人临走，怕仆人偷吃了壶中的砂糖，就骗仆人说，壶中装的附子是剧毒品，即使闻到风吹过时带来的毒味，也会死掉。于是，待主人走后，两个仆人就用扇子扇风，以使毒味跑走。但是，当太郎冠者扇着扇着走近壶而窥见里面是砂糖时，就尝起来了，于是，他和仆人次郎冠者便一人一口地抢着吃光了砂糖。两人商量了一个对付主人的法子。当主人归来大发脾气时，他们说，是在扯破了挂轴时，又打碎了贵重的茶碗，明知不好，决心一死，以赔不是，所以两人便去吃壶中的附子，谁知左吃不死、右吃也不死，结果吃完了也没死。在这些"愚笨"中，含着多么深沉的智慧啊，而主人则在这"愚笨的智慧"中，赔了夫人又折兵。这故事使我们想起了鲁迅在《门外文谈》中所赞赏的周作人在文章中转述过的中国农民的幽默，那是中国老百姓的智慧。而在这狂言中，我们则看到了日本式的劳动者的幽默和智慧。

# 春雨楼头尺八箫<sup>①</sup>

　　"春雨楼头尺八箫"，箫在中国总和闺房淑女相连，远听笛子近听箫，箫声的幽怨，宜于表现深闺的幽怨。然而我竟在日本邦乐团演奏的尺八面前悚然了，它居然成了武士手中的乐器。三好芫山先生着武士装且作武士状，撑肘阔胯迈着武士步而提着尺八走到了舞台中心。他吹奏了，声音低沉而粗拙，节奏自由而摇曳，断续高低交错，不似箫声那么悠扬抑郁。尺八也大不同于箫，它短而粗，用竹根制成。三好芫山先生运用了多种演奏技巧，特别是以头的上下晃动来使口与灌气的角度变化而发出不同的声响，为中国吹奏技巧中所少见。依然是古朴纯净的古典审美意境。古曲原曲《鹤巢笼》，优美而又浑厚的声音和旋律，诉说"美丽的仙鹤翩翩飞来，在松树上搭窠垒巢，繁衍生息"，然而小仙鹤长大了，离开父母了，鹤去巢空。这一出自尺八流祖中尾都山的大曲，徐缓而无节拍的音律同迅疾的快节奏结合，又给予演奏者以发挥自己的表演手法和即兴发挥的自由与"空间"（时间），构成了一种古雅而浑厚的审美情调和趣味。

　　市嚣远去，心入静谧，工业文明、城市文明的喧闹、嘈杂、嗡鸣与轰响都消音失声，只有这古朴的尺八竹筒中发出的鸣响和吟咏。不是迪斯科舞厅里的叫喊，不是摇滚乐的迅疾和嘶鸣，也没有各种乐器的轰响，留下一片声音的清静和净土，使疲劳在沉静中消除、紧张在优雅中松弛、烦闷在悠悠情意的扩展中流逝，现代快节奏生活中心态的浮躁像服一帖镇静剂而得安详，忧伤在悬想幻觉的山林鹤巢笼中抚平。这是一种现代喧嚣中的古典审美回归，是双重的回归，即时性的回归和审美文化、审美心态的悠长的回归。它不是现代生活、现代心态的脱离，而是

---

① 原载《沈阳日报》1994年12月28日。

超越；不是离世的索居，而是审美情趣和心态中的对"现世污染"的调剂、抗毒和洗涤，一种再生性休息，一种文化的养生。这是现代古典式的娱乐，高过纯现代、纯工业、城市、科技文明的感官刺激和行动式宣泄的娱乐。

因此，远不只是一次或一种古典音乐的"回顾讲演"，而是古典音乐审美的"现时欣赏"，具有双重的作用和双重的意义。

我希望听到中国古乐的中国式的演出，我希望听到西方古乐的中国式或西方式的演出。不是对现行音乐文化的排斥，而是必要的补充、有益的充实，古典文化的现时赏玩、学习与回归。它应是人性的、文化的、心态的回归与复苏。这正是人类科技型现代文明向科技-人文型文明转型与重构时期的重大需要。

尺八，在宋代由日本留学僧从中国带回日本，自然也带去了古曲。我去年访日时，多次见到尺八，兴奋不已，古诗词中多番见，不识尺八真模样，终于在日本见到了。江户时代在日本它主要是宗教乐器，"结合'虚无僧制度'，用于武士阶级"，直到明治维新的近代才在民间普及。当在箫的故乡的中土，箫在发展变异而脱去古音古装时，尺八却在日本变异不大地流传下来。但又像一切来自中土的文化一样，在日本又发生变异与改塑而具有了民族性。这是日本文化创造性的又一表现。

古装、古琴、古曲、古典的音色和旋律，古典式的表演形态，使人暂从现代城市现代文明的喧嚣中，从繁忙、杂乱、紧张、烦闷的红尘心态中，超越、解脱、松弛、深沉、静默、反思，获得一种古典审美情怀。这只是一次交流演出。但愿常有这种演出，使人们能在现代生活中，暂得一种古典审美回归，好似以净水洗涤心灵上的现代尘嚣的污染和毒汁，然后"再回归"，回到现代生活，然而，具有了净化过一次的心灵和情怀。这将是古典审美与现代生活的结合，是现代人从古代文化吸取抚慰、愉悦和现代灵感的审美享受。

# 《〈红楼梦〉艺术技巧论》序①

　　某日憎享同志告知我，他的《〈红楼梦〉艺术技巧论》将要出版了，并且要我为之作序。我不禁笑了，欣然表示同意。欣然，在我来说有几重意思。首先，当然是为他的专著的出版，为他在科研上取得的成果，而感到高兴，这就公私两方面来说，都是如此的；其次，我以为自己并非作序的恰当人选，这笑便含着歉意和别的意思了。

　　然而我接受写序的要求，也还因为我赞同每本书无论厚薄，都应有一篇序言、后记之类的东西；这一点闲文，往往由于写得好、有内容，而使"书价"为之提高；即使的的确确是一点闲文吧，也会给予读者在读书时一种余裕感，一种闲适感，不那么逼促，不那么茫然，不那么莫知其底、莫名其妙。我每买一本书，或者在书店、图书馆翻阅图书，也总是先浏览或认真阅读作者的前言、后记或别人写的序言，以了解一点关于这本书和作者的情况；往往由于序言、后记之类的"引逗"，而决定购买或借阅一本书。即使是一般的简单交代或真正的闲文，也觉得有一定兴味，有如进入一个花园而先通过一曲幽径，去欣赏一个音乐晚会而先听一点介绍。因此，对于一本既无前言又无后记的书，总不免感到失望甚至觉得气闷、逼促，在阅读正文之前没有"预备动作"，而有点嗔怪作者或编者何以这样吝啬，何以对读者如此冷淡，不想介绍或交代一点什么。就是这一点对于序跋的认识和感想，促使我接受了未必为我所适于接受的写序的任务。

　　对于《红楼梦》的研究，我一向是喜爱的。这首先是因为我爱读和尊崇《红楼梦》。同时我对红学也感兴趣，也曾有些拟题，做过准备工作，想写一点这方面的文字，并且最早响应并张罗了辽宁省红学会的建

---

① 原载傅憎享著《〈红楼梦〉艺术技巧论》，春风文艺出版社，1986。

立（虽然现在我与它已经毫无关联了）。就是这一点业余爱好，使我对于红学方面的文章，不免有时会去浏览一下。原来，我对于这些年的红学界状况，总有一个感觉：研究的文章未免偏于政治化和钻牛角尖。红学即"曹学"之说，语含讥刺，也许有些偏颇，但是，究竟反映了红学界中的某些研究，有值得注意的地方。至于政治化，那是同某个时期整个学术界状况分不开的，红学尤其如此。与此相应的，就是真正切合《红楼梦》自身状况的思想性与艺术性的探讨，审美领域的探讨，未免被疏忽了。这种状况，近一二年，有了变化，这是很可喜的。憎享同志的文章，正是在这方面作出了成绩。

把《红楼梦》作为一个审美对象，从审美角度，从艺术的路径上，去研讨、剔抉、总结它的美学构成，它的艺术成就与经验，它的技巧上的成功与意义，这种研究，我以为是很可取的。从一般的美学与文艺学的研究来说，这是可取的，从《红楼梦》研究的范围来说，也许可以说是更为可取的。憎享同志在这方面不能说是"独辟蹊径"，但确实是在辟蹊径上作出了努力并取得了成绩的；而且，从这本专著看来，他在与他人共同开辟的蹊径中，也是开辟了自己的园地，培植了独具特色的花草的。在科学研究上，能够立意去这么做，有眼力去开掘，而又有实力去作出相应的成绩，我以为都是值得称赞的，也是值得学习的。

记得最初听憎享同志说过要写《红楼梦》描绘色彩的艺术技巧，后来又读过此文的内部印稿，我以为是好的。这就是本书中的绘色艺术了。而后，他又写绘声艺术，进而写曹雪芹的写人心、外貌、动态、道具、退场、悬念，以及《红楼梦》中的省笔、幽默、趣味、谐偶、比喻、夸张、炼字、炼话等。更进而深入继承与创新、创作与欣赏、艺术之真假等美学与文艺学的领域。这样，他在红学领域里的跋涉就不是囿于一隅，而是迈进了较宽阔的范围了；而且在这个范围中，进行了比较有系统的和比较细致的耕耘，收获了可喜的成果。仅略举数例，比如关于绘色、绘声艺术和省笔艺术的探讨，是他独自的研究，其成果不仅有益于了解欣赏《红楼梦》，而且对于当代文学创作，也是可资借鉴的。又如关于退场艺术的研究，也是如此。在《等闲识得东风面》中，他从风姿与风貌共变关系的角度入手，分析曹雪芹人物描写的特殊手法，其中关于香菱这个美人的"只字皆无"关涉"美"的描写的分析，也是颇为独到的。关于被理解与曲解的《红楼梦》和关于被拔高的与被贬低的

《红楼梦》的分析，也都是好题目、新范畴和有自己的见解与启人之处的。

在科学研究中，目前一个突出的趋向是相邻学科的交叉，这是一个自然发生的好现象。它反映了当今科学在高度精密分析的基础上的高度综合的趋向，也反映了许多学科之间的互相渗透。这个新的趋向，推动了科学研究的发展，也推动了各个学科自身的发展。"交叉感染"在医学上是一件坏事，需要力避其出现；在科学研究上，如果借用其词也称"交叉感染"的话，那倒是一件好事。它既丰富了彼此交叉的学科的内涵，又扩大了它们的外延；它既推动了各学科借他人之营养以助自身之发育，又促进了各学科的向外扩展与开拓。这本《〈红楼梦〉艺术技巧论》也反映了这个研究的新趋向。它为红学专著，但是，它却涉及文艺学、美学（包括接受美学）、语言学、心理学。这种情况，既说明了这本专著所涉及的面，也反映了作者在知识领域上所开拓的面。——而且，从行文中看，作者于论证、引述中，于旁敲侧击时，也显现了他的阅读范围之广泛。这不仅使这本书在知识性上具有了它的特长，而且是从事科研工作的一个长处，是值得我们学习的。

通观目录，我们还可以看到，作者在题目确定上是费了功夫并且收到了好的效果的。他没有落俗套的题目，而是选择了醒目的、形象的、富于情趣的、有时又是含蓄的题目；有些是颇富吸引力，逗人因题思文，想要一睹全貌的。这里我以为不仅在于题目的确定上费斟酌和显功力，而且反映了文章旨趣上的深广与独到，即不仅关乎形式上的新颖，而且反映了内容上的开拓。

我以为这本书也可说是产生于艰困之中的作品。作者在后记中有言："由于历史的误会，年逾半百，方始问学，谈红'槛外'，不囿门户，边鼓杂敲，不循旧章。"前半说明了作者境遇上的艰困，这艰困是多方面的、长时期的，对于治学是颇为不利的；后半则说明了治学上的艰困，既在"槛外"，又不想囿于门户，既是敲的边鼓，又不想循旧章。这些，在治学上走的是不易走的路，要费力、要用功、要动脑的路，这当然是有一定艰难与困苦的。——然而成绩与乐趣也就在于此。还有一层意思是，作者是位"双肩挑"干部，正业是主持刊物的编务，副业是搞科研。在此情况下，几年之中，能有如此收获，且使成果具有系统性和深度，这可以说是在时间上和精力上都较艰困的条件下，努力

255

《〈红楼梦〉艺术技巧论》序

取得的成果。我对于在这种条件下取得的这种成果，更加感到高兴，并希望能够更多地见到这种成果。

这本红学专著，就它已经开辟的研究领域和已经达到的成绩来说，还蕴含着进一步发展的潜态势，已有的题目还可以开掘，旁及的部分更可以拓展，由此而引申开去更可以开辟连类而及之的领域。而且我以为，憎享同志在这方面也有潜能。

因此，主观和客观两方面，都是可以有更广与更深的发展的。我预祝作者研究的进一步开展与成绩的取得。

我所能说的，就止于此。然而，这是序？这算什么序呢？只是表示一点祝贺之忱和一点感想吧，权当作走进花园前的小径，踏过去，进入园内就可忘掉了。这倒是我所希望的。

1985年春节

# 艺术，首先是理论上的竞赛①

在欢呼之后，我们应该进行哲学上和艺术上的思考。自由是一个政治上的术语，但更本质上的是哲学上的术语。我们现在应该进行哲学上的思考。我想，自由有三个条件。第一个是广泛的社会条件，作家的自由受着群众的审美观点和爱好束缚。西方有一种"接受美学"，这一点我们研究得还很不够。为什么现在群众爱看我们香港地区的电视剧？怨我们的作家，还是怨我们的电视？都不怨，这里存在一个欣赏者的趣味问题。我们需要研究香港地区的电视剧，是什么东西吸引了群众？我们要考虑怎样来突破我们的创作模式。第二个是认识上的条件。大家知道，原始人是不能把自己和客观世界分离开来的，我们现代人能够做到这一点。但一个作家仅仅能把个人和自然及客观世界分离开来是不够

---

① 原载《文学信息》1985年第2期。

的。一个作家应该像爱因斯坦说的那样，以一个自由人的身份对世界进行探索和观察，这个自由我们拥有了。我们的生活有了保障，但是我们观察社会、观察人生，有很多东西是不自由的。这个自由不是别人给你的，需要你自己创造出来。很多作家缺乏追求这个自由的自觉性。第三个条件是艺术才能的自由。没有这个条件，给你自由，你依然写不出来。张光年说得很好：现在的关键是在于作家自己。

中华民族进入了一个新的觉醒时代，这一次是一个时代的觉醒，可以和五四运动相比。其特点是：①我们在新的高度，用新的角度来对待和吸收我们的传统。②对外开放，大量吸收国外的东西，这是引起我们这几年文学变化很重要的条件。③文学观念的变化，我们的文学历来是研究社会学的，但近几年来对美学、心理学研究有很大的发展，对接受美学引起了注意，这对我们的文学发展有很大的好处。④冲破了旧的创作模式。邓刚《迷人的海》就说明了小说可以这么写，不必那么写。我觉得，《迷人的海》是我们民族新的民族觉醒浪潮里的一个浪花，它的价值在于冲破了小说的模式。

我们的现状是在理论上和理论思维上发生了两极分化。一个是一部分青年人表现了很高的理论思维能力，他们发表了很好的文学理论的和文学研究的文章；但另一方面表现了对文学理论不感兴趣。这对文学的发展是不利的。我感到，凡是伟大的作家，同时都是伟大的思想家。他们都有很高的理论修养。文学艺术上的突破，首先是理论上的突破。我们当今的时代是一个伟大的实践的时代，同时是一个伟大的理论的时代。理论在发展，也在推动实际前进。但是，生活提出了许多实际的问题，我们都不能对它作出理论的回答。理论上没有解决问题，文学上的反映就不会是准确的。我说作家和艺术家的竞赛，首先是理论上的竞赛。谁在理论上武装得更高，他将会回过头来发挥他的才能。

# 性灵之光的夕照①

——我对小剧场话剧《夕照》的解读

小剧场话剧《夕照》，是一种同现实、同历史、同艺术的整体性对话。任何艺术作品都是在一定的时代条件和一定的艺术氛围中产生的。它首先便是同"条件"和"氛围"的正面的和潜在的对话。当我在感动于一对有着刻骨铭心的恩恩怨怨的老人，在痛苦地离别40多年，也是各自送走了痛苦的40多年之后，一者以老画家和卖者的身份、一者以新加坡酒店女老板和买者的身份，相见时的种种情感冲突时，我不断想起法国现代诗人波特莱尔的话："情爱可以从一种慷慨情感中派生出来：即追求献身；但是，它会很快被对于占有的追求腐蚀。"

我不能也不愿说这就是本剧的主题，这过于狭窄了；但我确实又从中体会到在剧场中、舞台上正在延续地进行着的几重对话：剧作者和演员共同同现实、同艺术、同观众以至于世人所进行的对话；舞台上所进行着的受伤而颓唐的老画家甲泽与受害而献身的昔日模特、今日女老板的封闭式（封闭于戏剧的世界中）对话，同时是艺术和艺术家们同世人的开放式（开放地辐射于现实世界中）对话。人们嘲弄、责备、鄙视艺术。人们戏弄、"玩弄"、亵渎艺术，艺术的外衣上闪着易逝的金钱的光泽，内里鼓动着色情肉欲消遣的渣滓，人的性灵在受苦受难。这已是今天社会上沸沸扬扬的行动和议论了。面对这，《夕照》进行着一场对话，歌颂美、对美的追求、对人生的纯洁的追求。歌颂少年时追求、一生执着不放、老而弥坚的对美的追求。又是波特莱尔的话："男人和女人生来就知道，正是在mal（痛苦）中，有着一种快感"，"忧伤可以说是美的杰出的伙伴，以至于我很少考虑……不包含mal的一种爱。"现

---

① 原载《辽宁日报》1994年1月22日。

在人们太过于执着投入地追求感官及心灵的快感、浅薄的调笑的快感、滑稽的（不是幽默的）、庸俗的（不是通俗的）、苍白的（不是浅易的）笑了，追求一种没有痛苦忧伤的美。这是对人生、对美和爱的一种游戏。追求美就要同恶与丑斗争，就要献身、付出牺牲的代价，就要丢弃享乐、自私自利、自己的身外物等，于是就有痛苦、有忧伤，"悲为美"，一种追求美的美和追求美与得到美的悲剧就产生了。而人性就在这过程中得到升华、得到提高。我不知道剧作家和表演艺术家们是如何想的，但我坚持我的解读：他们用美和对美的追求，同现实的对美的亵渎对话；用一种高尚的对人生真谛的价值判断，同庸俗堪忧的价值判断相对抗。我以为，这就是《夕照》的意义和价值。

不过，重要的还不仅在于"说了什么"，而且在于"怎么说"。戏剧也是一种叙事。当代叙事学的重要审美特征就是"怎样讲故事——故事是如何讲的"。《夕照》的特点，主要不在时空交错这种"讲故事法"，而在于广泛而集中的象征手法。"东方女性美"和"追求"，是剧中的两组相关联的原型意象。这组意象又被"扩散"于种种具体的物件和情节之中。这使剧的内涵具有具象和象征的两重特征。同时具有形而上的意义。我们集中地从两位老人的口中，听见相接的对于中国古诗名句的"夺口而出"："君不见黄河之水天上来，奔流到海不复回"，"君不见高堂明镜悲白发，朝如青丝暮成雪"，"故人西辞黄鹤楼，烟花三月下扬州"。这些名句的意象，已经进入中国人的心理原型，而在剧中所创造的具体语境中，它们再次生辉，导引观众去"现实"地体验一种人生感喟。从剧中人的忧伤和痛苦中，体认一种人生的终极价值追求，体认一种美。李默然和周红两名演员以恰到好处的速度和力度，略带吟诵式地"说"出了这些诗。体现出其中的意象、原型心理和人生感喟。（也许吟诵味再浓些、速度再稍慢一些会更好，至少我希望这样。）画框、摇椅、影子，这是三个组成"系列"的象征事物，也是具象体现，它们同两个老人过往的生活相连，具有象征意蕴。他们之间哑谜似的对话，成为他们之间现时同历史的对话，他们之间一个在探索一个在抵拒、探索而逐渐明朗（"是她！"）、抵拒而不断吐露（"是我！"），两人之间的对话，成为一种故事的推进的关节。但可取的是这种故事的推进同时成为意义与意象的演进，比如老女人终于在摇椅上坐下而为老画家所轻轻摇动时，她说："真舒服。"这是史的回声，以前，青春年少，也有过这样一次体验。这个"摇椅里的女人"同"男人影子中的女人的影子"两组意象叠合了，叠合而加重意义。这种"舒服"，其实是不幸。以后，她用青春和美作牺牲，也用爱情作代价，她让男人在生活的摇椅上，抚慰他的生之苦累，在她的细小的影子里蜷缩着男人的病躯。但她却因此被误解、被嫌弃，于是痛苦终身。她是为成全画家对美的追求而牺牲，他是为她"出卖"自己的美而忌妒和嫌弃。这才"写"出了"对于占有的追求"腐蚀了献身的情爱，腐蚀了美；然而，却又相反相成地表现了痛苦与忧伤铸成的美。这一切，在象征诗句和事物意象中，得到凝聚的体现和形而上的思考。

小剧场话剧，把舞台降低并置身于观众身边眼前。演员有时会从观众中走上低低的舞台，"戏剧人生"与"人生戏剧"只有咫尺之距。这种贴近使观众贴近地观看人生并且有了参与感。演员把表演出来的人生，拿来同观众的人生直接对话。两个历尽沧桑的老人的老年时光和青春时代，同时交错地演示给观众。老人们看见自己的同龄人和他们逝去了的青春，青年人和中年人看见别人的暮年和回叙地进行着的青春。时空倒错的戏剧人生，在现实人生中变成统一的人生。各种年龄段的观众各自看到了自己的过去、现在及将来。两个老年人的性灵之光，从青年演到老年，经历磨难而更见光辉。也许这正合了快走到人生终极的人用一生的经历实证了人生终极价值的意义。《夕照》用"夕照"这个命题和意象，也自有深意在。

在戏剧演出过程中，我看见演员眼中、脸上的泪花，也看见观众席上一些人在擦泪，他们都共同投入了。这不能不说是演员们的成功。他们掌握了行进的节奏，捕捉到了体现内心独白的形体动作和"活动着"的塑像似的姿态。李默然弯曲着腰身、驼着背而有力地举起双手的背影，具有生命力，与他的合十动作和拍掌，都成为剧情演进的动作符号、性格显现的姿态。周红表演比她实际年龄大得多的角色，但举手投足都体现出芦婷的文化性格、美的体态、一定的文化艺术素养、历经苦难却有一颗追求美的心。她有几处雕像式的站立，在形体姿态中体现了这些生活与性格内涵。

我希望有更多的人去一睹《夕照》的风采，从晚霞中映照出的高尚和美的性灵之光的一闪与一瞥中，洗涤一下可能被种种尘嚣弄得有些或者严重浮躁、粗糙以至于芜杂了的自身的性灵。同"戏剧人生"作一次人生对话，思索一下人的终极价值，保住这个人类的永恒"母题"。


# 双重的艺术创造与双相的审美价值[①]

——王冠书画艺术简议


在一个偶然的机会，我在一本期刊上看到王冠同志的书法作品，为之惊喜。我们相识有年，在我心目中他是一位画家，然而今忽见其书法作品流丽欢畅，很觉喜爱。对于书法这门特殊的艺术品类，我不惯于也无能力作合于法度的欣赏，我总以自己对于作品之体态，布局喜爱与否为准。仅出于此，我为老友之"额外"成就而高兴。以后，又在一个偶然的机会，再次见到王冠的作品，更令我欣赏备至。这次，已不是一般的书法作品，而是书画结合之作。而且，这种结合，不仅是外在的，而且是内在的；不仅是"机械"的，而且是"有机"的；不仅是书画分殊、各显其彩，而且是书画融会，共同创造了一种美的意境。所以，我以为他的这种"书-画"（"书法-美术"）作品，是双重的艺术创造，具有双重的审美素质和审美价值。


一


艺贵创造。独创性永远是艺术之可贵处和艺术家获取成就的基本的美学创造领域。王冠的书画结合作品，无疑是目前独一无二的创造。中国绘画，也讲究字画的结合，但它以画为主、字为辅，至于书法虽有绘画的美，但出自"字"之自然，而不与绘画直接关涉。现在，王冠的可以称为"书画结"（结合、结构、纠结、情结）的书画作品，却是双相的，字与画处于同等的地位，亦字亦画、亦画亦字，它们是并蒂莲花，是双重的审美对象。画既是字的背景，又是独立的审美对象，有它自身

---

[①]　原载《艺术广角》1996年第3期。

所营造的艺术氛围与意境；字也是如此，具有双重品性和双重价值。欣赏者既可以先赏画、后赏字，也可以先赏字、后赏画，但同样可以对扑面而来、赫然呈现的整体画幅、字幅，作整体的把握和体察，从而进入一个统一的审美境界和沉浸于一种统一的审美愉悦之中：这里，就是一种双重的审美价值的体现，既有美术的又有书法的，更有书与画结合的一种"书画结"之美。我特别喜爱《明月逐人归》这一作品，那高悬于占了整个画幅几乎达四分之三的高天之上的白云烘托的明月，挂于左上角，几乎只有四分之一的辽阔而又为江渚隔断的水面，邈远迷漾，远处则有一只典型的中国山水画中的小舟，这里以丰富而淡雅的色彩，吸收了西洋水彩画的构造和技法而又富有中国山水画传统趣味的构图，营造了一个中西合璧的明月、轻风、流水映照归人的美的境界。但它又不同于一般的图画，它把"描绘"铺满了画面，不留空隙，而把习惯的图画题款，"升格"为一个审美主体，赫然五大字，"顶天立地"纵贯全幅："明月逐人归"。这种书法与绘画艺术的结合，从创作主体来说，是一元的，是一种艺术精神的分别体现而又统一地"纠结"在一幅画面上。既不拘泥于画，也不拘泥于字，只是自我倾泻地挥洒。这确实是一种大胆的创造。这大胆也表现为一种艺术创作上的自信，不怕我的字影响了画，也不怕我的画影响了字，而相信它们会"纠结""融会"在一起，成为一个审美整体。还有《一点沧州白鹭飞》《芭蕉吟雨》等作品，都是如此。它们都是书画结合的浑然一体的审美整体。

　　这也许有些不合书法的法度，也不合绘画的法度，但我以为法度总是发展变化的，它是成全艺术家的艺术的创造规矩，但不是艺术家创造性的桎梏。记得 1994 年在德国科隆东方艺术博物馆参观黄苗子和古干二位先生的书法联展，苗子先生的字古拙浑朴、卓然有古风，然而运笔布局迥然不同于一般书法作品；古干先生之现代书法，改变传统的幅度则更大，几成新模式、新品类，但也叫人领受另一种书法美。参观者中外皆有，总体上是欢迎的、接受的、欣赏的。这也是对于突破传统、鼓励创造的一种表现。还记得 20 世纪 50 年代初，在东北局宣传部副部长、东北文化部部长刘芝明的直接关怀下，著名音乐家安波、李劫夫亲自操刀，改革评剧曲调，改编、创作了《小女婿》的唱腔和曲调，一曲《小河流水》，与传统落子迥乎异其趣，传统出新音，如今已成评剧的经典唱腔了。这种事，在艺术史上所在多有。一部人类艺术史就是一部创新史。艺术界应该鼓励创新，扶助创新。

当然，创新就会触及传统的法度。因此，恩格斯曾经肯定黑格尔的一个命题，即"每一种新的进步都必然表现为对某一神圣事物的亵渎，表现为对陈旧的、日渐衰亡的、但为习惯所崇奉的秩序的叛逆"（见《路德维希·费尔巴哈和德国古典哲学的终结》）。这种"亵渎"和"叛逆"如果是对于已经陈旧、已经死亡的过去的法度的一种态度，那么，实质上就是好的、前进的、发展的表现。当然，如果是否定规律、弃绝艺术的真正的亵渎和叛逆，就应该反对了（如像目前在流行艺术和大众文化中存在的某些现象即如此）。因此，如果是一种严肃的艺术创新与探索，一种美学范畴的创作尝试，那么，就不存在"亵渎"与"叛逆"的问题，人们就应该以宽容的、欢迎的和鼓励的态度来对待。

对待王冠的书画创作，应该是后一种态度，因为他的美学尝试、艺术创新，不仅是严肃的，而且是成功的。

二

徐复观在他的名著《中国艺术精神》中指出，书法，仅从笔墨上说，那技巧上的"精约凝敛的性格"和由这种性格所产生的"趣味"，"可能高于绘画"。但是，如果从精神活动的范围来说，恐怕就不及绘画了。所以他说："笔墨的技巧，书法大于绘画；而精神的境界，则绘画大于书法。"（《中国艺术精神》，春风文艺出版社，1987年版，第5页）这种论述颇为精当。我们如以此鉴赏王冠的书画，则可见，他以大笔触挥洒占字幅主体地位的书法，一般均是佳句警语，确实显出精约凝敛的性格（然而又不乏流丽潇洒之韵致），并由此性格产生了那种笔墨情趣和技巧。而同时，他又以完整的、具有独立品格的画作，表达那种具象的、可见的、以神似之笔写实的、状物的、自然的景象，而展示那更宽阔的活动范围。这样，便在"书画结"的基础上，既产生书法的笔墨性格与性情，又产生绘画的广大的精神活动的领域。从而在又一个层面上，产生艺术品性的结合、审美素质的双相结构，提高了作品的美学内涵和欣赏价值。这是单独从绘画中，或单独从书法中，所不能得到的。

按照徐复观的说法，书法具有了美的自觉，始于汉末，确立于魏晋，而以草书之出现为契机。这说明书法之美，不在它的象形，不在它所表现的内涵（当然，也不排斥它的象形方面的美和所表现的内涵，比如诗词之美），而主要在于笔墨情趣，即线条的曲直运行、飘逸流曳、跌宕起伏及个体的间架结构和整体的空间布局与"形象"，还有书写者的运笔施墨、变体巧勾妙写，其情趣和审美对象，可以具体到一个字以至于一撇、一捺、一点、一竖、一横。这种笔墨挥洒运作的功力和情趣，真有妙不可言之韵味。王冠的"画味字"（这种说法可能不当），以上诸种笔墨情趣皆有之，而以笔墨之流畅和沉厚之中显秀丽，以及个体（每个字）和整体（一幅字）的架构之空间构造的气势韵味为主。这是同欣赏传统书法所不同的审美方式与审美境界。

　　至于王冠的"书中之画"或叫"书画结"之中的画，其美学素质也不同于一般绘画。南齐谢赫有绘画"六法"之说，即气韵生动、骨法用笔、应物象形、随类赋彩、经营位置和转移模写。谢赫评画家优劣，指出"六法"皆备者是罕见的，总是"各善一节"。以我的一般艺术爱好者的眼光看来，王冠之字中画，引人注目的是气韵生动和应物象形二者。他的画都以气韵为主，而不在准确地摹物绘形，如《芭蕉吟雨》中之芭蕉、《三径菊花黄》中之菊花、《秋叶经霜红》中之红叶，都是具有一种植物自身生物特征和中国人向来对之所作的审美特质、社会评价所产生的气韵。《明月逐人归》、《寒山春雨》和《一点沧州白鹭飞》中的山水、云月、风雨、树草，也都具有诗句和画幅所营造的那种审美意境的韵味，那春雨中远处烟雨迷漾、葱葱郁郁的山峦，那细雨披靡中雨丝风片的流泻和流泻冲刷下的近山、摇摆的树，构筑了一种春的氤氲之气，使人联想到春日江南细雨霏霏的湿绿润天际的韵味。所有这些画幅，本身都是完整的艺术品、独立的审美对象，但它们的韵味，又被字幅和它所表达的内容、意境点出，而更显露，而字幅也成为好像是"镶嵌"在画中之物，被画映衬，表现得更为形象、具体、具有特色。这样，字与画就是内在的结合、审美素质的融会、艺术气韵互彰，而成一种书法与画艺的完整艺术构造。

三

　　艺术本身是状物表情达意的人的创造物，它是客观的，但又是主观的，是主观化了的客体，是经过艺术家改造过的客体，是一个从"第一世界"（客体、客观世界）经过"第二世界"（主体、艺术家）的创造而出现的"第三世界"。这"第三世界"不仅有客观世界，而且有主观世界，有艺术家的思想、情感、意志、审美理想等，对客观世界加以改造、酶化而成的艺术世界。这就是为什么中国艺术理论，一方面说艺术是"师造化"，而另一方面又说是抒性灵，是所谓写"胸中之丘壑"。所谓艺术品之"气"，就是由这种主观的"性灵""胸中之丘壑"营造的，也是艺术家内在精神世界的抒发。气也者，灵气、神气、生气之谓也。艺术家难于获得的是这种"气"之主观生成和这种"气"之艺术地转化为艺术品。在这方面，我感到王冠的书画结合作品，其最深层的结合，也是最成功的结合，正是这种艺术家内心之"气"的统一地、协调地寄托抒泄于字和画之中，画中有斯气，字中有斯气，或者说，斯气贯注于字中，也贯注于画中。我们可以想见，在创作过程中，艺术家王冠，是运用统一的属于他自身之"气"，作画写字，两者形体不同、艺术形式不同，但"气"则是一个，不是分离的，不是隔一层的。这一点，既表现了王冠在艺术创作上的独创性，又表现了他作为画家和书法家的双重技艺。这是他的书画作品的双重创造和双相审美素质与审美价值的最深刻的根源。

艺术的这种"气"并非什么虚无缥缈之物，而是艺术家的世界观、人生观、艺术观、社会理想、人生信仰、审美情趣、艺术素养以至于人格规范、个人风格的统一体。王冠之创制这种书画结合体及这样地来创造这种结合体，都表现出他的内心的一种"气"，即神气、生气、精气和灵气。我喜爱他的这种作品，主要就是他创造了美学上所说的一种"有意味的形式"，又喜欢这种形式中的"意味"：我被他的作品带进一种人生境界，一种热爱自然、热爱生活，而又卸脱尘世追逐、远离世俗纷争，引人回归自然，重返（暂时地）文化故乡的审美愉悦。这其实也是用艺术语言同追金逐银、争名夺利、美酒女色等不正之风的对话。它也是在洗净人们心头的世俗尘埃，帮助解脱名缰利锁的羁绊。我每一次欣赏王冠的作品，就会被引进，或者自己投入一种超脱尘俗的人格和心灵境界，一种愉悦身心的审美境界。这是欣赏一般的属于高技艺而缺乏艺术创造、缺乏"气"的字或画，所不能得到的。

出于一己之喜爱，写下了一些肤浅的感受，或有不当之处甚至作外行人语，愿请方家指教。

# 书画合璧：新艺术样式的创获①

## ——评《王冠书画艺术》

彭定安文集 *19*
美学、艺术心理学与艺术评论集

一览无际的水域，与苍穹一色，几许洲渚在远近横断逶迤，更近处则是芦苇繁花；又添三两白鹭，斜掠飞翔向天际。这是王冠的画作《一点沧州白鹭飞》。面对它，我不禁有南国洞庭潇湘之思，更好似神游故里彭蠡万顷；那迁飞急急的白鹭，勾起"落霞与孤鹜齐飞"的美句遐思。但这视野开阔、意境悠远的横幅，却不同于一般国画，那题字不在边际或角落，而是一行大字横穿过整个画面，赫然占据上半幅，压在画上，又为画面所托。一幅画上，一个艺术主题、两个"艺术主体"、双重审美对象。它被称为"书画合璧"：这是一个新的艺术样式，一个新的艺术形态。这是一位艺术家在老年的艺术新创获。

王冠不怕字盖了画，也不惮画掩了字，表现了艺术家创造的激情和自信。他也突破了向来中国书画的传统模式，既不是画上题字——画为"君"、字为"臣"，也不是书法为主、画作点缀或背影，而是"一画二君"，使之成为亦书亦画的混合型艺术作品。书法点题并以合乎法度的挥洒"配合"绘画，而绘画则创造表现意境。因而，作品具有复合艺术素质和艺术功能，能够产生双重的审美愉悦。而且，这种作品既是传统的，又是现代的。它的布局、构图、气韵、笔墨情趣部分是国画，书法则更是中国独有的艺术。但两者的结合为"平行并存联合体"，以及所表现出的现代意识、现代精神，则使之成为充分"现代的"。莫·卡冈在《艺术形态学》中指出：由于"社会存在和社会意识的不断改变"，"引起了对艺术掌握世界的新方式的需求"。艺术样式是艺术地掌握世界的具体方式。王冠"书画合璧"作品的创作，正是适合艺术掌握世界的新需求

---

① 原载《辽宁日报》2000年11月9日。

的。中国书画在新世纪面前，面临传统与现代的双重、双向选择。作为世界艺术奇葩的中国书画必须承继传统，而要成为现代艺术，又需要改革发展。王冠的创新，是符合这种时代的、艺术的要求的，并且也是成功的。

中国书画的承继传统，除了创作材料和工具的"自然继承"之外，最主要的是中国艺术精神的保持与发扬。王冠的作品做到了这一点。他的书画合璧作品中的绘画，如《三径菊花黄》《春风来》《梅影竹风满庭芳》《霜叶红于二月花》《燕飞芳草雨》等都具有中国花卉花鸟作品的特征；《一点沧州白鹭飞》《山衔好月来》《明月逐人归》《寒山春雨》等，都具山水画的中国风韵。但是，它们又都突破、冲击、改造了花鸟山水画的传统。最突出的自然是字贯穿全幅，居于突出显要的地位，在艺术上书法与绘画"平起平坐"。同时，创作立意、艺术精神、审美理想以至于技法运用上的现代表现，也很突显。"一片自然风景是一个心灵的世界"（阿米尔）。意境是自然景物与画家心灵的结合。画中菊花、秋叶、梅竹，以及青山绿水，都是画家心中"意念"的客观"对应物"。春花的清丽、秋叶的红艳、月的朦胧、山水空间的寥廓邈远，都流泻出画家的幽情远思，使观赏者亲近自然、寄情物外，得到超脱尘嚣心意悠悠的审美的愉悦和心灵的歇憩。《燕飞芳草雨》嫩绿满目、草木芳菲，几只燕子在雨中纷飞，充满了自然情趣；《山衔好月来》晕月蒙蒙，景物都在不明中，上空飞过归雁，弥漫着朦胧之美。这都是幽雅的现代国画。但它们又体现了宗白华所概括的中国绘画的艺术精神："深沉静默地与这无限的自然，无限的太空浑然融化，体合为一。"与这些绘画融合一体的书法，也在画家的挥洒下，把"画意"流泻于字的用笔、结体和章法中，有的变形，有的象形。这就使书法和绘画，在内在的本质上和艺术气质上，成为一体，而不是外在的拼合，从而使书画合璧作品，达到"结构的疏密、点画的轻重、行笔的缓急，表现作者对形象的情感，发抒自己的意境"。

徐复观说："笔墨的技巧，书法大于绘画；而精神的境界，则绘画大于书法。"（《中国艺术精神》）王冠的书法技巧，适应、配合、烘托绘画意境而发挥；绘画则充分发挥创造意境的功能。这方面，除了中国传统艺术精神的继承发扬之外，更有一种现代精神、现代意识的贯注。我最喜爱《燕飞芳草雨》《明月逐人归》等作品，以书画合体所营造的意境，有一种现代人把"自然"作为观照对象的意态，更具"自然返魅"

的现代意境。它创造出为现代人摆脱"现代城市综合征"、超越自然和尘嚣心态意绪的审美对象。

# 论王冠"书-画艺术"的思想意义与审美特质①

王冠先生的书法与绘画结合作品的出现，是他艺术生涯中的一件大事，是他在艺术形态上的一个可喜的创新。这种新的艺术品种，打破了书法艺术与绘画艺术单独存在和各具审美素质的创作形式，而使书法与绘画有机地结合在一起，浑然契合地成为一种统一的艺术品。故我称为："书-画艺术作品"。这里首先需要特别指出的是，王冠先生的这种艺术创新，主要是在他老年时期的创获，这不仅反映了他的艺术生命的赓续，更说明了他的创造力的不衰。王冠长期担任艺术部门和美术出版部门的领导，艺术行政工作占据了他的主要时间和精力，这不免耽误了他的创作。直到老年阶段，才能够有比较充裕的时间和摆脱事务致力于创作事宜。欣赏最近出版的《王冠书画艺术》（中国文联出版社，2009年版，第9页），更知其多数作品作于离休以后，并且是古稀之年以后所作，更不禁油然生敬意。

王冠的"书-画"艺术作品，具有特殊的审美素质，这是一种新的艺术形态所独具的美学质地。它不仅具有中国书法特有的美，也不仅具有中国画所独具的美，而且也不仅是"一加一"式的具有书法美加绘画美，而是"部分之和大于整体"，即"一加一大于二"。书法与绘画浑然存在于一个艺术的统一体中，产生了书法美与绘画美契合的美。这里，我想从思想的意义到艺术的特质与境界方面来加以论述。

徐复观在他的名著《中国艺术精神》中指出，中国文化的艺术精神，穷究到底，就是"孔子和庄子的两个典型"，并且说，孔子的美学

---

① 原载《艺术广角》2010年第2期。

思想，是"道德与艺术在穷极之地的统一"，而在文学方面，则是儒道两家之外，再加入佛，而三者相融。至于庄子，则"彻底是纯艺术的性格"；这"艺术性格"则"主要结实在绘画上"。这些论述，揭示了中国艺术精神，以及中国艺术作品的价值核心与民族审美特质。它是思想、道德、艺术的汇融，是儒、道、佛三家艺术精神的汇融。王冠的"书-画艺术"在其精神方向和审美理想上，正是这种"三家合一"艺术精神的体现。这一点，我将在后面详加论证。这里，且先总体讨论其审美特质和艺术境界。

徐复观在上述著作中，论述中国绘画与书法的艺术精神的"同"与"异"时，精辟地指出，书法，从笔墨上说，"它在技巧上的精约凝练的性格，以及由这种性格而来的趣味，可能高于绘画"；但从"精神活动的范围"来说，书法又不及绘画。从徐复观这一论述出发，可以体会到书法艺术在笔墨上灵动潇洒，挥洒自如，而又精粹凝练，那是绘画对于形象-具象的追求与"似"——无论是"形似"还是"神似"，所不能及的。但绘画的这种"限制"，这种对于"形似""神似"的追求，却又扩大了，深化了它的表现天地和它的"精神活动范围"。这样，也就使它的精神境界大于书法了。以此论述来探讨王冠的"书-画艺术"，我们就可以看到它的使书法与绘画的结合，所取得的精神境界之扩大与审美质地之提升。在王冠的书画艺术作品中，在书与画方面，有两大特点，也是两重审美特质。这就是：第一，在书法方面，字数皆限于一句诗词或警句，而书写上则挥洒开豁，显示、发挥了它的"大于绘画的精约凝练"的性格，而且既与绘画在造型上结合一体，更在精神上汇融一气；第二，其所居位置，不是处于画幅空白、边角，字体细小，而是字体硕大，恢宏气势，兀立幅中。因此，其所书，既占据重要位置，楔入绘画界域，又在意境上与绘画相互提携。而在绘画上，也具有两宗特点与双重审美特质。即一方面，它是书法的背景，对书法起到烘托的作用、"说明"的作用。另一方面，又独立存在，显现自身的山水、树木、花鸟、虫草的形与势、情与趣，自成格局；但又因在意义与蕴含上，与书法融会而成为它的有机部分，两者水乳交融，密致不可分割，从而成为一个艺术整体。这同传统中国画的绘画与题画词合一不同。后者画是独立存在的；画的某个部位，有时甚至是关键部位题上话语或者诗词；画自是画，字自是字，"平分秋色"，"各领风骚"。好的状况也不过是题画诗（或辞）为画幅点题画睛，外在地引领对画作深意的理解与欣赏；而一般状况下，往往题字在书法上无可言，不过注明作者及时间、地点等而已。字与画各自独立自存。观赏者先欣赏画，而后看字，观赏品评，各自分离。但是，观王冠书画作品，则非如此。比如《秋空横雁影》，画幅上是近处红叶纷繁，中景树影稀疏，远眺渺渺秋空，一行雁影飞驰。构成一幅秋色图。而横空出世，"秋空横雁影"五字，横贯全画、占据"上空"。一眼观照，秋色山水与五字题诗，同时同步映入眼帘，浑然一体观看赏析。"书画共存"，赏鉴一体。这种审美活动与愉悦，超越单纯欣赏绘画或书法。这种审美体验是审美的一种新的范式和感受。

这里，自然涉及字的写法的问题。字体硕大，占据画幅的广大空间，且踞要津，固然重要，形成不同于传统书法与国画的"书-画作品"的特点与审美特征，但写法也很重要，也许应该说更重要。因为如果书法自书法，按常规的真草隶篆那样书写出来，字与画是很难契合一体的。即使在构成上、结构上花样翻新，也难奏效。必须进行书法的书写范式上的"改造"与创造，才能使"书"与"画"汇融合一、契合无间。王冠正是这样做的，他在书写范式上，适当地越过真草隶篆的规范，使之更具有接近绘画或具有绘画性的挥洒，灵动飘逸，略具造型意蕴，与画幅上山水树木花鸟虫鱼的具象，有一种造型上的统一、意象上的接近和想象上的趋同的意味。这样，就使"书"与"画"融合一气而构成一个统一的艺术整体了。王冠这样做，是有意为之的，是有着着意的艺术设计和审美追求的。他自述起初设想书-画作品时，曾有言，既来创作，就要一方面不走"老路"、完全照搬传统；但是，又不愿意趋时赶浪头、一味"现代"，而失去艺术创造的规范。因此，在设计了绘画方面的创新之后，又考虑了书法上书写方式的革新与创获。同时，与此相适应的，则是绘画上一定程度的创新，即没有完全走传统国画的路数，而在构图布局设色和笔墨上，都按照自己的总体艺术设计，予以统筹规划。按他自己的说法是，既不是工笔画，也不是大写意；工笔的精审细雕，难于同写意的书法结合；但大写意也不行，与书法形体上难结合，意蕴上不合拍。因此，他采取了大幅度的挥洒，而又布局严谨、结构规整，具写意的精神气韵，又保持写实的底蕴，于是而与书法的"精约凝练"、飞洒灵动的气韵统一汇融。这里，创新的追求和成功，都是明显的，值得肯定的。

现在，且回过头来探讨王冠书-画艺术的思想意义。王冠之所以在老年阶段来从事艺术的创新，绝不是一种无意味的追求，而是意欲以一种新的艺术形态，或者说，以一种艺术的创新，来表达他内心的生活体验、人生感受，表达一种对于世界和生命的意义体察。这是他的艺术创新的出发点和归宿。无意义的、思想苍白的形式追求，不是他的终极关怀和目的。这里含有一种现实主义创作思想的根基。它不同于单纯的形式追求、趋时性的现代派和孤立的技巧创新。通观《王冠书画艺术》的全部作品，我们可以"诸流归一"地得出他的作品思想意义体系的圭臬，它们是超脱-超越和沉静，是淡泊明志、宁静致远。因此，他所画多松、梅、菊、竹、柳、荷，多鸥、鹭、雁、燕，多邈远山水、夜月、秋空、清野，所书多宁静、幽远、超拔之句。诸如《青莲质本清廉》《云海松风》《秋叶经霜红》《鸟啼云山松》《贞心比古松》《花竹幽》《一点沧州白鹭飞》等。托物寄意，虽然表面意义不免虚空邈远，但是那内蕴的含义却明确实际，启人思索，使人在艺术欣赏中，在大自然和生性纯清高远的自然物身上，遐思冥想，感受超脱超拔、寄情纯清的思维境界。王冠艺术创新的这种追求，使他的书-画创作，具有了坚实深厚的哲理基础，从而使那些书法与绘画的艺术天地，具有了意义价值，是海德格尔所说的"思与诗"的结合。这无疑提升了他的艺术创新的审美品格。我每于面对王冠书-画艺术作品，静神观注，沉潜欣赏时，总是心旷神怡，寄心深远，遐思绵绵，于那山水、秋空、夜月间，亲近松梅菊竹，随鸥鸟白鹭雁燕翱翔，便心静淡泊，所思沉潜，情意悠然，既是一种审美的愉悦，又是一次思想的纯化，人生境界的寄托。也使我清洗身心的浮躁与浅薄，获得艺术养生的滋补。

王冠的书-画艺术在中国书法和中国画的从传统向现代转换的进程中，取得了可喜的成果。他的尝试和创新的成功，在这方面提供了一个实例，既是已有的创获，又是他人创新的借鉴。中国特有的书法和中国绘画在从传统向现代的转换中，存在一个两难的选择，即既要继承传统，不丢弃传统中的优秀部分与特色所在，又要进行新的创造，要向现代化迈进，使作品具有现代性。两者在去与留、创与保之间，是有矛盾及冲突的，解决的要义在于适度，在于能够将传统和现代契合汇融，成为一体化的艺术品。王冠创新，或者说在创作上的"现代性追求探索"，成功之处就在于他既保留了、灌输了中国书法和绘画的精神气质、审美特质和笔墨情趣，又在艺思、主旨、技巧等方面运用了现代元素。他的画，不是纯粹的中国传统画法，其构图布局及笔墨设色，都吸收了现代绘画的"模式"，具有一种现代气质。但其整体构造，某些笔触的运用，尤其是整体画幅的意境营造，又是中国式、国画式的，其整体艺术气质，不失民族传统的规范。其书法，亦复如斯。他越过了传统的真草隶篆的书法范型，一面遵守传统书法的要义，锤炼传统书法的根基底气，一面又超乎旧"藩篱"，使书体向"绘画"方面倾斜，在遵守书型书体的基础上，使之具有一定的绘画意蕴，与配合一气的画幅在精神上契合。这就使书法具有了新意，具有了现代性。王冠在这方面的试探、追求与成功，我觉得比现在有些"完全的传统的书法与绘画"，或是基本否弃传统的"过分现代化的书法与中国画"，要更可取。

也许，业内人士对于王冠的创新，在一定程度上容有异议微词，至少有某种存疑。这当然可以探讨。但我以为王冠的创新是成功的，是一种奉献；从实际效应看，他的书-画作品，令人赏心悦目，获得审美的愉悦。我每每有此感受，故不揣谫陋，做业外的唠叨，谈不上评论，只是向老艺术家，也是老朋友表示敬意并向艺术爱好者推介。

# 来自音乐领域的空谷足音①

连日从生活中传来发自音乐领域的信息，令人高兴，甚至有聆听到空谷足音之感，其意义自不限于音乐。

1."美的女性，美的音乐"

日前，由著名指挥家郑小瑛女士领导的北京爱乐女子室内乐团来沈演出。她们是来自十几个单位的三十几位女演奏家。她们为了音乐，为了以音乐美化社会和人的心灵而组织起来，用业余时间来排练和演出，

---

① 原载《沈阳日报》1996年7月1日。

无论是排练还是演出，均不取报酬。其中有不少日常的然而动人的故事。

记得1994年冬天，我在中央党校听过一场她们的演出。郑小瑛女士在介绍时，就说到乐团有一位年轻的女演奏家，要从家里走一段路到约定的公共汽车站等候顺路接她的大汽车，因为当天风雪交加，天气奇寒，以为她来不了，可是，车到约定地点，这位女演奏家正瑟缩地在寒风大雪中企望大汽车的到来，冻得浑身直打哆嗦，只为了一场不计报酬的演出！

她们曾到欧洲演出，外国朋友称为"美的女性，美的音乐"。

的确，这是一种美。不仅她们演出的古典的、民族的、高雅的音乐是美的，而且她们的心灵也是美的。而且，当此众"星"要价高昂、时以伪唱欺世之时，这些不要报酬、以业余时间为公众奉献雅乐的女音乐家们，东奔西走，登台奏乐，也是以行为和心灵向人间播撒她们自身的美啊。

2. 这种"发烧"好

两次在北方电视台看到介绍沈阳一群音乐"发烧友"的情况。他们为高雅音乐而"发烧"，个人投资万元至数万元，在家园里拥有一个"音乐园"。这种较好的音响设备能够更清晰、更亮丽、更真实、更细致地听出音乐演奏的细腻的部分，能听出音乐大师们的匠心独运处、乐曲的每组旋律、每个音符、每部和声、每个乐器的细微的表现：它们的和与异、音色高低强弱的区别，以及整体的美学构成。这样，才能听出音乐语言所诉说的所有的悲喜歌哭、雄壮宏阔、低回曲折、婉转悠扬的情感和思想，知性和理性，从而感受到一个由声音在时间中运行所构成的美的世界，因此这种享受就是一种美的享受，心灵的享受，越过了感官刺激和愉悦的心灵的情感——理性的愉悦，给人以一种文化享受和文化熏陶。当然，这些音乐的"发烧友"是懂得音乐、富有音乐美的理解力的。他们并不简单粗暴地排斥通俗音乐、流行音乐，而只是认为这些音乐比较简单，无论旋律、和声、配器，都比较简单，因此，所能表现的思想比较单薄，情感比较苍白，所能体现的美的世界（对那些存在美的歌曲来说）也就是比较低层次的、简单的，所能给予人的美的享受、文化的熏陶及感情和理性的陶冶也是同样的。

在流行音乐，特别是流行音乐中的某些次品、非艺术、非音乐在社

273

会形成热潮之时，音乐"发烧友"的这种对音乐的"发烧"，就成为一种空谷足音，表明大众文化在日趋庸俗化、低俗化时，文化大众中有一批中坚，在大众生活中用行动奏响了"雅乐佳音"。

# 林声诗书画作的艺术品性与文化蕴含

　　这本论文集是中国题画诗暨林声诗书画作学术研讨会的成果汇集。

　　这次研讨会是由中央文史研究馆和辽宁文史研究馆、沈阳文史研究馆，会同辽宁省文化厅、辽宁省美术家协会、辽宁省美学学会联合举办的，由辽宁文史研究馆承办。林声同志的老同志、老战友，辽宁省的老领导也是著名文化人、作家多人，来自中央文史研究馆和辽沈地区的专家、学者、书画家、诗人、作家数十人莅临会议，群贤毕至，老少咸集，为一时之盛，成为2006年辽宁文化界的一次文化-学术盛会。会前许多学者、书画家、研究者已经撰写论文数十篇并印制成册。会上又有众多发言，会后也整理成文。于是而硕果累累，今辑而为论文集出版问世，不仅记盛存世，而且将此集体成果奉献于文化艺术界，参与关于中国题画诗的研究，参与保存、发扬中国传统文化的民族文化现代化工程的建设事业。

　　当会议召开和进行之际，恭逢其盛的专家、学者、诗人、艺术家、书画家们，皆具共同感觉，即此次盛会，具有多重重要意义。首先，中国题画诗与中国诗书画血脉相通、艺思会融，三位一体，为中国所特有，具中国艺术精神特质与气韵，艺渊久远，历史绵长，具有深厚的艺术积淀、很高的文化成就。但向来研究探讨不够，专题论述甚少。我们今天集会专题研讨，实开风气之先，堪称首次。会上众多发言，材料丰富、观点鲜明、论证详备，关于中国题画诗之历史渊源、发展路径、艺术特征、与诗书画之关系等，皆论述及之，并在理论与审美理想上多有发明。

而林声诗书画，特别是他的自题画诗之著，又以其斐然成绩，其思想境界、艺术佳构、审美成就，其于中国题画诗之艺术精神的继承发扬等，提供了实际成果与实践证明，于理论与实践之结合，起到了相得益彰之功效。

因此，此次学术研讨会之召开，对于中国题画诗之研究与继承发扬，均具重要作用，意义深远。

扩而言之，此次研讨会实乃以文化之精神，文化之声音，与时下轻忽文化、心性浮躁之社会风气，进行对话，对于提高全社会之文化兴味、文化追求，以至构建社会主义和谐社会，颇具功效。而且，值此中国传统文化实现向现代的创造性转换的历史时期，值此在文化转型期必然产生的忽视、"遗忘"、扬弃民族传统文化之时，我们研讨属于中国优秀传统文化之一脉的中国题画诗，对于引起国人重视民族文化传统、尊重民族文化血脉，具有很好的作用。我们今天于中国题画诗暨林声诗书画作学术研讨会上，也生同感：我们在全力实现现代化、大力发展经济并建设先进文化时，也从小处做起，具体而微地在为社会主义文化建设奉献微薄之力。

文化在知识经济时代、在高科技发展时代，与信息社会不仅是随着经济的发展必然发展的"跟跑"角色，而且更加是经济-社会发展的"领跑"力量。因为文化已经成为经济的养育系统，它是明天的经济，又是立竿见影的文化力量，足可强化核心创新力，使经济立即产生巨大效益。它是"近水"，也是"远水"，既解"近渴"，又生"远效-后劲"。文化已然成为综合国力之标识与实力。然而，当今人们却仍然存在轻视、忽视以至于勿视文化的通病。言经济而兴起，闻文化而淡然。这是不利于我们的现代化事业快速发展的，不利于小康社会与和谐社会之建立的。此次关于中国题画诗和林声诗书画作的研讨，以其文化、学术、艺术的广泛研讨，以其集文化、学术、艺术各界人士之盛况，以其探讨主题之意义及研讨之深入，如此等等，而成为一次对于重视传统、重视文化的鼓与呼。

此次研讨会对中国题画诗的审美素质、艺术特质与文化精神，进行了广泛与深入的研讨。许多论文，对其产生的历史，发展的沿革与路径，艺术的特征，其与诗书画的互渗关系，以至于它与西方题画诗之异同，都进行了广泛深入的探讨，进行了比较文化的研究。可谓成绩斐然。这些研究论文均已收入本文集。应特别提出的是，会上有不在少数的即席发言，其内涵，既有事先的准备、思考又有会上领受的启发与即席的发挥，见解卓然，新颖灵动。会后，皆整理成文，也收入本文集中。

研讨会的另一重要主题，是对于林声诗书画特别是《林声自题画诗》的研讨。与会者对林声在诗书画方面，在题画诗方面的优异成就，对他在这方面所表现出来的刻苦钻研之精神、孜孜以求之毅力、悟性之超拔、灵性之飞动，均给予高度评价。对林声同志之成长道路与经验，也给予高度评价，并探讨其成功之道，称道其精神学力。林声历经官宦生涯，为官曾政绩斐然，而离休之后，除担任众多社会职务外，仍然广泛涉足文化领域，广交文友，对于书法、绘画与旧体诗，朝斯暮斯，读书临帖，访学问友，既参与艺术、文化、科技各界活动，引领潮流，又亲身实践，进行艺术创作。可谓官声文事两斐然，事功学问双丰收。对此，与会者均表赞扬与崇敬，并以为值得人们学习。这方面的发言与论文，也都收入本文集，约为其半。

本文集之编辑，得辽宁文史研究馆梁文纳、常乃安、李明诸同志的大力相助；王向峰先生于收集论文、订正修删、经营擘画等方面，不遗余力，多所贡献；此皆应告白并致谢忱者也。辽宁文史研究馆名誉馆长、著名鉴赏家、书法家杨仁恺老先生为文集题签，一并于此深致敬意与谢忱。①

# 赵华胜绘画作品的三个突破与创新①

我以诚挚之心，祝贺盛大的"世纪颂·赵华胜五十年艺术展"的举行及其学术研讨会的召开。这不仅是画家赵华胜先生本人一生中的大

---

① 本文是作者提供"世纪颂·赵华胜五十年艺术展暨学术研讨会"的评论文。

事，而且是辽宁美术界的一件大事，是辽宁文化界的一件大事。一位艺术家能够从事艺术创作达半个世纪之久，并且仍然在继续创作、继续进展；而且在半个世纪的艺术创作过程中，又能够不断前进、不断创新，不断开辟新的创作领域、达到新的艺术境界，这是特别值得表示祝贺和敬意的。

我与赵华胜先生的交往也几乎可以说达半个世纪之久了。还是在他的学生时代，他就开始显露了优异的艺术才能，通过报纸上突出报道和发表他的绘画作品，我接触到了他学业优秀、创作出色的事迹。以后，他专业从事绘画创作工作，有了几十年的历史，在这个漫长的时期中，我则在几个角度和几种场合中，与他保持着交流与友谊，直到今天。我以此为平生的荣幸。

很遗憾也很抱愧的是，我虽然早已允诺并且很愿意和高兴地参加这次所有的活动，而且我在会前特意从呼伦贝尔赶回沈阳，就是为了参加这一活动，以表示我对赵华胜先生的敬意、表达我的祝贺；但由于呼市邀请方计划的突然改变，一个重要的会议使我无法推脱，只好在参加开幕式之后离会。这是要特别向赵华胜先生和他的夫人黄巍深表歉意的。他们两位曾经热情函邀，恳切希望我参加研讨会。

为了表达我的祝贺和敬意，我将原来准备在研讨会上的发言，整理成文，如果可能就在会上宣读一下，以弥补我的失约与歉疚。

根据我与赵华胜先生的多年接触与了解，根据我对绘画艺术一知半解的知识，以及我的浅薄的美学知识，我集中谈谈我对赵华胜绘画创作的成就和特色的认识。

总括地说，我以为赵华胜绘画艺术的创作成就，突出表现在他实现了三个方面的突破与创新。这就是：

第一，他突破了中国画的艺术形态中的人物画的传统规范，有了属于自己的艺术创新；

第二，他突破了中国画的传统艺术规范与审美领域，有了属于自己的创新；

第三，他在中国画从传统向现代的转换中，有了一定的突破，并且做出了属于自己的创新业绩。

现在，我就这样三个方面，作稍微详细一点的说明。

第一，在中国人物画方面的突破与创新。

以我对中国绘画史的了解，我以为中国画虽然在人物画方面，具有杰出的成就，晋代顾恺之的人物画，显示了被称为"文学与美的自觉时代"的魏晋时代在绘画方面的辉煌成就，而且可以说彪炳千古，一直是后世绘画艺术家们的楷模，并且在以后的历史时期中，在人物画方面，依然是代有才人出。但是虽然如此，在艺术成就上，在审美境界上，与山水画、花鸟画相比，人物画仍然是不免逊色的。而且，中国的人物画如果不把近现代的成就算进去，那么，是很重神似而相对忽视形似的。如果像对西方油画那样去要求，则中国画的人物，往往几笔勾勒，不仅简略，而且在艺术解剖学方面，在形体比例上，都是不讲究、缺规范的。历史如此。那么，以此观赏和评论赵华胜的人物画，就可以看出和体察到他的突破、他的创新了。

赵华胜以人物画胜，他的作品和作品的成就，都以人物画为多数。也许可以称他为中国人物画家。他在这方面的突破和创新，首先表现在题材和绘画空间的突破与创新。他画现代人，自然不再是峨冠博带、宽袍大袖的古人或仕女，而是现代衣着的现代人，但这是很次要的，虽然与传统人物画不同；更重要的是，他画工人、农民，画他们的群像，他画人民崇敬的领袖人物，画乐队和乐手群体，等等。人物是新人物，空间是新空间，所表现的生活是现代生活，总之是现代社会生活中的现代人物。其次，他的现代人物画像已经不再是"高度写意"或者说"纯写意"的，而是具有深厚临摹、写生基础，具有艺术解剖学基础的写实的具象画。再次，他的人物画存在的空间，是一个既现实又写意，既具象又抽象的生活空间，这里是现实的生活场景、社会面貌。人物——往往是群像，与环境的契合，以人物为主的空间依存与烘托，构成了具象环境中的具体人物。环境、空间，在画轴中，形成非人物的"人物"，是整个画幅的有机的构成部分。最后，他笔下的人物，大多数具有现代人物的精神气质。与之相结合的，他的笔墨情趣相应地便是以大笔触、挺拔线条表现出来的雄健、刚劲、气势恢宏的审美特质，并且表现出他的艺术创作和审美理想的追求，是与时代精神符合的宏大、开朗、昂扬的艺术审美素质。这是与传统人物画大异其趣的，是一种比较大的突破与创新。

不仅如此，这里，我以为还深层次地体现了艺术审美的韵味和意义生成。徐复观在《中国艺术精神》中，论及人物画，提炼出"人伦鉴识"四个字，以为是人物画的根基。所谓人伦鉴识，我理解，就是对于人、人间、人世及人际关系、社会关系的体认与见解。马克思说人在本质上是"社会关系的总和"，因此，画人物，画一个时代的人物，对于其社会关系、其精神气质以至于由内而外的形体特质（即形象、外相），必须有深入的了解和把握。在这方面，赵华胜是可称"胜出"的，取得了突破与创新的成就。这从他的许多出色的人物画，尤其是那些广为传颂的著名画作中，可以得到充分的证实。恕我不在这里一一列举。

　　还有，顾恺之在他的《画论》中，论述人物画的要义、要领时，提出"传神写照"四个字。就是说，人物画、画人物，要能传神，即画出人物的精神气质来；而写照则是保证传神的笔墨，即人物形体的塑造，二者密不可分。有过硬的写照，才能够传神；只有传神，写照才有意义，才有审美价值。赵华胜的人物画，以准确的、鲜明的、特色独具的笔触、笔墨，来写照从领袖到工农到女性的形象，来传现代中国人之"神"。可以说，对于顾恺之的"传神写照"箴言，是得其三昧的。

　　第二，在中国画的传统规范与审美特质方面的突破与创新。

　　徐复观在论中国艺术精神时，曾经说：中国艺术中，论笔墨的技巧，书法大于绘画；而精神境界，则绘画大于书法。我理解这是因为绘画有具体而宽广的画面，画出诸多事物与人物，内涵具体、广泛、丰富，有的还有故事性，这样，其对社会生活的表现就既广阔又复杂，其精神境界自然就大于书法了。但是，书法的笔墨技巧，用之于绘画，却能够增强绘画的精神境界。齐白石自评，认为他自己是治印第一，书法第二，第三才是绘画。大概是对于书法的笔墨技巧对其绘画所起作用的一种肯定。赵华胜的人物画，在运用笔墨技巧上，对于传统人物画是有突破和创新的。前面已经说过，他的人物画的笔触、笔墨以刚劲、雄健、恢宏胜，这就既是对于传统人物画的突破，也是对于传统中国画技法的突破与创新。

　　不过我以为他的突破与创新，更主要和重要的是在绘画的意义生成和审美理想上的表现与成就。按照徐复观的艺术理念，认为中国艺术精神分别体现于孔子与庄子两个典型上。他认为，儒家的艺术理念与艺术精神是"仁与音乐的合一"，是艺术与道德的统一。我理解也可以说是"文以载道"的典型。而道家的典型，却是"彻底的纯艺术精神的性格"。而且，徐复观还指出，道家的这种艺术精神和性格，主要体现在绘画上。对于徐复观的艺术见解，我作为后学，不敢妄加评议，只说我的学习体会。我觉得，孔子和庄子确实如徐复观所论，是代表中国艺术理论的两种不同的系统。不过，这样两种艺术精神与理念，是并不存在高下、对错之分的，而只是具有不同的艺术见解和义理，其作用与价值，可以因时势不同，因艺术家的价值观、艺术观的不同而不同。这里，联系到赵华胜的艺术理念与艺术精神，是属于哪一种呢？我不敢妄断。不过，在学术研讨会上，我且说说我的不成熟的认识。我以为，赵华胜的艺术理念、艺术精神及其艺术创作的具体表现，是不是可以看作儒家与道家的结合，具体地说，是儒家的"文以载道"为根底，也就是以"文艺为人民服务、为社会主义服务"的理念为根基，吸取道家的徐复观所说的"彻底的纯艺术精神"，这就是在艺术上精益求精，有艺术追求，有技巧发挥，有笔墨情趣。作为我的这个论断的举证的，我以为就是人物画中的领袖艺术造像、工人群像的创造，以及许多类似的作品。

这种作品，有一种社会意义的生成和审美价值的蕴涵。我觉得"文以载道"的孔子艺术精神，不仅是中国文艺的民族传统，而且现在也是需要这种艺术精神的。艺术作品的社会意义的存在和发挥，并不会影响和削弱它的艺术性。问题只在艺术家在以"文艺"载道的时候，如何做到"孔子的艺术精神"与"庄子的艺术精神"无间地结合，也就是在以"文艺"载道时，充分发挥艺术技巧、艺术素养的作用与力量。不要"道"大于"艺"、盖过"艺"，而是"道"与"艺"水乳交融。

赵华胜在这种"两结合"方面，有追求、有探索、很努力、下功夫，因此是有成就的。这是他在中国画的传统规范与审美素质上有所突破和创新的重要表现和贡献。

第三，在中国画从传统向现代转换上的突破与创新。

赵华胜在这方面的突破与创新，是很重要的，很有意义的。

他的突破与创新表现在哪些方面呢？

我在2001年写过一篇论述中国画从传统向现代转换的问题，题目是《传统与现代双重选择——关于国画现代性追求的探索》，发表在《荣宝斋—古今艺术博览》大型艺术双月刊上。这篇论文的主要论旨是：中国书画在迎接21世纪之际，面临传统与现代的双重选择和双向选择。一方面，传统既存在于现代之中，不断向现代转换；另一方面，现代既冲击传统、改革传统，又要继承传统的血脉。因此，这是一种两难选择，但是，又可以是两利的选择。在这种既有传统对现代的选择，又有现代对传统的选择中，画家要继承中国画的传统，特别是中国独特的与中国文化精神血脉相通的"中国艺术精神、艺术气质"，同时，又通过生活实践，使自己具有现代意识、现代精神、现代气质。并且，能够以经过改革的中国传统艺术精神和民族血脉，去认识、表现现代生活。从而在自己的作品中，既不失民族优良艺术血脉，又不落后于世界艺术潮流。

现在，我用这个观点来实际接触赵华胜的绘画作品，会发现他具有传统的中国画的技法与笔墨情趣，但是，在构图、视角、设色、用笔等方面，又具有新的、现代性的技法、造型与笔墨；尤其重要的是，他所表现的人物、场景、人物的精神气质、外在形态，都是现代的。他在画幅的"场景"与"人物"中，贯注了自己的现代意识、现代理念，使画作具有现代气息和现代气派，从而成为现代人物画。这是赵华胜在中国艺术界追寻从传统向现代实现创造性转换时，所进行的试验、实践和探索。他的实际行为和众多作品，证明他在这方面，有所突破、有所创新，并且取得了可喜的成就，作出了自己的贡献。

以上，是我不成熟的一得之见，只是为了表示对华胜先生的敬意与祝贺，也为了弥补缺席的歉意，才不顾浅陋，在研讨会上发表，敬请方家指正。

# 对王向峰美学世界的评介与探寻①

——《王向峰的美学世界》序

牟心海同志费四年之功力，撰写了一部近50万字的《王向峰的美

---

① 原载《芒种》2012年第4期。

学世界》，这是他继撰写《彭定安的学术世界》和《武斌的学术世界》两部研究专著之后的第三部。这三部研究专著，我称为"心海三书"。

对于这三部著述的产生，我确实有深感焉而必须一述。我以为，这首先表现了心海对于辽宁文化学术事业发展的深切关心和对于辽宁学人的成长的深切关怀。作为辽宁省文联的前领导人，他这种文化胸怀，既显现了文化领导与管理干部的责任心，又显示了一位诗人、作家、艺术家的文化胸襟。他几次谈及，这次在他的新著中，又再次重申，对于辽宁的文化学术现象、成绩及学人的创获与成就，应该予以研究、肯定和鼓励。这不是为了某些个人的事情，而是关乎辽宁省文化学术事业的发展和文化积淀的大事。他在自己的文化工作和艺术创作之外，在离开工作岗位之后，仍然如此关心及此，并且付诸实践，写出三部研究著作，这种精神，是值得赞许、值得敬佩的。其次，心海为撰写这样三部研究著作，承担了极大的工作量，阅读并细研三个学人的大批著作，他付出了辛劳、倾注了心血，这既表现了他的诗人的热情，又表现了他理论家的缜密。最后，我感到，心海创作诗歌，是一位出色诗人，还热情地从事摄影、书法和绘画（而且涉及国画和油画两个画种），并在诸多艺术领域中均多所创获，所以他是长于形象思维、艺术思维的；而"心海三书"之著，又显示了他的逻辑思维和理论思维也是很发达的，他还是一位理论家、评论家，一位学者。这是令人不能不赞佩的。

现在问世的这部《王向峰的美学世界》不仅篇幅大，大于前两部研究专著，而且，其深入、具体、细密，又有增进，这自然与研究对象的具体状况有关，但也是心海研究工作和研究思维进一步深化和发展的表现。这也是很可喜的。

我浏览这部专著之后，感触很深，幽思良久。

向峰的美学研究，堪称博大精深、自成体系、独辟蹊径、多所创获、成就卓著；而且他是既从事美学研究，又培养美学专业的硕士和博士，因此还是桃李芬芳。这是十分令人敬佩的、值得人们学习的。依据我可能不很确切的了解，向峰的美学研究，起步于一般美学理论、现当代美学和艺术美学的研究，以后，则相继扩展到中国古代美学尤其是庄子的美学研究，以及马克思主义美学研究尤其是马克思《1844年经济学哲学手稿》美学理论研究；同时，涉及中外美学史的研究。其中，庄子美学思想和《1844年经济学哲学手稿》的美学理论研究，都是带有开创性的研究。这样一种研究格局和这样丰富的研究成果，足可证明我在前面所说的话是所言非虚的。而这也确实构成了一个特色独具、颇有学术–文化深度的王向峰的美学世界。

要想把握这样一个研究对象，不是一件简单的事情，也不是一件容易的事情。他不仅需要付出巨大的精力，而且需要研究者本身具有相当高的马克思主义理论准备、美学修养和文学艺术的鉴赏能力，还需要认真细致的态度、深入的思考和周到而准确的诠释。应该说，这一切，心海都做到了，做成功了。

心海对于"向峰美学研究"的研究，面对这样可谓浩瀚的研究对象，阅读量之大，工作量之大，是可想而知的。但是，他以高度的热忱、坚忍的毅力、艰苦的工作，完成了这项研究工作。然而这只是就工作量来说的，更重要和更具有价值的是，他经过认真的阅读、细致的研究和缜密的思考，准确地把握了向峰美学研究和美学思想的体系，而又条分缕析，分层叠列，既不割裂，又有内在联系，这样来成体系地介绍并诠释研究对象的美学体系和结构层次。全书共分九编来进行。第一编：关于解读马克思《1844年经济学哲学手稿》中美学理论的精心研究和科学阐释；第二编关于美学基础理论的系统论述与深入研究；第三编关于审美鉴赏心理的分析与研究；第四编关于文艺美学基础理论的探讨与深入研究；第五编关于中国美学的系统阐述与开掘性研究；第六编关于中国现代美学的综合分析与分例研究；第七编关于西方美学的系统阐述与重点研究；第八编关于文学艺术评论的美学思想；第九编关于王向峰文学创作的审美表现与艺术追求。这样的九编，准确无误、符合实际地概括了王向峰的美学研究的全部，其学理结构和分述体例，也是合理的、正确的，准确掌握了研究对象的内涵和外延、理论和实际、特点和重点。

这样的九编结构，并没有按照研究对象自身研究工作进展的时间序列来排列，而是按照内容的重要性和理论深度，来排序。比如，把本来在向峰的研究序列中，在中后期出现的对马克思手稿美学理论的研究，放在第一编，便突出地表现了这一点。我以为这样的排序是正确的、具有思想性和理论见解的。

而且，每编之下，又分章节，予以细致分析与阐释。而每个章节也既有区分又相联系，把每编的内涵，概括和分析相结合地加以论述列举。这样一步步展开又一层层深入地对王向峰的美学世界作全面、深入、缜密、细致的探讨、论述和阐释，使人们能够全面而深入地学习、了解、掌握王向峰的美学世界。这些系统化的介绍和阐释，达到了既准确地、到位地诠释研究对象的丰富内涵，本身又具有理论深度和学术水平。如关于马克思手稿美学理论的研究这一编，在该编第四章，作了"手稿美学解读"特点的评述。这章评述，便具有相当高的理论水平和学术价值。他指出了"解读"是"做到了切近文本原意"的阐释与解读，特别专节诠释了王向峰的解读并没有"过度诠释"的问题，而是"对马克思没有直接说出'美感'范畴的美感进行了阐释"。这种理解、把握和诠释，都表现了学术眼力和理论水平，也很准确地诠释了"王向峰的美学世界"的真价值与高水平，以及他的实事求是的学风。

向峰还不断撰写文学艺术评论，并且从事散文、旧体诗和新诗的创作。这是他的美学世界的"别开洞天"，也是他的美学世界研究的实践层面。在这两个方面，他也是颇有建树，成就可观的。他的散文，真实朴素，感情真挚，文笔清新，既有学者散文的严谨素朴，又有文人散文的情感文采。他的旧体诗也写得好，有诗味，遣词造句，具古风、符韵律，词语于陌生化中又有洗练的传统词语。对他这样两个方面的创作，我多次当面向他表示过我的赞许和钦佩，并坦承自愧弗如。其实，他的新诗也写得颇有韵味，而且有思想，有读头。对于向峰的这些方面，心海也进行了独立的研究，作出了深入的评论，并且均纳入他的整体研究的范畴之中，列为第八、第九两编，这两编也是在充分研究、把握对象特色的基础上写出来的，是同上述研究相联系的。既是上述研究的继续，又是它的开掘与发展。这样就构成了一个研究整体和学术叙事的整体。

心海艰苦经营谋篇，而成此著，索序于我，未敢推辞，勉力纪事如上，除向向峰先生和心海表示敬意之外，权为序。

2011 年 7 月

# 辉煌"艺术辽宁"的形象展现

　　辽宁堪称艺术大省，它有着辉煌的业绩史，成功上演过多样艺术品种的剧目，出现了成批的表演艺术家、舞蹈家、歌唱家。这些，不仅辽宁人耳熟能详，而且誉满中国，走向世界，获得了世界性声誉。《艺术辽宁》一书，形象地展现了这种辽宁艺术的辉煌。不仅有"艺术辽宁"的辉煌的业绩表现，而且展示了这种骄人的艺术的辉煌，是如何取得的，它的过程、它的追求、它的艰辛，以及艺术家们的心血的付出和智慧的显现，如此等等，都形象地展现出来了。读后令人欣喜、令人感奋，令人所思良多并反思当今。

　　《艺术辽宁》由对于辽宁省的誉满中国、盛名响亮的艺术名牌部门分门别类的介绍而构成，其中包括辽宁人民艺术剧院、辽宁儿童艺术剧院、辽宁芭蕾舞团、辽宁歌剧舞剧院、辽宁歌舞团及辽宁歌舞团中的杂技团、民族乐团和附属艺术学校等艺术名牌单位。它们一个个都能够历数其艺术历程中的辉煌纪录和惊人成就。"辽艺"，半个多世纪的艰辛而光辉的历程中，有着多个中外名剧的演出成就，艺术足迹和闪光的业绩，遍历全国。以著名表演艺术家李默然为代表，从李默然到宋国锋的一批优秀话剧演员，组成除北京、上海之外的第三个杰出的表演艺术团队，形成了坚持现实主义表演艺术的流派，对中国话剧艺术的发展，作出了杰出贡献。"辽芭"，同样是与北京、上海芭蕾舞团鼎足而立的全国芭蕾舞艺术代表单位，他们不仅成功引进了特色独具的西洋芭蕾舞蹈、舞剧，而且，成功地将之与中国传统艺术元素结合、融会，使之中西结合、现代传统融合，创获了具有中国特色的芭蕾舞剧。《二泉映月》，尤其是《梁山伯与祝英台》，用标准的西洋舞蹈形式，表现了传统的中国生活、人生与文化；不仅叫响全国，而且走向世界，向世界传播中国文化、中国精神与中国学派。著名男芭蕾舞演员吕蒙和女芭蕾舞演员王韵分别获得国外赠予的"芭蕾王子"和"东方的芭蕾公主"的称号。辽宁歌剧院的一曲《苍原》，在戏剧艺术处于低谷时期，以嘹亮的民族团结的歌声，响彻全国，并创造了中国新的大型歌剧形式。辽宁歌舞团及其民族乐团杂技团和艺校，也以《女儿风流》《中国变奏》《敦煌焕》和以舞蹈因素与杂技巧妙结合的艺术表演，获得巨大成功、创造了可喜艺术成就。所有它们的艺术成就、美的创造与文化奉献，永远闪着艺术之光、文化精粹，这是辽宁的骄傲、辽宁的文化名片，也是可贵的辽宁文化积淀。"辽艺""辽歌""辽芭""儿艺"，这些辽宁人耳熟能详的名字，在全国艺坛文界，声誉卓著，并且声名远播海外和国际。现在，在《艺术辽宁》中，一一得到形象的展现，既是历史的存留，又可供现实的欣赏。

更可贵的是，这里不仅有对于艺术成就的形象的体现和展示，而且，报道了、展现了这些艺术成就是如何获得和创造的。这些内容，不仅让人们看到众多艺术家们的一代风华的艺术生涯，如何从艰辛到辉煌的历程，而且从中可以体会到事业与艺术的成就，是凭借什么主观和客观因素而获得的。这是一种富有意义的艺术与人生的教材，也是一种艺术创造和一般创造的经验传授与启迪。

当然，首先令人感动的是艺术家的刻苦努力，不是一般的刻苦努力，而是超凡的刻苦、超凡的努力；只有付出了这种超凡的功力，才能达到他们那种超凡的艺术成就。芭蕾舞、杂技那种极需要付出体力上和生理上的辛劳艺术创造，要求艺术家的苦苦努力是可以想见的；就是歌剧、话剧以至于配音，何尝不是同样需要付出大辛劳？歌剧《苍原》主要演员的嗓子出血，还冒着从此失去艺术生命的危险，坚持练嗓和演出；排练和演出，一再扑倒跪下，导致腿骨疼痛和受伤。杂技演员忍受疼痛、受伤和冒险，完成高难动作，以及话剧演员深入生活、体验剧情和人物的思想感情、捕捉和创造性设计舞台动作及形体表现，所有这些，也都是需要付出艰苦的努力的。他们的艰辛，在某种程度上，是令人难以想象的，也是难以承受的，而这正是艺术家们值得称道、尊敬和学习的地方。

在这种为了艺术创造而付出超凡艰辛的劳作中，深深地体现了艺术家的一种崇高的献身精神，——献身艺术、献身事业、献身人民，为了集体的荣誉、艺术的尊严、民族的文化事业及在国际上的地位等，为了这些，他们坚持不懈、以各种形式的牺牲，来作出奉献。这种奉献精神，是事业、学术、工作等各种成就的取得的基本的、不可缺少的基础和核心因素。这一点，超出了艺术范畴，对于所有的人都富有启发意义。

如果从艺术领域来说，这些艺术家们的成就，在刻苦努力之外，具有艺术灵性与艺术才能，也是必不可少的元素。他们的创造，是一种艺术创造、审美创造，要艺术地和美好地表现生活、表现人物、表现性格，没有或者缺乏艺术灵性与艺术才能，是绝不可能获得成就的。这种才能，是一种高级才能，也是一种智慧；固然，这是一种先天的素质，"受之于父母"；但是，如果没有刻苦的努力，不付出辛勤的劳动，这种先天的素质和智慧，仍然会释放不出来，而只能作为一种人的潜在素质，留存于体内，淹没在生活中，最终消失和"报废"。

当然，所有这些个人的天赋和素质、刻苦和努力，都是与社会环境和时代条件绝对不可分的。没有开放的社会环境，没有优厚的时代条件，个人的才能和天赋、刻苦和努力，都会因为缺乏良好的社会环境和时代条件，而没有舞台、没有社会支撑、缺乏人民群众的养育、缺少组织的培养，而致"英雄无用武之地"，才能和智慧都付诸东流，刻苦努力也枉费心机。社会、时代构成的大舞台，是"如来佛的手掌心"，任何拥有伟大艺术的"孙悟空"，都跳不出这个客观存在的"掌心"。应该看到，这些成批的辽宁艺术家们的创造和成就、业绩和辉煌，都与新中国的社会环境、时代条件，尤其是改革开放以来的，经济发展、社会开放、国门大开、文化繁荣的环境和条件是分不开的。认识这一点，对于艺术家们，对于我们所有的人来说，都是重要的和必要的。

辉煌是历史，是过去，是"过去正在进行时"，对于今天的人们来说，是鼓舞，是感奋，是启迪，是推动。但是，还必须从过去走到现在，使"过去正在进行时"转换为"现在正在进行时"。如果涉及这样的范畴，我们不能不遗憾地感到，在娱乐时代、在大众文化兴起发展的时代，在发展商品经济的社会环境下，艺术的发展，一方面受到受众文化条件的限制，而不能得到"群众文化水平之'水'涨，艺术之'船'的水平则高"的效果；另一方面，更存在"艺术"向金钱、向市场、向低俗的群众需求的"低就"、"迁就"、讨好以至于媚俗的值得严重注意的问题。这是我们在阅读《艺术辽宁》受到鼓舞的时候，不能不思考的课题。


# 我"看"戏剧①

应邀为文，言而无文，只好整理思绪，略述一点个人与戏剧的关系，兼及一些粗浅认识。所以这里的"看"，不只是看戏观剧的意思，更有对戏剧的"看法"，即认识与理解的含义。

（1）鲁迅和瞿秋白都有过同样意思的话，大意是：中国劳动人民的世界观、人生观是从说书馆和戏园子里得来的。的确，旧社会劳动人民没有学习文化的机会和条件，对于人生和世界的体认，就只能是在听说书和看戏中取得。这说明了戏剧是"生活的教科书"。——现在，所有的人，都在接受影视化的戏剧的灌输，而影响自己的世界观、人生观却不自知。

在整个文学艺术中，起到这种"生活的教科书"作用的，戏剧是最直接、最形象、最"日常"的，是佼佼者。因为它诉诸形象，它取直接叙事的方式，并把人生故事、生活场景、人物命运直接呈现在舞台上，直接表演给观众看。中国俗话说"戏台小人生，人生大戏台"，是很有道理的。看戏就是看人生。

从发生学角度看，戏剧也是艺术门类中最早产生的品种，并且它在艺术的滥觞期，包容和孕育着其他艺术，如音乐、舞蹈、文学等。也许可以和应该说，它是其他艺术形态的母体和源泉。

（2）遥想远古时代，原始人为了祈求狩猎成功、械斗胜利和生活幸福，举行巫术活动，歌之舞之，狂吼怒击、呼天号地，所谓手舞足蹈，处于迷狂，充满尼采所说的"酒神"精神。这时就产生了原始艺术，而

---

① 原载《艺品》2014年第3期。

其形式就是"戏剧"。其中既包含音乐、舞蹈、文学及神话等诸多元素，又孕育和诞生了艺术的永恒的"三大精魂"：使命感、人文关怀和良知激情。

当其他艺术形式逐渐分离出去，独立发展时，戏剧则循着自身的特点和道路日渐发展成熟，成为人类艺术的主要形态和人类生活的主要活动领域，发挥其生活的教科书作用。而其保留艺术的"三大精魂"的品质，则在诸艺术形态中，居于首位。

（3）我从小就接受了戏剧这个生活教科书的教诲，而孕育自己的人生观和审美情趣。犹记少年时代，夜幕降临，周遭寂静，我在"吾家小楼"书房里，听见随风飘进来的袅袅乐音和吟唱，逶迤悠扬、时断时续，那是赣剧源头也与京剧具有渊源关系的乡音——饶河调的演奏，它养育了一个求知少年的最初的审美心意和情趣。而以后的偶尔的观赏，则使我体验了嫌贫爱富、人情冷暖、世道炎凉的人生"哲理"，也培育了崇敬英雄义士、清官忠臣和憎恨奸佞小人、奸臣贼子的爱憎情怀。以后进了"洋学堂"，接触和接受的，就是话剧艺术的熏陶和教诲了。

（4）话剧是我喜欢的剧种，而且，可以说它是我青少年时代思想与艺术的启蒙老师之一，现在，我还很想看话剧而不可得，我也甚盼话剧的振兴。

我读小学的时候，在封闭的故乡，第一次看到话剧。那是抗日战争时期，看的是现在所说的"野台子戏"，大概是什么进步的演剧队之类的剧团巡回演出，至今记得演的是反映抗日义勇军的剧目《三江好》。类乎活报剧。但于我则是见所未见、闻所未闻，看得如醉如痴，振奋不已，以后还时时回味，及后也常常想起。这是我的爱国思想的启蒙、话剧艺术以至整个审美思想的启蒙。以后，在学校，在许多大城市，看《雷雨》，看《日出》，看《家》和《北京人》。在启蒙的基础上，逐步进入思想的、艺术的、戏剧的欣赏和审美的境界。

《雷雨》和《日出》，我更喜欢《日出》；曹禺的名剧，我的最爱是《家》。这绝不是评论，而只是述说自己的爱好。其原因我想是同我的人生经历和接触过这种旧式大家庭的生活有关。但最主要的是，它使我体验到一种王国维所说的"三种悲剧"中的"悲剧中之悲剧"，即既不是坏人作祟，又不是命运所致，而是"通常之道德，通常之人情，通常之境遇为之而已"。也就是日常生活、人情世故所造成的悲剧。

（5）我"想念"话剧，想看话剧；但没有机会，也没有我很喜欢欣赏的话剧。

2008年从北欧访问回来，在北京托朋友买了一张剧票，看陈数主演的《日出》，演技应该是好的，但我已经没有以前观看时那么激动、那么欣赏。据说是有新的解读，但我没有领会到什么。倒是觉得那些改革的地方，似乎还不如原著好。

我最受感动也最为投入的一次话剧欣赏，是1979年看李默然主演的《市委书记》。我那时仍然蛰居在内蒙古的穷乡僻壤，但已获得可能回城的佳音。记得是朋友为我买到一张最后一排座位的票，但我看得极其投入，待看到市委书记在家里被捕的情景，——两个战士进来，向市委书记先行立正敬礼，然后背过身去，等待被捕者自行"上路"，这时，我不是涕泪交流，而是捂着口鼻忍声痛哭。这是一时的情感激起，但也是胸中积郁的块垒，被击破后的喷发。"多少家国事，今朝一吐快"。那情感激发和生活联想，足可写一长文。那时的情景和心境，至今鲜活。

（6）由此我想起，——平时也曾想，现在的话剧改革，似乎有可以商讨的地方。我主要是觉得，话剧是充分的现实主义的艺术形态，它的特色、优点，就在于此。但是，现在有些时兴的话剧，从舞台布景到内容，尤其前者，却走着象征性、抽象性的路子。比如舞台上，就孤零零的一个道具（一个台阶或一个土丘之类），没有环境感，没有现场感，演员就在上面表演，确实失去了话剧的现实主义艺术形态的本色。好像还是"回归"好。当然，也可以这么走下去，那就是创新，出来另一种艺术分支。

（7）我喜欢京剧。但我对它却是完全的外行。我愿意听京剧的一些唱腔，尤其是老生的唱腔。喜欢听京剧曲牌，喜欢马连良，喜欢梅兰芳和尚小云扮的青衣，喜欢荀慧生表演的红娘。"四大名旦"中，我看过梅兰芳、尚小云和荀慧生的表演。我欣赏程砚秋的文采，他写过一首诗，其中有句曰："人比花寿多几许，输它犹有卖花声"，思想意境和炼句均佳。据说他的老师，一位大家，看了此句，感叹说，"诗是好诗，恐不长寿"。果然，程氏四十几岁就撒手人寰。

如果说话剧是充分现实主义的，那么，京剧就是充分中国的、民族的。现在常常见到报刊上说"越是民族的，就越是世界的"，并且说这是鲁迅说的。据我所知，鲁迅并没有这样说过。如果这样的说法能够成立，那三寸金莲、男人梳辫子、吸鸦片，就都是彻底民族的，但能说它们"越是世界"的吗？从京剧来说，也可以说京剧证明了，道理应该是这样表述的："越是民族中真正优秀的，越是能够成为世界的"。

不过现在京剧一方面的确走向世界了，另一方面则还未成为世界的。这里有一个民族审美和趣味的差异问题。

（8）我最喜爱而且敬重的是昆曲。它是中国的也是世界的戏剧艺术的一座高峰。它是戏剧艺术这个艺术形态的最完美的体现。它的戏剧文学——演出剧本，是美好的，它的唱词都是十分优雅的诗。它的唱腔，曲调幽深委婉、逶迤悠扬，一曲《牡丹亭》，令人荡气回肠，进入深沉的审美境界。它的表演也是超等的舞蹈。可惜它太阳春白雪、太曲高和寡了。但确实是中华民族的艺术精品，它一方面可以说是"世界的"了，它被列入世界非物质文化遗产；另一方面，它又还没有——恐怕也很难走向世界，要西方人懂得昆曲，几乎是不可能的。

我们应该极力保护、保存、传承昆曲艺术，这是国之瑰宝。要把它"养起来"，养一个剧团、养一批传承人、养一批昆曲子弟。只在小范围，给少数人演出，只在一年之中的某几个节日或特殊时候演出。这对传承文化遗产，对养育民族审美、戏剧艺术及一般审美情趣都有好处。"高处不胜寒"，但"艺术之'水'"，会"向低处流"，从"提高"到"普及"，培育全民族的审美水准。

（9）在地方戏中，我喜欢黄梅戏、评剧和赣剧。曾经很喜爱越剧，那是学生时代在上海的时候；后来，到北方生活了半个多世纪，逐渐喜欢上评剧，而不怎么愿意听越剧了，觉得娇娆柔弱，美则美矣，但"劲"不足。不是她不佳，是我自己差劲。黄梅戏，轻巧活泼，有生气，通俗化，只是觉得它唱腔曲调变化不大，不是那么耐听。

地方剧种里头，我最钟情的还是赣剧。这当然与我是江西人有关，也与我少年时代受过它的启蒙和熏陶有关。但它确实美，当得起据说是周总理的评语："美秀娇甜"。它曾经应招在庐山会议时给中央领导献演，颇得好评。它和我家乡鄱阳县的饶河调有艺术渊源，与汉剧等都是京剧的艺术源头。大概太地方化了吧，它终于没有能够走出鄱阳湖。

（10）关于评剧，我在初到沈阳时，是很不爱听的；后来逐渐由愿意听到喜爱。这既与评剧的改革创新有关，又和有韩少云、花淑兰、筱俊亭的杰出的艺术创造有关。但也喜欢它的大众化，喜欢那种高亢激越和流畅委婉的唱腔。

（11）我始终无法接受梆子系统的地方戏，无论是河北的，还是山西、陕西的。记得有一年，在西安参加一个全国的学术会议，颇受当地的优待，特别专场演出一场陕西梆子招待大家。人们都欣然前往。开演前，主人特请会议的一位重要人士致辞。他是一位著名的戏剧理论家、评论家，当代表讲话，是很合适的。不过他讲得极为简短，却有鼓动性。他说，"我第一次在朝鲜前线听陕西梆子，一听之下，终身难忘。下面就请诸位谛听。"我被他的话，引起了听戏的兴趣。但，戏一开始，就一通锣鼓喧大，其声如雷声如炮轰，我有疾患的心脏，立即无法忍受，我怕犯病，赶紧从前排挪到后面。接着。这雷鸣炮轰，一直不停，前排诸学者，纷纷离席，不时有人退席，最后所剩无几。我体会到"终身难忘"的意义。

但是，这雷鸣炮轰，如果是在野外，恐怕不仅不显大，而且，远处的观众还听不见呢。对于这室外室内的差别，当事者似乎应该考虑进去，而加以改革。

（12）上世纪80年代，我在南京看过一次英国莎士比亚剧团演出的莎氏名剧。演出方式是照莎氏当年的模式表演。其情形是：几个演员，着现代服装，两人一副架，抬着戏装箱，往台中心一放，接着打开箱子，取出戏装，就在台上化装。然后演出。没有灯光布景、没有后台效果。原来当年莎大师那个时代，就是这样演出的！我的观看，只是见识了一下而已，此外一无所获。

# 我"看"电视①

这里的"看"有两个意思：一是"观看"电视，另一个是我对电视的"看法"。

（1）我不大看电视。据统计，美国的妇女每天看8小时电视，这当然不是中国式的坐在那里看，而是开着电视，边看边干别的事情，累计达8小时。我不习惯这种"自由主义"式的看电视法，我一向是正襟危坐看电视。

（2）我不总是内心悬一个"高雅"的选择标准，作古正经地选择节目。除了新闻联播是基本上定时看之外，其余都是随机性地"碰"，而且决定于第一感觉，第一眼愿意看了，就看下去。

（3）我看电视剧常常不去追求整体的意义和艺术成就，而只欣赏它的"片言只语"。钱钟书先生在《读〈拉奥孔〉》中说过，许多高头讲章、名人发言，言论"常常无实质"，"倒是诗、词、笔记里，小说、戏曲里，乃至谣谚和训诂里，往往无意中三言两语，说出了益人神志的精湛见解"。比如，对于《渴望》，我主要欣赏，也只记住了一句歌词："好人一生平安"。这句话，无论是作为结语还是祷词，都充满了悲剧感，然而含着一种现代派文学最看重的隐喻性，也是同样为现代派文学所看重的反讽性。我每想起这句话就心酸。想起一批批、一辈辈人中的"好人们的平安的一生"。我以为这是《渴望》的艺术之"眼"。

吕晓禾在电视里讲过一个故事，给我印象特深，永远不忘。一个农民坐在火车上，不停地前后左右晃动，人问其故，他说："我琢磨，火车这是平躺着跑的，就这么快，要是它站起来跑，该有多快！"这是一种高级幽默。我认为这幽默比许多小品都更逗笑，更有意味，它表明了

---

① 原载《辽宁电视》（总第十二期）1995年4月5日。

一种传统的农业文化对于现代科技文化的误读和在此基础上的评估。

（4）我不爱看广告，但不反对播映广告。广告也可以是一种艺术。比如过去的"戏报"，也是广告，就可以成为艺术品。书籍广告也如此。在国外，也常见一些广告，美不胜收。我们现在的广告，首先缺乏真诚。都是"全国第一，世界第N"之类。其次是不美。有的令人莫名其妙。

其实，电视文化应该包含"电视广告文化"，电视艺术应该包含"电视广告艺术"，使广告不仅是具有商业性的宣传，也可以是具有艺术性的享受和审美对象。这不就使电视节目又多一个品种了!?

（5）节目主持人，是一种新的社会角色。这角色具有能见的形象性、鲜明性和广泛的社会性。它本身就带有明星性。节目主持人的形象是整体的。但重要的是内在的、精神的、文化的。不光是"脸蛋儿漂亮"，也不全在年轻。我在国外的电视中常见中年及老年的男性和女性主持人。这里的竞争，应该是文化性的。内蕴其内，气质其外。节目主持人多读书，多接受各种艺术的熏陶、多接受诗词歌赋的浸染，功到自然成。艺术、文化知识充足了，自然气质好，形象美。具有一种文化的魅力。

（6）电视的接受方式的最大特征之一是具有"瞬间性"和"复制性"。前者，MTV（音乐电视）是最典型的表现，而我国港台地区、海外的MTV更突出。这是电视艺术、电视文化的一大优点。它符合当代生活节奏快、活动和变化频率高甚至具有梦幻性的社会生活相应的，人们的意识和心态的需要，两者合拍。但是，总是如此、全都如此，却不好。人的审美及人的一般心态、习惯，也需要与之同构的对象；但是，有时又必需一些与之相对应以至于相对抗的质地、频率、形态异构的对象来满足心态与审美心理的需要。所以，看电视又常常想看稳态的、文静的、缓速的、低频率的事物、故事、情节和一切接受对象，比如看古典戏剧、听古典音乐，看画、景物、人事相对安稳、平静、缓慢地变幻节奏，看小桥流水人家，看古道残阳，等等。

# 电视深邃悠久的功能：塑造新的民族文化性格[①]

## 一

电视在所有传媒中，是最具大众性、广泛性和深入性的信息与文化载体，它的蕴含量、传播频率、易接受和解读简易，都是它的"家族"其他成员所不可比拟的。因此，它对人们的影响之巨大与深刻，也是其他传媒所不可比的。电视还有一种优越性，这就是它集众多文化形态于一身，它既是新闻传媒，又是信息媒体，既是形象的、严谨的、远距离的教育工具，又是多种技艺的传导渠道，广泛而散布各处、深入家庭的教育场所；既是形象的文学欣赏与传授的手段与"读物"，又是多种艺术手段的荟萃（电影、戏剧、曲艺、舞蹈、音乐、艺术、体操、时装表演等，它自身又拥有具有独立价值的艺术品种——电视剧）。这一切，都使电视的影响力、心灵的穿透力、智能与知识的传播力及审美力的培养（美育功能），达到历史上各类传媒和文化载体功能高峰，成为当代同类工具的佼佼者。

如果把这些功能聚焦于对人的作用力这一点上，最突出的就是足以塑造人的灵魂。在今天的中国来说，就是可以塑造中华民族新的文化性格。而且应该说，电视已经成了这种民族性格重塑工程中最具威力、最具广泛性和重要性的工具了。

过去，鲁迅和瞿秋白都说过，中国劳动大众的人生观是在剧院、茶馆、说书场里形成的；那么，今天我们可以说，中国人从婴幼时期开始直到青少年时期，都在电视的影响下，形成他们的世界观、人生观，其中特别包括他们的价值观念体系，而中老年的观念、意识、心理，也在

---

① 原载《辽宁电视》1996年1月2日。

接受电视的重新塑造，而改变了他们原有的思想体系。

中国现在正经历一场空前广泛深刻的社会重新构造运动，而国民文化性格的重塑，既是它的结果，又是它的动因和动力。在这一"重构""重塑"的巨大工程中，人的转变的主题和归宿，就是"中国人：从传统向现代转化"，即传统中国人转变为现代中国人。这一社会、民族、文化的规定性，决定了电视作为民族文化性格重塑的有力工具的功能、作用和价值。由于电视所具有的广泛的现代性，更加强了电视在"民族现代化工程"中的强有力的地位。

二

现代文化已经被专业化、商业化和工业化浸透，而其表述方式则是以零散、切割、多样并存、无系统、多中心的形态，以广告图像、电视、电影、录像、影碟等"图像、影像"化手段来加以传播和灌输，其"传播—接受"方式，则既有强制性（"爱看不爱看—必须看"），又有高度自愿性（人人爱看电视）。现代文化的这一特征，正反映了电视的特征，也加强了电视的文化功能。正是在这一基础上，电视在下述三个方面，显示出它的突出特性、文化功能和强大力度。

（一）电视的视觉形象性及其作用力

形象性事物是人类最易接受的。文学的巨大吸引力和影响力，特别是对于人的情感、心灵和意志的影响，正在于它的形象性。而电视则更进一筹，它具有图像，具有视觉形象性。科学研究结果表明，人获取的信息量、接受的外界一切刺激，90%来自视觉——眼睛，这是人类获取知识、增进智能、养育心灵的主要渠道。而且，从人类的简单的"看（图像）"的活动中，可以分析出复杂而且有用的巨大功能。美国著名的美学家鲁道夫·阿恩海姆在《艺术与视知觉》一书中，详细论证过"视觉"的高度知性和理性功能。概括起来，有这样几点：① 人的视觉并不只是简单地、被动地看，也并不只是一种肤浅的感觉；② 人的视觉不是像照相机那样，把外部世界的形象"简单地印在忠实接受一切的感受器上"，而是有选择地积极活动，它像"无形的'手指'"，指向对象；③ 视觉也是一种知觉，是"视知觉"。一方面，它接受事物局部的刺激时，就从个别到一般，粗略地掌握事物的整体结构特征，并形成一种"一般图式"；另一方面，视知觉在接触图像时，还迅速地进行"无意识计算""无意识推理"，这里便发生"类似概念、判断、逻辑、抽象、推理、计算"等工作，即知性工作，形成"知觉概念"。阿恩海姆还在他的《视觉思维》一书中，论述了视觉的思维功能和特征，指出：视知觉的理性本质，弥合了感性与理性、感知与思维、艺术与科学之间的裂缝。因此，视觉思维就具有一种特殊的、独到的、优越的理性——思维功能。这些论述，用现代实验科学和审美理论及心理学，证实和丰富了柏拉图所说的外部物体发出的光刺激，顺着人的眼睛，到达心灵；也证实和丰富了亚里士多德所说的，"心灵没有意象就永远不能思考"。

直接的视觉是智慧的第一个也是最后一个源泉。

电视首先是电视制作的从业人员，用自己的"眼"选择了世界、社会、人生、科学、技术等，把认为有用的图像，组合成一个又一个节目，供观众观看。所以可以说，电视是替人们先"看了""选择了"世界，也可以说，广大观众是首先按照电视制作人员的"视觉"来选择、接受世界的，对世界、社会、人生"看什么"和"怎么看"，都首先取决于电视，而后，自己才有次生的选择权。从这里，就可以看到电视对人们世界观、人生观的首选的、远大的、无可比照的影响力。中国人现在对世界怎么看？相当大的程度是按照电视的"影像"和"告知"来形成的（一般人是如此），甚至完全由电视来决定（对少年儿童和文化程度不高的人来说）。

其次，人们在看电视时通过视觉形象所接受的信息、观念、观点、信念等，是具有"不可剥夺性"或"难于剥夺性"的，这决定于电视的视觉形象性和人类对视觉形象的"亲和力"；而且，其吸引力、影响力都大于其他传播媒介和文化载体。

再次，人们从这些电视影像中不仅获得感觉形象，而且会从个别到一般，获取整体构架，又会进行"无意识的计算""无意识的推理"，进入知性阶段，形成理论概括。视觉直接地就进行了这种工作，绝不会是"一晃而过""过而不留"。这样，可以说，电视的一切节目（包括商品广告）都通过视觉进行了理性传播和理论宣传，从而形成人们的社会观念、政治意识和价值观、道德观等。

最后，视觉既然具有"自发的"理性思维功能，那么，一方面是电视制作人通过画面、图像进行了自己的视觉思维和透过视觉思维进行了理论思维；另一方面，观众又通过接受这种视觉思维进行了被动的理论思维，同时通过视觉接受同步进行了主动的理论思维。人们每天看电视，也就是每天在通过视觉进行活跃的、多方面的、生动的、结合生活实际的思维，从而形成自己的观念-理论体系。

至少在这个方面，我们看到了电视如何从图像走向亿万群众的心灵，塑造他们的灵魂。每一个传统中国人，都在通过电视的影响，洗刷自己的意识领域，整合自己的观念系统，重构自己的精神世界，总之，从传统走向现代。

### （二）电视"符码传播"的多样性

书籍、报纸、杂志及其他各种传播媒介与文化载体，其传播符码，基本的和主要的就是一样，即文字，或者能加上一个"不动的图像"（图画和照片）。但电视借以传播的符码却极为多样，最常见的有：声音（语言）、文字、图像、音乐、人体、服饰、自然界事物（山、水、林、田、动物、植物），如此等等。总之，在电视上出现的一切活动和不活动的事物，都成为传播电视制作者想要传播的信息的符码，这些符码就像电视图像由"颗粒"组成一样，它能组成各种各样的理性认识：观念、概念、意识、判断、推理等。比如，看到美好山水而感到"祖国山河美"并激起爱国情绪；看到杀人犯的罪行展示，而得出社会伦理、法律、文化等方面的结论。

电视这种传播符码的多样丰富，便形成了它的传播的广泛性、普及性、深刻性、易接受性及巨大的潜移默化作用。

### （三）电视"体裁语言"的多样性

从叙事学和结构主义的角度来说，电视所采用的各种各样的表现（拍摄）形式，都是一种"语言"，这不妨叫作"大语言"。比如新闻、音乐、戏剧、曲艺、电视剧、广告、体育、科技、图表等，每一项都是一个文化聚合体，但在整体上，它可以看作一种"电视语言"，就是说，电视制作者是用这种"语言"（即电视节目的一个个体裁、样式）来说话的。比如××年8月1日，某电视台的全天节目，使用了以上诸种形式的若干种，那就是该台使用了某些种"电视语言"讲了一番话、宣传了一种政治观念、一些理论观点、一些人生体验。

电视的所有这些"语言"，都是付诸视觉形象的，都是"活动图像"性的，因而又是具有普泛性、深入性、易接受性等优越性的。也就是说，电视制作者是用一种既是最通俗易懂的又是最高级的"语言"在讲话的，它的"字""词""句"，是活动的影像、是引人的图画、是动听的歌声乐曲、是高超的技术和科学等。

从这个分析中我们看到，电视叙述使用的是一种高级语言，全称可为"高级活动视觉形象性语言"，其丰富性、活动性、吸收力，表现在每一种"语言"（节目体裁）自身都是一种文化与信息的复合体。由于这种原因，它的"语言"和"叙述"，是自然的灌输，是愉快地被接受，是充满各种政治、社会、经济、教育、文化、科技、知识和信息的"文化丛"，是直达人们视觉又由视觉进入心灵的。

正是通过这种高级手段和这些"叙述渠道"，电视在潜移默化、寓教于乐、卓有成效地引导广大群众从传统走向现代，逐步从传统人蜕变为现代人，正是这样在塑造现代人的文化性格。

电视的作用与贡献，莫此为大，胜过一切其他宣传教育工具，也超过它自身的其他作用（比如一般宣传鼓动作用、娱乐作用等）。

三

由于电视的超过其他传播媒介和文化载体的、突出的现代性，即它的传播手段是现代化的，它的"语言""语法"是现代化的，它所传播的信息本身是充分显示现代性的（如在艺术、影视及科技等方面），所以，电视在导引人们走向现代性蜕变方面，具有突出的作用力和影响力，在塑造新的现代文化性格方面具有深沉的"铸造功能"。

电视还对一切年龄段的人，都具有它的影响力。"老少共享""男女皆喜""雅俗共赏"，这也是它的特殊功能。特别是，幼儿都可接受电视的影响。所以，也可以说电视可能对一切人和人生的各个阶段都产生它的影响。电视还是"全天候""全时间段"都能收看和产生作用的。

电视的这一功能、特点，同它的视觉形象性等特征、优点结合，产生了它的综合效应。

总之，电视以其突出的特性和优点，以其超乎寻常的功能，在塑造人的新的文化性格方面，在塑造人的精神世界和整个心灵方面，具有深邃悠久的功能。

# 微观艺术发生学的探讨①

## ——《艺术情境定式法》读后感

　　艺术在什么样的环境和条件下产生？这可从宏观和微观两个角度来探讨。研究人类艺术地把握世界从而创造艺术、审美的精神世界；涉及人类生活的环境和条件、人类之艺术创造品和艺术品的接受。这是宏观的艺术发生学研究。研究一部艺术作品，作家在创作过程中，如何营造一种环境和条件、营造一种情节或细节，以及营造一种人物的心境，从而产生艺术效果，这应是微观艺术发生学研究的任务。杨砚耕、罗萌合著的《艺术情境定式法》一书，其研究性质属于后者。不过，这部著作的特点，在于它并非从学理上，对这些创造条件、创造过程和创造的艺术效应，作条分缕析的梳理，进行逻辑的、理论的论证，而是对"艺术情境"作定式法的分类、归纳和剖析，示人以种种范型。举例以证之，就像科学门类中有理论科学、技术科学之别一样，本书之写作模式，规定了它的性质；如果说那种逻辑论证、理论归纳性的著作属于理论科学，那么，这部书应该说是艺术的"技术科学"的专著。著者在后记中说，他们的立意在于填补艺术发生学理论在中国的空白，"作一些发端性的探索"，但又谦称此书"当然还不是艺术发生学的系统论著，不过却"倡立'情境'说"，"明确指出'艺术情境'是艺术作品生命的摇篮等重大立论对艺术发生学基石的构建作用"这些，正显示了这部艺术理论中的"技术科学"性质。这是本书的特点，也是它的优点。这显示一种理论、实践特质，它不是从理论的阐述到启发人们据此以走向实践的创造，而是以实践经验（实例）列举、分析和归纳，以具体指导人们的艺术创造。同时，又在书中的实例和自己的实践经验中，以及书中的理

---

① 原载《文艺报》1995 年 8 月 25 日。

论分析与提示中，品味、体察艺术发生学的基本规律。

全书拥有广泛的、丰富的材料，涉及中外古今近百出剧目。类分三十，"法"有三百。确实是一部供创作者参照、从中得到众多启发的艺术情境定式的教材，是艺术欣赏者了解剧目，提高欣赏和接受能力的辅导读物，同时，是一般读者查阅剧目、理解剧情和艺术品位的工具书。当然，这不是一般的教材或工具书，它不是要言而简、概略而疏，而是在每个"定式"中，都加以较详备而贴切的分析，从而使"解说"进入到艺术分析和理论探讨的层次，比如"投石击水式"，既举有《雷雨》中，鲁妈之初入周公馆、初见繁漪，由繁漪之"一石"（一番关于周公馆"男人多女人少"的谈话）而击起鲁妈内心的"千层浪"。又举了俄国奥斯特洛夫斯基的《无辜的罪人》里，演员柯鲁齐宁娜，久别重归故地，被富商杜都金的"一石"（关于青年演员聂兹那莫夫不幸身世的闲谈）而勾起了她内心尘封的记忆。"一件意外事件的发生""一件往事的出现"，或喜悦，或忧伤，或悲愤，或心悸……取其为式，在于求得心灵再受创伤，情感再遭磨难之戏剧效果"。这种"过渡性情境，对于戏剧高潮的形成，对于戏剧情节的推进，对于人物性格刻画的重彩涂抹，对于人物内心波澜的展现，有着极重要的作用"。并且，这种艺术情境，"可使审美主体由点及面、由近而远地放开欣赏的目光，极目人生，思索美丑。它有透视人生的审美价值"。这些分析，使每一"定式"的"法"意都更深入，也更理论化了。书中每一"定式"都有这样的理论与分析。

三十类"戏剧情境定式法"，从"开端类"经"推进类"，"摩擦""对峙""较量"等类，又经"离别""延宕""控制""奇巧""反差""玄虚"诸类，然后进到"愚拙""阴谋""失误""期待""危机""尴尬""意外"等类，最后达到"决战类""结局类"，等等，形成一个戏剧情节、矛盾、冲突到高潮的发展序列和程式结构的诸重要环节的完整"定式"和结构体系。这使本书具有一种发展的系列和理论的层次结构。

本书作者颇有意于艺术发生学的研究，并在后记中许下了继续这方面的研究并再撰著述的诸言。这是值得嘉许的，希望他们取得新的成就。作为过渡性工作，不妨考虑先将三十类之每一类撰述前言，以总揽全体，进行理论的概括，而对于三百定式，则又可于每一式之后，再加按语或诠释作理论上的追溯和提炼。如能前后连缀，一以贯之就宏观的

微观艺术发生学的探讨

与微观的艺术发生学、创作心理学、接受美学及"艺术创造工程"的其他有关理论课题，进行系统的、深入的探讨，应是能够更提高、更深入而向前发展的。

# 诗书群艺汇笔底①

## ——读董文书法

　　我对于中国书画的爱好，纯然是一种最普通的爱好者的爱好，尤其对于书法的欣赏，更趋于一种低水平的直觉印象，展读书法一帧，一眼望去，觉得喜欢，就赞一声好、"读"下去，全然说不出一点道理。不过，作为艺术的接受者，任何人都有他的审美心理准备、他的"期待视野"和"接收屏幕"。细究我的这种"直觉"，自然也有它的积久而自然形成的文化前提和在此基础上形成的直觉的水平发展。这一点，"落实"于书法上，就是我喜爱笔墨的那种流丽跌宕、飞走龙蛇、放荡不羁而有法度、不事雕琢而笔下见功夫，也还有那种"有意味的形式"所造成的美感和审美愉悦。同时，当然还有一幅字在总体上的布局规划和整体结构的流动和规整的形态所给予的"第一美感"。再后，便是由形式进入内容的读其所写了。一般都是古典诗词，这内容当然有它的美感启发，这固然属于内在的意义，但在书法上，则有一种诗意与书法二者在内容与形式、内在与外在的浑然契合所产生的美。

　　审美心理活动往往是直觉发动的。审势、度理、析义等皆在其后，也皆以其为基础。

　　谈到我对于董文书法的喜爱与欣赏，远在我与他相识之前。而赏玩之情生于状态，就如上所述，纯然直觉质朴的喜爱，而无理性的指导和行家的评断。以后，我读过《董文书法作品集》，算是系统地了解了他

---

① 原载《辽宁人才报》1996年1月15日。

的书艺。更多的道理依然说不出，但有一个突出的感觉是字的书卷气。

唱歌是唱情。前苏联有一位女歌唱家说，"我的梦都在我的歌中"。波特莱尔则说，"每一本书都是第二个自我"。我由此也被启迪得想学说一句："我的梦都在我的书中。"秉此，我也许还可以套用一句话，"董文的梦都在他的字中"。这里，梦非梦，应是人的生活经历、人生体验、学识性情及信仰与理想，梦幻与追求的综合的、统一的融会体。

我从董文的自述中，从得自他人的简介中，知道他的这种"梦"即"生活融会体"的内涵，也即我所谈"书卷气"的文化底蕴。他是这么说的：

"依稀记得，还是少儿时代，母亲教我学习古典诗文和书法。荧荧青灯之下，她总是轻声吟唱过后，便给我娓娓讲起，讲屈原将上下而求索的爱国情怀和不屈不挠的献身精神；讲陶渊明不为五斗米折腰的高风亮节；讲诗仙李白'兴酣落笔摇五岳'的雄歌豪唱中富有的浪漫主义情采；讲诗圣杜甫'三吏'、'三别'以及《茅屋为秋风所破歌》诸篇中表现的忧国忧民的炽热情感和沉郁顿挫的悲壮艺术美；讲苏、辛的豪放激越；讲陆游、文天祥、郑板桥、龚自珍……我瞪大眼睛，面对漫天星斗，似懂非懂间，自己也随着古代先哲们气象万千的诗句和意境，进入了一个梦幻般的世界。诗，这种奇妙的东西，以不可抗拒的魅力撩开了我的心扉，宛如春风中飘拂的缕缕雨丝，滋润着我干渴的心田。久而久之，我对诵读古诗，由陌生到熟悉，从困惑到喜爱，十五岁起，竟一日不读书，直若有所失。"

我这里有意不作删略地引用他的读书自述，目的既不在宣扬母教之重要，也不在列举他识诗词古文之多，而在于他的叙述本身，他所使用的是呈现话语，即表述了他对所读之诗词的审美感受，在此处《离骚》、李白、杜甫、苏轼、辛弃疾及从陆游到龚自珍，都不是抽象的，而是具有审美特征的对象，是经过叙述者咀嚼后的美学特征的标示，这也就是进入他的内心的历史美文的艺术积淀在他心中的反映和反应。彼得·贝格拉在《威廉冯·洪堡传》中评述中国历代诗人之人格及作品，这种进入了"民族文化腐殖质层"的"积极微粒"是最有价值、最富营养的有机的文化养料。我们从董文的自述中可以看出，这种诗歌的"积极微粒"已经入了他的心田、这种民族的最佳文化腐殖质层，也成为哺育他的最佳文化养料。

在接下去的叙述中，他列举了从《诗经》到《千家诗》的诸多中国古典诗词名著，并说这些书被他"翻破了纸边""一卷卷插满了阅读的卡笺"。这表明他是如何熟悉而又欣赏备至，而徜徉流连于这种古人为我们创造的审美胜境之中。他对此又作了两点总结。其一，是对于读书之深深热爱，他引用了陶渊明的《读山海经·其一》来抒情述怀："孟夏草木长，绕屋树扶疏。众鸟欣有托，吾亦爱吾庐。既耕亦已种，时还读我书。"其二，则是申述了他的审美感受和情感寄托："觉察到自己在对自然、人生、艺术的朦胧感悟、循序渐悟、蓦然顿悟中、已经情愿地不由自主地化入了诗这块古老而又新鲜的天色"。

这两点概括，大概可以看作他内心里的文化与审美的结晶这个结晶。标示了他既是在广泛的阅读中充实着自己的学识，又是在审美感悟中培育着自己的审美情操。这两方面，积蓄于他的心中，便势必流泻于他的笔下。

我想，他的字的风格韵致，大约据此可以归纳为由诗入字，由字出诗吧？或曰"诗中有字，字中有诗"，这大概就是他的字中书卷气之根基了。

由此我们还可以深入一层地推断，他由于对诗的爱好和熟悉，以及对诗的审美意蕴的感悟，因此也就体察品味到一般的共性的美学规律。这既有利于他之琢磨研究书艺，又可促他触类旁通其他艺术之精英而汲取化用之。他自己曾以散文笔法，叙述他除了"曾简束行装漫游祖国名山大川"（其实，我以为如此艺术家、书法家之眼观山川景物，也可以称为读"大自然之诗画与书法"，其于布局、行笔都是有所启发的）之外，还曾于明月清风之下，焚香默坐，横古琴于几案，"泠泠然抚一曲《广陵散》"，也还曾"手执紫竹洞箫，吹一首《苏武牧羊》"，而且，他还曾"寄意丹青，为松梅写照，为兰竹传情，亦点染皴擦，画几笔静山动水，烟岚云霄，力求'混沌里放出光明'"。这样，自然之美的韵律，与音乐、美术之艺心，产生艺术通感整体地作用于他的书法，流泻于他的笔底，挥洒于他的笔力之中了。

这一点，董文不但心领神会地融进了他的书法艺术之中，而且，有学术专文论述这种艺术通感。他在《论诗书画艺术的共通性》一文中，全面系统地论述了诗、书、画三者的艺术通感的多方面、多层次的表现及其韵致，特别指出了古典诗文尤其是古诗，"成了书法家不可缺少的第二艺术世界"，指出"笔法是书法和中国画的根本，是作品产生永久魅力的最基本要素"，又指出，"气韵""意境"皆为诗书画的最高追求，诗书画都既为理性的述志过程，又是"反映心灵追求的情感活动"，如此等等，都是深研之后的获得，是一种艺术审美与创造的可贵心得。在别的地方，我还见到董文对于"写字者，写志也"、情动于中而"墨舞之"的申述，也还见到他对于"妙悟"的强调（《董文诗选·跋》）；他还申述过"我拼命地吸吮着数种姊妹艺术的精华"，明确地标示"艺术就是感情，书者，抒也"，强调指出："书法乃是心灵外化的符号，每一个点，每一条线性状的变化，张弛的幅度，节奏的快慢，无不以心绪为主宰，全方位地演示着书家心灵的图像。"（《董文书法作品集·跋》）所有这些，足以表明董文对于艺术通感在理论上和书法实践上的深刻理解和切实运用了。

　　我无意于评论董文在这方面的艺术论，但却从这中间透视到董文的学力。而得出他的学力是艺术家的概观。在他的自述中，已经看到在一位贤惠而善诱的母亲对于幼儿的向学的督促与指导下所取得的学养之效。而董文以后又一贯虚心向学，他说，"我乐于灯下阅经读史。与古人对话，鉴往察今，发思古之幽情"；又说，"我热心于负笈访学，广交天下贤哲"；更以抒情笔调倾诉："近几年，寂寞心情好读书。……我对老庄和魏晋文学产生浓厚兴趣，蜗居亦自号为'抱朴斋'"。这些，则又显示了他的继续向学、学养日进日深的状况和心态了。这种文化心态，贯注于书艺之中，就是他的书法之造诣日臻艺高文深之境了。钱锺书在《谈艺录》中论及诗艺时曾博引诸家之论说："文生于情"，但"情"又不等于文；性情可以为诗，但也并非就是诗；诗是艺术，它应有规则和禁忌，"故曰'持'也"。而所持者"情态"，但情态"可以成诗而未必成"，这又要"才"。但"才"是非力可取的，终于归在学上；"有学而不能者矣，未有能而不学者。"（《谈艺录》，中华书局，1984年，第39—40页）这里似可列出一个进行式的序列，但也是层叠式的架构：诗→情→艺→才→学，自然这是一个整体。其中学养可谓重镇。有学养固然不一定就能成功，但成功而无学养的则没有。钱先生论证的是诗艺，而以书艺代入，是完全合用的。至于以此评董文及其书法艺术，那么，诗，其幼而学者也，心爱之者也；情，为其所重而着重论及的则是书法，并以为"书者，抒也"；艺，则学而通书艺，又注重艺术通感；才则已见于其书艺与诗作之中；学也在其作文、书艺、诗作之中累见其力，累建其功。

这应是董文的成长和成功给我们的启迪。我于书法完全是门外汉，此处所写，乃一个外行人的感触，联想和斗胆言之罢了。

# 吕晓禾就是"梁三喜" ①

—— 在吕晓禾艺术生涯研讨会上的发言

在这里，本应该先听听专家们的意见，却让我先发言，那我就却之不恭了。我想一个演员能够在舞台上活跃 50 年，这样的人生一定是有意义的，因此，首先在晓禾同志从业 50 年的座谈会上，表示祝贺。

其次，我想说一些我个人的想法。我觉得话剧艺术，在中国的现代文学艺术发展史上，可谓一部光辉的篇章，它对现代人的精神建设起到了无比重要的作用。就我个人而言，在少年时代，对于审美的觉悟及艺术的启蒙，也都是源于话剧的，现在还依稀记得小时候看过的话剧，同时少年的爱国主义情怀更是在那时萌生并加深，所以，我想说话剧对于中国人的艺术启蒙作用是巨大的。近年来，可能由于观众的原因，其中包括观众的接受能力和期待视野的水平偏低，给话剧艺术的发展带来了一些困难。当然话剧本身呢，也有一些值得研究的方面，对现在的话剧改革，我有一点自己的看法、一些不同的想法。我觉得话剧是最具有现实主义的艺术形态，它的历史发展到现代的改革，使得话剧更抽象化，使话剧现实主义的精神和品格受到了影响，对此，我感觉，话剧最重要的改革，应该是如何反映社会的变化，如果对于新的阶层的产生，话剧能够充分反映的话，那一定会受到大家的欢迎。我记得前几年参加一个周年同学会，在会上，我听到哈尔滨的一位 70 多岁的女艺术家，讲到了话剧改革的问题，当时我没有机会发言，如果要是让我说的话，我一

① 2010 年 8 月 15 日在"著名表演艺术家吕晓禾从艺 50 周年表演艺术研讨会"上的发言。

定会好好谈一下。

前几天我接受光明日报的采访，提到了建设辽宁文化强省的事情，目前广东也是这么强调的，他们提出了要弘扬越剧，然后记者就问我：您觉得辽宁呢，辽宁应该提出什么呢？我想，应该是话剧。辽宁是一个话剧的重镇，在赤峰市话剧团，我被问到"辽艺"是什么的时候，就想写一篇文章，写一下关于半个世纪以来，"辽艺"包括什么。可以这么说，"辽艺"用它特有的光辉人物及其演出，去帮助了辽宁人民精神世界的建设，沈阳市话剧团也是这样的，它用它的优秀演员及表演促进了辽宁人民的精神世界建设，我想这其中就包括吕晓禾同志及其出色的表演。

最后，我说一下关于吕晓禾同志的表演，作为一个爱好者，我没有从专业的角度去研究，只是从意识形态的角度上，我想到了一些事情。刚才看到了一些关于吕晓禾同志的介绍，其中有些剧我没有看到，但是大部分我都看到了，我想他的主要特征就是朴实、粗犷、豪迈，而这些特征非常适合英雄的形象，所以说梁三喜就是吕晓禾，吕晓禾就是梁三喜。就像"邓世昌就是李默然"一样。我看到介绍中提到，吕晓禾是性格演员，对于这个概念表演艺术界应该有固定的解释，对于性格演员，我的理解就是，他是有个性的演员，能够把各种性格的人物表现出来，从心理学上讲，性格就是一个人的人生观、价值观及他的精神世界的全部凝固化、稳定化和物质化，这其中包括待人接物等。一个性格演员，除了本人具有的性格之外，在表演每一个角色的时候，必须从这些方面去了解人物，从他的世界观、价值观和他全部的理性世界和精神世界的具体化来了解，并在此基础上，表演出来。所以一个演员的审美质地是非常重要的，在这一方面，吕晓禾同志对他表演的人物，可谓理解深刻、认识深刻。我观察演员们表演的时候，叫作案头工作，就是对于所要表演的人物的性格内涵，要作深入的理解，吕晓禾同志能够把那么多任务表现得这么淋漓尽致，就说明他对此一定作了深刻理解。

# 鲁艺辉煌今犹在[①]

## ——读《鲁艺在东北》

彭定安文集 19

美学、艺术心理学与艺术评论集

鲁艺，这是一段辉煌，一种精神，一种传统，一条艺术道路，一段难忘的记忆，一种文化心态，以至于一笔民族艺术文化的遗产和一种伟大艺术精神的象征。它成长于、活跃于民族革命战争和人民解放战争的年代和环境，它服务于民族的、人民的、革命的伟大目标；同时，它也从事艺术文化的创造。它既充当一种政治的、革命的工具，又从事艺术的审美的创造：两者结合，成为一个整体。鲁艺开创于延安、成长于延安，后又转战于东北，结束于东北。鲁艺曾经辉煌，其光焰映照延安、西北、东北，甚至全中国。鲁艺结束了，但它的辉煌、它的光辉，没有结束，不会结束。鲁艺辉煌今犹在，鲁艺光辉今犹在。《鲁艺在东北》忠实地记述、反映了鲁艺在东北的最后的辉煌；当然，它同时用一个阶段也是最后阶段的史实，反映了整个鲁艺和鲁艺全过程的辉煌和光辉。并且，也用史实反映、体现了"鲁艺精神"的具体表现和新的事实。

鲁艺在东北（东北鲁艺），继承、发扬甚至发展了鲁艺在延安（延安鲁艺）时的"鲁艺精神"，这是因为时代、环境、工作局面和艺术创造空间都不同了。东北鲁艺是由延安鲁艺的主要骨干力量，包括文学的、音乐的、戏剧的、绘画的等方面的领导力量和创作人才，从陕北进军到东北建立起来的。它们不是在战争的后方，相对安静地学习、创造，而是在解放战争和土地革命的斗争前线，一边战斗、一边学习创作，师生更接近、深入生活和战斗的现实，和部队与群众结合得更紧密。它们既办学，又战斗，又工作。在办学形式上，随斗争形势的发展而灵活变动，时而是大学、学院，时而是文工团、音工团，不是固定在

---

① 原载《辽宁日报》2000年9月4日。

校园里，而是不断活跃在刚解放的城市、土地改革的农村甚至硝烟弥漫的前线。学校不是后方安静的校园，而是不很固定的前线。其活动和创作的空间，也就是战争中、动荡中的辽阔的东北大地。它吸收了大量刚刚解放的广大东北爱国的热血青年。这样，鲁艺从延安来到东北，带来了革命的文艺工作领导力量，带来了富有知识和艺术修养的作家艺术家。带来了具有勃勃生机的艺术创造力量，特别是带来了延安精神，带来了"鲁艺精神"。因此，东北鲁艺是延安鲁艺之花，在东北大地上的开放、结果。它继承延安鲁艺的工作和创造，在东北，在文艺为战争服务、为革命服务、为人民服务方面，在文艺与人民的结合方面，在艺术的各个门类的创造方面，在培养文艺领导力量和创作人才方面，都作出了杰出的成绩和不可磨灭的贡献。这一切，在《鲁艺在东北》一书中，都有详细的记述和生动的描绘。其中，有总体的，也有个人的，有组织的，也有具体的故事。读来都是很动人的。我们看到一大批国人敬重、熟悉的作家、艺术家的身影和他们的活动：萧军、周巍峙、吕骥、张庚、袁文殊、安波、马可、李劫夫、向隅、沃渣、张望、颜一烟、刘炽等；还有更多的艺术战士，从东北进京，进关走向全国，成为新中国、新时代的艺术领导力量和创作骨干。

我们今天重温往事，远不仅是具有纪念的意义，而是仍然有着现实的价值。因为，"鲁艺精神"，从延安到东北，一以贯之，直到今天，仍然保持着它的意义和价值。那种全身心地投身时代，参加斗争，以文艺服务于民族、服务于人民；那种忠诚于人民事业与忠诚于艺术创造的一致；那种深入生活、取自民间、运用传统、精益求精的创作热情和美学追求；等等，特别是那种精神振奋、志气昂扬、信念坚定、目的崇高的心态，都不仅值得今天的人们，特别是作家、艺术家景仰，而且值得学习、应用到今天的生活和艺术创造之中去。而且，应该说，今天的文坛艺术界，今天的许多作家、艺术家身上，所缺少的正是这一切。时代固然不同了，许多情况都发生了根本性的变化，但是，文学艺术的社会性，它的把握时代精神、民族发展主题的责任和为人民服务的根本性质是不会变的。"鲁艺精神"，仍然是我们的精神遗产、文化遗产、艺术遗产。问题只在于我们如何把它同变化了的现实结合，并且在继承中发展、创造，攀登新的高峰。传统与当代结合；传统在当代中得到继承和发展，文学艺术的历史长河，就是这样从古流淌到今天，并将这样继续发展到永远。

"鲁艺精神"永在。

# 双重的正气之歌①

——观辽宁省老艺术家协会艺术团演出《正气歌》有感

观看辽宁省老艺术家协会艺术团创编演出的大型多媒体诗歌音画剧演出——《正气歌》，令人既感受到浩然正气的激励与鼓舞，又享受到崇高优雅的审美愉悦，不禁喜悦地感叹："久矣哉，未能观看到这样的艺术演出！"

整个演出，从头到尾，响彻着正气之歌。一篇篇诗歌，朗诵吟咏、歌舞表演，加上音乐和画面，整体地艺术呈现，完满地视听接受，从始至终，贯穿一条红线：爱国主义、民族精神、传统文化、崇高境界。这是被鲁迅称为"中国的脊梁"的，从古到今的民族英雄、仁人志士、伟大诗人及革命烈士们的宏大诗篇，是民族的英雄之歌，是国民心声的怒吼，是反抗强敌的战叫，是崇高精神的强烈火花，是民族道德的优美颂歌。这些过去为很多人所耳熟能详的民族优秀诗篇，教育过我们、激励过我们，引导我们向上，养育我们精神上成长。可以说，它们在思想和道德上，培育了几代人。我们这些"过来人"，重新谛听这往昔熟悉的声音，回首平生经历，思忆前人先辈的流血牺牲，前赴后继，为了民族的解放、人民的幸福、国家的富强，而抛弃了自己的一切，或喋血吟咏，或终身服膺，或筚路蓝缕，或赴汤蹈火，用一己的生命铺垫民族复兴之路。想起这些，能不在心里涌起心灵的波涛？这是艺术欣赏与接受教育的合一，是情感的波涛与思绪的波涛的汇合。

因此，我们从欣赏演出中可以感受到，历史的回顾、道德的熏染、

---

① 在辽宁老艺术家协会艺术团演出多媒体诗歌音画剧预演会上的发言。

思想的激励和精神的鼓舞，而这些又是和艺术欣赏融为一体的。民族正气和审美愉悦是和合汇融的。

由此我们不得不感谢这台演出的诗文选编者，他们既熟悉传统的文献，又了解今天人们的需要——也就是精神上所缺失的；因此从头到尾的诗篇的选用，都是恰当的，而且，彼此连贯、自然流泻，艺术地表现了深沉的思想和崇高的精神，表现了民族的正气。

当然，这一切都需要表演艺术家们的精湛的表演来实现。在这方面，老艺术家们，真有驾轻就熟的表现。但主要的不仅是表演上的精湛成熟，而且更在于不仅形体上而且在精神上，能够把握诗歌的精粹，体现精神的崇高，也富有激情，不仅技艺高超，而且更加具有思想内蕴。他们是把民族英雄、仁人志士、诗人哲士内在的正气，灌注于自身，再用形体和表情，真切地表现出来了。这里，既表明老艺术家们的艺术修养，也体现了他们内在的思想蕴涵。让我们追忆表演之前即排练的过程，那也是表现了老艺术家身上的正气的。如今是市场经济，讲等价交换、按劳付酬，金钱、代价，在日常的行事中，在工作当中，报酬是常常放在第一位的，有的还是报酬要高、付劳要少的。但是，这些老艺术家却是分文未取，而且，风雨无阻，寒冷不挡，以年老之身，或远途跋涉，或挤公交，及时赶到排练场，排练、对词、走台，一丝不苟，任劳任怨。这与现今习见的金钱挂帅的情形相比，与动辄以万元计、以十万元计的出场费相比，不是一种正气吗？是思想的正气、艺术的正气、道德的正气。应该说，只有具有这种思想艺术上的正气，才能很好地表演《正气歌》，两种正气相遇而契合，才能取得演出的成功。

因此可以说在《正气歌》的演出中，体现了双重的正气。

不过，我们谛听了正气之歌，不能不想到：我们今天，已经很少听到这种充满正气的艺术声音了，单纯娱乐的笑声和思想苍白甚至低俗演出的"瓦釜雷鸣"，掩盖了"黄钟"的鸣响。面对现今娱乐场所的境况，想起"黄钟"之音的冷寂，又不禁黯然神伤。我们在娱乐的消遣之外，还需要正气的鼓舞和激励、教育和启迪。有责任感的艺术家、真正的艺术家，是会在追求娱乐之外，并在娱乐之内，也还追求思想和艺术的精湛与品位的。

# 李默然一生的信念坚守和艺术品格<sup>①</sup>

—— 在"人民艺术家李默然艺术人生论坛"上的发言

在聆听和领会了昨天多位先生的有思想、有见解、有感情的发言之后，我深深地感到，作为李默然生前互有默契的朋友，需要重新认识、理解和诠释李默然。当拂去已经飘散沉落的世俗尘埃，望着李默然日渐远去的背影，从远处、从高处、从深处瞭望他，放在更阔大的历史与时代背景下来注视他，我们发现了更多的内涵和意义。一位纯粹的李默然，一位纯粹的表演艺术家李默然，站在我们面前。昨天诸位表演艺术家和理论家，使用了过去未曾使用的词语来赞誉和评价李默然，如大家、大师、大写的艺术家、大写的人、具有大写的人生等；又如，他如大江大海，奔腾澎湃，一身正气，等等。其中，我以为最宝贵的是称赞他"具有民族情怀、民族气节"，他是"民族的良心"，他"满足了人民群众的英雄崇拜、需求民族英雄的心理"。

听了这些发自肺腑的发言，我想起巴赫金的对话理论。按照这个理论，人们所有的言谈，包括对话、聚会发言及内心的独白，都具有对话性，都是有意识地或者潜意识地与某个对象对话。我们这次的论坛，也具有对话性。它实质上是以论坛的主旨和主旨发言，与社会上存在的违背人民文艺导向的不良现象、错误倾向的一次有力的对话。我还想起读过的一本论著，即德国历史主义大师梅尼克所著《德国的浩劫》。他在这本书中，总结为什么德国会出现法西斯主义。它的结论是：每个民族都有两种心灵：长于文化的心灵和反文化的心灵。而产生法西斯主义，是由于反文化的心灵一时间战胜了长于文化的心灵、战胜了歌德的文化心灵。当他即将结束这本书的写作时，他在报纸上看到一则报道：在南

---

① 原载《芒种》2016年第2期。

德一个城市举行音乐会，演奏的全部是德国古典音乐。据此他写道：我听到了歌德文化心灵的声音，听到了长于文化的心灵的声音。德国复兴会有希望。我感到我们这次的论坛，也可以说是发出了一种声音，这是赞誉、提倡民族文化精神的声音，是倡导文艺为人民服务、为社会主义服务的声音。要繁荣和发展人民的文艺事业、社会主义的文艺事业，就需要这样的声音越来越强大、越来越响彻中华大地。由此，我更进一步感受到举办这次论坛的文化意义和现实价值。

现在，我就"李默然终其一生的信念坚守和艺术品格"这个主题作一发言。

李默然之堪称人民艺术家，之堪称杰出表演艺术家，他的突出特点也是优点，就在于他一贯坚守自己的政治与艺术信念，一贯坚持他的艺术心性和操守。甚至可以说，他的舞台和银幕上的精湛表演，他之所以能够创造那么多令人难忘并可以说是参与了当代中国人精神世界建设的英雄人物、典型人物的形象，也得益于他的这种精神状态和思想基础。也就是说，他的这个特点和优点，正是他之所以能够当之无愧地成为人民艺术家的思想基因和艺术品性，这正是他区别于也是优胜于其他艺术家的地方。这正是李默然之成为黑格尔所说的"这一个"、之所以是"李默然"的根本所在。

李默然一生坚守不移的信念是什么？那就是：文艺为人民服务，为社会主义服务。他无数次地表达过、阐述过他的这个坚定的信念，一直到他的晚年，他在辽宁老艺术家协会的多次大小会议上的讲话，也都一直贯彻着、铿锵地响彻着这种声音。这表现了他对于自己的信念的一以贯之的精神、坚守不弃的气概、终身不渝的忠贞。翻开他的著作《戏剧人生》和《李默然论表演艺术》，便充满了这样的言论、论述甚至可以说是激昂慷慨的陈词。那言语和文字间的气势，颇有那些他在舞台和银幕上所成功地塑造了的中外古今英雄人物的风貌神韵。的确，在他抵制和批判那些违背文艺为人民服务、为社会主义服务宗旨的艺术作品和艺术活动时，他往往表现出这种激越情状。

李默然从他十八岁参加革命，二十四岁第一次塑造了库列聘这个艺术形象以来，直到八十多岁离世，他终身服膺、坚守不渝、未曾稍懈的，就是这一崇高的理想和鹄的。随着他的社会地位和影响的上升，随着他的名满国中、享誉艺苑，以及职务所及，李默然的这种坚守和忠贞的思想和艺术品性，其影响，远不仅仅限于辽宁文艺界，也不局限于话剧界，而是影响遍及东北地区的文化界，也播撒中国甚至海外。如果说，这是他的荣誉，不如说这更是他的贡献，是他对于人民文艺事业所作出的奉献的佳音回声。他在《半世心语》这篇倾吐心声的短文中，语重心长地倾诉："从一个无知顽童、不谙世事、观念混乱的人，到今天不为混杂的思潮左右，坚定不移地为人民为党做些力所能及的好事，夙愿足矣。"在他八十多岁年纪，在可谓暮年抒怀似的感言中，仍然深情表述："我在想我整个的一生，我八十多年的一生，我八十多年的人生和六十年的艺术，想我对我的祖国、我的民族的全部感情……"他说："我要好好为国家人民做事，要做出成绩来，为此，我愿牺牲一切。"他的坚守不渝的信念，就是对人民的热爱、对民族的忠诚，和秉此职志来从事艺术事业。对李默然来说，这不仅仅是话剧事业，而且是所有文学艺术事业，是整个文化事业。他的视野是开阔的，他的思想是广袤的，他的胸怀是豁朗而深沉的。李默然终身不移地、忠实地、杰出地实践了他的这种志愿、信念和职志。他终身高擎着这面"文艺为人民服务、为社会主义服务"的旗帜，活跃在辽宁和东北地区，以至于话剧界、戏剧界、文艺界并扩及文化界，呼吁、提倡、批判、引导，并亲身实践。尤其在面对新时期以来，赓续出现的什么"文艺与时代无关""文艺就是表现自我""表现私人心灵"，还有什么"写自我""下半身写作""写下半身"等所谓新观点，实际是无知的奇谈怪论，以及面对只追求经济效益、不顾社会效益和文化效益，还有低俗、庸俗、恶俗的文艺现象，他每每当仁不让、正气凛然，不惜正面冲突，无惧议论非议，而予以批判，呼吁抵制和清除不良文艺现象，倡导创造出人民艺术的发展繁荣的局面。

我们纪念李默然、学习李默然，最主要的就是这一点。

李默然的这种对于自身信念的坚守，自然不会是无源之水。这"源"，就是他的出身和经历。洞察源头之水根深源长，方能知洪流之宽宏博大。丹纳在他的名著《艺术哲学》中曾经指出：艺术作品和艺术家的思想品性、精神气质，取决于三项因素，这就是种族、环境和时代。我们先从"种族"，也就是出身、家世方面来探索。李默然在文章和访谈中，在自述自己的思想操守和艺术品性时，每每说到自己的出身经历，以此为自己的思想信念之源、精神品格之根。他概括自己是："我这个读了不到四年书，卖过烟卷，做过小工，当过邮差的无知顽童"，他虽然有着崇高声誉和高层社会地位，但却毫不讳言这种"低贱出身"和苦难而屈辱的童年，足见其珍视之情。他在接受访谈时，进一步深情地表述："我的童年时代，是在日寇铁蹄下度过的。为生活所迫，我曾去贩卖烟卷，我遭过日本人的毒打。这种痛苦的记忆，让我对于国家，对于民族有着浓烈的感情。在我心中，'爱国'不仅仅是一句口号、一个概念，更是贯穿于血脉的原动力。"他把过去的贫贱和苦难，正确地转化为以后成长和艺术创造成功的原动力。这就充分地论证了，他的崇高深厚、沉重、富有社会意义的信念，出身与家庭状况是其重要根源。其起始也深厚沉重，其终结也必坚定执着。

美国当代历史主义大师雅克·巴尔赞曾经说，他的巨著《从黎明到没落》的撰写，"出生地塑造"是动因之一。这说明，"出生地"对于一个人才的成长、对于文化学术和艺术的创造，具有不可忽视的重要的作用，它是基础和滥觞。李默然的出生地对他成长为杰出艺术家也正是具有这样的作用。他出身于20世纪20年代的、东北地区的、黑龙江偏远县的贫苦家庭，那是中国遭受日本帝国主义侵略欺凌、人民生活贫穷痛苦的年代。因此，他与生俱来地具有他自身的和民族的痛苦记忆，这是对他的爱国主义和心性通向人民的最初的塑造，是他日后成长的基础和滥觞。他深情地表白过："我对人民只有发自内心的感激。""一个演员，没有强烈的感情，没有对祖国对人民的执着热爱，他是无法产生激情的。"而且，我们还可以看到"民族苦难的记忆"，本是中华民族的"民族集体记忆"和集体无意识；而李默然作为杰出的表演艺术家，他的个人记忆刻痕，就成为民族记忆的反映和代表。这应该合理地视为李默然艺术生涯的社会的和历史的意义和价值。

紧随他这种童年经历之后的，则是他的革命经历和艺术历程。如果说前者是起因，那么后者就是成果；前者是幼苗、是璞玉，那么，革命经历和艺术历程就是阳光雨露，就是对璞玉的雕琢，它使幼苗茁壮成长，使璞玉雕琢成器。关于自己的成长，李默然有过多次怀着深沉感情的回忆和追述。他的革命经历和艺术历程，几乎完全是在辽宁人民艺术剧院度过的。"辽艺"是他的思想和艺术才华成长的环境和养育基地。

在杰出人才的产生方面，有两个规律性的现象：一个是"人才成群地出现"；一个是"一群人把一个人顶上去"。辽宁人民艺术剧院和李默然的关系，正表现了这种规律现象。"辽艺"是在"东北人艺"基础上建立的。后者，曾经集中了东北地区的拥有来自延安的以鲁艺出身为主体和骨干的一大批革命的、优秀的文艺工作者、领导人和艺术家。这里人才济济，聚堆成群。以后，原辽西、辽东两省合并，又汇聚了一批艺术人才。因此，继承者"辽艺"便拥有了一个优秀表演艺术家的群体。我们可以列出一个长长的名单。比如李默然深情地为之写过悼念文章的王秋颖、魏华门就是其中突出的两位。此外，他在文章和发言中，还先后褒奖地提及过：赵凡、白玲、王早来、陈颖、王大明、王咸玉、贾华、红怡、赵尚英、佟彭麟、潘崇煜、王连桂、丁尼等（说明：这里不是按艺术成就大小的名次排列，而是李默然在不同情况下，依据不同叙事的状况，而分别提及的）。在以后成长起来的年轻优秀演员中，他还提到宋国锋、王桂琴、周红、沙金燕等演员。这是一个群英荟萃的表演艺术家群体，他们形成了一个现实主义表演艺术流派。可以说，"辽艺"拥有一个从优秀文艺工作领导人、资深导演到成群优秀表演艺术家构成的高层次艺术团队。在这里，便显现了"人才成群地出现"的现象。他们互相学习、彼此砥砺、取长补短，共同提高，如层峦迭起。而李默然就身处其中，这是产生他的"人才高地"和艺术沃土。一方面，他汲取众长，而又消化、补充、提高、精练、升华，聚百花之长，而成"一枝独秀"，立层峦之中而为高峰耸立。他终于成为既是艺术群体的杰出代表，又是他们的领军人。群峰展叠嶂，高峰显英姿。这正是"一群人把一个人顶起来"。没有"辽艺"，就没有李默然；同样，没有李默然，"辽艺"就难免逊色，缺乏一位足可反映总体成就和艺术辉煌的杰出代表。李默然在他的关于成长经历的自述中，就特别提及"革命长者、同代战友的提携、帮助"是重要的一环。对此，他说得很好："所谓'自学成才'对我不尽合适。我常对人言，亦常对己言：'没有共产党就没有我'这句话对我来说，没有半点牵强附会，而是千真万确。我的文化、我的专业知识、我的为人民服务的一切本领，是党教会的，是革命培育。同时有革命长者、同代战友的提携、帮助。否则，我将是什么样，走向何处，境况如何，皆为未知数。"（《李默然论表演艺术·简短自白》）

与这种环境所给予的培育同时发生作用的就是时代。丹纳在《艺术哲学》中还说过，每一个时代都有它的精神气候。而不同的时代精神气候，需要也培养不同的艺术人才，比如理想的、写实的等。而李默然所处的时代，是20世纪40年代到90年代及21世纪初期。他的学习期、艺术觉醒期，在20世纪40—50年代；他的成长期和成熟期则在60—70年代；而转型期、艺术再觉醒期，所谓"艺术变法"期，则在20世纪末和21世纪初。他的成长、发展、成熟和变法，都紧随着时代的变迁、发展和进步行进，与之同步。这个过程，既是他的成长、成熟的过程，又是他的艺术奉献，以艺术事业为人民服务、为社会主义服务的过程。因此我们可以作出结论说，他既是时代的产儿、时代精神气候的感知者，又是时代精神的杰出的表现者。他先后塑造的舞台英雄形象无论是历史的、现实的，还是古代的、现代的，以至于外国的，如库列聘、伏契克、邓世昌、姜部长、市委书记等，虽然并不都是现代人物、活在当下，但那精神气质、思想品格，却都被赋予了理想主义、献身精神、忠诚于民族和人民事业、坚强不屈、英勇刚毅等品质。这是时代所赋予文艺的总体气质，也是李默然所具有和很好表现了的气质和品格。

　　有一点需要特别指出：李默然如此终身坚守，但他并不保守。他一直赞同并实践话剧艺术、一般艺术创作和艺术事业及整个文化事业的改革。他有一篇文章的题目就是：《冲破旧模式，面对新情况》。我以为这可以用来大体概括他对话剧和文艺事业改革的态度。不过，他对改革的立足点和出发点仍然是"文艺为人民服务、为社会主义服务"这个根本宗旨。他正确地指出："文艺战线，表演艺术团体的改革，……侧重点就是有利于繁荣社会主义文艺事业、戏剧事业。为了更好地、更有效地为人民服务、为社会主义服务，如果离开了这个主要目的、这个侧重点，将是舍本求末、头脚倒置。……如果改革有损于社会主义文艺事业、戏剧事业，这种改革就是'脱轨行车'，其结果必然是'盲人瞎马'，碰壁失败。"（《李默然论表演艺术·弃旧迎新》）又说："脱离人民的要求，与人民的脉搏跳不到一起，也会给我们的话剧运动以致命的打击，这亦是不容置疑的事实。"他在这里高举的仍然是文艺为人民服务、为社会主义服务这面旗帜。仅仅拿话剧改革来说，他所强调的也正是它的人民性。他说："话剧到中国来以后，它始终和人民需求一致，这是它的重大特征。"又说："话剧在中国人民中扎根的重大因素，是它始终与人民斗争生活的需要紧密结合，说的是人们需要说的话，演的是人民想要看的事。"李默然赞同改革，但在赞同中、实践中，他正确地坚持文艺发展的正确方向。在这方面，也更表现了他的终生坚守的意志和高风亮节。

现在，且来探讨一下李默然的艺术心性与品格，以及在此基础上的他所创获并坚守的话剧表演艺术的美学构成与风格特色。

应该说，我在前面所述，实际上已经透露了李默然的艺术品格的端倪。现在，再稍微详细一点地陈述。一位艺术家的艺术品格，决定于他的艺术心性，决定于他的创作心理的构成。从艺术心理学和创作心理学的范畴来探析，李默然的艺术思维和艺术心性，其核心、基础和滥觞，是自身和民族的苦难记忆，其升华和提高，其从自在到自为、从模糊到自觉，则是革命教育、革命生活和革命的艺术习得；而自觉程度的不断提高并实现理论化，特别是与艺术思维和表演艺术的结合，则是他的不断进步、提高、升华的艺术实践。在这个基础上，我们就可以归纳他的创作心理的核心和构造，是苦难记忆-人生觉醒-民族觉醒-艺术觉醒的汇融；而在此基础上形成的艺术品格，就自然是：具有民族感情和人民情结的，具有人民政治情怀的，充盈着富于理想和浪漫主义元素的，激情的现实主义品性和风格。因此，李默然的艺术品格，首先的和核心的元素，是思想，是品德，是世界观、人生观。他对自己的诠释也是如此。他说："世界观指导着艺术创造，世界观决定着表演艺术工作者的一生。"又说："巴尔扎克说：'艺术是思想的结晶，艺术就是用最小的面积，惊人地集中了大量的思想。'别林斯基说：'思想是作品的灵魂，激情便是热情洋溢地沉浸于、热衷于某一思想。'足见，演员的思想锻炼和思想修养，对于从事表演艺术工作的人，是绝不能丢弃和忽略的。"（《李默然论表演艺术·简短自白》）在这里，李默然正确地阐述了思想对于艺术的决定性的作用。他引用了俄国伟大的批评家、文艺理论家别林斯基的论述。的确，别林斯基很强调思想对于文学艺术创造的决定性意义。别林斯基提出，问题不在于思想是不是影响了艺术，而是思想如何进入艺术。如果思想是发自内心的，是自己的思想血脉，而且又是艺术地进入艺术的，二者就是融会一体的，那么，思想就是艺术的强劲的助力。在这一点上，我们可以说，李默然正是如此。他是"使思想艺术地进入作品"的，他达到了"思想与艺术汇融一致"的境界，实现了这种达于胜境的审美高地。

正是在这一基础上，产生了被话剧艺术界公认为北派话剧表演艺术-民族话剧表演艺术的"李默然话剧表演艺术"的美学构成与审美特色。那么，这一话剧表演艺术的具体审美特色与风格，主要内蕴及其体现是什么呢？

西方美学体系的范畴中，第一命题就是"崇高"。李默然所表现和创造的艺术形象、英雄人物，其精神品格，正是崇高，无论是中国的邓世昌，还是外国的李尔王，以及其他以"市委书记""党委书记"等名号出现在舞台上的人物形象，其精神气质，其人格魅力，在总体上也都是崇高。李默然表演的成功，为广大观众所认可、喜爱、崇拜，也是在于这些艺术典型的精神世界的"崇高"和演员李默然以精湛的表演对崇高的诠释与表现，在于他创造了崇高美。

中国美学范畴的第一命题则是"气"，所谓"文以气为主"。在多位表演艺术家、理论家对李默然表演艺术的评论中，多有以"气"字为核心内涵的词语，用以形容、界定、赞美李默然的表演艺术，如凛然正气、浩然之气、气势恢宏、气贯山河、"为人间存正气"等，都突出了"气"的特色。王继厚先生发言中说道，李默然问他"观众为什么来看话剧？"然后他自己回答说："是为了'提神、提气'"，也突出了一个"气"字。故此，我们可以提炼为：李默然话剧表演艺术的美学特色与艺术风格，就是"气"，就是崇高之气与浩然正气。

那么，体现这种崇高之气的表演艺术特色是什么呢？那就是一个"喊"字。表现英雄人物、杰出人士的精神气质的崇高之气，自然出自豪气壮怀的高声大气的"喊"，即"呐喊"。李默然对观众讲解话剧表演中的"喊"时，说："'喊'得好，观众不也喜欢吗？"徐晓钟先生在发言中赞誉李默然"一声呐喊，为人间存正气"。是的，李默然表演那些英雄杰士的浩然之气、凛然正气时，尤其是慷慨陈词地表演那些长篇大论的大段台词时，正是运用了气贯长虹、声震屋瓦的"呐喊"，那里面灌注了、蕴藏着人物内心的崇高思想和浩然正气。"喊"这个被群众对话剧艺术表演的通俗化的说法，被李默然接过来，提升为一个他的表演艺术的美学范畴。他的所谓"喊"，或者说"好的'喊'"，富有崇高的思想、丰富的内涵、激越的情感及高超的表演技巧，因此是一种内涵丰富深刻的"呐喊"。尤其如邓世昌、李尔王等人物的大段台词、大段独白，犹如歌剧的咏叹调、京剧的长道白，是话剧艺术美的"呐喊"。李默然很重视这种呐喊，所以他有时会要求剧作家在关键地方，写出长长的台词，以为"呐喊"的依凭。鲁迅的小说集《呐喊》，从文学领域体现了中华民族求生存、争解放、振兴中华的正气，所以为"民族魂"。而李默然则是在舞台、银幕、银屏上，表现了民族振兴的呐喊声。一声正气的呐喊，正是李默然话剧表演艺术流派的美学构成和审美理想的突出特点。总之，我们可以这样概括：一位杰出的表演艺术家，以傲岸挺立的身躯，以崇高的精神和美学特质，充满浩然正气，一声呐喊，鼓舞人民精神奋起，振兴中华。——这就是李默然，这就是他终身坚守的艺术风格，这就是他所创造的民族的、北方的话剧表演艺术流派及其美学特质与风格。

　　具体到表演艺术，李默然所学习、钟情和坚持的是属于现实主义范畴的斯坦尼斯拉夫斯基体系。在这方面，李默然有过许多表演体会的自述和论述，这里且不赘述。我只想强调一点，我以为是重要的一点，这就是他不是，绝不是亦步亦趋地学习、尾随、效颦，而是有创造性地学习、掌握和运用，他补充了我们民族的因素，也补充了他个人的因素。前者，比如他向京剧表演艺术家学习，从京剧表演中汲取营养和创造的灵感。我还想特别指出的是，李默然很崇敬两位京剧大师，他们是梅兰芳和程砚秋，他曾多次提到梅、程二位大师在敌伪时期的"蓄须明志"和"荷锄耕田"，对这种民族气节和精神品格深表敬重之情。这表明他首先汲取的是民族艺术家的崇高的思想品德和精神风貌；其次才是表演技巧。在表演技巧方面，比如汲取京剧道白的功夫与形体动作等。至于他所补充的他自己的东西，我们不妨称为"李默然元素"，那就是人民情怀、民族情结。他明确表白过："深深地扎根于人民，从人民的命运中、生活中汲取营养，进行创作，再服务于人民"，这就是他的生活和艺术的圭臬。他一再阐述："没有正确的人生观，就无法获得正确的创作方法；没有正确的思想意识，就无法正确理解、解释所塑造的人物形象。"（《李默然论表演艺术·简短自白》）"人民为我们铺的路，是宽广的，当然不会全是'柏油马路，一路平坦'，永远不会是这样的。"（同上）人民，人民的生活，人民的命运和感情，这就是李默然艺术创作和艺术活动以至人生追求的根底、出发点和落脚点。这一切，就是李默然表演艺术的"崇高美"之所以能够创获的生活的、思想的和艺术的坚固基础。

　　至此，我们可以总体归纳说：李默然的人生和艺术，达到了"四个三位一体"，这就是：

    （1）共产党-人民-话剧及一切艺术事业的三位一体；

    （2）人民-艺术-生活和生存方式的三位一体；

    （3）演艺生活-艺术事业-人生意义和生命价值的三位一体；

    （4）崇高-正气-呐喊的三位一体。

这就是李默然，这就是人民艺术家李默然！

这是他所达到的人民艺术家崇高的人生道德境界和生命价值顶峰。

这"四个三位一体"，始终贯彻于李默然光辉的一生，从他首次登上话剧舞台起，到他猝然离世，从人生和艺术舞台上谢幕时止，都是如此坚守和实践。

这里，还请允许我陈述一下他在离休以后、在晚年的一个突出表现，这也是贡献。这就是他于1992年和2009年，先后发起、组织并领导了两个群众性艺术协会，一个是辽宁省戏剧家企业家事业家联谊会，一个是辽宁省老艺术家协会。前者，先后举办了"三九杯""仙妮杯"全省戏剧"玫瑰奖"活动，20年来，获奖者有演员、导演、舞美设计400多人；组织作家、艺术家深入生活，先后创作了《华表》《国徽》《致命诊断》等三个独幕剧和三部电视剧本。还推出了由李默然主演的20集电视连续剧《花园街10号》，获得"五个一工程奖"和"飞天奖"；此外，还协助办好大学生艺术节、组织艺术家到会员单位演出、为他们做文化辅导工作等。

他所发起组织并亲身领导的辽宁省老艺术家协会，同样做了很多有益的艺术活动和艺术工作。其中，有三项大的活动。一是创作和演出大型多媒体、诗歌音画剧《正气歌》，这出音画剧立足现实、追溯历史，歌颂中华民族的浩然正气、颂扬中国人民的刚强不屈，达到思想性与艺术性的高度统一，演出受到领导和群众的广泛欢迎和赞誉。特别是300多位参与其事的众多老艺术家，在两年多的创作和演出过程中，精心创作、精益求精，而不取任何报酬、风雨无阻、艰苦劳作。从创作到演出，这种服务大局、无私奉献的表现，被人们提炼为"正气歌精神"。二是由李默然提议和组织领导，于2011年在大连召开，有京、沪和东北各地人员参加的"中国新时期艺术发展趋势与价值取向理论讨论会"。研讨会主题鲜明、针砭时弊、倡导正确的艺术导向，具有很强的理论意义和现实价值，产生了很好的影响。三是2012年，也是在李默然的倡导和组织下，在沈阳召开了"中国戏剧（戏曲）导（表）演艺术体系论坛"。这是一次全国性表演艺术的高峰论坛，有包括港澳台地区艺术家在内的50多位著名导演、演员、艺术家、理论家参加；在中国民族导（表）演艺术体系的研讨和倡导方面，发挥了重要作用，对在此问题上出现的一些混乱和迷茫，起到了正本清源、拨乱反正的作用，意义重大，影响深远。除此三大活动之外，还举办了"京剧进高校活动"、评剧专场演出、歌剧专场演出、女声小合唱演出等。这两个业余艺术团体，在李默然倡导和组织下，每年都举办春节联欢会，使艺术家们能够欢聚一堂、畅叙友情、共话艺术事业的发展。

李默然在这两个社会性、群众性艺术团体的所有活动中，同样都贯彻了他一生坚持的文艺为人民服务、为社会主义服务的方向和精神，飘扬着这面鲜红的旗帜。正是因此，这两个业余艺术组织先后得到在辽宁省担任过主要领导人的李长春和李克强同志的重视和支持。这是李默然艺术生涯的最后的辉煌，也是他的坚守和实践的暮年闪光与人生谢幕的杰作。

作为人民艺术家，李默然一贯地高举人民的旗帜，献身于人民的事业，忠诚地为民族的兴盛服务。今天，我们在怀念他、纪念他时，欣喜地发现，他一生的坚守、终身之所为，完全符合习近平同志《在文艺座谈会上的讲话》中所提出的警策论述："社会主义文艺，从本质上讲，就是人民的文艺。文艺要反映好人民心声，就要坚持为人民服务、为社会主义服务这个根本方向。这是党对文艺战线提出的一项基本要求，也是决定我国文艺事业前途命运的关键。"我们体察到这样重要的一点，对李默然更加敬佩，也为他感到欣慰和骄傲。这是他艺术生命的光辉，是他的有意义的人生价值的体现。

他的身影与声音，永远在我们的记忆中，我们永远怀念他！